21세기 한국 리더십의 새로운 표준

진성리더십
Authentic Leadership

21세기 한국 리더십의
새로운 표준
진성리더십

초판1쇄 2015년 11월 6일
　7쇄 2025년 9월 12일

지은이 | 윤정구
펴낸이 | 강금만
펴낸곳 | (주)엘코케이
등　록 | 2015년 3월 23일 제2015-000015호

주　소 | (04709) 서울시 영등포구 영중로 65 영원빌딩 210호
전　화 | 070-5056-0887　팩　스 | 070-8255-9400
이메일 | raonbooks@raonbooks.com
디자인 · 인쇄 | 디자인통 (02-2278-7764)

값 19,000원
ISBN 979-11-955081-7-4 (03320)

＊라온북스는 (주)엘코케이의 전문 출판 브랜드입니다.

저작권자ⓒ윤정구 2015
이 책의 저작권은 저자에게 있습니다. 서면에 의한 저자의 허락없이
내용의 일부를 인용하거나 발췌하는 것을 금합니다.

21세기 한국 리더십의 새로운 표준

진성리더십
Authentic Leadership

윤정구 지음

라온북스

대한민국의 진성리더
유일한 박사님의 영전에
이 책을 바칩니다.

또한

학자로서의 삶을 묵묵히 지도해주신
Edward J. Lawler 선생님,
석현호 선생님,
안한숙 선생님에게도
감사드립니다.

서 문

진성(眞性)리더(Authentic Leader)란 자신의 존재이유인 사명(使命)을 복원하여 자신과 구성원을 임파워먼트 시키고 이를 통해 자신들의 조직과 세상을 더 행복하고 더 따뜻하고 더 건강한 곳으로 변화시키는 사람들이다. 진성리더가 사명에 몰입하는 이유는 자신의 삶의 궁극적인 목적지에 대한 남다른 신념 때문이다. 진성리더가 구성원과 사회에 영향력을 행사하는 원리는 진실된 스토리를 기반으로 마음의 울림을 창출하는 진정성(眞情性)이다. 이들이 설파하는 사명도 진정성이 넘치고, 구성원을 임파워먼트 하는 방법도 진정성이 있으며, 사명을 실천하기 위해서 하는 노력도 진정성이 넘친다. 리더의 진정성은 사명의 스토리가 리더 자신과 구성원의 마음에 자연스럽게 뿌리를 내리게 도와주고 이를 통해 리더와 구성원의 자발적 실천을 이끌어낸다. 세상의 모든 기적적 변화의 역사는 자발적 실천에서 시작되었다.

　진성리더십이 본격적으로 논의되기 시작한 것은 2004년 미국 네브래스카에서 개최된 갤럽 리더십 박람회에서이다. 이 박람회에 참가했던 리더십 학자들과 리더십 개발자들은 당시에 발생한 기업비리의 종합선물세트 격이었던 Enron 스캔들에 큰 충격을 받고 당시 기업에서 한창 붐을 이루고 있던 리더십 르네상스가 거품이라는 것을 깨닫게 되었다. 당시 리더십의 모든 경향들이 리더의 본질에 대해서는 눈을 감고 단기적 성과를 올리거나 자본가들의 탐욕을 채워주는 도구였다는 것을 뒤늦게 깨달은 것이다. 특히 무자비하게 돈 버는 기술자를 양산하던 MBA는 리더십 거품의 가장 중심에 서 있었다. 이런 반성과 성찰에 기반을 두고 선언된 리더십의 패러다임이 진성리더십이다. 진성리더십은 어떤 특정한 리더십 이론을 염두에 둔 것이라기보다는 향후 리더십 연구나 개발에서는 이런 탐욕과 연기에서 벗어나서 리더십의 본질을 복원하여 사회와 기업을 위해서 진정으로 도움을 줄 수 있는 리더십다운 리더십을 연구하고 개발할 것에 대한 선언이었다.

　네브래스카 박람회를 전후해 미국에서는 금융과 부동산이 키웠던 버블이 꺼지면서 기업들은 불황의 늪에 빠져 들었다. 또한 그 당시 세상을 주도하던 유수기업들이 엔론과 비슷한 스캔들에 연루되었고 이 과정에서 스캔들의 장본인이었던 스타 CEO들도 대부분 교체되어서 자연스럽게 진성리더십이 리더십의 기본 패러다임으로 정착되었다. 하지만 지금까지 한국은 이런 글로벌 격랑의 무풍지대였다. 한국에서는 아직까지도 단기적 성과에 올인 하거나 카리스마를 기반으로 리더십을 행사하는 리더들이 지배적이다. 개발독재에서 맛본 성공경험과 IMF를 단시간에 극복하는데 도움을 준 신자유주의의 패러다임이 아직도 한국기업의 정서를 장악하고 있기 때문이다. 하지만 한국도 예외는 아니다. 장기화된 경기침체 속에서 이런 과거의 성공경험이 리더십 신화가 되어 상황을 더욱 악화시키자 한국에서도 새로운 리더십에 대한 요구가 급격하게 수면위로 떠오르고 있다.

한국은 전통적으로 탐욕과 연기가 아니라 진정성을 생명처럼 중시해 온 나라이다. 우리민족은 오래전부터 참된 나(아)의 이치를 깨우치는(리) 즐거움(랑)이라는 진정성의 가치를 가사로 담은 아리랑을 즐겨 불렀고[1], 세종대왕, 정조, 이순신 장군, 김구 등등의 검증된 역사적 리더는 하나같이 진성리더들이었다. 다만 기업경영의 영역에서 어떤 성공이든 성공만을 중시하는 개발독재와 모두의 허리띠를 졸라매어 단기적으로 부채를 해결해야 했던 IMF의 성공경험이 진성리더십이 뿌리내리는 것을 시기적으로 늦춰왔을 뿐이다. 개발독재의 성공경험은 기본적으로 먹고사는 문제를 해결해준 이면에 어떤 희생이 있어도 탑다운 식으로 밀어붙여 성공만 하면 모든 것을 정당화시키는 카리스마 리더십 성향을 키웠다. 목적이 있는 성공보다는 부도덕한 방식으로라도 성공만 하면 모든 것이 용서되었다. 다른 한편으로는 IMF의 부채를 최단기적으로 해결한 국가적 성공경험이 리더십의 방향을 결정했다. IMF를 극복한 성공경험은 이에 이론적 토대를 제공한 신자유주의의 시장경쟁과 효율성의 논리로 무장한 초단기적 성과주의 리더십을 리더의 기준으로 받아들이게 만들었다. 이러한 과거의 리더십 경험은 목적 없는 성공과 초단기적 시장을 앞세워 생태계의 공진화를 파괴해 왔다.

이런 지배적 분위기와는 상관없이 한국기업에서도 오래전부터 알게 모르게 진성리더십을 제대로 실천한 기업가들이 있었다. 진성리더십을 발휘한 한국의 선구적 기업가는 유한양행을 설립한 유일한 박사이다.[2] 당시 유일한 박사가 유한양행을 설립하고 경영했던 이야기를 되돌아보면 지금 글로벌 기준에서 살펴보아도 손색이 없을 정도로 진성리더십을 올바르게 실천했다. 또한 지금 한국에서는 중견기업들을 중심으로 진성리더십을 도입하고 실천하기 위한 바람이 일고 있다. 실제로 극심한 경기침체에도 불구하고 진성리더십을 통해 지속가능한 성과와 변화를 성공시켜 글로벌 경쟁력을 획득한 강소기업들도 하나 둘 늘고 있다. 이런 시대의 선구자들 사이에서 서서히 움트고 있는 한국기업들의 진성리더십에 대한 열망을 반영하여 저자는 2012년에 한언 출판사에서 『진정성이란 무엇인가?』를 발간했다. 이번에 발간된 본 저서에서는 그간에 있었던 논의와 사례를 종합해서 한국에서 적용해볼 수 있는 새로운 리더십의 패러다임으로 진성리더십을 체계화하였다.

　기업가들이 기업을 하다가 길을 잃으면 대부분 〈기본으로 돌아가자〉고 선언한다. 리더십도 마찬가지다. 그간 성공 지향적 카리스마 스타일의 리더십이나 초단기적 시장지상주의에 경도되었던 리더들이 방황을 마치고 기본으로 돌아간다면 만나게 될 리더십이 진성리더십이다. 진성리더십은 잃어버렸던 리더십의 본질을 복원하여 선한 영향력을 통해 정당한 방식으로 새로운 차이를 만들어내는 리더십이다. 한 마디로 진성리더십의 정신은 기존의 구차하고 파렴치한 자본주의 방식을 택하지 않고 진정성 있는 경영을 통해서도 돈을 벌 수 있다는 것을 증명하기 위해서 구글을 설립했다는 구글 창업자들의 설립철학과 맥을 같이한다. 진성리더십은 리더십의 본질을 다시 세워 리더십의 다양한 경향들을 발전시킬 수 있는 근원적 리더십(Root Leadership)이다. 한국에서 진성리더십이 성공적으로 정착이 된다면 그간 리더들의 화려한 연기를 통해 생긴 거품이 제거되고 리더십의 본질인 진정성 있는 사명을 기반으로 구성원들을 임파워먼트 시키는 리더가 전면에 등장할 것이다. 근본적으로 리더십도 리더와 구성원 간의 거래로 볼 때 진성리더십이 정착될수록 리더와 구성원들은 연기하고 포장하는 일에서 자유로워질 것이고 근본으로 돌아가서 기업의 본원적 경쟁력을 높이는 일에 힘을 집중할 것이다. 이런 점에서 진성리더십은 장기침체 국면에서 돌파구를 찾고 있는 한국기업들을 살려낼 수 있는 경영의 비밀이다.

본 저서는 진성리더십에 대한 방대한 내용을 담고 있어서 한 번에 처음부터 다 읽기보다는 시간을 두고 관심이 가는 영역을 중심으로 먼저 읽어가는 것을 권하고 싶다. 당장 리더십을 실천하는 것을 먼저 배우고 싶으면 3부를 먼저 시작하고, 왜 한국에 진성리더십이 시급한지를 이해하려면 1부를, 진성리더십의 심층적 원리를 이해하고 싶으면 2부를, 진성리더십과 다른 리더십과의 관계를 공부하고 싶다면 4부에서 시작하는 것이 좋을 것이다.

지금까지 많은 분들이 책을 완성시키는데 도움을 주었다. 진성리더십 아카데미를 운영하며 진성리더십을 전파하는데 선구적 역할을 한 구루 피플스의 이창준 박사에게 빚을 가장 많이 졌다. 어려운 시기에 진성리더십 아카데미의 설립에 참여하신 고부일, 김화경, 김경수 선생님에게도 도움을 많이 받았다. 또한 그간 부족한 저자에 대한 믿음을 잃지 않고 척박한 한국의 땅에 진성리더십이 뿌리를 내리는데 도움을 주신 기업의 CEO분들과 임원분들, 리더분들, (사)대한리더십학회의 동료 교수님들, 최옥순 수녀님을 비롯한 진성리더십 아카데미 졸업생들, 한국형리더십 연구회 손욱 회장님과 회원들, 리더십 연구에 물심양면의 조언을 준 후

학들에게도 감사를 표하고 싶다. 또한 연구실의 김문주, 이수정, 정예지, 홍계훈 박사, 조윤형 박사, 전미진 선생, 이지예, 조윤희, 김윤희, 김가림, 이수지, 손영주 명예연구원, 라온북스의 강금만 대표도 마지막까지 책을 꼼꼼히 읽고 좋은 조언으로 책을 완성하는데 도움을 주었다.

  이 자리를 빌어 이 모든 분들에게 감사의 마음을 표하고 싶다.

대현동 연구실에서

윤 정 구

목 차

서문 | 6

1부 21세기가 요구하는 새로운 리더십 | 17

   1장 리더십의 현 주소   18
      1-1 연기하는 리더   18
      1-2 탐욕의 리더   25
      1-3 결론   30
   2장 리더십의 미래   33
      2-1 구성주의   34
      2-2 디자인적 창의성   38
      2-3 체험산업   40
      2-4 플랫폼 산업   47
      2-5 초연결사회   50
      2-6 L자 경기   53
      2-7 결론   58
   3장 리더십의 새로운 표준   65

2부   진성리더십이란 무엇인가? | 71

4장   진성리더십의 개념   72
    4-1 진정성이란?   72
    4-2 진성리더십이란?   80
    4-3 진성리더십에 대한 오해   89

5장   진성리더십의 기본원리   96
    5-1 정신모형   96
    5-2 자아인식   123
    5-3 자기규율   129
    5-4 균형 잡힌 정보처리   137
    5-5 관계적 투명성   145

6장   진성리더십의 심화원리   157
    6-1 정렬과 커플링   158
    6-2 학습원리   163
    6-3 도덕적 감정과 긍정심리자본   172
    6-4 진성(眞性)   182
    6-5 임재   187

3부   진성리더는 리더십을 어떻게 다르게 실천하나? | 197

7장	진성리더십의 실천 I	198
7-1	의사소통	198
7-2	의사결정	210
7-3	임파워먼트	217
8장	진성리더십의 실천 II	232
8-1	코칭 및 멘토링	232
8-2	갈등관리	248
8-3	다양성관리	255
9장	진성리더십의 실천 III	261
9-1	성과관리	261
9-2	변화관리	272
9-3	리더십 개발	285

4부　진성리더십은 기존의 리더십과 어떻게 다른가? | 297

10장　고전적 리더십 이론　298
- 10-1 특성이론, 행동이론, 상황이론　299
- 10-2 목표경로이론, 의사결정이론　304
- 10-3 교환이론　308
- 10-4 리더십 대체론, 중화론, 리더십 로맨스　309
- 10-5 거래적 리더십, 카리스마, 변혁적 리더십　311

11장　현대 리더십 이론　316
- 11-1 수퍼리더십　317
- 11-2 공유리더십　321
- 11-3 팔로워십　323
- 11-4 정서적 리더십　325
- 11-5 서번트리더십　328
- 11-6 위기상황의 리더십　330
- 11-7 윤리적 리더십　337
- 11-8 이슈리더십　342

5부　진성리더십의 사회 조직적 맥락 | 347

12장　CEO의 진성경영　348
13장　리더의 사회적 책무　363

에필로그 | 375
참고문헌 | 381

21세기가 요구하는
새로운 리더십

1장. 리더십의 현 주소
2장. 리더십의 미래
3장. 리더십의 새로운 표준

안타깝지만 지금까지 세상을 장악했던 리더는 사명을 통해 자신과 구성원들을 각성시키고 이를 기반으로 세상을 위해 더 나은 차이를 가져온 진성리더라기보다는 자신의 개인적 욕망을 충족시키기 위해 세련된 연기에 몰입한 유사리더들이 더 많았다. 유사리더는 자신의 탐욕을 위해 리더십을 연기하고 포장하는 사람들이다. 개인적 욕망의 눈으로 세상을 보는 유사리더들에게 미래를 내다 볼 수 있는 통찰력이 있을 리 없다. 우리의 미래는 사명의 스토리로 구성원들의 마음을 일으켜 세워 세상을 변화시킬 수 있는 통찰력을 가진 진성리더들을 요구하고 있다. 이런 미래의 리더들은 구성원들을 위해 잃어버렸던 사명을 복원하고 또한 복원된 사명을 구현하기 위해 진정으로 헌신하고 희생하는 리더들이다.

제1장

리더십의
현 주소

> 사람들은 목적을 잃어버린 순간 온갖 이상한 일에 몰두하기 시작한다.
> – 니체

연기하는 리더

21세기 대한민국은 정치, 경제, 사회, 교육, 문화, 종교 모든 영역에서 대혼란을 겪고 있다. 한 마디로 혼돈의 도가니이다. 더 큰 문제는 우리사회가 좌표를 잃은 배처럼 표류하고 있으나 어느 누구도 나서서 제대로 된 방향을 제시하지 못하고 있다는 점이다. 이와 같은 혼돈의 가장 근원적인 원인은 본질과 그 본질을 구현하는 제반 부수적 수단의 톱니바퀴들이 서로 구조적 괴리를 일으켜 겉도는 현상인 디커플링(Decoupling) 문제다.[1] 디커플링이 심화될수록 사람들은 이 디커플링을 숨기기 위해서 본질이 아닌 것을 본질인 것처럼 연기하고 치장하는데 더 몰입하게 된다. 연기와 치장, 꾸밈이 심화되면 될수록 삶의 진정성은 모든 영역에서 자리를 점점 잃게 된다. 진정성이 삶에서 퇴조하면 할수록 삶의 의미에 대한 혼동인 아노미는 심각해진다.[2] 삶의 의미에 대한 혼동은 눈에 보이는 것, 부수적인 것, 수단적인 것, 중독성이 있는 것, 즉각적으로 과시할 수 있는 현상들에 더욱 집착하게 만든다.[3] 사람들이 연기, 꾸밈, 가면에 몰입할수록 삶은 그 본질에서 더욱 멀어지고 급기야는 이런 부수적인 것을 목적으로 착각하고 정당화하는 세력까지 등장한다. 자신의 순간적인 편의를 위해서 썼던 가면을 오랫동안 벗지 못하면 급기야는 이 가면을 자신의 맨 얼굴로 착각하며 살게 된다.

연기하는 삶은 한 때 한국 경제성장의 견인차 역할을 했다고 자부하는 회장님들의 전유물이었다. 회사의 직원들을 대상으로 호령하는 화려한 카리스마 이면의 또 다른 모습은 휠체어를 타고 법정에 출두하는 코스프레에 담겨있다. 휠체어에 링거는 연출을 위한 필수품이다. 이와 같은 연출은 국민들에게 그간 국가의 경제에 기여한 노고 때문에 지금은 병들어 있는 불쌍한 노인이라는 측은지심을 불러일으키기 위한 것이다.[4]

휠체어를 타고 법정에 출두한 원조는 한보그룹의 정태수 전 회장이다.[5] 정태수 회장은 우리나라 개발독재시대에 부동산으로 재벌그룹에 올라섰다가 몰락한 한보그룹의 전 회장이다. 세무공무원 출신인 정태수씨는 1978년 강남이 개발되기 시작할 무렵 강남의 은마 아파트를 건축해서 단 열흘 만에 4천4백여 가구를 전량 분양하는데 성공해 돈방석에 오르게 된다. 그 후 한보그룹을 설립해서 자산규모 14위의 대기업으로까지 키웠지만 방만한 경영으로 IMF를 맞아 결국 도산한다. 로비의 귀재라는 별명에 걸맞게 도산과정에서 정경유착과 각종 비리가 발각 되어 한보사태를 초래하고 이로써 완전몰락의 길을 걷게 된다. 이후 정태수 전 회장은 재기를 노렸지만 2007년 다시 횡령혐의로 재판을 받게 된다. 정태수씨는 재판도중 일본을 거쳐 외국으로 도피했다. 그간 2천억 원이 넘는 세금을 내지 않아 역대 최고액 체납자라는 불명예를 안고 있다. 정태수 회장과 관련된 유명한 일화는 전문경영인과 직원들을 자신이 부리는 머슴으로 비하한 사건이다. 직원과 전문경영인조차도 머슴으로 취급하고 자신은 제왕적 회장으로 군림하는 화려한 모습과는 대조적으로 정태수 회장은 1997년 4월 29일 법정에 출두할 때 오른팔에 링거를 꽂고 휠체어에 의지한 채 법정에 들어섰다. 며칠 동안 수염을 깎지 않고 덥수룩한 모습은 완전 중증 환자의 모습이었다.

이와 같은 휠체어 연기가 먹혀들어가자 이 법정 코스프레는 방송통신위원장, 국회의원, 교육감, 대학교 이사장 등에 의해서도 그대로 재연되었다. 심지어 입학비리로 형사처분을 받은 한 학원의 이사장은 영장실질심사를 받기 위해 법원에 출석하면서 환자복을 입은 채 간이침대에 누워 서울의 한 지방법원으로 들어갔지만 법원에서 구속영장을 발부하자 화가 나서 나갈 때는 자신의 두 발로 걸어 나와 보는 사람들을 당황하게 만들었다. 사회적 지도자라는 사람들이 앞장서서 휠체어를 타는 모습은 누구나 다 인정하는 연기였던 것이다. 이들은 연기의 주연배우였지만 법원이나 검찰은 이 연기를 기획해내는 연출자였다.[6]

정치가와 경제인뿐만 아니라 다른 사회 지도층들도 연기의 주연배우이기는 마찬가지이다. 이들은 공공마당에서는 선량하고 화려한 지도자로서의 모습을 열렬히 연기하지만 이 공공마당을 벗어난 사적인 장면에서는 자신의 사욕을 그대로 드러내왔다. 강대상에서는 신자들을 대상으로 영혼구원을 외치던 목회자들이 강대상을 내려오는 순간 자신의 자식이나 측근에게 교회와 부를 세습하는 조직정치에 더 몰입하는 이중적 모습도 더 이상 비밀이 아니다. 사람들은 이들의 이러한 행태를 보고 종교인들도 북한의 김씨 일가나 재벌과 다르지 않다는 결론에 도달했다. 신앙심보다 정치적 파벌, 패싸움과 도박과 유흥에 몰입하다 적발되는 스님들에 대한 신문기사도 이제는 낯설지가 않다. 교육계라고 해서 다르지 않다. 학교는 학생들의 잠재력과 인성을 길러내야 할 공공교육의 본질을 잃은 지 오래다. 오히려 교육자들이 앞장서서 학벌과 성적위주의 경쟁논리의 전도사 역할을 수행했다. 일부의 일탈교사들은 심지어 교실이라는 장막 뒤에 숨어 학생들을 성적 욕구의 대상으로 삼았다. 이들은 학생들의 인성과 잠재력보다는 학생들을 점수로 서열화하여 학벌이라는 기득권을 만들어 내는 데 앞장섰고 이 학벌에서 제외된 모든 학생을 인생의 낙오자로 만들어왔다.

한국사회에서 더 심각한 문제는 이들 부패한 사회적 엘리트들이 서로 은밀하게 연대해가며 자신들의 연기를 공공연하게 제도화하고 있다는 점이다. 공적인 무대 위에서는 선량한 사회의 엘리트 모습을 연기하지만 무대 뒤에서는 서로 연대해가며 자신의 기득권을 챙기는데 혈안이 되어 있다. 힘 있는 집단 간의 연대는 사회의 거래비용을 치솟게 하여 한국사회를 총체적으로 부실하게 파괴시키는 주범으로 작용하고 있다.[7] 소위 이들 간의 연대는 전관예우나 낙하산의 형태로 퍼지기 시작해 지금은 무슨 피아라는 신조어를 만들어내고 있다. 이런 피아들이 재생될수록 한국사회의 본질은 이들의 기득권 세력의 사욕을 채우는 재물로 전락한다. 화려한 무대 뒤에서 은밀하게 연출을 담당해온 피아들에 의해서 한국사회 전체가 부실화된 결과로 나타난 것이 세월호 사건이다. 세월호 사건은 본질을 잃고 표류하고 있는 한국사회의 구조적 치부를 그대로 보여준 역사적 비극이다.

리더십 이야기

[국민일보 경제시평] 세월호 유감
2014. 05. 14

타이타닉 침몰 후 선장과 승무원이 목숨을 바쳐 설정해놓은 사명이 승무원들은 "승객을 먼저 구하고 자신들은 최후에 탈출해야 된다"였다. 이 사명은 선장과 승무원을 직업으로 하고 있는 세계 모든 사람들 사이에 불문율처럼 받아들여지고 있었다. 얼마 전 침몰한 이탈리아의 여객선 선장과 한국의 세월호 선장은 이 불문율을 깨버린 불명예를 안게 되었다. 이번 사건은 한국을 대표하는 불명예 사건으로 세상의 모든 사람들에게 오랫동안 기억될 것이다.

선장과 승무원들이 사건이 일어나자 먼저 탈출하게 된 것은 세월호 선장과 선원들은 자신의 직업에 대한 기본적인 사명도 지키지 못한 것이다. 한 마디로 세월호 사건은 요즈음 한국을 흔들어 놓는 큰 사건들에서 드러나고 있듯이 사명을 잃고 표류하고 있는 한국사회의 치부를 그대로 드러내 보여주었다.

세월호 사건과 같은 대형 사건들을 심층적으로 분석해보면 대부분 인재로 결론 나고 회사의 경우 이 인재의 원인은 경영과정 상의 문제로 집약된다.

직접적 원인은 위기의 상황에서 자신의 사명을 헌신짝처럼 버린 선장과 승무원들에게 있다. 하지만 이들이 이런 사명을 버리는 행동을 촉발한 것은 세월호를 운영하는 회사가 평소 직원들의 사명을 어떻게 강화했었는지에 달려 있다. 회사는 직원들이 사명을 실험하고 복원하는 플랫폼이고 이들을 단련시키는 운동장이다. 결국 청해진해운은 이와 같은 역할을 전혀 하지 못한 것으로 드러나고 있다. 오히려 회사가 나서서 사명을 죽이고 이윤만을 따라 회사를 운영하는데 선두에 선 회사인 것으로 드러났다. 회사가 존재하는 이유인 사명을 헌신짝처럼 버리고 신자유주의 논리에 따라 효율성을 높이고 비용을 줄이기 위해 최선을 다한 회사의 경영형태가 가져온 결과가 세월호 사건이다. 평소 적절한 수준의 월급도 주지 않고, 근무시간을 쥐어짜고, 이윤을 위해 직원들의 교육비용을 줄이고, 인건비를 줄이기 위해 계약직으로 대체한 상황에서 이들에게 사명을 위해 목숨을 바치라고 주문하는 자체가 이율배반적일 수도 있다. 평소 회사에 불만을 품고 있었을 선장과 직원들이 똘똘 뭉쳐서 고객을 버리고 자신들만 탈출에 성공한 것이 이를 대변한다.

이번 사건은 신자유주의 시장경제론을 무비판적으로 받아들여 사명의 사망선고를 주도한 한국사회가 만들어낸 인재이다. 사명이 복원되어 이 사명이 회사를 장악하지 못할 경우 이와 같은 사고는 앞으로 일어날 수 있는 많은 사고들의 전조라는 생각을 하니 식은땀이 난다. 이번 사건으로 한국은 사명을 상실하고 표류하는 대표적 국가라는 낙인이 찍혔다.

이런 와중에 선사의 직원도 아닌 협력사 안내직원이었던 박지영씨는 지난 16일 침몰하는 상황 속에서 학생에게 구명조끼를 양보하고 승객의 대피를 돕다가 변을 당했다.

"왜 구명조끼를 입지 않느냐"는 한 학생의 걱정스러운 물음에 박씨는 "승무원들은 마지막까지 있어야 한다. 너희들 다 구하고 나도 따라 가겠다"고 말한 것으로 전해져 많은 이들의 가슴을 아프게 했다.

한국사회가 살아날 수 있는 희망의 불씨는 말만 앞세우는 정치가들이나 돈만을 좇아 영혼을 버린 회사들에게서는 찾아볼 수 없다. 우리의 희망은 이들과는 독립적으로 알아주든 알아주지 않든 간에 자신의 사명을 지키기 위해 자신의 목숨까지 기꺼이 희생해 가며 사명의 불씨를 꺼트리지 않는 숨겨진 분들에게 있다.

윤정구 이화여대 경영학 교수

니체가 경고했듯이 사람들은 본질에서 벗어나면 이상한 짓에 몰두하기 시작한다. 한국사회에서 최근 번지기 시작한 이상한 짓의 전조로 나타난 것이 갑질이다. 최근 들어 갑자기 늘어난 대표적인 갑질로는 2013년에 일어난 포스코 라면상무 사건, 남양유업 영업사원이 대리점주를 상대로 막말과 욕설을 퍼부은 사건, 윤모 전 청와대 대변인이 박대통령 미국 순방 수행 중 대사관 인턴을 추행한 사건, 전 항공사 부사장의 땅콩리턴 사건, 경기도 부천 현대백화점 주차요원을 무릎 꿇리는 행패를 부린 모녀의 갑질 사건이 있다. 이와 같은 사회지도층의 갑질 행각은 힘 있는 사람들이 자신보다 약한 모든 사람들에게 무차별적으로 행하는 한국사회 전체의 갑질로 전염되고 있다. 갑질이란 상대를 인격을 가진 인간으로 생각하지 않고 자신의 사적 목적을 충족시켜주는 물건으로 취급할 때 생기는 제반 부정적 비인격적 행동을 말한다.[8] 갑질이 한국사회에 특히 만연하게 된 이유는 신자유주의에 대한 맹신에서도 기인한다. IMF 이후 사회의 지배적 패러다임으로 정착한 신자유주의는 모든 인간관계를 무한경쟁 속에서 사고파는 물적 관계로 바꾸어 놓았기 때문이다. 이 신자유주의의 영향으로 국민 모두가 나서서 자기보다 약한 사람에게 행하는 갑질은 대한민국의 자연스런 한 행태로 정착되고 있다.

한 마디로 한국은 본질을 잃고 표류하는 배이다. 본질을 잃고 표류할 때 사람들은 삶의 의미에 대한 혼동을 일으키는 아노미의 바다에 빠지게 되고 이 아노미의 바다에서 벗어나기 위해 다시 연기하고 치장하고 꾸미는 일에 몰두한다. 연기하고 꾸미고 치장하는 일에 몰입할수록 삶은 본질에서 더욱 멀어지고 어느 순간 사람들은 비정상적인 것을 오히려 정상적인 것으로 받아들이기 시작한다. 사람들은 오래전부터 약간의 정신이상 증세를 보였지만 오히려 이것을 정상인 것처럼 치부하기 시작한다. 본질을 잃고 아노미의 바다에 표류하는 배에 탄 사람들이 공통적으로 겪는 징후이다.

탐욕의 리더

한국뿐만 아니라 글로벌 세계에서도 본질과 수단의 톱니바퀴가 서로 겉도는 현상인 디커플링은 보편적인 현상으로 정착되어 왔다. 문제는 이 디커플링 뒤에는 항상 탐욕의 세력이 숨어 있다는 점이다. 수없이 많은 디커플링 현상과 관련해 가장 대표적인 탐욕의 극치를 보여준 사건은 회계장부 조작 사건이다. 회계장부의 본질은 한 기업이 어떻게 가치와 이윤을 창출했는지의 진실한 경영활동을 숫자로 정리하여 시장에 제공하는 것이다. 하지만 굴지의 회사를 이끌고 있는 경영진들의 생각은 다르다. 회사의 경영진들은 비록 장사는 잘 안 됐지만 장사가 잘된 것처럼 회계장부를 꾸며서 시장에 공시하고 싶은 욕망에 끝없이 시달린다. 조작된 회계장부의 내용을 시장에서 주주들이 그대로 믿어주기만 한다면 주가는 뛸 것이고 주가가 뛴다면 주주들이 자신의 임기를 연장해 줄 것이기 때문이다.

이와 같은 회사 경영진의 이기적 욕망의 문제가 수면으로 처음 떠오른 것이 2001년에 터진 엔론(Enron) 사태이다.[9] 회계장부 조작이 전면으로 드러나기 전까지 엔론은 텍사스를 대표하는 에너지 기업이었다. 사건이 터지기 전까지 엔론은 대부분의 미국 경제지에서 자본주의의 총아로 칭송받고 있었다. 포춘지는 엔론을 6년 연속 "미국에서 가장 혁신적인 기업"으로 선정하기도 했다. 하버드가 MBA를 배출하면 이중 상당수의 인원들이 엔론으로 입도선매되었다. 파산하기 전까지 2만 명의 직원을 고용했고 2000년 매출이 1,110억 달러였다. 심지어 엔론의 경영진들은 자신의 종업원들에게도 퇴직연금을 해지하여 회사의 주식을 매입하도록 독려했다. 경영진의 말을 믿고 자사주를 매입한 대부분의 선량한 종업원들은 회계장부 조작이 발각되자 휴지조각으로 변한 주식을 떠안고 거리로 내몰려야 했다. 회사를 이끌고 있던 케네스 레이 회장은 맥킨지의 컨설턴트인 제프리 스킬링을 대표이사로 고용해 회계책임자인 앤드루 패스토우와 함께 장부조작을 각색했다. 각종 유령회사를 설립해서 거추장스러운 고정자산을 털어내고 엔론을 건실한 기업으로 포장했다. 온라인 에너지 중계회사를 설립해서 자기의 매출과 상관없는 매출을 자신의 매출로 부풀렸다.

1985년에 설립해서 2001년까지 16년간 쌓은 명성이 회계장부의 조작이 발각되자 단 몇 개월 만에 공중분해 되었다. 언덕을 힘들게 올라가 명성을 쌓기까지는 수십 년이 걸리는 어려운 일이지만 회사가 무너져서 언덕을 내려가는 데는 불과 며칠 걸리지 않는다. 영국의 경제일간지인 '파이낸셜타임스'는 레이 전 회장에 대해 "그리스 신화의 이카루스처럼 추락하기 전까지 그의 삶은 화려한 경력으로 채워져 있었다"면서 "가난하지만 성실하고 정직했던 한 소년의 아메리칸 드림이 비극적 결말을 맺었다"고 보도했다. 이 회사의 회계책임을 맡았던 아서 앤더슨 역시 이 사건으로 파산하게 되었다. 케네스 레이 회장과 대표이사 제프리 스킬링은 연방법원에서 사기와 내부자 거래 등으로 징역 24년 4개월, 24년의 유죄를 선고받았다. 이 형량은 미국법원이 회사의 경영진의 부정에 대해서 다루는 정서가 한국법원의 정서와는 판이하게 다름을 증명해줬다. 하지만 형을 선고받기도 전에 레이 회장은 집에서 심장마비로 사망해 벌은 하늘의 감옥에서 받게 됐다.

이 사건으로 충격을 받은 미국연방정부는 2002년 사베인즈-옥슬리 법안(Sarbanes-Oxley Act)을 통과시켜 미국 회사들의 회계부정을 꼼꼼히 점검하기 시작했다. 사베인즈-옥슬리 법안으로 회계장부의 검증이 시작되자 더 충격적인 사실들이 속속들이 드러나기 시작했다. 엔론은 빙산의 일각에 불과했던 것이다. 대부분의 미국기업들이 장부조작에 가담하고 있었다. 2002년 Adelphia, AOL, Bristol-Myers Squibb, CMS Energy, K-Mart, Merck & Co, Merrill Lynch, Qwest Communication, Tyco International, WorldCom의 회계부정이 발각되고 2003년에는 Parmalat, Nortel, 2004년에는 Chiquita Brands International, AIG의 회계부정이 발각된다. 이와 같은 회계부정에 관한 일련의 사건은 계속 꼬리에 꼬리를 거듭해 2010년 우리를 괴롭혔던 Lehman Brothers까지 이어지게 된다. 결국 미국이 누리고 있던 지금까지의 호황은 실물경기의 호황에 근거한 것이 아니고 경영자들이 자신의 탐욕을 채우기 위해 연출한 거품이었다는 냉혹한 사실이 밝혀지게 됐다. 이에 격분한 미국시민들이 월가에 진출해 미국의 경영자들을 탐욕스러운 돼지로 비유해가며 이들의 퇴출을 위한 시위를 벌이기에 이르렀다. 미국 경영자들은 더 이상 세상의 부를 창출하는 청렴한 청교도적인 리더들이 아니다. 지금 세계 시민들이 고통스럽게 경험하고 있는 세계적 불황은 경영의 본질에서 벗어나 자신의 사욕을 채우기에 급급했던 미국 경영자들의 탐욕에서 시작되었기 때문이다.

언젠가 미국 인텔의 앤드류 회장은 자신은 두 종류의 다른 명함을 가지고 다닌다고 고백한 적이 있다. 하나는 자신 회사의 로고가 박힌 명함이고 다른 하나는 로고가 없이 자신의 이름만 있는 명함이라고 고백했다. 이유는 자신이 미국의 경영자라는 것이 부끄러워서 자신을 모르는 사람들에게는 인텔의 로고가 박히지 않은 명함을 건넨다는 것이었다. 이와 같은 일화는 미국 국민들이 탐욕스러운 경영자들을 어떻게 대하고 있는지를 반영하고 있다.

자본가들의 탐욕에 의해서 벌어진 회계장부 조작은 기업의 실제 활동을 숨기고 연출된 활동이 기업의 본질적 활동인 것처럼 꾸미는 디커플링을 드러낸 것이다. Otto Scharmer와 Katrin Kaufer는 자신들의 저서 〈Leading from the Emerging Future〉에서 글로벌 세계를 혼돈으로 이끌고 있는 구조적 디커플링 현상을 경제의 본질에 해당하는 실물경제와 연출된 경제에 해당하는 금융경제의 괴리에서 찾고 있다.[10]

이들의 분석에 따르면 2010년 기준으로 세계 외환거래 총액은 1,500조 달러에 육박하고 있으나 국제무역 총액은 20조 달러로 외환거래 총액의 1.4 퍼센트에 불과하다. 따라서 외환거래의 절대량은 순전히 파생금융 등 수학공식을 통해서 창출한 장부상의 거래이거나 투기목적의 거래이다. 이와 같은 거래는 사회가 기능하는 데는 전혀 도움이 되지 않고 경제의 버블을 키운다. 라틴 아메리카의 외채위기(1980년대), 아시아의 금융위기(1997년), 닷컴 버블(2000년), 미국의 주택금융 위기(2006년-2007년), 세계 금융위기(2007년-2008년), 유럽의 위기(2010년) 등등은 다 실물경제와는 상관없이 형성된 금융경제의 버블이 꺼지는 과정에서 만들어진 혼란이다. 수차례에 걸친 버블의 붕괴는 세계경기를 회복될 기미가 보이지 않는 장기침체국면인 L자 경기로 내몰았고 이 과정에서 정직한 땀을 통해서 실물경제활동을 영위하고 있는 사람들에게 곤경과 박탈감을 심어주고 있다.

경제에서 주인의 역할을 해야 할 실물경제가 손님으로 밀려나고 반대로 손님이었던 금융경제가 주인으로 행세하는 디커플링이 지금 세계인들이 고통 받고 있는, 한번 떨어지면 장기적으로 회복할 기미가 안 보이는 L자 경기침체의 주역이었던 것이다. 이 같은 구조적 디커플링은 경제의 본질에 해당되는 실물경제를 위축시키고 대신 금융거래를 이끄는 사람들이 경제의 주도권을 쥐고 막대한 부를 축적하도록 만들었다. 그 결과 이들이 극도의 소득거품을 통해 축적한 천문학적 부는 사회의 극복할 수 없는 양극화를 초래했다. 지금은 전 세계 최상위 1퍼센트가 세계 부의 40퍼센트를 장악하고 있다. 역으로 세계인구의 50퍼센트가 세계 부의 1퍼센트만을 소유하고 있는 형국이다. 이와 같은 극복할 수 없는 양극화는 실물경제에 성실하게 참여하는 사람들의 노동에 대한 동기를 상실하게 만드는 주범으로도 작용하고 있고 기회에 대한 불평등을 심화시키는 비도덕적 요인으로도 작용하고 있다.

경제의 기반이 송두리째 무너지면서 숫자상으로는 국내총생산(GDP)이 올라가도 인구의 절대 다수를 차지하고 있는 일반시민들의 기본적 생존을 보장해주는 최소한의 복지수준도 누리지 못하고 있다. 더 큰 문제는 경제적 양극화에서 시작한 양극화가 사회의 다른 영역의 양극화로 급속하게 번지고 있다는 점이다. 경제적 양극화가 심화될수록 기술도 특정한 계층을 위해서만 사용되는 기술의 양극화를 초래하였고, 정치에서도 일반시민들은 점점 배제되는 비민주적 행태를 경험해야 했다. 결국 인구의 대다수를 차지하는 일반인들은 부를 축적한 신흥 귀족들을 위해서만 존재하는 현대판 신 노예사회를 예고하고 있다. 경제의 본질이 복원되고 양극화에 대한 극단적 조치가 마련되지 않는다면 신 노예사회는 영원히 고착될 수밖에 없는 국면에 이르렀다.

이 모든 것이 결국은 삶의 본질을 잃어버리고 부수적인 것들, 주변적인 것들이 본질을 대체하기 시작하는 디커플링에서 시작되었다. 디커플링 세상은 삶의 극심한 혼돈을 불러왔다. 혼돈의 바다에서 사람들이 살아남기 위한 유일한 방안은 진실을 외면해가며 연기하고 꾸미는 일이다. 연기하고 꾸미는 일에 익숙해질수록 탐욕과 거품이 가세한다. 탐욕과 거품이 득세할수록 본질을 찾아 회귀하려는 노력은 점점 설 땅을 잃고 있다. 사회든 경제든 본질을 벗어나서 부수적인 것을 본질로 치장하고 연기하는 삶에서 벗어나지 못한다면 미래도 없다.

결론

본질이 무너지기 시작하면 이것을 기회로 자신의 탐욕을 채우기 위해서 단기적 성과를 극대화 시키는 연기자들이 리더로 등장한다. 간디도 한 사회에서 무질서와 혼돈이 만연되는 아노미 현상이 나타나는 원인을 사회의 각 영역에서 본질을 밀어내고 중심을 차지한 다음과 같은 7대 사회악 때문이라고 규정하고 있다.[11]

1. 원칙 없는 정치 (Politics without principles)
2. 노동 없는 부 (Wealth without work)
3. 양심 없는 쾌락 (Pleasure without conscience)
4. 인격 없는 교육 (Knowledge without character)
5. 도덕 없는 상업 (Commerce without morality)
6. 인간성 없는 과학 (Science without humanity)
7. 희생 없는 종교 (Worship without sacrifice)

간디가 제시한 7대 사회악은 우리가 지금의 혼돈 상태를 극복하고 건강한 시민사회를 되찾기 위해서 어떤 본질을 다시 세워야 하는지를 잘 제시해주고 있다. 간디의 충고는 우리에게 사회의 본질에 해당하는 것을 다시 중심에 세우고 본질을 대신해왔던 제반 수단적인 것들을 수단의 자리에 돌려놓는 일에 사회 지도자들이 앞장설 것을 요구하고 있다. 우리는 주객이 전도된 사회를 살고 있다. 손님이 주인행세를 하고 있지만 주인도 어느새 길들여져 자신이 주인이라는 것을 잊고 살고 있다. 우리에게 지금은 어느 때보다 본질과 수단을 제 자리에 돌려놓는 작업이 시급한 시점이다. 본질을 중심에 돌려놓는 복원 작업만이 길을 잃고 끊임없이 표류하는 아노미의 바다에서 우리를 구해낼 수 있다.

본질이 본질로서 다시 중심에 세워지고 본질로서의 역할을 제대로 수행할 때 어떤 수단과 역량을 본질에 결합시켜야 목적을 제대로 달성할 수 있는지에 대한 정확한 안목을 얻을 수 있다. 본질을 복원하고 이 본질에 의해서 선택된 제대로 된 수단을 결합시킬 수 있을 때 각 사회의 영역에서 진정한 리더들이 제대로 성장하는 토양이 만들어질 것이다. 한국뿐만 아니라 글로벌에서도 모든 사회영역이 활발하게 부흥하는 르네상스를 다시 만들어내기 위한 방법은 리더가 앞장서서 삶의 본질을 복원하고 본질에 맞는 수단을 커플링 시키는 일이다. 이것이 현대를 사는 모든 리더의 사명이다.

리더십 이야기

껍데기는 가라[12]
- 신동엽

껍데기는 가라.
사월도 알맹이만 남고
껍데기는 가라.

껍데기는 가라.
동학년 곰나루의,
그 아우성만 살고
껍데기는 가라.

그리하여, 다시
껍데기는 가라.
이곳에선, 두 가슴과 그곳까지 내논
아사달 아사녀가
중립의 초례청 앞에 서서
부끄럼 빛내며
맞절할지니

껍데기는 가라.
한라에서 백두까지
향그러운 흙가슴만 남고
그, 모오든 쇠붙이는 가라.

진성리더를 위한 학습 포인트

- 본질과 수단이 겉도는 현상을 디커플링이라고 한다.
- 본질을 잃어버리는 순간 리더는 엉뚱한 일에 몰입하기 시작한다.
- 본질을 잃은 리더의 리더십 행동은 연기이다.
- 본질을 잃은 리더는 반드시 탐욕에 몰입하기 시작한다.
- 진성리더는 본질을 중심에 세우고 수단을 본질에 정렬시키는 사람이다.

제2장
리더십의 미래

> 인간이 역사를 만드는 것이지 역사가 인간을 만드는 것은 아니다.
> 리더가 없었다면 사회는 진보할 수 없었다.
> – 해리 트루먼

> 네 운명을 스스로 통제하라.
> 그렇지 않으면 다른 누군가가 통제할 것이다.
> – 잭 웰치

리더들에게는 현재의 당면한 문제를 해결하는 것도 급선무이지만 전혀 예측불가능하게 시시각각으로 변화하는 미래에 대처하는 것은 더 큰 문제이다. 미래는 우리가 그간 예측해왔던 범위를 훨씬 넘어서 급속도로 변화하고 있고 이 변화의 소용돌이 속에서의 한 번의 실족은 우리의 운명을 회복할 수 없는 추락으로 내몬다. 이 변화에 대한 불안은 말 그대로 시한폭탄과 같다. 한 마디로 지금 우리가 겪고 있는 모든 문제와 기회는 미래의 변화에 어떻게 대응할 것인지에 따라 운명이 달라진다.

학자들마다 논조의 차이가 있지만 미래의 변화를 주도하는 중요한 꼭짓점을 구성하는 요소로 다음과 같은 여섯 가지를 꼽는 것에는 대체로 이견이 없다. 첫째는 세상이 실증주의 세상에서 구성주의의 세상으로 넘어가는 경향이고, 둘째는 디자인적 창의성을 가진 사람들이 변화를 주도

하는 현상이다. 셋째는 기술과 품질을 가진 사람들이 지배하는 세상에서 자신만의 독창적인 체험을 제공할 수 있는 리더들이 주도하는 체험산업의 등장이다. 넷째는 전통적 산업의 경계를 넘어선 플랫폼 리더의 등장이다. 다섯째는 데이터 기술의 발달로 모든 인간과 사물들이 디지털로 연결되는 초연결사회의 국면이고, 여섯째는 장기적인 불황을 지칭하는 L자 경기의 도래이다.

구성주의

21세기의 세상은 실증주의 세상에서 구성주의 세상으로 급격하게 재편되고 있다.[1] 실증주의 세상은 과거의 성공에 의해서 미래의 답이 선형적으로 예측 가능한 세상이다. 과거의 성공에 의해서 미래의 성공의 흐름을 예측해볼 수 있고 이 예측에 기반을 두고 미래를 계획하고 이 계획을 실제로 집행해본다. 이 집행이 맞아 떨어지지 않을 경우 다시 방향을 잡아서 새로운 계획을 세운다 하더라도 큰 문제가 생기지 않은 세상이었다. 전통적 경영학의 'Plan-Do-See'가 그대로 먹혀들어가는 상황이다.

구성주의 세상은 과거의 성공에 의해서 미래의 답을 찾을 수 없는 세상이다. 과거에 의해서 미래의 답이 도출되지 못하므로 일견 어느 누구도 객관적인 답을 가지고 있지 않은 세상이다. 과거와 미래를 연결하는 끈이 선형적인 법칙에 의해서 연결된 것이 아니라 비선형적인 무정형적인 끈에 의해서 연결되어 있어서 과거를 보고 미래를 논리적으로 추론하는 것이 불가능하다.

미래가 예측되지 않는 구성주의 세상에서 답을 제시하는 사람들은 이론이나 고도의 과학적 법칙으로 답을 예측하는 학자나 과학자들이 아니라 설득력 있는 스토리로 답을 구성할 수 있는 통찰력을 가진 사람들이다. 한 치 앞도 분간할 수 없는 변화의 소용돌이 속에서 모든 사람들은 눈 뜬 장님으로 살아갈 수밖에 없다. 장님들의 세상에서 장님들에게 볼 수 있는 눈을 제공하는 것은 추상적 이론이나 과학이 아니라 생생하게 상상된 통찰력을 가진 스토리이다. 어떤 사람이 미래의 세계를 생생하게 스토리로 상상해낼 수 있고 많은 사람들이 그런 스토리가 구현되는 세상에 마음을 빼앗기게 되면 그 스토리의 세상이 현실로 구현되는 기적이 일어날 수 있게 되는데 그러한 세상이 구성주의 세상이다. 미래의 답으로 제시한 어떤 스토리가 그 스토리를 구현할 수 있는 기술을 가진 사람들의 마음을 사로잡아 이들을 협업의 장으로 끌어들일 때 그 상상 속에만 존재하는 세상이 현실로 태어나게 되는 세상이 구성주의 세상이다. 세상은 사람들의 마음속에서 상상으로 먼저 태어나게 되고 이런 스토리로 세상을 볼 수 있게 만들어 주는 스토리텔러들이 리더로 등장한다. 구성주의 세상의 리더로 등장한 애플은 자신들이 상상해낸 세상을 구현할 수 있는 원천기술이 별로 없는 회사이다. 애플이 구성한 스토리를 답으로 생각하고 이에 마음이 빼앗긴 기술력이 있는 사람들이 협업으로 붙어서 애플의 스토리를 현실로 구현해 낸 것이다.

미국 경제전문지 포브스가 2014년에 이윤창출에 대해 재미있는 시뮬레이션 한 결과를 제시했다.[2] 이 시뮬레이션은 아이폰 한대의 가격이 100만 원이라고 가정했을 경우 원가는 부품비용 21만 9천 원, 인건비는 5만 3천 원을 합쳐서 총 27만 2천 원 정도가 소요되는 것으로 산출했다. 결국 순익은 72만 8천 원이다. 이 순익의 배분을 다시 시뮬레이션 한 결과 스마트폰이라는 개념과 이 개념에 기반을 둔 상상적 스토리를 만들어 낸 장본인인 애플이 58만 3천 원을 가져가고, 삼성이나 엘지와 같은 제조업체가 4만 7천 원, 나머지 미국 기업들이 2만 4천 원, 유럽기업들이 1만 1천 원, 대만기업들이 5천 원, 일본 기업들이 5천 원, 출처가 확인되지 않은 기업들이 나머지 5만 3천 원을 가져가는 것으로 분석했다. 시뮬레이션의 결과이지만 결국 스토리와 개념을 만든 애플이 이익의 80% 이상을 가져가는 것으로 볼 수 있다. 이처럼 구성주의 세상에서는 세상에 대한 가치를 창출하는 주체가 기술을 제공한 회사가 아니라 새로운 세상을 구성해 나갈 수 있는 개념과 스토리를 제공해서 기술력이 있는 사람들의 마음을 사로잡은 회사들이다.

이와 같은 회사들은 과거와 현재가 더 이상 선형적인 방식에 의해서 연결되고 있지 않다는 것을 깨닫고 비선형적 방식으로 발현되는 숨은 패턴을 읽어내는 통찰력을 가지고 있다. 이들은 이 패턴에 흐르는 개념을 이해하기 위해서 스토리를 사용한다. 스토리는 문자가 발명되기 이전에 사람들에게 사건을 생생하게 기억시키기 위한 아주 원시적인 도구였다. 디지털 시대에 이 스토리가 다시 세상을 이끌어가는 전면에 등장하는 것은 기억의 문제 때문이라기보다는 복잡한 세상을 이해하기 위한 상상적 그림을 제시해주기 때문이다.[3] 세상이 비선형적으로 복잡해져 논리적 방식으로 이해할 수 없을수록 스토리로 그 상황을 생생하게 그려내는 능력이 중요해진 것이다. 미래를 창조하는 리더십은 이런 새롭게 등장하는 패턴 속에 숨어 있는 개념들을 통찰력이 있는 스토리로 그려내서 이 스토리로 사람들의 마음을 사로잡을 수 있는지에 달려 있다. 스토리는 암흑과 같은 세상을 볼 수 있는 통찰의 눈이다. 논리적으로 예측할 수 없는 암흑과 같은 세상에 자기만의 스토리가 없이 세상을 사는 것은 장님의 삶을 사는 것과 같다.

리더십 이야기

선도 기업들의 미래에 대한 스토리

애플은 인문과 기술이 만나는 지점에 존재한다. 또한 애플은 학생, 교육자, 창조적 전문가, 소비자들에게 혁신적인 하드웨어, 소프트웨어, 인터넷 상품을 통하여 가장 개인적인 컴퓨터 경험을 나눠주는데 헌신한다.

– 애플

사악하게 기업하지 않아도 돈을 벌 수 있다는 것을 증명한다.
세상의 정보를 누구나 쉽게 사용하고 접근할 수 있게 한다.

– 구글

사람들에게 공유할 수 있는 권한을 부여해서 세상을 더 열려있고 연결되도록 만든다.

– 페이스북

모든 사람이 자신의 컴퓨터를 갖고 세상과 소통하는 컴퓨터의 민주화를 완성한다. 컴퓨터를 통해 지구에 있는 모든 조직과 개인이 더 많이 성취할 수 있도록 임파워먼트 시킨다.

– 마이크로소프트

누구든지 어느 물건이든 글로벌하게 거래할 수 있는 플랫폼을 제공한다.

– 이베이

친구, 가족, 동료에게 "지금 무엇하고 있나요?"라는 단순한 질문을 교환하도록 함으로써 세상이 연결되고 소통하도록 할 수 있게 한다.

– 트위터

디자인적 창의성

애플의 스티브 잡스는 어떻게 애플과 같은 창의적인 회사를 만들었느냐는 질문에 애플은 디자인을 통해서 인문학과 기술의 교차점에서 만들어진 회사라는 점을 강조했다.[4] 이건희 회장도 1996년 삼성의 신년사에서 21세기는 문화의 시대이자 지적 자산이 기업의 가치를 결정짓는 시대이고 따라서 기업도 단순히 제품을 파는 시대를 지나 기업의 철학과 문화를 팔아야만 생존할 수 있는 시대라고 선언했다. 이를 위해서 디자인과 같은 소프트한 창의력이야말로 기업의 소중한 자산이자 21세기 기업경영의 최후의 승부처가 될 것이라고 예언하고 있다.[5]

스티브 잡스나 이건희 회장이 이야기하는 디자인의 본질은 완성된 기능에 겉모양을 멋지게 꾸미는 스타일링의 도구로서가 아니라 인간과 기술을 접목해서 새로운 가치를 창출하는 창의적 예술로서의 디자인이다.[6] 디자인은 인간과 인간들의 상호작용 속에 발현하는 욕구의 패턴들을 통찰력을 가지고 찾아내고 이러한 숨겨진 욕구를 근원적으로 해결하기 위해 새로운 개념을 제시한다. 또한 디자인적 창의성은 이 새로운 개념을 실현해 창의적 솔루션의 형태로 구현해 원형(Prototype)을 만들고 이 원형을 고객들에게 실제로 검증해보는 과정이다. 디자인적 창의성이 21세기를 이끄는 기업들의 화두로 등장한 것은 바로 인간의 숨겨진 욕구를 찾아서 개념화 시킬 수 있는 창의적 문제해결 능력 때문이다. 최근 모든 스포트라이트를 받고 있는 애플의 아이폰, 할인매장의 디자인 혁명을 이끌고 있는 Target, 목적경영이라는 비즈니스 모형을 디자인한 펩시, 마케팅을 넘어서 고객체험을 디자인하고 있는 P&G, 서비스 산업의 혁명을 디자인하고 있는 IBM, 디자인 프로세스를 혁신의 프로세스로 채택한

GE, 삼성전자의 보르도 TV, 존폐의 기로에서 동물들의 행동개념을 디자인하여 일본 최고의 동물원으로 탄생한 아사이야마 동물원, 연극과 서커스를 새롭게 디자인한 태양의 서커스, 기아차, 현대카드 등에서의 기업혁신도 다 디자인경영에서 시작되었다.

 디자인적 창의성이 진화하는 방식은 기술이 진화하는 방식과 다르다. 기술은 이전의 기술을 바탕으로 더 나은 기술들로 점진적으로 진화한다. 하지만 디자인적 창의성을 이끌고 있는 원리는 기존의 관점을 완전히 벗어버리는 창조적 파괴이다.[7] 독일, 일본, 한국의 공통점은 전쟁의 잿더미 속에서 다시 부를 일군 나라라는 공통점을 가지고 있다. 전쟁을 치르고 나면 대부분의 국가들은 더 피폐해져서 영원히 일어서지 못하는 패전의 역사를 간직하고 있는데 이 세 나라의 공통점은 오히려 전쟁의 폐허를 극복하고 더 큰 경제성장을 일궈냈다는 점이다. 이 나라들의 공통된 비밀은 전쟁으로 기존의 낡은 사고체계를 완벽하게 버리는데 성공했고 이 폐기한 사고체계를 완전히 다른 새로운 사고체계로 대체할 수 있었다는 점이다. 디자인적 창의성의 비밀이 바로 여기에 있다.

 이와 같은 완벽한 폐기학습이 창조행위로 이어지는 것은 이 폐기를 통해서 과거의 상태가 아니라 보다 근원적 상태에 접근할 수 있기 때문이다. 근원적 상태에 대한 답은 자신이 어디에서 왔고 어디에 서있고 어떤 목적지를 향해서 가고 있는지에 대한 자신의 정체성에서 나온다. 또한 자신이 선택한 목적지가 올바른 길이라는 믿음을 가지고 있는 상태이다. 이와 같은 근원적 상태는 과거에 안주하는 것에서 벗어나서 조직과 사람들을 미래지향적으로 만든다. 다른 사람의 기대와 규범에만 맞추어 사는 것에서 벗어나 자신의 가치와 목적에 따라 주인공으로 사는 것을 중요시하게 된다. 이 같은 근원적 상태는 자신의 이득만을 추구하는 삶에서 타인을 위한 선을 추구하는 삶을 복원하고, 방어적이고 닫힌 삶에서 벗어나 환경에 대해서 열려 있고 환경과 공진화 하는 삶을 복원해준다.

한편 디자인적 창의성을 이끄는 방법론은 통섭(統攝, Consilience)에 의해서 발현된다.[8] 통섭은 융합(融合, Convergence)이나 통합(統合, Integration)과는 구별된다. 통합은 남북통일과 같은 물리적 통합을 말하는 반면 융합은 곤충을 가마솥에 넣고 팔팔 끓여서 만든 화학적 통합과 같다. 통섭은 한자어에도 표현되듯이 다양한 스토리(耳)를 가진 사람들이 자신의 기술(手)을 협업하여 만들어내는 지식 생태계의 공진화 원리와 비슷하다. 통섭의 성공은 다양한 사람들이 가진 이야기를 공감적으로 경청하는 능력과 이 다양성을 한 곳으로 향하도록 묶어주는 목적적 스토리에 달려있다. 공감적 경청을 통해서만 사람들의 상호작용 속에 새롭게 드러나는 욕구의 패턴들을 이해하여 새로운 솔루션을 제공할 수 있는 통찰력이 생긴다. 또 중요한 것은 다양한 배경을 가진 사람들을 한 곳으로 묶어줄 수 있는 것은 목적적 스토리이다. 이런 목적적 스토리를 통해 다양한 사람들의 마음을 사로잡아 한 곳으로 모아 협업할 수 있는 통섭능력이 디자인적 창의성을 분출해준다. 실제로 스마트폰 한 개를 만들어 내기 위해서는 7천 개의 부품을 만들어내기 위한 협업을 진행해야 하며 자동차 한 대를 생산해내기 위해서는 5만개 이상 부품의 협업에 성공해야 한다.

체험산업

21세기에 들어오면서 산업의 추세가 제조업에서 서비스업으로 급격히 재편되고 있다. 기존의 선진기업들의 추세를 보면 기존의 제조업에서 벗어나 부가가치가 높은 새로운 제조 영역으로 진출하거나 제조업에 비해 수익성이 높은 서비스업으로 업종을 전환하고 있다. 하지만 이와 같은 추세를 넘어서 자신의 업종이 제조업이라 하더라도 이것을 플랫폼으로 서비스를 창출하는 서비스화 혁신을 추구하는 기업도 많아지고 있다.[9]

예를 들어 현대자동차가 소나타 생산라인을 만들어서 소나타를 생산해 돈을 벌 수도 있지만 이 소나타를 사업의 플랫폼으로 사용하여 다른 서비스 산업을 창출해 버는 돈은 소나타를 팔아서 버는 돈보다 더 클 수가 있다. 즉 소나타를 사려는 고객들에게 현대캐피탈 현대카드를 통해 구입자금을 빌려주고 있고, 현대해상을 통해 자동차와 관련된 보험 사업을 하고 있으며, 현대모비스를 통해 부품서비스를 하고 있다. 또한 직영 수리점과 블루핸즈는 실제로 자동차 수리서비스를 제공하고 있고 현대글로비스는 물류와 관련된 운송지원 서비스를 하고 있으며 해비치 호텔 & 리조트를 세워 현대자동차를 방문하는 해외사업자들이나 고객들에게 관광숙박 서비스를 제공하고 있다. 현대차에서는 소나타 한 대를 생산해서 벌어들이는 이익보다 이것을 기반으로 여러 서비스 산업을 창출하여 벌어들이는 이익이 더 큰 비중을 차지하고 있다. 이와 같은 현상은 정보통신과 SNS의 발달로 이와 연관된 산업영역에서 활발하게 확산되고 있다. 실제로 애플은 MP3 제품인 iPod을 이용해서 음악서비스인 iTunes를 성공시켜 음원시장을 장악했으며, 휴대폰 시장에서는 iPone을 기반으로 App Store라는 서비스 산업을 성공시켜 천문학적인 수익을 거둬들이고 있다.

서비스 산업이 심화될수록 나타나는 또 다른 문제는 서비스 기술이 고도로 발달해서 서비스 품질만 가지고는 서비스를 더 이상 차별화 할 수 없는 국면에 도달했을 때 생긴다. 품질에 의한 가격경쟁력이 포화상태에 이른 것이다. 기술적 수준이 고도화되어 서비스나 제품의 품질로는 더 이상의 차별화가 가능하지 않을 때 그 다음 단계의 차별화는 품질을 넘어서서 이 서비스와 제품으로 차별적 체험을 제공할 수 있는지에 달려있다. 제품과 서비스 산업에서는 품질 수준이 가격을 결정해주는 주요한 요소였다면 체험산업에서는 고객에게 어떤 독특한 체험을 제공해줄 수 있는지에 따라서 가치가 결정된다. 고객이 과거에는 제품이나 서비스 자체의 속성을 중시했지만 오늘날 고객은 자신이 처한 상황에 따라 자신이 소비하는 서비스나 상품을 통해 다양한 경험을 원한다. 품질이 가격을 결정해준다면 차별적 체험은 가치를 결정해준다. 고객이 서비스와 제품으로부터 가격이 아니라 가치를 사게 된다면 이들이 지불하게 될 돈의 많고 적음은 고려의 대상이 되지 않는다. 이런 경향을 반영하여 BMW는 더 이상 자신들이 자동차를 파는 회사라고 광고하지 않는다. 대신 자신들을 운전의 즐거움(Sheer Driving Pleasure)을 파는 회사로 선전한다. 마찬가지로 Zappos는 자신들을 신발을 파는 회사로 규정하기보다는 행복을 파는 회사로 자신들을 묘사한다.

리더십 이야기

Zappos에서 행복을 팝니다.

어떤 고객이 아픈 어머니를 위로해주기 위해 Zappos로부터 구두 몇 켤레를 구입했다. 하지만 어머니의 병세가 악화되어 병원에 입원하게 되었고 결국은 병원에서 돌아가셨다. 장례식 등으로 경황이 없어서 어머니 구두의 반품기간을 놓치고 있던 그녀에게 재포스에서 전자우편 한 통이 날아왔다. 구입한 신발이 잘 맞는지 마음에 드는지를 문의하기 위한 전자우편이었다. 그녀는 이 전자우편에 답장을 썼다. "아픈 어머니에게 드리기 위해서 구두를 구입했는데 어머니가 돌아가셔서 구두가 더 이상 필요 없게 되었습니다. 반품기간이 지났는데 혹시 지금이라도 반품할 수 있을까요"라고 물었다. 그러자 재포스로부터 곧장 답장이 왔다. "저희가 택배직원을 댁으로 보내 반품처리를 해드리겠으니 걱정하지 마세요." 재포스의 규정에 의하면 반품할 경우 고객이 택배직원을 불러서 반품하도록 되어 있다. 하지만 이 경우 직원이 회사정책과는 별도의 자신의 재량으로 택배직원을 직접 보내서 구두를 수거해 오도록 조치를 취한 것이다.

이런 진심어린 배려에 큰 감동을 받았는데 사건은 여기에서 끝나지 않았다. 재포스의 직원은 다음날 정중한 위로의 편지와 함께 화환을 보낸 것이다. 고객과 직원과의 감동적인 스토리는 이 회사의 CEO인 토니 쉐이가 말하는 "행복의 배달"이라는 사명이 그대로 실천되는 장면이다. 행복을 배달하기 위해서 직원에게는 특정한 매뉴얼이 없다. 그때그때 상황에 맞추어 고객에게 최고의 행복을 디자인하여 행복을 배달하면 된다. 중요한 것은 고객과 직원으로서 행복을 전달하는 것이 아니라 인간 대 인간으로서 행복을 전달하는 것이다.

이와 같은 행복의 배달 서비스를 실제로 몸소 체험하고 이에 감동한 고객은 이와 같은 내용을 자신의 블로그에 "It is PR?"이라는 제목으로 올렸고 이 블로그의 내용은 더 영향력이 있는 블로그에 옮겨져서 재포스라는 회사를 유명하게 만들었다. 재포스는 아마존이 인수한다. 인수의 조건은 쉐이가 계속해서 CEO를 맡는 조건이다. 쉐이는 재포스를 판 돈으로 재포스가 있는 라스베거스의 한 동네를 사서 이곳을 통째로 마을을 재건하는 사업을 수행하고 있다.

Gilmore와 Pine에 따르면 체험 중 최고의 체험은 진정성을 느낄 수 있는 체험이다.[10] 그들은 자신들의 저서에서 21세기 고객들이 중시하는 체험의 진정성을 보장하기 위해서 체험은 자연성, 독창성, 특별함, 연관성, 영향력이라는 다섯 가지 가이드라인을 반영하여야 한다고 주장하고 있다.[11]

사람들은 사람의 손길이 닿지 않은 가공되지 않은 자연적인 것에서 체험의 진정성을 경험한다. 이런 자연적 순수성을 반영한 회사 중 대표적인 회사로 천연재료만으로 석판에서 손으로 비누를 제조하는 Indigo Wild와 Rocky Mountain Shop을 들 수 있다. 이들은 포장을 최소화하고 비누를 드러내 누구나 보고 만질 수 있도록 체험을 디자인한다. 이들은 비누를 파는 것이 아니라 비누를 통해 자연의 순수함을 팔고 있는 것이다. 또한 사람들은 독창성이 있는 따라서 복제나 모방이 불가능한 제품과 서비스에서 체험의 진정성을 느낀다. 애플이 만들어내는 제품의 대부분은 독창적 체험의 진정성에 의존하고 있다. 애플이 "다르게 생각하라(Think different)"를 회사의 모토로 삼고 있는 것도 같은 맥락에서이다. 또한 사람들은 자신이 특별한 취급을 받았을 때 진정한 체험을 했다고 생각하는 경향이 있다. 소비자들은 자신들의 개별적 요구에 따라 각별한 봉사나 배려심을 가지고 자신들을 특별하게 대접하는 회사가 진정성이 있는 체험을 제공하고 있다고 느낀다. 또한 한 사람의 삶에서 많은 사람들이 공통된 추억과 소망과 열망을 도출해낼 수 있을 때 즉 어떤 사람의 진실한 삶이 자신의 삶과 강한 연관성을 느낄 때 그 원천을 제공한 삶을 진정성이 있다고 생각한다. 마지막으로 더 고상한 목적을 위해서 더 의미 있는 방식을 추구할 때 사람들은 진정성이 있는 체험을 하고 있다는 생각을 한다. 건축에서 자연친화적 재활용 자재를 이용해서 멋진 건축물을 설계해냈을 때 이 건축물이 일반 자재를 통해 만들어낸 건축물보다 더 진정성이 있는 순수한 체험을 제공한다고 생각한다. 유네스코가 세계문화유산을 지정할 때도 이 다섯 가지 영역을 기준으로 삼는다.[12] 즉 재료의 자연성, 디자인의 독창성, 제작능력의 특별함, 환경과의 연관성, 정신적 영향력이 그것이다.

21세기 들어서서 고객들에게 체험의 진정성이 특별히 강조되는 것은 정체성의 상실과 깊은 연관성을 가지고 있다. 사람들은 복잡한 사회에 적응해나가기 위해서 많은 지식과, 스킬과, 역량을 습득해서 환경변화에 적응해나가는 데 성공했지만 그럴수록 세상은 더욱 빠르게 변화하고 사람들이 습득해야 할 스킬과 지식은 점점 더 많아진다. 이렇게 외부환경의 요구에 성공적으로 적응해갈수록 점점 잃어버리게 된 것은 자신이 누구인지에 대한 정체성이다. 사회적 성공을 많이 하고 지위가 높아지고, 지식이 많아질수록 사람들이 더욱 더 잃어버리는 것은 자신만의 내면적 정체성이다. 정체성의 상실은 불안감의 요인이 되지만 사람들은 이런 불안감의 문제를 해결하기 위해서 또 다시 외적인 것을 더 습득하는데 몰입한다. 사람들이 상품이나 서비스에서 순수한 체험을 추구하는 것은 바로 이런 체험들이 자신의 정체성에 대한 해답을 찾아준다고 느끼기 때문이다.

21세기의 회사들은 고도의 품질로 승부하는 것을 넘어서서 자신의 제품과 서비스를 통해서 고객들이 자신의 정체성을 확인하는 체험을 제공해줄 수 있을 때 초우량기업으로 살아남을 수 있다. 사실 사람들은 라면을 하나 살 때도 자신의 입맛과 맞는지, 자신의 건강에 도움이 되는지, 회사의 광고에 나오는 모델은 자신의 마음에 드는지 등등 자신의 정체성과의 정합성을 은연중에 확인해가면서 구입한다. 이처럼 체험 중 사람들에게 가장 영향력이 큰 체험은 자신의 정체성을 발견하는 것을 도와주는 체험이다. 사람들이 애플의 아이폰이 출시될 때마다 밤을 세워가면서 기다리는 것은 애플의 아이폰이 제시하는 정체성을 자신도 가지고 싶기 때문이다.

고객은 잃어버린 자신의 정체성을 찾는 체험이 가장 진정성이 있는 체험이라고 생각한다. 하지만 모든 회사가 자사의 서비스나 제품을 통해서 이런 정체성을 찾을 수 있는 체험을 제공해주는 것은 아니다. 이런 정체성을 찾을 수 있는 체험을 제공하기 위해서는 그 회사의 문화가 특별한 품격을 갖추고 있을 때에만 가능하다. 회사의 문화적 품격이 서비스와 상품을 만드는 의사결정의 국면마다 영향을 미쳐 결국은 회사가 파는 상품과 서비스에 반영되어 있기 때문이다. 결국 21세기 미래의 초일류기업들은 문화가 반영된 제품과 서비스를 통해 사람들에게 정체성을 찾는 체험을 제공해줄 수 있는 회사들이다.

리더십 이야기

특별하게 대접 받았다는 느낌은 어디에서 오나?

미국에서 가장 감동과 영감을 주는 기업으로 애플이 선정됐다고 미국 경제전문지 포브스 인터넷 판이 2014년 9월 25일 보도했다.

이에 대해 분석가들은 "애플이 소비자의 개인 정체성(Personal Identity)의 한 부분으로 인식되면서 가장 감동을 주는 기업이 됐다"고 분석하고 있다. 또한 애플에 열광하는 사람들은 "애플이 자신을 더 창조적이라고 생각하게 만들어 자신이 특별한 공동체에 포함된 것처럼 느끼게 한다"고 분석하고 있다.

미래 산업의 화두는 이 회사가 품질을 넘어서 고객에게 진정성 있는 특별한 체험을 제공해줄 수 있는지의 문제이다. 결국 21세기를 이끄는 회사들은 고객에게 진정성 있는 체험을 통해 이들이 공동운명체로 묶여 있다는 느낌을 줄 수 있는 회사들이다. 제공된 체험이 자신의 내면의 정체성을 상기시켜 준다는 느낌을 경험할 때 고객들은 그 체험을 진정성 있는 체험이라고 규정하고 자신이 그 회사로부터 특별하게 대접을 받았다고 생각하는 경향이 있다. 이런 점에서 애플이 판 것은 아이폰이나 아이패드를 넘어서 회사의 라이프 스타일이었던 것이다.

우리나라의 대기업 중 어떤 대기업이 고객에게 이런 라이프 스타일과 같은 체험을 팔아서 고객이 그 회사로부터 특별하게 대접을 받았다는 생각을 하게 할 수 있을까? 이에 대한 대답은 부정적이다. 라이프 스타일을 팔 정도라면 그 회사가 진정성을 가지고 라이프 스타일이 함축된 사명에 몰입하고 그 사명에 기반을 두고 경영을 하고 제품을 만들어낼 수 있어야 하기 때문이다. 다시 말해 어떤 어려운 상황에서도 최고 경영자가 회사의 사명에 맞추어 회사를 경영할 경우일 것이다. 광고를 통해서 제품의 진정성을 아무리 강조해도 회사 자체 경영의 플랫폼에 진정성이 결여되어 있다는 것을 고객이 알고 있다면 이 광고는 오히려 역풍으로 돌아올 개연성이 높다. 자신의 사명에 대한 진정성의 부재를 광고를 통해 숨기려 한다는 생각 때문에 제품광고에서 진정성을 강조할수록 고객에게는 오히려 냉소주의를 불러일으킬 가능성이 있다.

우리나라의 대기업들이 좋은 기술로 품질이 좋은 물건을 만드는 좋은 회사인지는 모르나 진정성 있는 사명에 담겨 있는 라이프 스타일을 팔 수 있을 정도의 회사로 거듭나기에는 아직 갈 길이 멀다. 오랜 기간 동안 기업을 이끌어 온 문화를 하루아침에 바꿀 수 있는 것도 아니기 때문에 이 문제는 더욱 어려운 문제이다. 하지만 이름이 알려져 있지 않은 중견기업들의 CEO들 중에는 이런 진정성을 가지고 회사의 플랫폼을 성공시킨 사람들이 많다. 결국은 진정성 있는 사명을 기반으로 경영을 하는 강소기업을 육성하는 것에 우리경제의 성패가 달려있는 셈이다.

플랫폼 산업

> 리더십은 다른 사람들에게 시험해볼 수 있는 생각을 펼쳐볼 수 있는 플랫폼을 제공하는 기술이다.
> – 세스 고딘

21세기의 또 다른 추세는 산업의 경계가 붕괴되고 모든 것이 급속하게 플랫폼 산업으로 재편되고 있다는 점일 것이다. 인터브랜드 2015년 세계 브랜드 가치에 대한 평가에 의하면 애플이 1등, 구글이 2등, 코카콜라가 3등, MS가 4등, IBM이 5등, 토요타가 6등, 삼성이 7등, GE가 8등, 맥도널드가 9등, 아마존닷컴이 10등으로 판명되었다. 이중 실제로 플랫폼을 주 사업으로 운용하는 회사인 애플, 구글, MS, 아마존닷컴이 다 상위권에 포진해 있고, IBM과 GE, 삼성 등이 플랫폼 산업을 자신의 주력업종으로 키우기 위한 노력으로 사업의 포트폴리오를 재편하고 있다. 이런 점에서 10개 브랜드 중에서 대부분의 기업들이 전통적인 기업을 제치고 플랫폼 사업을 직접적으로 운영하거나 혹은 플랫폼 사업을 사업의 주 사업으로 운영하는 회사들이다. 또 다른 연구에 따르면 각국에서 탑 10 시총을 구성하고 있는 회사들 중 플랫폼 사업이 차지하고 있는 비중이 40퍼센트 이상인 것으로 나타나고 있다.[13]

　이처럼 플랫폼 산업은 모든 나라와 모든 산업에 걸쳐 보편적으로 확산되고 있는 추세이다. 미국에서는 TGIF로 일컬어지는 기업인 Twitter, Google, iPhone, Facebook이 글로벌 플랫폼 산업을 이끌고 있고, 중국에서는 TAB로 일컬어지는 텐센트, 알리바바, 바이두가 시장을 이끌고 있다. 한국도 네이버, 넥슨, 카카오가 플랫폼 산업의 기간산업으로 자리 잡고 있다. 플랫폼 산업은 기술적 융합이 비교적 쉬운 IT가 이끌고 있는 형국이지만 플랫폼 산업이 IT에 국한된 것은 아니다. 실제로 운동용품의 Nike, 가구의 Ikea, 패션의 H&M, 호텔의 Accor, Hilton, Marriot, 증권의 Charles Schwab, 전기차의 Tesla, 운송업의 Uber, 로봇산업의 Lego가 각 산업에서 플랫폼 산업으로 성공을 거두고 있어서 플랫폼 산업은 전 산업, 전 업종의 보편적 추세이다. 이와 같은 추세는 사물인터넷, 빅데이터, 클라우드, 모바일 인터넷의 발달로 더 가속화되는 추세이다.

플랫폼의 특징은 다면시장에서의 복합가치 창출로 특징지어진다. Google의 안드로이드 플랫폼을 예로 들면 구글이 공개한 소스코드를 이용해서 보완제품인 앱을 출시하는 사람도 있고 이 앱을 이용하기 위해 참여하는 사람도 있다. 이중에는 인터페이스 혁신에 참여하는 회사들이 있고 이 인터페이스를 이용하여 사업을 펼치는 회사도 있다. 또한 삼성전자처럼 Google의 안드로이드 플랫폼을 이용하여 스마트폰을 제조해서 판매할 수도 있다. 여기에 참여하는 사람들은 다양한 제품의 소비자이기도 하고 생산자이기도 하면서 복합가치를 창출하는데 기여한다. Google의 안드로이드 플랫폼은 이들을 중개해주는 역할을 수행한다.

또한 플랫폼의 성공은 네트워크 효과와 플랫폼에 참여하는 모든 사람들이 서로 상생 발전하는 공진화에 의해서 특징지어진다. 네트워크 효과란 될 수 있으면 많은 사람들이 다른 참여자들을 불러올 때 생기는 효과이다. 어떤 통신 앱을 출시했을 때 친구들이나 아는 사람들이 모두 이 앱을 사용하고 있다면 이 앱의 가치가 높아지는 현상이 네트워크 효과이다. 또한 플랫폼에서는 적군과 아군이 구별되지 않는다. 복합가치를 창출하는데 참여하고 있으므로 똑같은 플랫폼에서 어떤 제품에서는 서로 협력하고 어떤 제품에서는 경쟁한다. 또한 시간에 따라서 과거의 경쟁자가 미래의 협력자가 되기도 한다. 따라서 장기적으로는 이들 간의 경쟁보다는 상생을 통해 플랫폼 자체를 건강하게 육성시킬 수 있는지에 따라서 플랫폼이 건강한 플랫폼으로 성장하는지가 결정된다.

실제로 현재 Google 안드로이드 플랫폼을 이용해서 어떤 형태로든 사업을 하고 있는 회사가 대략 수만 개를 넘는 것으로 알려져 있다. 이중에는 이름도 모르는 일인기업도 있지만 우리가 아는 삼성전자와 같은 굴지의 회사들도 존재한다. Google이 안드로이드 플랫폼을 공진화 시키는데 성공했기 때문에 Google이 세상을 위해서 창출하는 가치는 상상을 초월한다. 또한 Google의 안드로이드 플랫폼 때문에 먹고 사는 문제를 해결한 회사의 숫자와 여기에 고용된 인원들을 추산한다면 Google의 플랫폼은 21세기 신경제의 신기원을 만들어가고 있다고 볼 수 있다.

플랫폼을 이끌어 가고 있는 플랫폼 리더들과 여기에 참여해서 성공한 회사의 CEO들은 성공을 기존의 산업 내에서 성공을 일군 CEO들과는 다르게 규정한다.[14] 기존의 전통적 산업에서 성공을 일군 사람들은 기존의 산업 내에서 다른 회사들과 경쟁에서 승리해서 1등이 되거나 2등이 될 수 있다면 성공한 것이라고 규정한다. 이들의 성공개념에는 개발독재에서의 성공개념이나 신자유주의가 주창하는 경쟁의 개념이 반영되어 있다. 하지만 플랫폼 산업에서 성공을 경험한 사람들은 성공의 개념을 다르게 규정하는 경향이 있다. 이들은 성공을 "다른 사람들의 성공을 돕는 일에 있어서 크게 성공한다면 성공한 것"이라고 규정한다. 물론 많은 사람들을 성공시키기 위해서는 공진화가 가능한 자신만의 플랫폼이 필수적일 것이다.

초연결사회

초연결성(Hyper-Connectivity)이라는 용어는 캐나다의 사회학자인 Anabel Quan-Haase와 Barry Wellman이 처음 사용하기 시작했다.[15] 사람과 사람, 사람과 사물 혹은 기계 사이에 네트워크로 연결되어서 다중의 소통이 가능한 상황을 말한다. 2020년이 되면 500억 개의 네트워크 디바이스가 서로 연결될 것이라는 전망이 나오고 있다. 세상에 존재하는 모든 것들이 연결되는 사회가 되는 것이다. 이와 같은 연결은 우리가 상상할 수 없을 정도의 데이터를 양산하고 이 데이터를 분석해서 새로운 연결들과 새로운 욕구를 충족해주는 지능화된 서비스와 상품들이 출시될 예정이다. 한 마디로 초연결사회의 패러다임은 시공간을 뛰어넘는 다양한 객체와의 상호작용으로 상호작용의 범위가 확장된 세상의 가능성을 열어주게 될 것이다. 이와 같은 경향은 IT의 발달로 가능해지는데 IT는 1990년대에는 단순히 정보를 처리하는 기술 수준에서, 2000년대에는 소통과 협력을 할 수 있는 기반을 깔아주는 기술로, 지금은 IT가 지능을 갖고 사물과 사람을 융합하는 기술로 진화하고 있다. 특히 사람-사물-시공간을 연결해주는 IoT, 연결과 연결 사이에 숨어있는 데이터의 새로운 가치를 찾아내는 빅 데이터, 서버/스토리지/SW 등 IT 자원을 소유하던 개념에서 필요 시 인터넷을 통해 접속 서비스 형태로 이용하는 클라우드, 모바일과 연동된 Social Network Service, 상황인식 컴퓨팅, 다양한 웨어러블이 IT 기술진화를 이끌고 있다.

초연결사회의 도래는 빅 데이터의 정보들을 통해 일상에서의 불확실한 위험요인을 신속히 파악, 대응함으로써 보다 안전한 사회적 환경을 만들어 낼 수도 있다. 또한 지능화된 사물과 서비스의 등장으로 인위적인 조작이나 제어 없이 사용자 중심의 편리하고 쾌적한 생활이 가능하다. 또한 인간 대 인간을 넘어 인간 대 사회, 환경으로 범위를 확대하여 상호협력을 통해 사회발전에 기여할 수 있는 가치를 창출할 수도 있을 것이다. 초연결사회는 소프트웨어를 통해 새로운 세상의 가치를 창조해 나가고 구성해나가는 견인차 역할을 한다.

초연결사회의 도래는 긍정적 전망과 더불어 부정적 전망도 만만치 않다. 데이터 기술의 진화는 모든 것을 연결시키고 연결된 것들에게 사람처럼 인성을 부여하게 된다. 초연결사회의 가장 두드러진 특징은 연결을 통해서 제 삼의 실체를 만들어내고 이 제 삼의 실체는 사람들을 거꾸로 통제하고 조정할 수 있게 된다. 초연결사회에서는 개인과 연결되어 있는 모든 데이터의 지점들에서 나온 정보로 마치 신이 개인을 지켜보는 것보다 잘 예측하고 개인의 의지와 상관없이 개인의 모든 미래의 행동을 통제하고 장악할 수 있다. 심지어는 아침에 일어나자마자 각 개인이 오늘 어떤 내용을 소비해야 하는지를 컴퓨터가 먼저 알고 준비해줄 것이다. 내가 일상적으로 쓰는 소비 리스트조차도 스스로가 장악할 수 없는 시대로 급속하게 진전될 것이다. 개인들은 매트릭스 영화에 나오는 인공지능의 앤더슨이 명령하는 대로 살게 되거나 자신이 만들어낸 아바타가 자신보다 자신의 실체를 더 잘 대변하는 대변인으로 살게 될 것이다. 이 매트릭스 혹은 아바타 세계에서 살고 있는 자신이 오히려 현실세계에서 살고 있는 자신보다 더 현실적인 것처럼 믿고 사는 세상이 올 것이다.

　이런 세상이 가속화되면 될수록 세상 사람들은 이미 아바타나 앤더슨에 자신의 삶을 위임해준 대부분의 사람과 아직도 자신의 정체성을 아바타나 앤더슨에게 이양하지 않은 극소수의 영웅적 레오로 나뉠 것이다. 디지털 기술의 발달로 자신과 상관없이 새롭고 더 편리한 자아가 만들어질수록 사람들이나 조직은 자신의 정체성 상실에 대해서 더 깊이 고민하게 될 것이다. 결국에는 모든 산업의 한 축은 이 정체성을 복원해주거나 다시 찾아주는 체험을 제공해줄 수 있는 산업으로 재편될 것이다. 이런 경향은 인문학을 인류를 기술과 데이터의 디지털 괴물로부터 구해낼 수 있는 전사를 육성해내는 최후의 보루로 만들 것이다.

L자 경기

경제의 구조적 양극화로 촉발된 L자 경기가 장기적으로 지속될 것이라는 것이 또 다른 예측이다. L자 경기란 한 번 떨어진 침체의 국면이 장기적으로 지속되는 경기의 국면을 이야기한다. 대외경제정책연구원의 2015년 세계경기전망을 보면 미국과 중국 신흥국들의 거시시장 구조개혁을 통해 세계적으로 3.5%의 성장을 예측하고 있으나 일본과 유로 존에서는 성장 동력이 여전히 힘을 발휘하지 못할 것으로 전망하고 있다.[16] 특히 중국에서 소비와 투자 증가율이 지속적으로 감소하여 2014년보다 낮은 성장을 예상하고 있다. 하지만 이와 같은 예측도 장밋빛 예측이다. 국제 금융시장의 변동성 확대, 각국 경제정책의 실효성 저하 등 하방위협으로 실제 성장률은 이보다 훨씬 낮게 예측되고 있다.

한국도 예외는 아니다. 최근 국내 주요 재벌그룹들의 수익성에 대한 보고를 보면 지난 2008년 발생한 미국 발 세계 금융위기 때보다 더 나빴던 것으로 나타나고 있다. 2013년 총수가 있는 자산 상위 20대 재벌그룹 계열사(금융사 제외)의 2012년 매출액과 영업이익 합계는 각각 1,076조 원, 61조 원으로 영업이익률은 5.6%였다. 매출 1,000원당 벌어들인 수익이 56원이라는 의미다. 이는 미국 발 금융위기가 몰아친 지난 2008년 63원보다 11.1% 감소한 수치다. 하지만 이 수치에는 또 다른 함정이 숨어 있다. 삼성전자와 현대차를 통계에서 뺀다면 대다수 그룹은 실제 기업을 운영하지만 이윤은커녕 종업원들의 인건비도 제대로 감당하지 못하고 있는 국면이다. 이와 같은 불경기의 기조는 당분간 회복될 기미를 보이지 않고 있다.

지금까지의 성장 방식은 Apple과 같은 혁신기업들이 선두에 서서 혁신을 이끌어내면 이를 따르는 삼성과 엘지 같은 Fast Follower 전략을 구현하는 제조업체들이 이 혁신에 동참하여 기술적 혁신을 만들어냄으로써 성장을 일구어내는 방식이었다. 하지만 지금까지 혁신을 일구어왔던 정보통신산업에서 더 이상의 혁신은 기대할 수 없다는 부정적 전망이 나오고 있다. 이와 같은 결과를 나타낸 것이 총요소생산성의 급락이다. 미국의 대표적인 경제조사기관인 컨퍼런스 보드(The Conference Board)는 '총요소생산성(기술 혁신에 따른 생산성)' 증가 속도가 급속히 추락하고 있다고 경고하였다.[17] 1997년부터 10년 동안 해마다 세계적으로 1.0%씩 증가했던 총요소생산성은 2007년 이후 5년 동안 0.6% 증가하는데 그쳤고, 2013년에는 오히려 0.1%가 감소한 것으로 나타났다. 컨퍼런스 보드는 이제 빠르고 손쉬운 성장의 시대는 끝났다고 경고하고 있다. 결국 총요소생산성이 증가하지 못하면 모든 기업들이 똑같은 기술수준을 놓고 서로 카피하고 베끼게 되는 포화시장에서의 레드오션의 싸움에 몰입한다. 성장이 둔화되어 금리가 내려감에도 이 금리는 물가성장률조차 좇아가지 못하는 디플레이션만을 심화시킨다. 이는 지금 세계 모든 나라가 공통적으로 겪고 있는 현상이다.

이와 같은 기조를 반영하여 2013년 12월, 미국을 대표하는 경제학자이자 전직 미 재무부 장관이었던 로렌스 서머스(Lawrence Summers) 전 하버드 대학교 총장은 전 세계적으로 저성장이 고착화되는 '뉴 노멀(New Normal; 새로운 일상)'이 시작되었다고 경고하고 있다.[18] 이 같은 비관적인 전망에 노벨 경제학상 수상자인 폴 크루그먼(Paul Krugman) 프린스턴 대학교 교수가 동조하면서 저성장이 가져올 우울한 미래에 대한 공포가 기정사실화되었다.

저성장과 경기침체는 21세기 경영의 새로운 조건이다. 경기가 회복될 것이라는 등의 근거 없는 낙관론에 기반을 두고 회사를 운영할 경우에는 제일 먼저 치명적 타격을 받을 개연성이 높아졌다. 경기가 침체할수록 사람들이 관심을 가지는 것이 의도의 진정성이다. 기업이나 사람들이 자신의 생존을 위해서 갖은 수단을 다 써가면서 연기할 개연성이 높아졌기 때문이다. 이와 같은 연기나 사기행각이 극성을 부릴수록 진정성에 대한 명성은 모두에게 중요한 핵심가치로 떠오른다. 사람이나 기업이나 그 대상이 얼마나 진정성을 가지고 있는지는 결국 어려운 상황에 처해봐야 알게 되는 경우가 많다. 상황이 좋을 때는 나쁜 의도를 숨기고 있든 그렇지 않든 자신에게 돌아오는 이익이 있으므로 이익만 보장 된다면 상대가 가진 진정성에 대해서 별로 괘념하지 않았다. 하지만 경기가 어려운 상황에서는 본인이 그와 같은 사기행각에 휘말린다면 누구를 막론하고 생존에 치명상을 받을 수 있다.

21세기 고객들은 다른 시대의 고객보다 SNS 등을 이용해서 회사에 영향력을 행사할 개연성이 높은 행동하는 고객들이다. 이 행동하는 고객들은 회사가 자신들을 얼마나 진정성을 가지고 대우하는지 아니면 자신들을 돈을 벌기 위한 수단으로 사용하는지에 어느 때보다 초미의 관심을 가지고 대응할 것이다. 생존의 문제가 걸려 있을 정도로 경기가 어려울수록 꾸밈과 연기의 무거운 갑옷을 벗어 던지고 진정성에 몰입하는 기업들에게 고객은 지속적인 충성심을 보일 것이고 이런 기업들만 결국 살아남는데 성공하게 될 것이다. L자 경기에서는 그간 거품을 창출하는데 기여했던 광고와 마케팅이 몰락하고 여기에서 빠진 거품들을 고객에게 가치로 돌려줄 수 있는 사명을 가진 회사들만이 생존하게 될 것이다.

리더십 이야기

[국민일보 경제시평] 21세기의 시대정신, 진정성
2014. 08. 06

진정성은 기업, 개인 누구에게나 필요한 21세기의 시대정신이자 같이 살아남기 위한 최소한의 에티켓이다. 경기가 좋고 시대가 잘나갈 때는 사람들이 진정성에 관심을 가지지 않다가 지금에 와서 화두로 떠오르는 이유는 무엇일까.

아이러니하게도 답은 불황 때문이다. 회복할 기미가 안 보이는 장기침체 속에서 살아남기 위해 개인이나 회사는 세상이 요구하는 변화를 싫든 좋든 따라가지 않으면 안 된다. 매일 매일 배워야 할 것도 많지만 이 배운 것들을 적용해도 세상은 또 금방 변화하기 때문에 효과는 옛날 같지 않다. 바쁘게 살지만 더욱 힘들고 팍팍해지는 삶 속에서 절대적으로 살아남기 위해 사람들이 택한 전략은 자신의 생존과 직접 관련된 것 이외의 세상사에 절대 마음을 주지 않고 냉담해지고 무관심해지는 것이다.

고객도 투자자도 친구도 이웃도 모두가 험난한 세상으로부터 최소한 사기는 당하지 않아야 한다는 생각으로 마음의 빗장을 굳게 닫아버린 상황으로 변한 것이다. 한마디로 나뿐 아니라 세상 사람 대부분이 사는 것에 지쳐 자신도 모르게 마음이 점점 얼어붙어 가고 있다. 이런 와중에 성공의 길이라고 알려진 것들을 지푸라기라도 잡는 심정으로 다 따라 해보지만 별 효과는 없고 피곤함만 가중된다.

문제는 이런 세상에서 살아남기 위해 이전처럼 논리적이고 합리적으로 떠들어도 고객이나 종업원이나 일반사람들이나 다 마음의 빗장을 걸어 잠근 상황에서는 쇠귀에 경 읽는 상황인 것이다. 최소한 먼저 이들의 마음을 녹일 수 있는 열쇠를 찾지 못한다면 자신의 어떤 뛰어난 생각이나 포부도 다른 사람에게 전달할 수 없는 무용지물이다. 리더들의 소통의 문제는 더 심각한 문제로 변했다. 사람들은 귀에다만 대고 현란하게 소통하는 리더들의 이야기를 들어줄 여유가 없다. 이처럼 모든 것이 무용지물이 된 상황에서 마지막 열쇠가 진정성이다. 진정성은 어떤 상황에서든 사람들의 마음을 자연스럽게 녹이고 힐링해 주는 유일무

이한 묘약이기 때문이다.

회사든 개인이든 이야기가 진정성 있게 받아들여지기 위해서는 두 가지 조건을 통과해야 한다. 먼저 자기 자신에게 홀로 하는 이야기와 다른 사람에게 들려주는 이야기가 같아야 한다. 회사라면 우리끼리 모였을 때 사장이 종업원에게 하는 이야기와 홈페이지를 통해 고객이나 투자자에게 하는 이야기가 같아야 한다. 같지 않다면 이 사람이나 회사의 삶은 진정성이 떨어지는, 연기하는 삶을 살고 있는 것이다.

둘째, 이 이야기를 자신에게 들려주거나 고객이나 투자자나 다른 사람에게 들려주었을 때 자신의 마음도 다른 사람의 마음도 진심으로 따뜻하게 열 수 있어야 한다. 이 점에서 진정성이 있는 이야기의 플롯은 내가 세상에 다녀감에 따라 세상이 얼마나 더 따뜻해지고 더 건강해지고 행복해질 수 있는지에 대한 진솔한 이야기다. 회사도 마찬가지다. 우리 회사가 세상에 존재함으로써 고객이나 종업원이나 주주, 국민들을 얼마나 진심으로 행복하게 만들 수 있는지의 이야기다.

21세기를 살아가는 사람들에게 진정성은 집 문 앞에서 잃어버린, 누구나 쉽게 찾을 수 있는 열쇠다. 하지만 사람들은 만취한 술꾼처럼 술에 취해 자신의 집 앞에서 잃어버린 열쇠를 집 앞에서 찾지 않고 단지 거기가 더 밝다는 이유로 가로등 밑에서 엉뚱한 것을 열쇠라고 찾고 있는 것이다.

이 열쇠를 찾지 못한다면 개인이나 기업이 초일류가 된다는 것은 낙타가 바늘구멍 통과하기보다 더 힘들 것이다. 아무리 뛰어난 재능과 기술을 가지고 있어도 진정성이 떨어진다면 사람들은 당장 필요한 그 재능과 기술만 취하고 상대를 자신의 마음에서 가능한 한 빨리 토사구팽시킨다. 많은 사람들로부터 마음으로 토사구팽 당한 사람이나 회사가 초일류로 등극할 수 있는 방법은 어디에도 없다.

윤정구 이화여대 경영학 교수

결론

2장에서는 21세기 리더들이 염두에 두어야 할 세상의 변화를 살펴보았다. 세상을 이끄는 지도자들이라 하면 적어도 세상의 변화를 선도하고 있는 추세와 공명이 되는 리더십 모형을 가질 때 세상으로부터 자원을 동원하여 필요한 영향력을 행사할 수 있고 이를 통해 세상의 변화를 창출할 수 있게 된다. 공명이 되는 리더십 모형만이 세상에 울림을 만들어 내고 이 공명을 기반으로 사람들로부터 자원을 지원받게 되는 정당성을 획득한다.

구성주의 세상은 지금까지 세상을 지배하던 과거로부터 미래의 답을 찾는 방식이 더 이상 작동하지 않으므로 리더에게 새롭게 드러나는 세상의 새로운 패턴들을 통찰력을 가지고 포착하여 이것의 의미를 사람들에게 스토리텔링 할 수 있는 능력을 요구하고 있다. 생생한 스토리는 사람들이 이해할 수 없는 비선형세계의 현상이 가지는 의미를 사람들에게 상상적으로 체험할 수 있게 도와주는 간단하지만 가장 강력한 도구이다. 이와 같은 스토리를 구성할 수 없다면 리더는 다른 사람과 마찬가지로 눈 뜬 장님에 불과할 뿐이다. 눈 뜬 장님에게 자신의 리더십을 의뢰하고 싶은 사람은 아무도 없을 것이다. 통찰력 있는 스토리는 세상의 급격한 변화로 장님이 될 수밖에 없는 사람들에게 그동안 볼 수 없었던 세상을 보게 하는 눈을 제공한다. 과거로부터 들어왔던 똑같은 스토리를 반복하는 리더들은 점점 설 자리를 잃고 있다.

둘째로 리더에게 요구되는 능력은 디자인적 창의성이다. 디자인적 창의성은 숨어 있는 욕구의 패턴을 새롭게 개념화하고 이 새로운 개념을 새로운 현실로 구현하는 능력이다. 보다 구체적으로 디자인적 창의성은 새롭게 발현하는 욕구의 패턴 속에 숨어 있는 의미를 개념화시키고 이 개념을 구현하기 위한 솔루션을 찾아내고 이 솔루션을 비주얼로 사람들에게 소통하고, 솔루션에 대한 원형(Prototype)을 만들어서 실제로 가능성을 구현하고, 이 원형을 필요한 사람들에게 실험하고 검증하는 과정을 말한다. 이 모든 과정은 협업과 통섭이 요구되는 과정이다. 따라서 디자인적 창의성은 현대적 혁신의 모든 과정을 대변한다고 볼 수 있다. 리더들은 디자인적 창의성으로 세상의 새로운 개념을 발굴하고 이 개념에 맞게 세상을 변화시키는 능력이 요구된다.

셋째로 체험산업의 등장은 리더가 디자인적 창의성을 가지고 만들어낸 제품과 서비스를 향유하는 사람들이나 고객에게 독특한 체험을 제공해줄 수 있어야 함을 제시하고 있다. 독특한 체험을 제공하는 것은 자신이 몸담고 있는 회사가 문화적 품격이나 리더 자신이 품격을 가지고 있을 때 가능해진다. 이 품격은 제품을 만들거나 서비스를 제공하는 국면 국면에 스며들어 서비스나 제품을 통해서 품격을 팔 수 있도록 도와준다. 리더가 몸담고 있는 조직이 문화적 품격을 가지고 있지 못할 경우나 리더가 아직 이런 품성을 구현하지 못하고 있을 경우 전달되는 체험은 마케팅으로 포장된 과장된 체험에 불과할 것이다.

넷째, 초연결사회가 도래할수록 삶의 편리성 속에 자신을 묻어버리거나 자신보다 더 자신 같은 허구적 자아를 자신으로 믿고 살게 되는 디지털 세상이 도래할 것이다. 초연결사회는 허구적 자아가 실재의 자아를 대체한다. 모든 사람들이 정체성의 혼돈을 경험한다. 이와 같은 초연결사회에서 리더의 역할은 구성원에게 잃어버린 정체성을 복원하는 것을 도와주는 소수일 것이다. 과거와 현재의 정체성은 이미 만들어진 것이므로 결국 정체성의 복원은 미래의 정체성을 통해서만 가능하다. 미래의 정체성을 새롭게 디자인함으로써 과거나 현재에 잃어버린 정체성을 다시 복원하도록 도와주는 리더가 진정한 리더로 평가받을 것이다.

다섯째, 플랫폼 산업은 신자유주의의 경쟁적 패러다임을 넘어서 상생과 공진화의 패러다임이 도래함을 예고하고 있다. 플랫폼이 가진 복합가치를 창출할 수 있는 능력을 기반으로 다른 사람들의 성공을 돕는 일에 있어서 크게 성공하는 사람들만이 플랫폼 산업의 최고의 효과인 네트워크 효과를 누릴 수 있다. 21세기 리더에게 요구되는 능력도 개발독재의 성공경험과 신자유주의의 경쟁의 논리에서 벗어나 이와 같은 자신만의 플랫폼을 구축해서 많은 구성원들의 성공을 도울 수 있는지이다.

마지막으로 L자 경기의 지속은 경기가 좋을 때 작동했던 거품, 포장, 연기가 아니라 진정성 있는 삶으로 본질을 복원하는데 성공하는 사람들만이 살아남는 세상을 예고하고 있다.

이와 같은 변화의 물꼬를 넘기 위한 최대한의 장애는 리더들이 신봉하고 있는 과거의 성공경험이다. 성공경험은 환경이 달라졌음에도 과거와 똑같은 스토리와 플롯을 적용하는 과정에서 리더들을 파국으로 이끈다. 오히려 과거의 성공경험이 달라진 환경 속에서는 리더 자신을 가두는 감옥이 되는 것이다. 역사적으로 한국리더들이 신봉하는 성공경험은 두 가지이다. 하나는 60-80년대 개발독재를 통해 배고픔의 문제를 해결한 경험이고 다른 하나는 신자유주의의 효율성과 시장논리를 통해 IMF를 단기간에 극복한 경험이다. 개발독재는 못 입고 못 사는 나라를 어느 정도 먹고 살 수 있는 중진국의 나라로 만들었다. 이런 긍정적 성공경험 이면에 개발독재는 모든 것을 탑다운 식으로 밀어붙여 일단 성공만 하면 이 성공을 정당화시키는 경향인 카리스마 리더들을 집중적으로 키워왔다. 카리스마 리더들이 국가의 경제를 일군 공과와는 별개로 이들은 성공 자체만을 중시하는 성공지상주의를 키웠다. 한편 1990년대 후반 한국 사회는 최단기간에 IMF를 극복한 성공경험을 가지고 있다. 모든 국민이 장롱 속의 금까지 모아 외채를 초단기에 갚아나간 경험은 뭉치면 무엇이든 할 수 있다는 자랑스러운 OECD 국가로서의 국제적 면모를 살려냈다. 하지만 이 성공경험은 신자유주의의 시장의 효율성과 초경쟁의 논리로 사회의 양극화를 부추겼고 이 양극화는 상생과 공진화를 통한 공동체의 성장기반을 무너뜨렸다.

리더십 이야기

한국에도 진성리더가 있나요?

진성리더, Authentic Leader란 어떤 사람일까? 전국을 대표하는 숨은 리더를 뽑는 리더십 대회를 열었다고 상상해보자. 예선에서 우리나라를 대표하는 리더 100인을 선정했다. 진성리더란 이들을 대상으로 결승전을 진행해서 이들 중에서도 가장 리더다운 리더를 한 명 뽑는다고 생각했을 때 뽑혀 나올 것 같은 리더의 모범적 전형을 말한다.

마지막 결승에서 진성리더로 선발되는 리더들은 다음과 같은 공통점을 가지고 있다.

스스로가 변화의 목적지인 사명에 대해서 각성하고 이 사명의 구현에 동참해 줄 구성원들도 이 사명으로 임파워먼트 시키는 리더들이다. 또한 이 사명을 중심으로 모든 리더십 활동을 정열시켜서 실제로 변화를 일으키는 리더들이다. 이들은 사명의 스토리로 자신을 감화시고 구성원들도 감화시킨다. 내적 스토리와 외적 스토리가 분절되어 있지 않다. 이들의 모든 힘과 영향력은 이 통합된 단순성에서 나온다.

이 정도까지 이야기를 전달하면 꼭 나오는 질문이 있다. 한국에도 이런 진성리더가 있느냐는 것이다. 질문이라기보다는 아마 존재하지 않을 것이니 이런 논의 자체가 의미없다는 반론이다. 이런 질문을 던지는 분들 중 상당수는 리더십 로망스에 빠져있는 사람들인 경우가 많다. 리더라고 하면 어떤 드라마의 주인공처럼 카리스마를 휘둘러가며 상황을 극적으로 반전시켜서 해피엔딩을 만드는 사람이라는 생각을 가지고 있다. 특이 이런 사람들 중에는 경제지의 신문기자들이 많은데 이들에게 리더는 카리스마가 있어야 기사거리가 되기 때문이다. 이런 기사에 익숙해 있는 독자들도 이런 리더십에 학습되어 이것을 사실처럼 받아들인다.

우리가 알고 있는 기업가들 중에서 이런 극적인 리더십을 보인 진성리더를 꼽으라고 한다면 유한양행을 설립한 유일한 박사님 정도가 유일할 것이다. 유일한 박사님을 제외하고는 우리나라의 대기업에서는 이런 진성리더를 찾기가 쉽지는 않다.

하지만 시각을 전환해 우리에게 잘 알려지지 않은 리더들 중에서 찾기 시작하면 물론 완벽한 진성리더는 드물겠지만 진성리더를 지향하고 있는 숨어 있는 진성리더들은 무궁무진하다. 실제로 필자의 박사 연구원들의 연구결과도 이를 증거한다. 자신의 팀장 중 카리스마와 진성리더십을 사용하는 리더들을 평가하는 설문을 돌려보면 숫자상으로도 카리스마보다는 진성리더의 숫자가 더 많고 성과에서도 비교가 되지 않는다. 문제는 이들 팀장이 자신이 진성리더인지를 모를 뿐이다. 대중에 알려지지 않은 중견기업의 CEO 중 글로벌 일등이나 이등의 제품을 가진 분들의 리더십을 추적해보면 이들이 진성리더일 확률이 카리스마 리더일 확률보다 몇 십배가 높다. 단지 이들은 자신이 진성리더인지를 모를 뿐이다.

이처럼 진성리더는 우리 삶의 모든 국면에 배태되어서 우리 사회를 지탱해주고 있는 근간이 되고 있다. 단지 본인들이 진성리더십을 행사해서 변화와 성과를 일구었다는 것을 모를 뿐이다. 진성리더는 자신의 삶에 대해 극단적 겸양의 자세를 유지한다는 점도 이들의 이름이 잘 알려지지 않는 이유이기도 하다.

결론적으로 한국에 진성리더라는 숨은 용사가 없었다면 한국은 지금과 같은 수준의 경제성장을 유지하지 못했을 것이다. 진성리더는 자신의 삶의 맥락속에서 조용한 혁명을 실천하는 사람들이다.

개발독재의 성공경험은 성공만 한다면 많은 사람들의 희생과 비윤리적인 방식도 정당화될 수 있다는 성공지상주의 신화를 키웠고, 신자유주의의 패러다임은 시장의 효율을 앞세워 사회의 양극화를 초래했을 뿐 아니라 어떤 방식으로든 빨리 가시적으로 결과를 보여주는 것의 중요성을 강조하는 초단기적 성과지상주의를 키웠다. 단기적 성과주의가 모든 사회영역에서 신화로 작동하는 동안 우리가 잃어버린 것은 이 성과를 통해서 궁극적으로 도달하려는 목적지에 대한 신념과 이 목적지에서 모든 국민들이 서로 상생하고 협력하는 공진화가 가능한 공동체의 가능성이다.

21세기 시대의 변화의 화두를 통해 살펴보았듯이 시대의 변화는 더 이상 이와 같은 과거의 리더십 방식이 작동할 공간을 허락하지 않는다. 그럼에도 불구하고 경기가 어려워지자 과거의 성공경험을 보장했던 개발독재와 신자유주의 신화로 다시 회귀하려는 성향이 늘고 있다. 지금은 성공경험을 가져다준 과거 리더십의 공과를 평가하는 문제와 현재의 위기를 극복하게 하는 새로운 리더십에 대한 개발의 문제가 서로 분리되어야 한다. 환경이 전혀 달라졌음에도 과거의 신화에 집착하는 행태는 우리에게 더 큰 재앙을 가져올 수 있기 때문이다. 21세기 한국리더의 사명은 과거 리더십의 성공경험에서 벗어나 새로운 리더십 패러다임으로 전환해 이를 기반으로 하루 빨리 긍정적 변화를 위한 새 바람을 일으키는 것이다. 진성리더십은 과거 리더십 성공신화의 함정을 벗어나 새롭게 전개되는 미래의 변화문제를 해결할 수 있는 리더십의 가장 강력한 대안이다.

 **진성리더를 위한 학습 포인트**

- 자신이 주인공이 되어 세상을 바꾸는 스토리에서 진성리더십이 시작된다.
- 정체성 체험을 만들어낼 수 있는 사람이 진성리더로 태어난다.
- 21세기 창의적 진성리더는 인문과 기술이 교차하는 지점에서 생긴다.
- 남의 성공을 돕는 일에 있어서 크게 성공할 수 있는 리더십이 진성리더십의 기반이다.
- 초연결사회에서의 진성리더의 임무는 잃어버린 정체성을 복원해주는 일이다.
- 상황이 어려울 때 진성리더와 유사리더가 구별된다.

제3장

리더십의 새로운 표준

> "마쓰시타 전기는 어떤 회사입니까?"
> "마쓰시타는 사람을 만듭니다."
> "그리고 전기제품도 만듭니다."
> – 마쓰시타 고노스케

동양의 리더십 기반은 공자의 군자론과 맹자의 대장부론에 잘 묘사되어 있다. 군자론에서 강조하는 리더의 덕목은 인을 기반으로 한 수신제가 치국평천하(修身齊家 治國平天下)이다. 중국 4서의 하나인 대학(大學)에서 올바른 군자의 자세를 강조하는 말로 인용되고 있다. 먼저 자기 몸을 바르게 가다듬은 후 가정을 돌보고, 그 후에 나라를 다스리고 천하를 태평하게 한다는 뜻이다. 여기에서도 군자는 자신의 내면을 먼저 다스릴 수 있는 사람들을 지칭한다.

한편 《맹자(孟子)》 등문공편(滕文公篇) 하(下) 편을 보면 경춘과 맹자 간의 대장부에 대한 토론이 나온다. 맹자는 대장부라면 모름지기 천하의 가장 넓은 곳에 살며, 천하의 가장 바른 지위에 서서, 천하의 가장 큰 도를 행하는 사람이라 보았다. 뜻을 이루면 백성과 더불어 말미암고, 뜻을 얻지 못하면 홀로 그 도를 행하고, 부하고 귀하여도 능히 음란하지 않고, 가난하고 천하여도 능히 지조를 잃지 않으며, 위엄과 힘을 가지고도 능히 굽힐 수 없는, 그런 사람들을 대장부라고 칭한다. 즉 어떤 상황이 오더라도 내면적인 지조와 기개를 지킬 수 있는 사람이 대장부이다.

이렇게 보면 동양의 군자론과 대장부론에서 강조하는 리더십의 덕목은 자기 자신에 대한 내면의 본질적인 스토리를 가지고 있는 사람을 지칭한다. 그러나 동양의 리더십에는 이런 본질적인 신념과 스토리를 구현해서 다른 사람들과 같이 세상을 변화시킬 수 있는 스킬들에 대한 논의가 빠져 있다. 마음가짐만 지킬 수 있다면 리더십의 모든 문제는 다 해결될 수 있다는 가정 때문이다.

이에 반하여 서양의 리더십은 리더의 정체성이나 본질에 대한 스토리에 대해서는 입을 다물고 있는 편이다. 반면 돈을 벌거나 단기적 성과를 산출하기 위해서 필요한 역량이나 스킬들을 지나치게 강조하는 경향이 있다. 2004년 네브래스카 대학의 갤럽연구소에서 주최한 대규모 리더십 컨퍼런스에서도 이와 같은 점들이 지적되었다. 대표적 리더십 연구자와 리더십을 개발해주는 개발자들이 모여서 성찰한 내용도 미국 자본주의의 붕괴는 이처럼 본질을 외면한 스킬과 역량에 대한 지나친 강조에서 기인했다는 점이다.[1] 미국의 경영대학원에서 배출하는 MBA들은 돈 버는 기술과 역량으로 중무장한 사람들을 배출하는데 혈안이 되어 있었다. 이런 사람들이 탐욕스러운 기업가들에게 고용되면 수단과 방법을 가리지 않고 돈을 버는 기계나 노예로 전락해서 건강한 자본주의를 무너뜨리는 첨병으로서의 역할을 수행한다는 것이다. 이 리더십 컨퍼런스에 참가한 대다수 사람들은 학계나 산업계에서 앞장서서 돈 버는 기술 이전에 리더로서의 본질인 정체성과 도덕성을 먼저 복원하도록 노력해야 한다는데 합의를 도출했다.

한국에서의 상황도 미국과 비슷한 것 같다. 미국과 마찬가지로 지금까지 주로 육성된 리더들은 리더의 내면적 본질보다는 변화하는 상황에 맞는 리더십의 역량과 스킬들로 중무장한 사람들을 더 많이 길러냈다는 생각이다. 급변하는 외적 상황에 적응하기 위해서 모든 필요한 것들로 중무장한 사람일수록 명확한 자기만의 정체성을 확보하지 못한 사람들이 많다. 이런 리더들은 심지어 이 리더의 뒤에서 리더의 이름을 부르면 자신의 이름을 기억하지 못해서 부름에 응답을 못할 것 같은 느낌이 드는 리더들이다. 물론 자신의 이름이야 기억하겠지만 느낌상으로도 왠지 자신의 이름조차도 잊어 버렸을 것 같은 생각이 든다. 한국에서 잘 나가는 리더들 중에는 외부 상황에 적응하기 위해 필요한 역량과 스킬을 끊임없이 습득해가며 생존을 유지해오는 동안에 정작 자신의 본질에 해당되는 자신의 정체성을 잃어버린 리더들이 태반이다. 특히 대기업 임원급의 리더일수록 이런 경향이 심하다.

본질은 텅 비어 있지만 모든 가능한 강력한 역량과 스킬로 무장한 사람들이 있다면 이와 같은 사람들을 억만금을 주고라도 고용해보고 싶은 사람들은 아마도 탐욕스러운 기업가들일 것이다. 이들은 옳고 그름의 본질에 대해서는 일찌감치 판단중지를 했기 때문에 기업가들의 입장에서는 수단과 방법을 가리지 않고 이들이 가진 스킬과 역량을 돈을 버는 탐욕의 무기로 거리낌 없이 사용할 수 있다고 생각할 것이다.

논어 팔일편(八佾篇)에 보면 회사후소(繪事後素)라는 말이 있다. 직역을 하면 흰 바탕이 있은 연후에 비로소 그림을 그릴 수 있다는 말이다. 이 말을 다시 의역하면 본질이 있은 연후에 꾸밈이 의미가 있다는 뜻이다. 21세기의 바람직한 리더는 리더로서의 정체성과 사명에 대한 본질을 기반으로 이를 구현하기 위해 필요한 스킬이나 역량을 구축한 사람들이다. 이런 점에서 회사후소란 꾸밈은 화려해 보이지만 정작 본질에 해당되는 속은 텅 비어 있을 것 같은 리더들에게 보내는 경고문이다. 리더로서의 정체성이나 사명에 대한 본질이 리더의 충분조건이라면 이를 구현하기 위해 동원되는 스킬이나 역량은 뛰어난 리더로 성장하기 위한 필요조건에 해당된다.

지금까지 미국을 중심으로 한 서양의 리더들은 리더의 필요조건에 치중해 왔다면 동양의 군자론이나 대장부론은 리더십의 충분조건에 치중해 왔던 것이다. 그러나 충분조건이 갖춰지지 않은 상태에서는 모든 리더십 역량이 다 필요한 것처럼 느껴진다. 충분조건이 구축되어 있을 경우에는 이 충분조건을 달성하기 위해서 필요한 리더십 역량과 필요 없는 역량이 명확히 구분되어진다. 충분조건을 이해하고 있는 리더들은 학습해야 할 역량과 당장 폐기해야 할 역량을 구분할 수 있는 안목이 있지만 충분조건을 구비하지 못한 리더들에게는 모든 역량이 다 필요한 것처럼 느껴져서 밤낮으로 역량을 학습하지만 성과에는 실질적으로 도움이 되지 않는다. 이 때문에 이들은 학습에 대한 불안과 무기력증에 빠져 있다. 한 마디로 21세기의 바람직한 리더는 리더로서의 충분조건과 필요조건을 다 구축한 리더들이다. 21세기 리더의 표준으로 제시되고 있는 진성리더십은 동양의 리더와 서양의 리더가 서로 만나는 점에서 만들어진 리더십의 새로운 패러다임이다.

진성리더를 위한 학습 포인트

- 진성리더는 본질이 있는 연후에 꾸밈이 의미가 있다는 것을 믿고 실천하는 사람이다.
- 동양의 군자론은 리더십의 충분조건을, 서양의 역량론은 리더의 필요조건을 설파한다.
- 진성리더는 동서양을 통합한 리더십의 필요충분조건을 구비한 사람을 말한다.
- 진성리더는 리더십의 필요충분조건을 구현해 21세기 리더십의 새로운 표준을 설정하는 사람들이다.

2

진성리더십이란 무엇인가?

4장. 진성리더십의 개념
5장. 진성리더십의 기본원리
6장. 진성리더십의 심화원리

2부에서 다루는 [진성리더십이란 무엇인가?]에서는 진정성에 대한 기본 개념과 진성리더십의 원리를 기본원리와 심화원리로 나눠서 설명한다. 진정성은 Authenticity를 번역한 개념이지만 Authenticity에는 우리말의 진정성이 뜻하고 있는 바보다 더 많은 뜻이 함축되어 있다. Authenticity에 숨겨져 있는 의미들을 파악해보고 이것을 기반으로 진성리더십의 원리들을 도출해낼 것이다. 진성리더십의 원리는 사명을 기반으로 우리가 주인이 되어 세상을 바꾸어나가는 스토리와 이 스토리를 구현하기 위해 떠나는 여행에 사용되는 지도인 정신모형을 이해하는 것에서 시작된다. 기본원리는 이 지도에 담긴 스토리를 단단한 믿음으로 바꾸는 과정과 관련된 것이고 심화원리는 진성리더십의 지도를 진성이라는 리더의 품성으로 완성시켜 세상에 선한 영향력을 행사하는 과정과 관련된 원리들이다.

제4장

진성리더십의 개념

> 진실한 자아는 인간의 눈으로 확인할 수 있는 영혼의 모습이다.
> — Sarah Ban Breathnach
>
> 인간으로서 가장 큰 특권은 누구든 진실한 자기 자신이 되어볼 수 있다는 것이다.
> — Joseph Campbell
>
> 좋은 리더는 사람들 위에서 사람들을 이끌지만,
> 위대한 리더들은 사람들의 마음속에서 사람들을 이끈다.
> — M. D. Arnold

진정성이란?

서구에서 진정성의 개념은 소크라테스의 언명인 "네 자신을 알라"라는 자기인식에 대한 언명에서 기원한다. 이와 같은 소크라테스의 철학을 셰익스피어가 햄릿에서 "To thine own self be true" 즉 "Being true to yourself"로 인용하고 있는데 이 "자신에게 진실인 상태"가 진정성의 일반적 정의로 정착되었다. 자신이 자신에게 해주는 삶의 스토리와 남들에게 들려주는 자신에 대한 스토리가 같거나, 또는 적어도 외면적 상태가 알려진 내면적 상태를 따라오지 못할 경우 이 상태와의 괴리를 줄이기 위해 무단히 노력하는 모습을 지칭한다.[1] 즉 자신의 중심이 되는 내면적 삶의 본질과 외면적 삶의 모습의 톱니바퀴가 서로 단단하게 맞물려 돌아가고 있는 커플링(Coupling) 상태를 진정성이 있다고 칭한다. 반면 이 두 모습이 서로 겉도는 상태에서 외면적인 스토리가 내면적인 삶을 감추고 있는 것을 디커플링(Decoupling)이라고 칭한다. 다음의 간디 이야기는 진정성의 정의를 잘 보여주고 있다.

리더십 이야기

간디의 진정성

대표적 진성리더인 간디에게는 다음과 같은 일화가 있었다.[2]

하루는 어떤 아주머니께서 자신의 아이를 데리고 간디를 찾아왔다. 간디를 찾아온 이유는 자신의 아이가 설탕을 너무 좋아하다는 것이다. 또한 아이가 간디를 너무 존경하기 때문에 간디 선생님이 아이에게 설탕의 나쁜 점에 대해서 이야기해주시면 아이도 설탕을 끊을 것이기 때문에 이 부탁을 하려고 아이를 데려왔다는 것이다. 한 마디로 아이에게 "설탕은 몸에 나쁘다."라는 이야기를 직접 해달라는 요청이었다. 곰곰이 생각하던 간디가 지금은 곤란하고 한 달 후에 다시 오면 해줄 수 있을지도 모른다고 부인을 돌려보냈다.

한 달 후에 다시 아이를 데리고 간디를 찾은 부인이 다시 정중하게 부탁을 하였다. 이 부탁에 마침내 간디가 아이에게 말했다.

"아이야, 설탕은 몸에 해롭단다." 간디 선생님으로부터 이 말을 들은 아이는 감동하여 앞으로는 설탕을 자제하기로 하고 집으로 돌아갔다.

이 상황을 지켜보던 주변 사람들이 간디에게 질문을 한다. "그냥 한 달 전에 그 말씀을 해주셨으면 아주머니가 왔다 갔다 하는 번거로움을 줄일 수 있었을 텐데 왜 그러셨나요?"

이 질문에 간디가 답하기를 "사실 한 달 전에는 나도 설탕을 끊지 못하고 있었다네."

진정성의 개념과 가장 혼동을 일으키는 말은 성실성이다. 이 둘의 차이는 판단의 준거가 내면인지 외면인지에 따라서 갈린다. 진정성은 판단의 중심이 자신의 내면의 본질에 관한 스토리이다. 반면 성실성의 판단 기준은 내면적 스토리와는 상관없이 주변 사람들에게 들려주는 자신에 대한 외면적 스토리들이 서로 일관성이 있고 예측가능한지를 말한다.[3]

역설적으로 한시적이기는 하지만 성실성을 기반으로 밥 먹고 사는 문제를 해결하는 사람들 중에 사기꾼들도 들어 있다. 왜냐하면 사기꾼들이 사기를 치기 위해서는 상대에게 자신은 믿음직스럽고 성실한 사람이라는 것을 각인시켜야 한다. 이와 같은 각인이 먹혀 들어가면 사기꾼들은 이것을 지렛대로 삼아서 상대에게 사기를 친다. 사기꾼들이 속으로는 어떤 생각을 가지고 있는지는 문제가 되지 않는다. 속으로는 어떤 나쁜 생각을 가지고 있더라도 연기를 통해 상대에게 일관된 행동을 보여주면 사람들은 그 사람을 성실한 사람으로 판단하고 믿는다. 따라서 사기꾼들은 사기를 치기 직전까지 최고로 성실한 사람들인 것이다. 한 마디로 성실성은 사람들이 가지고 있는 내면의 스토리와는 상관없이 연기가 가능한 영역이다. 하지만 진정성은 자신의 내면의 스토리에 준거한 일관된 삶을 사는 것이기 때문에 연기를 통해서 성실성을 증명할 필요가 없다. 그냥 자신의 내면적 스토리대로 일관되게 살기 때문에 성실성은 연기하지 않아도 자동적으로 따라오게 마련이다.

진정성과 또 다른 충돌을 일으키는 개념은 마음씨 착한 사람에 대한 개념이다. 진정성이 있는 사람과 착한 사람과는 서로 구별되는 개념이다. 물론 진정성이 있는 사람들이 다 착한 것은 사실이지만 문제는 착함만을 가지고는 진정성 있는 사람이 되지 못한다. 자신의 삶에 대한 목적적 스토리가 있는지의 여부가 착한 사람과 진정성이 있는 사람을 구별해주는 핵심이다. 비유를 하자면 진정성이 있는 사람들은 착한 마음의 밭에 자기만의 진정성 있는 삶의 스토리를 심어서 이것을 과수원으로 가꾸어내는 사람들을 지칭한다. 착한 마음의 밭에 심어진 과수나무를 잘 가꾸어 과수원을 일구고 이 과수원에서 나오는 과일들 때문에 과수나무에 이르는 곳에 저절로 길이 만들어지는 것을 꿈꾸고 있는 사람들이 진정성 있는 사람들이다. 착한 마음의 밭에 심을 자신만의 목적적 스토리가 없을 경우 이 착한 사람은 스스로를 곤경에 빠뜨리게 하는 사건들을 많이 만난다. 마음씨만 착한 사람들은 친구들이나 지인들로부터 자신의 이야기를 심기 위해 밭을 빌려달라는 다급한 요청을 많이 받게 된다. 친구들의 측은함을 과장한 이야기에 무리해가며 자신의 밭을 내주기 시작하면 어려운 일들이 닥치게 된다. 어떤 친구는 갚을 능력도 없으면서 보증을 서달라고 간청할 수도 있고 경제적 어려움을 호소해가면서 경제적 도움을 요청하기도 한다. 자신만의 목적적 스토리가 없는 상태에서 착한 마음씨를 가진 사람들은 많은 사람들에게 좋은 먹잇감이다. 자신만의 스토리가 없는 상태에서 따뜻한 마음의 밭만을 가진 사람들은 자신의 밭이 황폐해질 때까지 자신의 밭을 빌려주는 것을 멈추지 않는다.

마음씨만 착한 사람들이 정말로 어려운 사람들을 도와줌으로써 세상에 도움을 주는 측면과 사악한 생각을 가지고 이들을 이용하는 사기꾼들을 먹여 살리는 측면을 더하고 뺀다면 이들이 세상에 대해서 순수하게 공헌하는 바는 별로 크지 않을 것이다. 착한 사람들은 다른 착한 사람들에게 도움을 주기도 하지만 다른 한편으로는 사악한 사람들을 먹여 살려서 이들이 다른 사람들을 대상으로 사악한 짓을 계속하도록 도와주는 측면도 있는 것이다. 하지만 진정성이 있는 사람들이 다른 사람들에게 사기를 당할 개연성은 마음씨만 착한 사람들보다는 훨씬 낮다. 자신이 신념을 가지고 살고 있는 목적적 스토리와 괘를 같이 하는 일에 도움을 요청할 경우는 스스로 나서서 도와주겠지만 이런 스토리와 전혀 상관이 없는 허무맹랑한 이야기를 가지고 도움을 요청할 경우 이들은 사탕발림의 이야기에 휘말려들 개연성은 없다.

리더십 이야기

착한 사람을 넘어서 진정성 있는 사람이 되자

진성리더가 마음씨도 따뜻하면서 세상에 족적을 남기고 악한 사람들의 사기행각에도 넘어가지 않는 이유가 있다.

첫째, 진정성 있는 사람의 스토리가 무너진다는 것은 사람들에게 공통의 행복의 한 귀퉁이가 무너지는 것을 의미하기 때문에 주변에 많은 사람들이 이 스토리를 지키기 위해서 파수꾼으로 나선다. 자신들에게 행복의 원천이 된 사람이 불행해지기를 바라는 사람은 없다. 스토리에 대한 믿음을 공유하고 있는 사람들이 눈을 부릅뜨고 같이 지키기 때문에 사기꾼들이 들어설 여지가 없다. 설사 세기의 사기꾼이 나타나 파수꾼들을 속이고 이 진정성의 삶의 스토리를 가진 사람에게 사기를 치는 데 성공한다 하더라도 이 사기꾼의 성공 스토리가 알려지는 순간 이 사기꾼은 세상을 살아갈 방법이 없다. 그 순간 쇄락의 길을 걷게 될 운명에 처해진다. 진정한 사기꾼들은 이런 심각한 위험부담을 감수하고 싶은 생각이 없다. 진정성 있는 삶의 스토리를 가진 사람들 주변에는 사기꾼이 모여들지 않는다.

둘째, 진정성 있는 스토리의 플랫폼을 가지고 있는 사람들은 아무나 자선사업을 하듯 남들에게 도움을 주지는 않는다. 자신의 스토리에 맞아 떨어지는 스토리를 가진 사람들에게만 자신을 이용할 수 있는 기회를 제공한다. 사기꾼들은 이것을 이용하기 위해 오랜 시간동안 공들여 투자를 해야 한다. 이 투자과정을 감내할 수 있는 사기꾼은 존재하지 않는다.

셋째, 사기꾼은 마지막 한탕을 염두에 두고 사기 대상에게 그럴듯한 미끼를 던지지만 진정성 있는 스토리에 대한 믿음을 가지고 있는 사람들은 이런 대박이나 허황된 꿈을 믿지 않는다. 진정성을 삶의 모토로 알고 사는 사람들은 대박이나 한탕을 꿈꾸지 않고 자신의 삶의 최종적인 목적지를 향해 뚜벅 뚜벅 우보천리하는 사람들이다. 사기꾼들이 아무리 덫을 놓아도 여기에 걸려들지 않는다.

결국 착하기만 한 사람들이 탐욕스런 사기꾼들에게 사기를 당하는 것은 이 선한 마음을 지킬 수 있는 자신만의 진정성 있는 스토리를 마련하지 못했고 마련했다 하더라도 이것을 믿음으로 단련시키지 못했기 때문이다. 우리 자신이 진정성 있는 삶을 살고 있다는 것을 증명해 보이려면 진정성을 향한 나의 삶을 부정하는 사람과 일들에 대해서 단호하게 아니라고 이야기 할 수 있는 용기를 보여야 한다.

진성리더는 마음씨만 착한 옆집 아저씨와는 다르다. 세상의 행복한 차이를 만들 수 있는 진정성 있는 삶의 스토리로 사람들의 마음을 울리고 이것을 같이 구현함으로써 이 스토리를 믿음으로 만든 사람들이다. 사기당하지 않고 세상을 위해 신성한 차이를 만들어 나갈 수 있는 유일한 방법은 진정성 있는 삶의 스토리를 복원하는 것이다. 사기꾼들이 가장 무서워하는 사람들이 바로 진정성 있는 삶으로 꾸밈과 연기를 거부하는 사람들이다.

영어의 Authenticity는 우리말 진정성이 담고 있는 내용보다 훨씬 심오한 철학을 담고 있는 말이다.[4] 'Authentic Leadership'을 '진정성 리더십'이라고 단순하게 번역해서는 안 되는 이유이기도 하다. 이 말을 한자로 번역할 때 혹자는 '眞情性'이라고 쓰기도 하고 다른 사람들은 '眞正性'이라고 쓰기도 한다. 진정성(authenticity)에는 이 두 가지 의미가 다 내포되어 있다. 진정성의 시작은 남들에게 이야기하는 자신의 삶의 스토리가 정말 자신의 이야기인지의 문제인 '眞正性'이다. 영어 Authenticity의 정의인 "true to oneself"에 반영된 의미의 '眞正性'이다. 삶은 이 진정성 있는 스토리를 지켜나가는 것을 끊임없이 방해한다. 이와 같은 방해공작에도 자신의 내면의 스토리가 다른 사람에게 들려준 스토리와 같아지도록 지켜보는 사람이 봐도 측은할 정도로 노력한다면 사람들도 나의 스토리가 진실임을 심정적으로 받아들이게 된다. 이와 같이 내 진실된 스토리가 남들의 마음 속에 받아들여져 정서적 공명을 일으키는 상태를 '眞情性'이 있다고 말한다. 따라서 '眞正性'은 Authenticity의 원인이고 '眞情性'은 그 결과인 셈이다. 우리가 일상에서 받아들이고 있는 진정성은 후자의 진정성이지만 전자의 진정성이 원인이 되지 않는다면 후자의 진정성을 판별해볼 근거가 없다. 따라서 진정성을 제대로 이해하기 의해서는 이 두 의미에 숨어 있는 복합성을 이해할 수 있어야 한다.

리더십 이야기

진정성과 진실의 충돌

사람들은 종종 진정성을 진실과 혼동한다. 진정성의 영역에 진실을 요구할 경우 인간의 주체성이 왜곡되기 시작한다. 이 둘 간의 차이는 다음과 같다. 진실은 자연과학적 사실성을 이야기한다. 따라서 누가 그 사실을 검증하더라도 똑같은 결론을 얻을 수 있어야 진실로 인정된다. 다른 사람에 의해서 사실의 재현가능성이 핵심이다.

진정성은 자연과학적 영역과는 완전히 다른 인간의 주관성 영역이다. 어떤 사람의 말이나 행동으로 표현된 내용이 그 사람의 내면적 동기와 일치하는지의 여부이기 때문이다. 따라서 진정성은 자연과학적으로 검증될 수 있는 영역이 아니다. 다른 사람에 의해서 검증되면 될수록 진정성의 가치는 떨어진다. 고유한 주관성의 가치가 핵심이고 진정성을 증명해줄 수 있는 사람은 본인뿐이다.

황우석 교수의 케이스가 이 둘이 충돌한 대표적인 케이스이다. 황우석 교수를 지지하는 사람들은 황우석 교수의 진정성을 믿은 사람들이고 황우석 교수에 반기를 든 사람들은 자연과학적 진실에 기반을 두고 이의를 제기한 사람들이었다.

황우석 교수가 엄격한 과학적 진실에 기반을 두고 인간 유전자를 복제하는 데 성공하고 이것과는 별개로 이 과학적 발견을 이용하여 세상을 어떻게 바꿀 것인지에 대한 진정성 있는 스토리를 설파했다면 황우석 교수는 국민 모두에게 영웅적 과학자로 존경받았을 것이다.

문제는 자신이 느끼는 자신의 진정성과 주변 사람들이 느끼는 나에 대한 진정성 사이에 괴리가 있을 수 있다는 점이다. 이런 경우도 진성리더들은 자신이 진정성이 있다는 주장에는 극도로 신중해한다. 구성원들은 나의 행동을 준거로 나의 진정성을 파악하지 나의 주장을 근거로 진정성을 파악하지 않기 때문이다. 행동이 아닌 말로 나의 진정성을 주장할수록 사람들은 내 진정성의 진의에 대해서 더 의심할 뿐이다. 설사 외부사람들이 파악한 진정성과 내가 주장하는 진정성 사이에 괴리가 존재한다 하더라도 자신이 목적적 스토리를 중심으로 일관되게 행동하여 진정성이 증명된다면 이와 같은 괴리는 시간이 지남에 따라 자동적으로 소멸된다.

비록 주체가 자기 자신임에도 진정성은 나르시시즘과 구분된다. 진정성은 자신의 삶이 어떤 목적 지향적 의미체계를 추구하는 상태를 지칭하기 때문이다.[5] 따라서 어떤 사람이 정말로 이해할 수 없는 괴팍한 삶을 살고 있을 때나 비난 받아야 마땅한 삶을 살고 있을 때 본인이 그런 삶을 살고 있다고 솔직하게 인정한다고 해서 이 사람의 삶이 진정성이 있다고 이야기하지는 않는다. 이런 개인적 욕망을 그대로 표현하는 것을 진정성이라고 말한다면 세상에서 가장 진정성이 있는 대상은 동물일 것이다. 동물은 자신의 내면적 욕구를 숨기지 않고 그대로 드러내가면서 자신의 욕망의 명령에 따라서만 사는 대상이기 때문이다. 인간은 이와 같은 개인적 욕망도 있지만 가슴에 더 큰 목적을 품고 이것을 구현하기 위한 삶을 살기도 한다. 항상 욕망과 목적 사이의 갈림길에 우리 삶이 위치 지워져 있지만, 어떤 계기에 의해서 목적 지향적 삶이 자연스럽게 나의 모든 행동, 태도, 말 속에 녹아 있는 삶의 규율을 획득했다면 사람들은 그러한 개인을 진정성 있는 사람으로 규정할 것이다. 진정성을 인정받는 것은 자신의 주체적 삶의 스토리가 다른 사람들에게도 더 높은 목적적 가치로 다가가서 도덕적 울림(Moral Sentiment)을 창출했을 때이다. 이런 점에서 진정성은 비도덕적인 개인적 욕망이나 자아도취적 주관주의, 또는 지나친 도구적 이성의 원리와는 배치된다.[6]

진성리더십이란?

> 시대가 어려워질수록 진정성에 대한 열망은 더욱 강해진다.
> – Coco Chanel

리더의 일반적 정의는 구성원들에게 자발적인 영향력을 행사하여 혼자서는 달성할 수 없는 더 큰 성과를 구성원들과 같이 달성하고 이를 통해 궁극적으로 조직을 위해 더 나은 차이를 성취해 내는 사람이다.[7]

 이 리더십의 정의에서 착안해야 할 점은 리더는 자발적인 영향력을 통해 더 나은 차이를 만들어 내는 사람이지 부하들에게 강제나 강압을 통해서 성과를 달성하는 사람이 아니라는 점이다. 리더들의 기반은 영향력이지 강압적 권한은 아니다. 둘째로 착안해야 할 점은 리더는 혼자 독불장군으로 행세하는 사람이 아니라 구성원들과 같이 동고동락해가며 더 나은 차이를 만들어내는 사람이라는 점이다. 이런 점에서 리더십의 중요한 3대 필수요소는 리더, 구성원, 상황이다. 이 셋 중 하나라도 빠질 경우에는 제대로 된 리더십의 정의를 만들어 낼 수 없다. 리더십이란 리더와 구성원들이 주어진 상황적 맥락에서 그들만의 자랑스러운 성과를 산출하여 더 나은 차이를 만들어내는 활동이다. 마지막의 착안점은 결과적으로 이런 영향력을 행사해서 장기적으로 성과를 도출해서 더 나은 차이, 즉 변화를 만들어낼 수 있어야 한다는 점이다. 이런 점에서 변화를 못 만들어 내는 사람들은 리더의 기본적 정의에도 포함되지 않는다. 즉 부하들에 대한 동기부여나 소통능력 등이 아무리 완벽해도 이것을 동원하여 성과를 도출하지 못한다면 리더가 아니다. 또한 성품이 착해서 선한 영향력을 행사했는데 궁극적으로 차이를 못 만들어 냈다면 리더가 되지는 못한다.

　진성리더(Authentic Leader)와 일반리더의 가장 중요한 차이는 영향력의 원천에 있다. 일반리더들도 구성원들에게 자발적인 영향력을 행사하여 혼자서는 달성할 수 없는 더 큰 성과를 구성원들과 같이 달성하고 이를 통해 궁극적으로 조직을 위해 더 나은 차이를 성취해 내는 사람이다. 진성리더는 진정성 있는 사명을 기반으로 구성원을 임파워먼트 시켜 영향력을 행사하는 사람이다. 진정성 있는 사명은 진성리더의 핵심을 구성한다. 사명은 리더의 존재이유를 설명해주는 삶의 목적지이자, 진북(True North)이자, 영혼의 종소리이다. 중요한 것은 사명의 진정성인데 여기에서의 진정성(Authenticity)의 어원은 authentikos로 원본이 가지는 독창성을 의미한다. 독창성이 있는 원본을 만들어내는 사람들을 작가(Author)라고 부른 것도 이러한 어원에서 출발한 것이다.[8] 어떤 삶에 대한 사명의 진정성이 증명되기 위한 최고의 조건은 자신이 주인공이 되어 스스로 체험한 자신의 삶의 스토리를 스스로가 만들어냈을 때이다.[9] 따라서 진성리더에게 중요한 것은 사명 즉 자신이 향하고 있는 삶의 목적지의 진정성인데 진정성을 증명하기 위해서는 이 사명이 자신이 만든 스토리이고 자신이 이 스토리의 진짜 주인공이라는 것을 스스로 입증하는 것이다.

진성리더(Authentic Leader)를 더 정확하게 정의하면 다음과 같다. 진성리더는 자신이 '사명'의 주인공이 되어 사명과 일관된 삶을 사는 과정을 통해 사명을 자신의 품성으로 내재화한 사람이다. 또한 진성리더는 사명을 구성원들과 공유함으로써 자신과 구성원들의 삶을 충만하게 임파워먼트 시킨다. 임파워먼트의 근원은 잃어버리고 살았던 사명에 대한 각성이다. 또한 진성리더들은 '사명'이 현실로 발현되도록 모든 리더십 요소를 정렬시켜서 구성원들과 함께 더 나은 차이를 만들어낸다. 새로운 변화를 만들어 내는 것은 리더와 구성원간의 사명에 대한 공유를 기반으로 한 협업을 통해서이다.

한 마디로 진성리더는 잃어버렸던 본질을 복원하여 중심에 세우고 이 본질을 구현하기 위한 수단을 정렬시켜 본질과 커플링 시킬 수 있는 사람이다. 이때 진성리더의 본질을 구성하고 있는 목적적 스토리는 진정성이 있는 사명에서 나온다. '사명'은 조직이나 사람들이 이 세상에 '존재해야만 하는 이유' 혹은 삶의 '궁극적 목적'을 말한다. 진정성 있는 사명은 우리의 영혼을 일깨워주는 영혼의 종소리이다. '사명'은 '진북(True

North)'에 비유되기도 한다.[10] 진성리더는 리더십의 스킬이나 스타일이 아닌 자신의 사명에 대한 스토리를 내재화 한 '품성'을 기반으로 사명을 구현하는 일에 '선한' 영향력을 행사하는 사람이다.

본 교재에 Authentic Leadership을 〈진정성 리더십〉으로 쓰지 않고 참 진(眞) 성품 성(性)의 〈진성(眞性)리더십〉이라고 쓰는 이유도 Authentic Leader란 자신만의 진정성 있는 사명의 스토리를 삶 속에서 검증하여 믿음으로 만들고 이를 자신의 품성(品性)으로 내재화 시키는데 성공한 사람을 지칭하기 때문이다. 어떤 상황과 사건에서 순간적으로 진정성을 보인다고 해서 이런 사람들을 다 진성리더라고 칭하지 않는다. 진성리더는 진정성이 있는 사명의 스토리를 성품으로 내재화 한 상태인 진성(眞性)을 기반으로 리더십을 행사하기 때문에 어떤 다른 상황이 와도 일관되게 목적 지향적으로 행동할 수 있는 사람이다. 진성리더가 상황이 달라져도 연기하지 않는 일관성을 보일 수 있는 것은 사명의 스토리를 품성(品性)으로 내재화한 삶을 살기 때문이다. 이들의 '선한' 영향력의 원천은 리더십 스킬이나 스타일이 아니라 사명이 내재화된 '품성' 즉 진성(眞性)에서 나온다. 이들은 진성(眞性)을 기반으로 다른 모든 리더십 스킬이나 역량, 자원들을 정렬시킨다. 진성리더가 어떤 어려움도 극복해 나가는 힘은 사명을 내재화한 품성과 이 스토리를 구현할 수 있는 능력이 일관되게 통합되었기 때문에 생긴다. 정렬을 통해 진성리더는 영혼의 종소리 즉, 사명으로 사람들의 가슴을 뛰게 하고 품성으로 이들의 심금을 울려 구성원들과 함께 '차근차근' 하지만 '치열하게' 세상을 더 따뜻하고 행복한 곳으로 바꿔나가는 사람들이다.

반면 유사리더(Pseudo Leader)란 겉으로는 진성리더보다 더 진성리더로 보이도록 연기하지만 알고 보면 진성리더가 아닌 리더들을 지칭한다. 유사리더는 자신 스스로에게 해주는 삶의 스토리와 다른 사람들에게 해주는 삶의 스토리가 다른 사람을 지칭한다. 이들은 진짜 리더처럼 보이기 위해서 겉으로 드러나는 리더십을 진짜 리더보다 더 사실적으로 연기하는 리더들이지만 진짜 리더는 아닌 사람들이다. 유사리더를 이해하기 위해서는 유사 휘발유를 생각해보면 쉽게 상상이 될 것이다. 유사 휘발유는 겉으로 보기에는 진짜 휘발유보다 더 휘발유처럼 보이지만 사실 진짜 휘발유는 아니다. 유사리더들도 사명의 스토리를 가지고 살고 있는 것처럼 주장하나 이들의 사명의 스토리는 자신의 내면의 사적인 스토리를 숨기기 위한 연기에 불과하다. 유사리더는 리더의 품성과 리더의 능력이 서로 디커플링을 일으키고 있는 사람들이다. 구성원들은 이들의 능력은 믿지만 이들의 품성은 신뢰하지 않는다. 이들의 영향력이 분절을 일으키는 것은 이 둘 사이의 괴리에서 생긴다.

　진성리더십이 21세기의 새로운 리더십의 패러다임으로 주창된 것은 2001년 터진 엔론 사건이 계기가 되었다. 엔론 사건을 계기로 미국의 MBA에서 지금까지 가르친 리더십이 탐욕스러운 경영자들의 돈 버는 기계가 되는 법만을 가르쳤다는 것을 깨달았다. 이 사건을 계기로 지금까지 MBA에서 키워온 리더들이 결국 진짜 리더가 아니라 유사리더만을 육성해왔다는 것을 인정한 것이다. 이에 위기를 느낀 리더십 학자와 리더십 개발자들이 2004년 네브래스카에 모여서 앞으로의 리더십 방향에 대해서 논의를 했고 여기에서 설파된 리더십의 패러다임이 진성리더십(Authentic Leadership)이다. 네브래스카 컨퍼런스에서 발표된 논문들이 2005년 Leadership Quarterly에 특별호로 제작되었다. 여기에서 주도적 역할을 한 학자가 Gardner, Luthans, Avolio, Walumbwa 등이다.[11] 학문적인 연구와는 별개로 의료기기 제조회사인 Medtronic의 CEO

였던 Bill George가 회사를 사임하고 2004년 하버드 경영대학원의 실무교수로 옮겨서 True North Groups를 결성해서 실무적 차원에서 진성리더십을 설파하고 있다.[12] 한국에서는 본 저자의 저서 〈진정성이란 무엇인가?〉와 몇 편의 논문을 통해서 한국적 상황에 맞는 패러다임으로 정착을 시도했고[13] 본 저서를 통해서 보다 정형화된 한국적 리더십 프로그램으로 개발했다. 진성리더십은 아직까지 어떤 정형화된 리더십의 패러다임이라기보다는 지금까지 길러왔던 유사리더에 대응하는 진실된 새 리더십 패러다임이라는 선언적 의미가 더 크다.

연기하는 유사리더와는 달리 진성리더는 연기하지 않는다. 진성리더가 연기자가 아닌 이유는 바로 이들이 자신만의 사명에 대한 스토리를 품성으로 내재화한 진성(眞性)을 기반으로 일관되면서 자연스럽게 영향력을 행사하기 때문이다. 탈무드에 보면 다음과 같은 경구가 나온다.

생각을 조심하거나, 생각을 바꾸면 행동이 바뀌고
행동을 조심하거나, 행동을 바꾸면 습관이 바뀌고
습관을 조심하거나, 습관을 바꾸면 인격이 바뀌고
인격을 바꾸면 운명이 바뀐다.

일견 논리적으로는 말이 되는 것처럼 보이지만 문제는 한 번 생각을 바꾸었다고 해서 다음번에도 자연스럽게 행동으로 이어지고 습관으로 이어지지 않는다는 점이다. 행동변화가 생각의 변화를 지렛대로 해서 시작되지만 정말 행동을 바꾸기 위해서는 생각의 스위치가 옛날로 돌아가는 것을 탈무드에서 경고한대로 "의식적으로" 조심해가며 막을 수 있어야 한다. 이처럼 생각은 있어도 생각대로 자연스럽게 행동하지 못하는 이유는 생각이 믿음으로 바뀌지 않았기 때문이다. 사람들이 "자연스러운" 행동을 하게 되는 것은 생각에 믿음이 형성되었기 때문이다. 이 뿌리에 해당되는 믿음 없이는 행동을 바꿀 수는 없다. 믿음의 뿌리가 없는 말랑말랑한 생각들은 변화의 압력이 사라지면 과거의 행동을 재생하여 행동변화를 무력화시킨다.[14] 따라서 탈무드의 문구는 현실적으로 "생각이 바뀌면"이 아닌 새로운 생각에 대한 "믿음이 생기면"이라는 문구로 다시 써져야 한다.

리더가 구성원에게 처음 설파하는 스토리는 믿음의 상태가 아닌 생각 혹은 가정의 상태이다. 진성리더는 이 생각이나 가정의 상태인 자신의 사명의 스토리를 검증해서 믿음으로 바꾸고 이 믿음을 내재화해서 품성을 형성하고 이 품성을 기반으로 선한 영향력을 행사하는 사람을 말한다.

진성리더의 본질은 한 마디로 사명에 대한 진정성 있는 믿음이다. 반면 유사리더는 믿음으로 검증되지 않은 풍부한 스토리로 사람들에게 상황 상황마다 연기를 통해 즉흥적 영향력을 행사하려고 노력하겠지만 이들의 노력은 대부분 성공하지 못한다. 내면화된 믿음에 기반을 둔 사명의 스토리로 영향력을 행사하는 것이 아니라 생각의 상태에 있는 스토리로 영향력을 행사하는 것이기 때문에 상황이 바뀔 경우 자신의 생각을 유지해가며 일관성을 지켜나가기 힘들다. 이들 유사리더와는 달리 진성리더는 사명의 스토리가 검증되어 믿음의 뿌리를 획득했고 이것이 다시 품성으로 내재화 한 상태인 진성을 기반으로 영향력을 행사하는 사람들이다. 이들의 행동, 말, 태도는 사명이 믿음으로 내재화된 품성에 기반을 두고 있기 때문에 항상 자연스럽고 일관된 상태를 유지한다. 진정성은 내재화된 품성에 기반을 두기 때문에 자연스럽게 우러나온다. 진성리더가 연기하는 삶에서 벗어나 있는 이유도 이것이다.

리더십 이야기

사명의 스토리

한국에도 역사적으로 사명에 대한 믿음을 내재화하여 진성을 형성하고 이것을 현실로 구현한 진성리더들이 많이 있었다.

장기려(1911~1995) : 가난한 사람을 위한 참된 의술
이경재(1926~1998) : 고통 받는 사람들을 위한 삶
김용기(1909~1998) : 이상촌에 평생을 바친 농군
육영수(1925~1974) : 그늘진 곳에 닿은 따스한 손길
전태일(1948~1970) : 노동운동의 영원한 불꽃
장준하(1918~1975) : 우리나라 민주화의 등불
조영래(1947~1990) : 이웃 사랑의 인권 변호사
석주명(1908~1950) : 나비 사랑에 바친 한 평생
이휘소(1935~1977) : 한국을 빛낸 세계적인 이론 물리학자
함석헌(1901~1989) : 씨알들을 대변한 민중 운동가
윤이상(1917~1995) : 하나의 조국을 꿈꾸던 음악가
이상백(1903~1966) : 우리나라 올림픽의 아버지
유일한(1895~1971) : 한국기업의 세계적 표준을 설정한 기업인
손기정(1912~2002) : 조국에 바친 승리의 월계관
나운규(1902~1937) : 한국 영화의 선구자
윤동주(1917~1945) : 맑은 영혼을 가진 참회 시인
최승희(1911~1969) : 세계가 감탄한 아름다운 몸짓
이원수(1911~1981) : 동심을 노래하며 걸어온 외길
성철스님(1912-1993) : 무소유의 삶을 실천한 큰 스님
김수근(1931~1986) : 우리의 전통을 건축한 건축가

황혜성(1920~2006) : 궁중 음식 인간 문화재
이중섭(1916~1956) : 힘찬 소의 모습에 담긴 민족 혼
박수근(1914~1965) : 돌의 질감에 담은 이웃의 모습
백남준(1932~2006) : 비디오 예술의 창시자
김수환(1922-2009) : 평범한 우리 모두를 위한 삶을 살다간 추기경
법정스님(1932-2010) : 종교적 화합을 위한 삶
박완서(1931-2011) : 분단, 여성, 우리의 삶에 대한 지평을 넓힌 소설가

    본질을 감추고 리더십 스킬, 역량, 스타일을 기반으로 연기하는 유사리더와는 달리 진성리더는 사명을 품성으로 내재화한 진성을 기반으로 리더십 스킬, 역량, 스타일을 통합시킨 리더이다. 유사리더는 자신의 사명에 대한 믿음의 부재 때문에 어떤 리더십 스킬과 역량을 배워야 하는지에 대한 방향성을 상실하고 세상에 존재하는 모든 리더십 스킬과 역량을 습득해내기 위해 총력을 기울이는 학습중독에 걸려있지만 진성리더는 자신의 사명을 구현하는데 필요한 리더십 스킬과 역량이 무엇인지를 알고 있기 때문에 불필요한 역량에 대한 불안감이 없다. 마치 골리앗과 다윗의 싸움에서 골리앗이 세상에 존재하는 최고의 갑옷과 투구와 창으로 무장하고 싸움터에 나가지만 다윗은 갑옷과 투구도 없이 풀뿌레 나무로 만든 새총 하나만으로 무장하고 싸움터에 자신 있게 나갈 수 있는 이유이다. 사명에 대한 믿음이 없는 유사리더들은 자신의 어떤 역량이 어디에 쓰일 것이라는 확신이 없기 때문에 배울 수 있는 것은 모두 배워 놓아야 한다는 생각에서 벗어나지 못한다. 이들은 아무리 많은 리더십 스킬과 역량을 학습해도 금세 불안해하고 불안을 떨쳐버리기 위해 용도도 정해지지 않은 학습에 자신을 소진시킨다.

모든 사람들은 인성을 가지고 있지만 이 인성을 품성으로 승화시킨 진성을 가진 사람들은 많지 않다. 진성리더는 사명을 믿음으로 내재화한 품성으로 선한 영향력을 행사하는 사람들이다. 21세기의 시대변화는 리더십 스킬과 역량으로만 모든 문제를 해결하는 리더를 넘어서서 이와 같이 사명을 내재화한 품성을 기반으로 한 리더의 등장을 요청하고 있다. 진성리더십은 이와 같은 시대적 요청에 따라 등장한 리더십이다.

진성리더십에 대한 오해

> 리더가 된다는 것은 진정한 자기 자신이 된다는 것과 같다.
> – Warren Bennis

진성리더십에 대한 이론이 아직까지는 개발 중인 상태여서 리더십 학자들 사이에서도 진성리더십을 오해하는 측면도 많다.

진성리더십에 대한 가장 큰 오해는 진성리더들도 기존의 리더들처럼 비전을 기반으로 조직과 구성원들을 이끌 것이라는 오해이다. 진성리더가 비전을 중요시하지 않는 것은 아니지만 진성리더는 비전의 목적지에 해당하는 사명을 더 중요시한다. 비전은 이 사명이라는 최종적 목적지에 도달하기 위한 중간 기착지에 서 있는 모습이다. 이 최종적인 목적지에서 자신의 존재이유를 설명해주는 사명이 정확하게 기준점을 찍어주기 때문에 진성리더들은 어떤 시점에서는 어떤 비전이 적절한지 사명과 정렬된 비전을 도출할 수 있다. 노키아나 소니, 월마트처럼 비전을 달성하고 무너진 회사들은 대부분 비전을 최종적인 목적지라고 생각한 회사들이다. 물론 이들의 홈페이지에는 비전의 목적지에 대한 멋진 이야기들이 차고 넘쳤다. 하지만 이런 목적이나 사명은 그냥 다른 사람들에게 보여주기 위한 연기와 꾸밈일 뿐이지 본인들에게 중요한 것은 비전이었다. 비전을 달성했으니 본인들의 입장에서는 목적지에 도달한 것이다. 리더들이 탈선하지 않고 지속적으로 비전을 달성할 수 있는 이유는 비전이 사명을 달성하는 수단이고 중간 기착지라는 것을 잘 이해하기 때문이다. 사명은 회사나 구성원들에게 충만한 영혼의 종소리를 들려주는 힘이다. 니체의 말대로 사명을 잃어버린 순간 사람들이나 회사는 방향을 잃고 이해할 수 없는 행동에 몰입하기 시작하는 이유가 바로 여기에 있다. 진성리더에게는 비전이 아니라 사명이 리더십의 중심이다.

둘째의 공통된 오해는 진성리더는 기존 리더십을 모두 부정한다는 것이다. 그렇지 않다. 진성리더도 일반적 리더 못지않게 리더십 스킬과 스타일을 강조하지만 이 스타일과 스킬이 리더의 품성인 진성에 뿌리를 내리고 통합되어 있어야 한다는 점을 강조한다. 진성리더십에서는 지금까지 알려진 변혁적 리더십, 카리스마 리더십, 리더십 상황이론, 감성리더십, 행동이론, 특성이론, 수퍼리더십, 민주적 리더십 등에서 강조된 리더십 스타일이나 스킬 행동 등은 리더의 품성에 뿌리를 두고 행사될 때만 선한 영향력을 발휘할 수 있다고 본다.

이처럼 리더의 품성을 리더의 뿌리로 강조한다는 점에서 진성리더십은 '근원적 리더십(Root Leadership)'이다.[15] 아무리 리더가 멋진 스타일과 스킬로 무장하고 있어도 이것들이 품성에 뿌리가 내려지지 않았을 경우 이런 리더십은 일순간 나타났다 시간이 흐르면 사라져 가는 유행에 불과한 유사리더십(Pseudo Leadership)일 뿐이다. 진성리더십은 리더의 본질인 진성이 확립되었을 경우 이 진성을 제대로 구현할 수 있는 리더십 스킬과 역량과 스타일이 선정될 수 있고 이런 경우에만 리더의 품성과 리더십 스킬간의 최적의 접목이 일어날 수 있다고 본다. 진성리더십은 리더십 스타일이나 스킬을 부정하는 리더십이 아니다. 최적의 스킬과 스타일은 진성의 본질이 파악되었을 때 그 적합성이 판단될 수 있다고 보는 것이다. 진성리더십에서는 진성을 리더십의 충분조건으로 보고 스킬과 스타일을 리더십의 필요조건으로 규정해 리더십의 필요충분조건을 제시하는 진정한 의미의 통합적 리더십이다.

세 번째 오해는 진성리더의 기반인 품성은 타고난 것이기 때문에 바꿀 수 없는 것으로 생각한다는 점이다. 이런 오해는 품성과 인성을 구별하지 못하고 있는 것에서 생긴 오해이다. 모든 사람들이 다 가지고 있는 인성은 타고난 측면이 강하지만 품성은 인성을 넘어서서 자신의 스토리를 오랜 기간의 훈련과 규율을 통해서 내재화하여 스스로가 만들어낸 것이다. 진성리더는 타고난 인성을 넘어서서 자신의 사명을 기반으로 개발된 품성을 중시한다. 근대 심리학의 할아버지인 윌리엄 제임스(William James)는 진정한 품성을 "특정한 정신적 혹은 윤리적 태도가 있어서 이것만 생각하면 마음 속 깊은 곳으로부터 자기 자신에 대해서 강렬하게 살아 있다는 진실된 자아의 느낌을 불러오게 하는 그 무엇"이라고 정의한다.[16] 진성리더는 치열한 훈련과 성찰을 통해 이와 같은 사명을 품성으로 제련시키는 사람들이다. 타고난 인성은 그 크기가 정해져 있지만 만들어진 품성은 리더가 선택한 사명과 이 사명을 다이아몬드로 세공해내는 훈련정도에 따라 결정된다. 진성리더의 품성의 크기는 리더가 선택한 사명의 크기에 의해서 결정된다. 세상은 이미 타고난 인성만으로 문제를 해결할 수 있는 범위를 넘어선지 오래다.

네 번째 오해는 진성리더들은 마음씨 좋은 착한 리더의 이미지라서 결단을 못 내리고 결과적으로 성과도 못 내는 리더일 것이라는 주장이다. 이는 잘못된 주장이다. 리더의 존재이유는 부하에 대한 선한 영향력을 통해 성과를 창출하는 것이다. 성과를 내지 못한다면 리더가 아니다. 따라서 성과를 내고 못 내고는 리더인지 아닌지의 정의에 관한 문제이지 진성리더십의 이슈는 아니다. 단지 진성리더가 일반리더들과 다른 점은 단기적 성과나 비윤리적 성과를 넘어서 지속가능한 목적 있는 성과를 지향하는 리더라는 점이다. 반짝 단기적 성과를 내고 세상에서 별똥별처럼 사라져 가는 리더는 유사리더들이다. 지금까지 사람들은 이 유사리더를 진성리더라고 착각하며 살아 왔다. 진성리더가 성과에서 단기적 성과뿐 아니라 목적 있는 성과를 통해 차이를 만들어 낼 수 있는 이유는 리더의 필요조건인 역량과 스킬 뿐 아니라 리더의 충분조건인 사명의 스토리를 믿음으로 내재화한 품성을 가지고 있고 구성원들이 이 리더의 품성을 마음속으로 받아들이기 때문이다.

다섯 번째 오해는 진성리더를 성인군자와 동일시하는 데에서 오는 오해이다. 성인군자는 모든 것이 완성된 사람을 이야기한다면 진성리더는 자신의 존재이유인 진북(True North)을 찾아 여행 중인 사람이라고 할 수 있다. 한 마디로 자신의 존재이유를 찾아 학습하고 성장해가는 과정에 몰입해 있는 사람이지 이미 완성된 성인군자가 아니다. 설사 어제 감옥에서 출소했다 하더라도 자신만의 존재이유를 설명해주는 목적지를 확립하고 이 목적지의 스토리에 따라 자신을 끊임없이 단련시켜 사람들에게 나침반이 되고 있다면 이 사람도 진성리더로의 성장과정을 경험하고 있는 것이다. 록펠러와 카네기도 진성리더로 거듭나 자신의 과거에서 해방되기 전까지는 악덕기업가였다. 진성리더는 자신이 인정한 죄를 극복하기 위해 끊임없이 성찰하고 학습하는 사람이다. 끊임없이 성찰하고 학습하는 과정은 뱀이 성장을 위해 허물을 벗어내는 과정을 전제로 한다. 이런 점에서 만델라는 진성리더를 가르켜 "학습하는 죄인"이라고 부르고 있다.[17] 자신의 죄와 실수에 대한 학습과 성찰이 멈춘 순간 진성리더의 기반도 사라진다.

마지막 오해는 진성리더는 개인의 품성을 강조하기 때문에 조직적 상황을 무시한다는 주장이다. 이 역시 잘못된 주장이다. 진성리더십은 진성리더라는 리더십의 씨앗과 진정성 있는 조직(Authentic Organization)이라는 리더십의 토양 간의 상호작용을 중시한다. 기존의 상황이론에서는 상황적인 특성에 리더의 자유의지를 종속시켰다면 진성리더십은 리더가 상황을 적극적으로 해석하고 재구성하여 바꾸어 나갈 수 있다는 점을 강조한다. 대부분 진정성 있는 조직의 특성은 CEO의 품성으로 발현된다. 진정성 넘치는 CEO를 가지고 있다는 것은 진성리더를 열망하는 조직의 구성원들에게는 비옥한 토양을 가진 것과 같다. 본 저서 5부에는 진성리더의 사회적 맥락이 집중적으로 설명되어 있다.

리더십 이야기

아리랑에 담긴 민족의 혼, 진정성

개발독재와 신자유주의에 매몰되어 진정성의 가치는 많이 퇴락했지만 대한민국의 국민들은 전통적으로 진정성을 최고의 가치로 숭상하고 살아왔다. 유네스코 문화유산에도 등재되어 있는 아리랑의 숨은 뜻을 살펴보면 한국인들이 얼마나 진정성을 중요한 가치로 삼고 살아왔는지가 고스란히 드러난다. 아리랑의 의미에 대한 해석은 아직도 의견이 많으나 그 중 대표적인 해석은 성리학과 불교에서 내린 해석이다. 이 해석의 골자를 옮겨보면 다음과 같다.

아리랑을 한자로 옮겨보면 나 아(我) 이치 리(理) 즐거울 랑(郞)이다. 즉 아리랑이란 진실한 자아의 이치를 깨닫는 즐거움으로 해석된다. 아리랑 고개는 진실한 자아에 대한 깨달음의 언덕이고 이런 자아를 버리고 끊임없이 달아나는 거짓된 자아를 가시는 님으로 표현했다. 이와 같이 가시는 님의 삶을 살 경우 결국 실패할 수밖에 없다는 의미가 담겨있다.

아리랑 아리랑 아라리요.
아리랑 고개를 넘어간다.
나를 버리고 가시는 님은
십리도 못 가서 발병난다.

이런 해석을 염두에 두고 다시 가사를 쓰면 아리랑은 다음과 같은 의미를 담은 우리의 노래이다.

진실한 나를 깨닫는 기쁨이여,
진실한 나를 깨닫는 기쁨이여,
진실한 나를 깨닫는 기쁨이여.
진실한 나를 깨닫는 기쁨의 고개를 넘어가누나.
참 나를 버리고 세속의 욕망을 따라가는 나는
십리도 못가서 영욕의 삶을 살게 될 것이다.

이처럼 아리랑은 세속에 지쳐 잠든 한국인들에게 영혼의 종소리를 들려주어 참 자아를 깨우는 노래이다. 또한 통상 아리랑은 여러 사람이 함께 부르는데 이는 잠자고 있는 진정성 있는 민족혼을 깨우기 위함이다. 한 마디로 우리에게 진정성 있는 삶의 중요성을 일깨워 주기 위해 민족의 영혼의 종소리를 들려주는 노래가 아리랑이다.

진정성의 정의가 자신에게 참인 상태(True to Oneself)라는 점을 염두에 둔다면 우리 민족은 전통적으로 진정성을 최고의 가치로 생각해온 것만은 사실이다. 지금도 한국 사람들 사이에는 어떤 논쟁이 진행될 때 누군가가 당신의 이야기는 진정성이 떨어진다고 판단을 내리면 논쟁은 거기에서 그대로 종결된다. 그만큼 진정성이 우리에게 의미하는 바가 깊고 크다. 우리 민족의 혼과 정서로 흐르고 있는 진정성을 시급히 복원해 우리 사회 지도자들의 리더십 문제를 하루빨리 해결하는 것은 국가적 과제이다.

진성리더를 위한 학습 포인트

- 진성리더는 사명에 대한 스토리를 통해 자신과 세상을 임파워먼트 시킨다.
- 진성리더의 영향력은 비전이 아니라 비전의 목적지인 사명에서 나온다.
- 진성리더들이 들려주는 영혼의 종소리는 사명의 진정성에서 기원한다.
- 성실성은 연기할 수 있지만 진정성은 연기할 수 없다.
- 착함은 사기꾼을 부르지만 진정성은 동업자를 부른다.
- 진성리더는 학습하는 죄인이다.
- 한과 더불어 진정성은 한국인의 민족적 정서이다.

제5장
진성리더십의 기본원리

> 우리는 오직 우리 자신의 믿음에 따라 행동한다.
> – William James

> 믿는다면 이미 절반은 성공한 것이다.
> – Theodore Roosevelt

> 내면에서의 성취가 현실을 바꾼다.
> – Plutarch

본 장에서는 진성리더들의 스토리의 근간이 되는, 진성리더들의 스토리 박스인 정신모형에 대해 설명하고 이것을 기반으로 진성리더들의 자기인식과 성찰, 자기규제를 통해 스토리를 검증해 믿음으로 전환시키는 과정, 정신모형을 업데이트하기 위한 정보처리 과정, 스토리를 구현하기 위해서 다른 사람들과의 관계적 자본을 동원하는 방식인 관계적 투명성에 대해서 살펴보기로 한다.[1]

정신모형

마음의 지도

세상 사람들이 인간의 뇌를 통해 복잡한 세상의 질서를 재구성해 세상이 어떻게 돌아가는지를 이해하게 만드는 가정, 신념, 가치, 정체성, 지식, 노하우 등으로 만들어진 인지적 지도를 정신모형이라고 한다. 즉 마음의 지도가 정신모형이다.[2] 이 인지적 마음의 지도가 없을 때 사람들은 세상이 어떻게 돌아가는지를 이해하지 못하고 세상은 그냥 혼돈 상태로 남게 된다. 정신모형의 가장 중요한 기능이 세상에 존재하는 불확실성을 설명함으로써 불확실성으로부터 자신을 보호하는 불확실성 제거기능이다. 세상에 존재하는 불확실성이 그대로 우리의 인지체계에 이입이 된다면 넘쳐나는 스트레스 때문에 살아남을 사람은 없다.

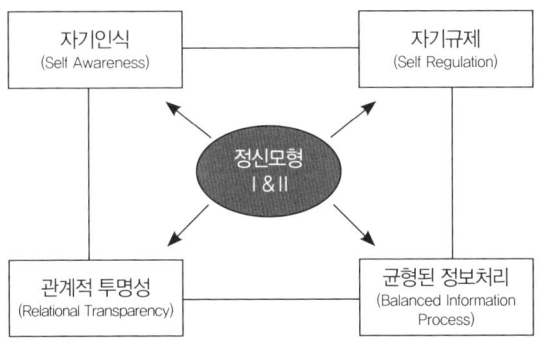

진성리더십의 원리

초행길인 산속에서 길을 잃었다고 가정해보자. 어둠이 내리고 밤이 되면 갖가지 상상에 내몰리게 된다. 바람에 낙엽이 스치는 소리만 나도 들짐승들이 나타나서 나를 공격할 것이라고 생각하고 과도한 행동을 하게 된다. 과도하게 상상으로 구성한 세계에 일일이 염려하고 대응하다 보면 기진맥진해지고 결국 밤을 뜬 눈으로 지새우게 된다. 비교적 안전한 산이어서 며칠 밤을 새워도 아무 일도 발생할 수가 없는 산이라 하더라도 이처럼 상상에 시달려가며 며칠을 지새우고 나면 아무리 강단이 있는 사람들이라 하더라도 결국 쇄진하여 쓰러지게 마련이다. 사람들은 불확실성에 내몰리게 되면 과도하게 상상을 하게 되고 그 상상에 반응을 하다보면 생존 자체에 위협을 받기 때문에 본능적으로 정신적 지도를 만들어서 불확실성을 해소해야 생존할 수 있다.

이런 불확실성을 제거하고 살아남으려는 생존본능 때문에 사람들은 누구나 나름대로 세상을 이해할 수 있는 자기만의 지도를 만들어낸다. 정신모형이라는 마음의 지도를 가진 것을 인식하지는 못해도 인지적 지도가 없는 사람들은 없다. 심지어 어린이들이나 학교에 전혀 다닌 적이 없는 노인들을 포함해 인간이라면 누구나 다 가지고 있다. 어린이에게도 자신의 주변에서 일어나는 일들에 대해서 설명해달라는 주문을 하면 어린이들은 자신 있게 자신 주변의 세상을 잘 설명해준다. 하지만 이들의 설명 내용을 분석해보면 많은 부분이 엉터리여서 액면 그대로 다 받아들일 수는 없다. 학교 근처에 가보지 못한 할머니나 할아버지들도 자신의 세계에서 일어나는 일들을 설명해달라고 요청을 하면 마찬가지로 내용의 진실 여부와는 상관없이 다 자신 있게 설명한다. 사람에 따라서 세상을 아주 잘 예측하고 설명할 수 있는 좋은 정신모형을 가지고 사는 사람도 있고 조잡한 정신모형을 가지고 사는 사람도 있지만 정신모형은 모든 사람들이 다 가지고 있다.

이 정신모형이 붕괴되는 상태가 소위 멘붕(Mental Collapse)으로 정신모형이 세상을 예측하는 모형으로 전혀 작동이 안 되는 상태를 말한다. 멘붕상태에 빠지게 되면 세상이 돌아가는 것을 이해하지 못하므로 틀리든 맞든 어떤 전략을 써서 세상에 대처해 나갈지에 대한 가늠이 생기지 않는다. 멘붕상태에 빠지면 사람들이 행동을 못하고 우왕좌왕하게 되는 이유이다. 호랑이굴에 잡혀가도 정신만 차리면 산다는 옛말은 아무리 위급한 상황에 닥쳐도 정신모형만 붕괴되지 않으면 이런저런 행동을 취할 수 있고 그러다보면 살 수 있는 개연성이 생길지도 모른다는 것을 알려준다. 사람들이 잘못된 행동과 태도와 말로 세상에 대응하든 아니면 적절하게 대응하든 상관없이 세상에 대응할 수 있는 것은 다 정신모형이 있어서 세상이 어떻게 돌아가고 있는지를 자신에게 설명해주기 때문이다. 정신모형이 세상을 설명하는 지도로 적절하게 작동되지 않게 되면 자신의 행동이나 말이나 태도가 개념이 없다는 이야기를 듣게 된다. 자신이 세상에 대해서 개념이 있게 행동하고 말하고 태도를 보이는 등 전략적으로 행동할 수 있는 것은 좋은 정신모형을 가지고 있어서 이것이 세상을 적절하게 이해하는 것을 도와주기 때문이다.

정신모형의 기본적 기능은 세상을 이해하고 설명해주고 예측해주므로 이것을 기반으로 자신이 어떤 행동을 하면 어떤 좋은 결과를 만들어 낼 수 있는지를 가늠해준다. 즉 정신모형이 있어서 세상을 이해할 수 있기 때문에 사람들은 세상에 대응할 수 있는 행동전략을 만들어 나갈 수 있다. 하지만 누구나 다 좋은 정신모형을 가지고 훌륭한 대응전략을 만들어 나갈 수 있는 것은 아니다. 그만큼 좋은 정신모형은 새로운 행동과 기회의 플랫폼으로 작용하는 반면 나쁜 정신모형은 자신을 그곳에 가두어두는 감옥의 역할을 하게 된다. 예를 들어 갈릴레오 갈릴레이가 "지구는 둥글다"라는 진실을 세상에 알려서 사람들의 정신모형 속에 장착시키기 전까지 사람들은 배를 타고 멀리 나갈 수가 없었다. 지구는 평평하다고 믿었고 멀리 나가면 끝이 없는 폭포 밑으로 떨어진다고 믿었기 때문이다. 갈릴레이의 주장이 사람들의 정신모형에 장착되자 탐험가들은 비로소 배를 타고 탐험에 나설 수 있었고 결국 아메리카라는 신대륙을 발견하기에 이른다.

정신모형의 힘을 보여주는 대표적 사례로는 신경학자이자 육상선수였던 배니스터(Roger Bannister)의 이야기를 들 수 있다.[3] 배니스터가 살았던 1930년대까지만 해도 사람들은 1마일(약 1.6km)을 4분 안에 주파하는 것은 불가능하다는 달리기에 대한 이론을 자신의 정신모형 속에 공유하고 있었다. 인간의 신체조건으로 볼 때 죽음에 도전하는 것과 같은 모험이라고 생각했다. 사람들은 심지어 1마일을 4분 안에 주파한다는 것은 신이 인간과 자신을 구별하기 위해서 만들어 놓은 경계라고까지 생각했다. 여기에 도전장을 내밀어서 최초로 이 기록을 주파한 사람이 배니스터이다. 그가 이 기록을 주파하려고 시도한 계기는 1952년 헬싱키 올림픽의 1,500m 우승후보였던 그가 기대와는 달리 4위로 밀려나면서부터이다. 신이 설정해놓은 한계를 극복해봄으로써 헬싱키 올림픽의 실패를 만회하고 싶었던 것이다. 4분의 1마일을 1분에 나눠서 뛰는 것을 훈련한 결과 결국 기적을 만들어낸 것이다. 이 기록을 주파하고 그는 의식을 잃고 쓰러졌다. 기록은 3분 59초였다. 하지만 신화는 여기에서부터 시작된다. 그가 기록을 주파했다는 소식이 전해지자 달리기에 재능이 있던 사람들이 도전장을 내밀었고 이들도 1마일을 4분 안에 주파하는 기적의 릴레이를 만들었다. 한 달 만에 10명의 선수들이 도전장을 내밀어서 기록을 주파했고, 일 년이 지나자 37명이, 2년이 지나자 300명의 선수들이 주파했다. 현재 최고의 기록은 모로코의 하참 엘 구에로가 1999년에 세운 3분 43초 13이다.

사람들이 자신의 정신모형 속에 검증된 이론으로 받아들이고 있던 달리기에 대한 신화가 무너지고 달리기에 대한 새로운 이론을 받아들이자 1954년까지 무너지지 않았던 달리기의 기록들이 무너지기 시작해서 셀 수 없는 기적을 만들어 낸 것이다. 이처럼 기록이 깨지기 전에 사람들이 가지고 있던 달리기에 대한 정신모형은 잘 달릴 수 있는 사람들에게는 감옥의 역할을 수행해서 기록을 깰 수 있는 사람들도 이를 시도조차도 하지 않았던 것이다. 그러나 새로운 정신모형이 장착이 되자 사람들은 도전을 시작했고 기적을 만들어 낸 것이다. 이처럼 새로운 정신모형은 사람들에게 기회의 플랫폼으로 작용한 것이다.

인간은 모두가 사이비 과학자이다.

정신모형은 자신만의 경험세계의 산물이다. 평생을 동굴 속에서 살았던 사람들에게 동굴 밖의 하늘을 그려보라고 주문하면 동그란 하늘을 그린다. 동굴 밖에서 산 사람들에게 하늘을 그리라고 주문하면 동굴 안에서 산 사람들과는 전혀 다른 하늘을 그려낸다. 이들 두 사람이 모여서 하늘에 대해서 대화를 나눈다면 당연히 동문서답의 대화가 될 가능성이 높다.

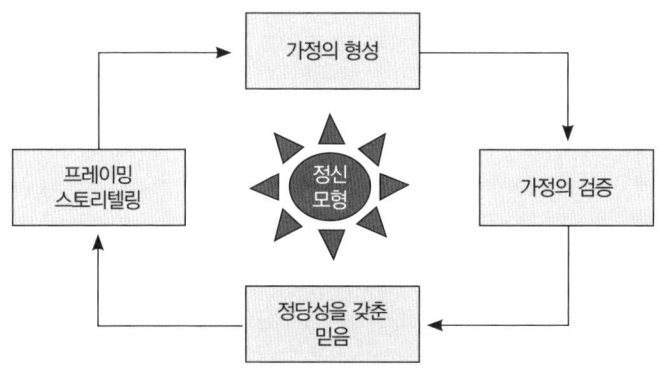

정신모형이 형성되는 과정

사람들은 과학자들이 이론을 만들어내는 방식과 유사한 방식으로 세상을 보는 자신만의 이론체계를 만들어내서 이것을 자신의 마음의 지도로 가지고 산다.⁴ 이런 점에서 사람들은 유사과학자들이다. 자신이 만들어서 자신의 방식으로 검증한 이론들이 담겨 있는 뇌 상자가 정신모형이다. 이 정신모형은 자신이 만들어낸 이론에 근거해서 세상을 설명하고 세상 속에 자기 자신을 위치시켜가며 스토리텔링을 하는 기능을 수행한다.

인간이 유사과학자로서 자신만의 이론을 만들어 내는 능력은 자신이 경험해보지 않은 세상에 대해 가정하는 능력에서 시작한다. 가정은 상상된 세계이기는 하나 아직 진위가 검증된 세계는 아니다. 따라서 이 가정된 세계를 진실의 세계로 받아들이기 위해서는 삶의 현실 속에서 검증되어야 한다.

검증과정은 자신만의 이론체계가 만들어지는 두 번째 과정이다. 어떤 젊은이가 "돈이 인생의 전부다"라는 가정을 가지고 살고 있다고 하자. 이 젊은이는 자신의 삶 속에서 이 가정이 맞는지를 검증하는 과정을 거칠 것이다. 자신이 직접 경험해보기도 하지만 주변 사람들의 간접체험을 이용해서 검증하기도 한다. 어떻든지 이 사람이 이런 가정을 가지고 자신의 삶을 살아봤더니 자신의 삶이 더 탄탄해지는 경험을 축적했다고 하자. 빈도수가 늘어나서 99번 검증을 했는데 이 가정이 다 사실로 판단되었다고 하자. 이 정도 되면 이 젊은이는 100번의 검증을 의도적으로 수행하지는 않는다. 100번째의 검증을 해봐도 결과는 똑같을 것으로 기대하기 때문이다.

세 번째 과정이 바로 가정이 믿음으로 전환되는 순간이다. 생각이 머리에서 맴돌다가 자신의 가슴으로 뿌리를 내리는 순간이다. 가정은 끊임없는 검증의 대상이지만 믿음은 검증의 영역을 넘어선 대상이다. 이와 같은 과정을 통해서 삶의 이 영역 저 영역에 관련된 자신만의 검증된 이론을 만들어서 담아 놓은 박스가 정신모형이다. 이 정신모형 속에 들어 있는 많은 믿음들은 서로 검증되는 과정도 다르고 역사도 다르기 때문에 이 믿음들이 서로 연관성과 체계성을 가지는 것은 아니다. 사실 정신모형의 박스 안에 담겨 있는 검증된 이론들은 다 사이비 과학자로서 주먹구구식으로 검증한 것이기 때문에 서로 연관성도 없고 오합지졸일 가능성이 높다. 하지만 검증된 이론, 즉 믿음의 뿌리를 획득한 이론은 우리에게 기적을 선사한다. 세상을 보는 새로운 마음의 눈을 선사하기 때문이다.

마지막 과정이 바로 믿음의 눈으로 세상을 다시 해석하고 스토리텔링 해가면서 믿음과 일관되도록 주변을 바꿔나가는 변화의 과정이다. 아리스토텔레스에 따르면 정신모형은 자신의 삶을 구전하는 스토리상자이다.[5] 우리가 우리의 삶에 대해서 꾸준히 일관되게 다른 사람들에게 설파할 수 있는 것은 정신모형이라는 스토리상자 속에 그간의 삶의 검증된 내용과 이를 설명해주는 이론이 고스란히 담겨서 스토리텔링의 플롯을 만들어주기 때문이다. 또한 믿음은 세상을 믿음대로 재구성해서 변화시키는 역할을 수행한다. 우리는 세상을 우리의 눈으로 보는 것이 아니라 믿음이라는 마음의 눈이 시키는 대로 보기 때문이다. 마음의 눈으로 본 세상은 자신이 믿는 세상이므로 실제로 느껴지는 현실보다 더 사실적인 현실을 구성한다. 믿음의 눈은 우리에게 세상을 새롭게 볼 수 있는 색안경을 선사한다. 우리가 색안경을 끼고 세상을 살고 있다는 것을 우리는 깨닫지 못하지만 이 색안경에 보이는 세상을 진짜 세상이라고 믿고 그것에 맞추어 말도 하고 행동도 하고 태도도 보이다 보면 믿음 속에 존재하던 세상이 실제 세상으로 태어나게 된다.[6] 세상은 항상 누군가의 상상된 믿음 속에서 태어나는 것이다.

프레이밍은 정신모형 속의 믿음에 따라 무엇을 어떻게 보아야 하는지를 결정해 주기도 하고 어떻게 행동해야 하는지의 지침을 제시해 주기도 한다. Goffman은 프레이밍 분석에서 삶이란 흩어져 있는 일상의 장면들을 프레임에 담아서 의미를 산출하는 과정이라고 설명하고 있다.[7] 이 프레이밍을 만들어주는 사진기의 렌즈 역할을 수행하는 것이 정신모형 속의 검증된 믿음들이다. 세상은 정신모형 속에 담겨있는 검증된 이론들을 재생하는 쪽으로 프레임들을 만들어나가면서 삶의 스토리를 재생시킨다. 따라서 정신모형 속의 검증된 이론들은 삶의 장면마다 일관된 스토리를 만들어주는 플롯의 역할을 한다.[8]

과학적 입장에서 분석했을 때는 정신모형은 검증된 이론적 가정의 체계이지만 일상생활의 해석학적인 입장에서[9] 정신모형은 삶의 일관된 스토리를 만들어 내는 플롯 박스이다. 플롯은 다양한 삶의 현장에서 체험한 다양한 일화를 프레이밍해서 일관된 스토리로 엮어낸다. 정신모형이 구축되지 않아서 삶의 플롯이 형성되지 않았을 경우 이 사람의 삶은 일화의 무정형적인 나열에 불과하다. 이 사람에게는 그냥 살 뿐이지 일관된 삶의 스토리가 없다. 그러나 탄탄한 플롯이 있는 사람들의 경우 이들 삶의 일화는 이 플롯에 따라서 재구성되어 의미 있는 삶의 스토리를 만들어낸다. 정신모형의 플롯을 구축하지 못한 사람들에게 삶은 나그네처럼 왔다가 나그네처럼 허무하게 사라지는 일화의 연속일 뿐이다.[10]

정신모형의 프레이밍 역할은 프랭크 바움의 『오즈의 마법사』에 잘 묘사되어 있다. 동화 속 주인공 도로시는 천신만고 끝에 마법사 오즈가 살고 있는 에메랄드 성에 도착한다. 그런데 성에 들어가기 전에 만난 문지기는 안으로 들어가기 위해서는 초록색 안경을 착용해야 한다고 말한다. 초록색 안경을 통해서 본 에메랄드 성은 온통 초록색이다. 나중에 도로

시는 에메랄드 성여 모든 것이 초록색으로 만들어진 것은 아니라는 사실을 깨닫는다. 오래 전부터 성에 살고 있는 모든 사람들과 방문객들이 초록색 안경을 끼고 살고 있었는데 안경을 낀 사실을 잊어버리고 살고 있다는 사실을 깨닫는다.

마찬가지로 우리는 정신모형이라는 안경을 끼고 세상에 대한 스토리를 만들고 있는데 사람들은 자신이 안경을 끼고 있다는 사실을 모른다. 정신모형 속의 이론적 가정들이 자신만의 방식으로 검증되는 과정을 거쳐서 믿음으로 변화했기 때문이다. 사람들은 믿음을 분석의 대상으로 삼지는 않는다. 믿음으로 채워진 정신모형의 안경은 사람들에게 세상을 자신이 믿는 대로 보게 하고 믿는 대로 재구성 하게 하는 눈의 역할을 수행한다. 학습이란 지금까지 획일적으로 쓰고 있던 도로시의 초록안경을 벗어던지고 자신만의 시각으로 세상을 볼 수 있는 새 안경을 만드는 작업이다. 다른 사람과 다른 자신만의 삶의 스토리를 쓸 수 있는 것은 바로 자신에게만 맞는 정신모형의 안경을 찾았기 때문이다.

정신모형 I과 정신모형 II

정신모형에는 정신모형 I과 정신모형 II가 존재한다. 정신모형 I은 과거에서 지금까지 살았던 체험들을 근거로 만들어진 지도이고, 정신모형 II는 앞으로 살 목적지를 찾아가기 위해 만든 미래의 지도이다. 모든 사람들이 정신모형 I을 가지고 있지만 정신모형 II를 제대로 가진 사람들은 찾아보기 힘들다. 우리에게 유사리더들과 진성리더를 구별해주는 것은 결국 정신모형 II에 달려 있다. 정신모형 I은 세상에 편재해 있는 불확실성을 통제하려는 욕구 때문에 만든 이론들이 담겨있다. 하지만 정신모형 II는 성장과 학습에 대한 열망 때문에 만들어진 지도이다. 지금은 이처럼 비참하게 살고 있지만 앞으로 성장한 자신에 대한 모습은 전혀 달라야 한다고 가정하고 이 달라진 자신에 대해서 간절하게 상상하여 만들어진 미래에 도달하는 과정을 보여주는 지도이다.

정신모형은 자신의 정체성에 대한 스토리를 담고 있다. 정신모형 I은 과거의 모습이 현재로 투영된 자신의 정체성에 대해서 보여준다. 정신모형 II는 미래의 자신이 투영된 자신의 모습을 보여준다. 정체성이 어디에서 와서 지금은 어디에 서 있고 앞으로는 어디로 향해서 가고 있는지의 모습이라면 정신모형 I은 어디에서 왔고 지금 어디에 서 있는지를 보여준다. 그리고 정신모형 II는 지금 어디에 서 있고 앞으로는 어디로 향해 갈 것인지 미래의 자신의 목적지를 찾아 길을 떠나가고 있는 모습을 보여준다. 정신모형은 과거, 현재, 미래에 대한 자신의 정체성을 기반으로

정신모형 I과 정신모형 II

자신의 삶의 스토리를 구성해주는 플롯이 된다.

정신모형이라는 스토리상자는 자신의 삶에 대한 플롯을 담고 있다. 이 플롯은 삶의 장면과 만나서 자신만의 신화적 스토리를 만들어낸다. 정신모형 I은 이미 산 과거를 중심으로 만들어지므로 자신이 과거에 살았던 삶을 들려주는 스토리상자의 역할을 하는 반면 정신모형 II는 미래의 자신의 모습에 대한 상상적 체험을 근거로 만들어지므로 미래의 삶에 대한 스토리를 만들어 준다. 정신모형 II가 없다면 자신에 대한 미래의 스토리는 아직 준비가 되지 않은 것이다.

정신모형 I은 이미 검증된 이론들이 모여진 체계로서 무의식 세계 속에 담겨서 우리의 행동과 말과 태도를 장악한다. 빙산으로 따지면 빙산의 아랫부분을 구성한다. 정신모형 II는 미래의 삶에 대한 스토리이므로 현실과 끊임없는 긴장관계를 창출해가면서 의식 세계를 장악한다. 빙산으로 따지면 빙산의 드러난 일각을 구성한다.

정신모형 I은 과거에 살았던 방식 중 자신에게 유용한 지침이 되었던 것을 중심으로 구성되어지므로 삶에 대한 자신만의 노하우(Know-How)를 가르쳐준다. 반면 정신모형 II는 앞으로 어떻게 사는 것이 의미 있는 삶인지, 자신의 삶의 종착역에 서 있는 자신의 모습은 어떤 모습이어야 하는지, 이 삶을 완성시키기 위해서 자신은 어떤 가치를 가지고 살아야 하는지 등등의 삶의 지침을 제시해주는 삶의 Know-Why를 가르쳐준다. 정신모형 I의 기능은 내비게이션과 비슷하다. 내비게이션은 현 지점에서 도달해야 할 목적지가 결정되면 여기에 가장 빨리 도달할 수 있는 자신만의 노하우를 제시해준다. 그렇지만 설정한 목적지가 올바른 목적지인지를 가르쳐주지는 않는다. 정신모형 II의 역할은 나침반의 역할이다. 바쁜 삶에 쫓겨 살다가 결국 최종적인 목적지에 도달하는 길을 잃었을 때 제대로 된 방향을 가르쳐주기 때문이다. 내비게이션이 제대로 기능하는지는 현재의 환경에 맞게 충분히 업데이트가 잘 되어 있는지의 문제이다. 현재를 살고 있으면서 10년 전에 만든 내비게이션을 업데이트하지 않고 살고 있는 사람들도 많기 때문이다. 정신모형 II인 나침반이 제대로 된 기능을 수행한다는 것은 나침반에 극성이 있어서 자신만의 북쪽인 진북(True North)을 제대로 가르쳐주는 것이다.[11] 어떤 때는 북쪽을 가리키다가 어떤 때는 엉뚱한 방향을 북쪽이라고 가리킨다면 나침반으로서의 극성을 잃은 것이다. 정신모형이 제대로 작동한다는 것은 업데이트가 잘 된 정신모형 I과 극성을 잃지 않은 정신모형 II를 가지고 삶을 살고 있다는 것이다.

현실이 그렇게 되어 있지 않음에도 믿음 속의 상상의 세계를 현실로 만들어가는 과정을 구성주의적 현실이라고 한다.[12] 정신모형 II가 세상을 변화시켜나가는 플랫폼으로 작동되는 이유가 바로 구성주의 원리 때문이다. 정신모형 II는 미래의 세계이므로 현실에서는 아직 실현되지 않은 세계이다. 하지만 이 세계에 대한 믿음을 발전시키면 결국 믿음 속에 존재했던 세상이 실제에서도 태어날 수밖에 없다. 구성주의적으로 세상을 새롭게 탄생시키는 것이 가능한 것은 인간의 뇌가 가지는 하나의 맹점 때문이다. 뇌는 현실적 체험과 가상적 체험을 구별하지 못하는 속성을 가지고 있다. 대표적인 사례로 상상임신을 들 수 있다. 아이를 못 가지는 사람이 아이를 갖고 싶다는 간절한 염원이 있으면 상상 속에서 아이를 갖는 상상적 체험을 하게 되고 이 상상적 체험도 실제의 체험과 비슷한 효과를 내서 실제 삶 속에서 검증하는 효과를 초래한다. 이 상상적 현실이 상상적 체험을 통해서 검증되면 상상적 현실에 대한 믿음의 뿌리가 생기고 이 믿음의 뿌리가 생기면 뇌는 이것을 현실로 받아들여 이에 관련된 호르몬을 분비하기 시작한다. 유두가 단단해지고 월경이 멈추고 실제로 배가 불러온다. 이는 뇌가 상상적으로 체험한 현실과 실제로 체험한 현실을 구별하지 못해서 생기는 현상이다. 어떤 일에 대해서 간절하게 기도할 경우 이 일이 실제로 이루어지는 상상적 체험을 많이 하게 되고 그러다 보면 상상적 현실로 검증되어 믿음의 뿌리가 생기고 일단 믿음의 뿌리가 생기면 뇌의 시냅스가 상상적 체험을 지지하는 쪽으로 바뀌게 되어 궁극적으로는 상상했던 일이 기적처럼 일어나게 된다.

우리가 지금 당연한 것처럼 여기고 살고 있는 세상도 누군가에 의해서 간절한 상상 속에서 먼저 태어난 세상일 것이다. 상상이 없었다면 인류의 문화가 지금처럼 진보할 수 없었을 것이다. 새롭게 태어나는 오늘은 '죽은 시인의 사회(Dead Poet Society)'에서 키팅 선생이 학생들에게 설파했듯 이미 죽은 시인들이 그렇게 살고 싶어 했던 오래된 미래이다. 세상은 누군가가 간절한 열망으로 정신모형 II를 구성해서 그에 대한 믿음을 진전시킨 결과일 것이다. 진성리더란 정신모형 II를 플랫폼으로 삼아 세상을 변화시키는데 성공한 사람들이다. 정신모형 II가 없었다면 인류에게 역사적 진보도 없었을 것이다.

리더십 이야기

북극을 가리키는 지남철은
– 민영규

북극을 가리키는 지남철은 무엇이 두려운지
항상 그 바늘 끝을 떨고 있다.

여윈 바늘 끝이 떨고 있는 한 그 지남철은
자기에게 지니워진 사명을 완수하려는 의사를
잊지 않고 있음이 분명하며
바늘이 가리키는 방향을 믿어도 좋다.
만일 그 바늘 끝이 불안스러워 보이는 전율을 멈추고
어느 한쪽에 고정될 때
우리는 그것을 버려야 한다.
이미 지남철이 아니기 때문이다.

지남철이 가리키는 진짜 북쪽인 진북(True North)은 우리가 알고 있는 북두칠성의 북극성이 가리키는 북극과는 다르다. 민영규 시인은 이것을 누구보다 잘 알고 계시는 분인 것 같다. 북극성을 떠나 자신의 마음 속에만 떠 있는 진짜 진북을 찾아 떠나는 삶이 진성리더의 삶이다. 이 차이를 발견하는 사람과 발견하지 못하는 사람의 차이가 리더의 차이다. 진북은 모든 사람의 마음에 떠서 발견되기를 기다리지만 대부분의 사람들은 그 사실을 발견하지 못하고 생을 마감한다.

각성사건과 정신모형 II

진성리더란 남다른 정신모형 II를 가지고 세상을 구성주의적으로 변화시키는 사람을 말한다. 그렇다면 사람들은 정신모형 I에 의지해서 살다가 어떤 계기로 정신모형 II를 마련하는 것일까? 정신모형 I에 기반을 두고 열심히 살게 되면 사람들은 자신의 정신모형 I이 자신의 삶에 비해서 너무 작아서 찢어지는 경험을 하게 된다. 이는 뱀이 성장을 위해서 자신을 덮고 있던 허물을 벗어 던지는 과정과 비슷하다. 인간에게는 철이 드는 경험이다. 하지만 대부분의 사람들은 이 철이 드는 순간을 그냥 성장하는 과정에서 누구나 겪는 성장의 진통이라고 생각하고 대수롭지 않게 넘긴다. 하지만 이 철이 드는 순간을 이용해 자신의 미래 삶을 이끌어줄 수 있는 지도를 완성시키는 계기로 삼게 되는 행운이 찾아오기도 한다. 어떤 사건이 기존의 정신모형 I을 넘어서서 새로운 정신모형 II를 만들게 되는 계기를 마련해주었을 때 이 사건을 각성사건이라고 칭한다.

각성사건은 영혼의 종소리를 듣고 영혼이 잠에서 깨어나는 계기를 마련해주는 사건이다. 각성사건을 통해 잠에서 깨어난 영혼을 담을 새로운 정신모형 II가 만들어진다. 새로운 정신모형 II는 과거 자신의 삶에 새로운 의미를 부여하게 된다. 이러는 과정에서 내면에 간직하고 있던 과거의 자아는 자신만의 정신모형 I의 감옥 속에서 벗어나 커밍아웃을 하게 되고 진성자아와 조우하게 된다. 과거의 자아는 내면의 각성사건을 통해서 다시 용서받고, 감사의 원천이 되고, 사랑스러운 대상으로 태어난다. 진성리더들은 각성경험을 통해 정신모형 I에 근거한 삶에서 정신모형 II에 근거한 삶으로 변혁을 경험한 사람들이다. 각성체험은 숨어서 살고 있던 과거의 자아가 정신모형 I의 두꺼운 알을 깨고 정신모형 II를 위한 삶을 시작하도록 도와준다. 각성체험을 통해서 과거는 더 이상 부끄러운 과거가 아니라 정신모형 II의 전도사로 태어난다. 이 각성사건을 계기로 새로운 정신모형 II가 구축되면 인생의 새로운 터닝 포인트가 만들어진다.[13]

프로 미식축구 2006년 MVP 하인즈 워드의 어머니 김영희씨는 동두천 나이트클럽에서 일하다 흑인병사인 워드 시니어와 결혼하여 1976년 서울에서 워드를 낳고 다음해 미국으로 건너갔다. 미국으로 건너간 후 남편으로부터 버림받고 영어를 못하고 경제능력이 없다는 이유로 법원으로부터 워드에 대한 양육권도 박탈당한다. 워드의 어머니는 아들과 같이 살겠다는 일념으로 닥치는 대로 허드렛일을 해서 돈을 모은 후 시부모를 설득해 워드를 자신이 머무르는 애틀랜타 인근의 포레스트 파크로 데려온다. 워드는 어느 날 피부색도 다른 조그만 동양 여자가 자신의 어머니라고 나타난 순간을 아직도 기억하고 있다. 워드가 일곱 살 때이다. 워드는 한국인 어머니를 부끄러워하던 일곱 살 흑인 혼혈 소년이었다. 철이 들기 전 어머니를 이해하지 못했을 땐 자신과 피부색이 다른 것도, 영어를 못하는 것도, 숙제를 도와주지 못하는 것도 모두가 창피해서 할 수만 있으면 어머니에게서 멀어지려고 노력했다. 이런 워드를 위해 김영희씨는 잠자는 시간만 빼고 호텔청소, 식품점 계산대, 접시 닦기 등 할 수 있는 모든 일을 해가며 힘들게 워드를 키운다. 워드가 일어나기 전 밥을 차려놓고 출근한 뒤, 워드가 학교를 끝내기 직전 다시 와서 밥을 차려놓고 일터로 나가곤 했다. 워드는 방과 후 집에 오면 항상 랩에 씌워진 밥상을 아직도 기억하고 있다. 이렇게 희생적인 어머니를 워드는 쉽게 받아들이지 못했다. 친구들이 워드를 혼혈아라고 따돌리는 것이 무서웠기 때문이다. 언제나 또래 아이들보다 비싼 옷을 사주고 원하는 것을 다 해주던 어머니는 자신을 위해 한 번도 돈을 써본 적이 없었다. 김영희씨는 언론과의 인터뷰에서 당시를 회고하면서 자신에게서 자꾸 멀어져 가려는 워드가 섭섭하기도 했고 화가 나기도 했지만 언젠가는 아들이 내 사랑을 이해해 줄 것이라고 믿었다고 고백했다.

어느 날 아침 어린 워드의 마음을 뒤흔들어 놓는 각성적 사건이 일어난다. 평상시처럼 어머니가 태워주는 차로 등교하면서 주위에 있을지 모르는 친구들이 알아차리지 못하도록 깊숙이 몸을 숨겼다. 친구들이 없는 것을 확인하고 급하게 나가려 고개를 돌리다 어머니의 눈물을 보게 됐다. 워드는 그때 자신에 대해 희생하는 어머니를 부끄러워하는 자신이 얼마나 부끄러운 사람인지를 깨닫게 된다. 이 사건 후 워드는 자신이 혼혈임을 당당히 받아들이기로 결심한다. 친구들이 아무리 놀려도 나는 한국인의 피가 섞인 혼혈이다. 그게 내 인생이다. 이후 워드의 인생 한 가운데에는 항상 어머니가 우뚝 서 있다.

그간 워드는 올스타에 4차례 출전했고, 2006년 수퍼볼에서 피츠버그 스틸러스가 시애틀 시호크스를 21-10으로 이기고 우승하는데 기여하여 수퍼볼 최고의 영예인 MVP를 수여받았다. 또한 하인즈 워드는 스틸러스 사상 최고 연봉 계약을 한 선수로 족적을 남긴다. 진성리더들은 이 각성의 순간을 고양시켜 새로운 패러다임, 자신이 평생을 살고 싶어질 만큼의 신화적 정신모형으로 만들어 나간다.

리더십 이야기

골프 신동 신지애의 각성사건

골프계의 여제로 알려진 신지애에게도 각성적 사건이 있다. 신지애의 어머니는 불시에 교통사고로 돌아가셨다. 가난한 개척교회의 목사였던 신지애 아버지는 어머니 교통사고의 보상금을 신지애의 골프 훈련비로 내놓는다. 이 돈은 어머니의 목숨 값과 바꾼 돈이고 어머니는 평소에도 신지애가 골프를 계속할 수 있는 경비를 마련해주지 못해서 항상 안타까워했다는 유지를 들려주었다. 신지애는 이 돈을 종잣돈으로 골프를 계속할 수 있었다. 어머니의 죽음과 사망보험금은 신지애에게 각성적 체험이었다. 어린 나이였지만 어머니의 목숨 값과 바꾼 돈이 값어치 있게 쓰이는 길은 세계적 골퍼로 성장하는 길이라는 더 큰 정신모형 II를 설정하고 연습에 정진하여 결국은 정신모형에서 약속한 자신만의 골프세계를 구축했다. 가난한 목사의 딸이라는 사실과 어머니가 자신의 훈련비용을 마련하기 위해서 항상 전전긍긍 해온 사실은 이 각성적 사건을 계기로 숨기고 싶은 과거에서 자신이 감내해야 할 모습으로 떠오른다. 신지애는 이런 비극적 사건을 자신의 새로운 정신모형 속에 잘 승화시켰다. 지금 사람들은 신지애의 과거 이야기를 나눠가며 신지애가 진성리더로 살아가는 모습을 자랑스러워 한다. 신지애의 과거는 누구에게나 떳떳하게 이야기 할 수 있는 신지애 표의 영웅적 이야기가 되었다.

대부분의 진성리더들은 각성사건을 통해서 명료한 정신모형 II를 구축한다. 영국에서 잘 나가는 변호사 생활을 하던 간디의 경우도 남아프리카공화국을 여행할 때 각성사건을 경험한다. 일등칸 표를 가지고 기차를 탔지만 유색인이라는 이유로 승무원에 의해서 기차 밖으로 내동댕이쳐진다. 이 순간 간디의 뇌리에 떠오른 것은 내동댕이쳐진 자신의 비참한 모습이 아니라 남아프리카에서 차별을 당하고 있는 수많은 인도인을 비롯한 유색인종이라는 것을 각성한다. 잠자던 영혼이 깨어나는 순간이다. 그는 이 사건을 계기로 자신이 애써 부인해 왔던 유색인종에 대한 정체성을 회복하고, 자신의 정체성뿐만 아니라 남아프리카에 살고 있는 유색인종의 정체성을 위해서 싸우기로 결심한다. 자신의 사명이 담긴 정신모형 II의 스토리를 마련한 것이다.

금세기 최고의 CEO로 추앙받고 있는 스티브 잡스도 정신모형 II를 확장하는 일련의 각성사건을 경험하는 과정에서 정신모형 II에서 울려나오는 영혼의 종소리를 듣는다.[14] 애플이 한창 승승장구해갈 때 자신이 영입한 경영진과의 불화로 회사에서 퇴출당하는 사건은 잡스에게 자신의 영혼을 깨우는 각성적 사건을 제공한다. 퇴출을 계기로 스티브 잡스는 지금의 애플에 나타나 있는 정신모형 II를 구축하게 된다. 이 새로운 정신모형이 구축되기까지 스티브 잡스의 삶은 숨기고 싶은 과거였다. 미혼모의 아들로 태어난 것, 학교를 중퇴한 것, 한 끼 식사를 위해서 빈 병을 주웠던 일 모두가 숨기고 싶은 과거였다. 퇴출을 계기로 스티브 잡스의 정신모형 II 속에 지금까지 숨겨왔던 과거의 자아와 미래의 자아가 화해를 하고, 비로소 과거의 자아가 어둠 속에서 구출된다. 새로운 정신모형 속에서는 오히려 미혼모의 아들이었기 때문에 지금의 스티브 잡스가 있을 수 있다는 점, 학교를 그만두지 않았다면 현재의 맥 컴퓨터에서 구현되었던 아름다운 서체가 세상에 태어나지 못했다는 점, 또한 회사에서 퇴출되지 않았다면 자신의 새로운 정신모형을 구축할 수 있는 계기를 만나지 못했을 것이라는 점이 설명된다. 새로운 정신모형을 통해 일련의 불운한 과거 사건들은 새롭게 승화되었다.

정신모형 II의 설계

문제는 모든 사람들이 이처럼 각성사건을 경험하지는 않는다는 것이다. 이럴 경우 정신모형 II를 스스로 디자인하여 이것을 스스로 검증해봄으로써 온전히 자신의 정신모형으로 체화시키는 과정에 성공해야 한다. 이 경우 정신모형 II를 어떻게 디자인 하는지는 순전히 자기 자신에게 달려 있다. 정신모형 II를 디자인하는데 사용되는 구성변수(Governing Variable)로는 여러 가지를 들 수 있으나 절대로 빠져서는 안 되는 변수가 사명, 가치, 비전, 정체성이다.

진성리더의 정신모형 II를 구성하는데 가장 중요한 구성변수는 사명 혹은 목적이다. 사명과 목적은 우리가 세상에 존재하는 이유를 가르쳐 준다. 사명은 우리가 혼탁한 세상에서 길을 잃었을 때 존재이유를 다시 규명해주고 이 존재이유를 통해 가야할 길을 찾게 도와주는 진북(True

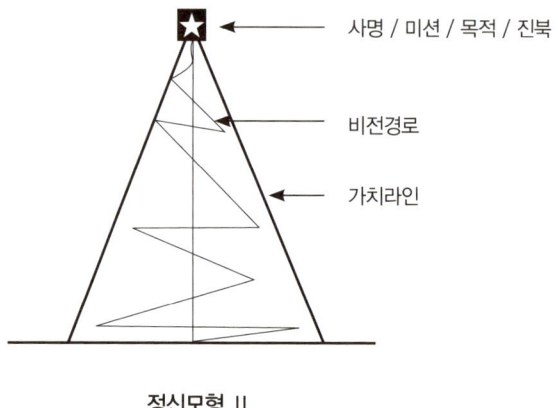

정신모형 II

North)의 역할을 수행한다. 우리가 죽는 순간 도달해야 할 삶의 최종적 목적지이다. 이 사명의 진정성이 진성리더의 모든 것을 결정해준다.

사명은 다음과 같은 시뮬레이션을 통해서 확인될 수 있다. 내 이름을 윤진성이라고 가정해보자. 한국에서 동시대에 몇 명의 윤진성이 같은 하늘 아래서 살고 있는지 궁금해서 일단 페이스북을 조사해 보았더니 13명의 윤진성의 존재를 확인했다고 가정하자. 이 13명의 윤진성이 사는 모습을 하나님께서 면밀히 지켜보고 계시다가 어느 날 이들이 세상에 대해서 공헌하는 것도 없고 인구밀도만 높이고 있는 것 같아서 13명의 윤진성을 정리하기로 결심하시고 이들을 불러 모았다. 하나님께서는 세상에 13명의 윤진성이 필요하지는 않기 때문에 진짜 소수의 윤진성만 남겨놓고 나머지는 정리하기로 결심하셨다. 하나님은 공평하신 분이므로 마지막 순간에 13명의 윤진성에게 다시 한 번 굳이 자신이 다른 윤진성을 제치고 살아남아야 할 이유에 대해서 소명할 기회를 주셨다. 이 소명기회를 이용해서 하나님을 감동시킨 스토리가 사명이다. 이 사명을 통해서 나머지 12명의 윤진성을 제치고 살아남았다면 하나님에게도 사명의 진정성이 증명이 된 것이다.

사명에 대한 시뮬레이션을 회사에도 적용해 회사의 사명도 도출해낼 수 있다. 같은 사업을 하고 있는 10대 기업의 총수들에게 똑같은 실험을 했다고 가정을 해보자. 하나님께서는 한국에서 이들 기업들이 서로 도에 넘는 제살 깎아먹기 경쟁을 해가면서 무자비하게 이윤을 추구하므로 사회에 기여하는 것도 없다는 생각을 가지고 있다고 가정해보자. 화가 나신 하나님은 10대 기업의 총수들을 불러 모으셨다. 마찬가지로 이들에게 각각 왜 한국에서 사업을 해야 하는지의 이유에 대해서 소명을 들었다. 이 소명을 듣고 어떤 특정한 기업이 살아남았다면 이 기업은 자신이 한국에서 사업을 해야 하는 이유에 대한 정당성을 획득한 것이다. 즉 이들은 사명이 있음을 입증한 것이다.

리더십 이야기

세 석공의 이야기

세 석공이 땀 흘려 일하고 있어서 지나가는 나그네가 왜 그리 열심히 일하는지 묻는다. 첫째 석공은 불만에 가득찬 표정이다. 아니나 다를까 왜 그리 열심히 일하는지 물었더니 석공 왈 "지금 강제노동에 동원돼서 일하고 있는데 기회만 되면 도망갈 예정입니다."라고 답한다. 둘째 석공도 행복한 표정은 아니다. 기대를 안 하고 질문을 던지자 다음과 같이 답한다. "저는 일당 오만 원짜리입니다. 일당 오만 원에 우리 전 가족의 생계가 걸려 있습니다. 사실은 일하기는 싫습니다." 마지막 석공은 달라 보였다. 얼굴에 환한 미소를 띠며 땀을 뻘뻘 흘려가며 일하고 있다. 아니나 다를까 똑같은 질문에 다른 답을 한다. "내가 일개 석공이어서 일이 돌아가는 것은 잘 모르지만 들리는 소문에 의하면 돌을 쪼아서 무너진 성당을 복원하는 일을 하고 있다고 들었습니다. 성당이 성공적으로 복원되어 믿음을 잃었던 사람들이 성당에서 다시 믿음을 찾을 수 있다는 생각을 하니 내 일이 일개 석공의 일이 아니라 정말 중요한 신성한 일을 하고 있다는 생각이 들어서 정말 열심히 일하고 있습니다."

세 석공의 이야기는 개인의 삶을 운영하든지 조직을 운영하든지 상관없이 사명의 중요성을 보여준다. 세 명의 석공 중 마지막 석공만이 자신의 사명으로 인해 자신의 일을 강제동원이나 생계가 아닌 신성한 업으로 생각하고 일하고 있다. 설사 한 회사에서 역량이 뛰어나 몸값이 억이 넘는다 하더라도 이 사람이 세 번째 석공과 같은 사명을 마음에 품고 일하고 있지 않는다면 일 억짜리 일개 월급쟁이에 불과할 뿐이다. 이런 사람을 회사의 핵심인재로 관리하고 있는 회사는 아주 취약한 회사이다. 왜냐하면 이런 사람들은 회사가 어려워지면 자신의 몸값을 보전하기 위해서 다른 회사로 제일 먼저 이직할 사람들이고 다른 회사에서 천만 원만 더 준다 하더라도 영혼을 버리고 다른 회사로 떠날 사람들이기 때문이다. 하지만 월급이 설사 몇 천만 원이라도 세 번째 석공과 같이 사명을 가지고 일하는 구성원이 회사에 몇 명이라도 있다면 어떤 회사도 이 회사와의 경쟁에서 이길 수는 없을 것이다.

사명은 비전의 목적지이다. 현재 내 키가 170cm인데 5년 후에는 180cm로 성장하는 생생한 모습을 가지고 있다면 180cm로 성장한 나의 모습은 5년 후의 비전이다. 10년 후에 190cm로 성장하는 비전을, 20년 후에는 200cm로 성장하는 비전을 구축할 수 있을 것이다. 이처럼 한 번의 비전을 달성하고 또 다른 비전을 지속적으로 추구하는 이유는 비전의 목적지가 있기 때문이고 결국 이 목적지에 도달하기 위함이다. 어느 누구도 한 번의 비전을 달성하고 거기에 안주해서 무너지기를 바라는 사람은 없을 것이다. 비전은 목적지에 도달하기 위한 중간 기착지에 서 있는

우리의 모습일 뿐이다. 하지만 실상에서 개인들이나 회사는 한 번 비전을 달성한 후 그곳이 목적지인 양 그곳에 안주하다 몰려오는 변화의 힘을 보지 못하고 무너지는 경우가 비일비재하다. 콜린스와 포라스가 자신의 저서에서 비저너리 컴퍼니로 설정한 회사 중 무너진 대부분의 회사들은 한두 차례의 비전을 달성하는데 성공했는지는 모르나 결국은 도달한 곳을 최종적인 목적지로 착각하고 탈선한 회사들이다.[15] 또한 목적지가 정해지지 않은 상태에서 무자비한 비전을 추구하는 회사들도 반드시 탈선한다.

　탈선하는 원리는 복권으로 대박을 내는 경우와 비슷하다. 한 번 큰 복권에 당첨된 사람들은 반드시 탈선한다. 실제로 복권으로 대박을 낸 사람들을 추적해서 이들의 삶을 복권 당첨 전 후로 비교한 대부분의 연구들은 이들의 삶이 복권 당첨 후 거의 무너졌음을 보여주고 있다. 복권 당첨은 한 차례의 비전을 영화에서처럼 완벽하게 달성한 것이다. 하지만 이들은 복권당첨을 인생의 목적지에 도달한 것으로 착각하기 시작하고 이 착각은 자신이 모는 삶의 기관차를 멈춰 서게 만든다. 급박한 시점이 돼서 기관차를 다시 출발시키지만 이 기관차는 목적지를 잃고 탈선한다. 이런 점에서 역설적으로 사람들에게 '대박 나십시오!' 라고 덕담을 건넨다는 것은 결국 '한 번 대박내서 쪽박차 보십시오!' 라고 저주하는 것과 같다. 특히 대박 낸 사람이 자신의 삶의 목적지를 상실한 경우에는 더욱 그렇다.

　그렇다고 진성리더에게 비전이 중요하지 않다고 이야기 하는 것은 아니다. 사명과 일렬로 정렬된 비전, 즉 목적지를 향해서 일사불란하게 조율된 비전이 중요하다. 비전은 구성원에게 목적지에 도달하기 위해 에너지를 공급해주는 열정의 발전소 하나를 만드는 것과 같은 역할을 한다.

지금 자신들의 키가 170cm인데 향후 180cm로 성장해있는 비전을 제시한다면 180cm로 성장한 상태는 발전소의 플러스극을 형성하고 170cm의 상태는 마이너스극을 형성해서 이 둘 간의 긴장을 창출하게 되고 이 긴장이 발전소를 돌리는 에너지로 작동하게 된다. 비전은 동기나 열정을 만들어내는 기본적 원리이다. 180cm에 대한 그림이 없다면 170cm가 작다는 것을 알 수 있는 방법이 없다. 170cm에 대한 현실적인 이해가 없다면 구성원들은 근거 없는 낙관주의자가 되거나, 맹목적 비관론자로 전락한다. 과제나 과업을 통해서 10cm의 간극이 점점 줄어드는 성장체험은 내재적으로 다시 발전소에 피드백 되어서 더 열정적으로 임무를 수행하게 하는 원천이 된다. 성장체험은 내재적 발전소를 돌리는 최고의 연료인 것이다.

비전은 조직이나 구성원들의 마음속에 열정의 발전소를 만드는 작업이고 이것을 달성하는 것에 도움을 주는 모든 과제에 대해서 구성원들이 열정적으로 임하게 만드는 원천이 된다. 반면 비전의 목적지에 위치한 사명은 구성원과 조직에게 자부심의 원천이 될 뿐 아니라 관련된 사람들에게 그런 사명이 구현이 된다면 세상이 더 행복해지고 건강해질 것이라는 생각 때문에 이들의 가슴을 따뜻하게 만들어주는 윤리적 정서의 원천이다. 조직이 위험한 국면에 처해 있을 때 조직을 살려내게 힘을 주는 것은 조직의 비전이 아니라 조직의 사명의 역할이다. 911 사건으로 미국의 대부분의 항공사가 무너졌을 때도 살아난 Southwest Airlines을 살려낸 것은 비전이 아니라 사명이었다. 이 회사의 진정성 있는 사명에 깊이 감동하고 있던 고객들이 회사가 어렵다는 소문을 듣자 아무 조건 없이 1,000달러 2,000달러 개인수표를 끊어 보냈던 것이다. 사명은 목적지에 대한 각성을 통해 조직과 개인의 생존과 존재의 문제를 책임진다면 비전은 여기에 도달하는 성장의 과정을 책임지게 된다. 지금처럼 생존 자체가 성장보다 더 큰 이슈로 등장하는 시기에 있어서는 제대로 된 사명에 대한 믿음을 가지고 리더십을 발휘하는 것이 더 중요하다.

가치는 그림에서처럼 최종적인 목적지인 사명을 달성하기 위해서 많은 의사결정을 하게 되는데 이때 중요한 의사결정의 가이드라인으로 작용하게 된다. 가치는 사명에 도달하기 위해서 절대적으로 따라야 할 가이드라인이다. 이런 점에서 가치는 사명에 이르는 의사결정에서 넘지 말아야 할 철책선 역할을 한다. 또한 가치는 강둑에 비유되기도 한다. 물이 강둑을 통해서 한 곳으로 몰아질 수 있을 때 물은 궁극적인 목적지까지 제대로 흘러갈 수 있다. 가치의 숫자는 3개 내지 5개 정도가 적절하다. 가치는 의사결정의 집중도를 높이는 것인데 가치의 수가 많아지면 집중도를 분산시키는 효과가 있기 때문이다. 가치가 사명에 도달하는 수단이라면 역량은 비전을 달성하는 수단이라는 점에서 차이가 있다. 사명은 어느 정도 고정되어 변화하지 않기 때문에 마찬가지로 설정된 가치도 일단 설정되면 변화하지 않을 개연성이 높다. 하지만 비전은 조직이나 개인들이 성장하는 모습을 보여주는 것이므로 필연적으로 변화하기 마련이다. 마찬가지로 역량도 비전이 변화하면 변화해야 한다. 조직이 창의성을 강조할 때 이것이 가치로 강조되는 것인지 아니면 역량으로 강조되는 것인지를 결정해주는 것도 이것이 조직의 사명과 관련이 되어 있는지 아니면 조직의 비전과 관련되어 있는지에 따라서 다르다. 3M처럼 창의성이 조직의 사명과 정체성을 구성한다면 창조성은 가치이겠지만 창조성이 조직의 생존과 경쟁에 도움이 안 돼서 다른 것으로 언제든지 대체할 수 있다고 생각할 경우에는 창조성은 가치라기보다는 역량이다.

마지막으로 정체성은 자신이 어디에서 와서 지금 어디에 서 있고 어디를 향해서 가고 있는지를 설명해주는 자신만의 스토리이다. 정체성은 자신이 주인공이 되는 스토리를 기반으로 한 것인지 남들의 스토리를 기반으로 한 것인지의 차원과 미래의 모습을 기반으로 한 것인지 과거의 모습을 기반으로 한 것인지의 차원에 따라 다음 그림에서와 같이 네 종류로 구분할 수 있다.[16] 창조된 정체성은 자신이 미래의 주인공으로 사명, 비전, 가치로 무장한 정신모형 II를 구현한 자신의 모습을 그린 것이다. 프로그램된 정체성은 자신이 자신의 비전, 사명, 가치의 주인공이라기보다는 남들이 구축해놓은 사명, 비전, 가치를 따라 사는 것을 택할 때의 정체성이다. 한편 오직 정신모형 I에 기반을 둔 정체성을 구축하고 있다면 반영된 정체성이나 기억된 정체성을 가진 것이다. 과거 어디에서

	미래지향	
타아지향	프로그램된 정체성 (Programmed Identity) 남들의 말에 따라 설계한 자신의 미래	창조된 정체성 (Created Identity) 영혼을 흔드는 자신만의 사명, 비전, 가치로 무장한 자신
	반영된 정체성 (Reflected Identity) 주변 사람의 기억 속에 남아 있는 자신의 과거	기억된 정체성 (Remembered Identity) 과거에 자신이 이뤄 놓은 영광이나 실패에 매몰된 정체성
	과거지향	자아지향

정체성의 분류

왔고 지금 어디에 서 있는지의 정체성은 이미 완성된 정체성으로 변화를 지향하는 진성리더가 개입하는 정체성은 아니다. 진성리더로의 삶은 이 정신모형 I에 갇힌 과거의 정체성인 기억된 정체성이나 반영된 정체성에서 벗어나 정신모형 II로 무장한 창조된 정체성에 따른 리더십 여행을 수행하는 삶이다. 진성리더의 정체성인 창조된 정체성은 현재와 과거에 집착하는 자신을 넘어서서 미래에 대한 장기적 안목을 갖게 하는 근원이기도 하고, 자신만의 시각으로 남들의 인생을 포용하게 하는 근원이기도 하고, 진북을 찾아 인생을 더 깊이 있게 관조하게 하는 근원이기도 하다.

어디에서 와서 지금 어디에 서 있는지는 이미 다 결정된 문제이고 이런 삶을 의미 있게 마무리할 수 있는지는 앞으로 어떤 목적지에 도달할 수 있는지의 창조된 정체성에 달려있다. 과거의 정체성에 묻혀 사는 사람들은 과거로부터 석탄만을 캐내는 광부의 삶을 살고 있다고 볼 수 있고, 창조된 정체성에 따라 사는 사람들은 과거라는 원석에서 인생의 다이아몬드를 가공해내는 연금사의 삶을 살고 있다고 볼 수 있다.

자아인식

자아인식은 정신모형 II의 거울을 이용해서 자신의 정체성을 성찰하는 과정이다. 정신모형의 구성요소는 여러 가지가 있을 수 있으나 가장 중요한 것은 비전의 목적지인 사명과, 최종 종착지인 목적에 이르는 중간 기착지로서의 비전, 그리고 비전과 사명에 도달하는 과정에서 의사결정의 가이드라인이 되는 가치를 들 수 있다. 이 각각의 요소가 제대로 구축이 될 경우 이것들은 지금까지 자신이 살아왔던 방식의 모습을 성찰하는 거울로 사용될 수 있다.

목적을 기반으로 한 성찰에서 가장 중요한 것은 사명 없이 세속적인 것만을 추구해왔던 자신의 모습에 대한 반성이다. 사명에 대해 귀를 기울이기보다는 남들이 중시하는 세속적 성공에만 귀를 기울여 자신이 스스로 자신의 삶을 경영하는 것을 포기해온 것에 대한 반성이 그것이다. 이 성찰은 삶에서 중요한 것은 내재적인 것이라는 사실을 깨닫게 해준다. 돈, 명예, 승진, 지위, 직장 등의 외재적인 것을 추구한다고 그런 보상을 획득할 수 있는 것은 아니다. 그보다는 내재적인 목적과 사명을 추구하는 가운데 외재적 보상은 자연스럽게 결과로 얻을 수 있을 뿐이다. 돈을 좇는다고 해서 돈을 쉽게 벌 수 없는 것과 같은 원리다. 충분한 돈을 벌려면 돈을 좇을 것이 아니라 돈이 자신을 따라오게 하는 삶의 목적을 이해하고 이를 사명으로 선택해야 한다. 거부들은 자신이 중시하는 진정성 있는 사명을 추구할 때 돈은 저절로 따라오게 마련이라는 원리를 일찍부터 깨달은 사람들이다. 세계적 유수기업들과 일반기업들 간의 차이도 여기에 있다. 세계적 유수기업들은 자신들이 고객에게 진정성 있는 가치를 전달할 때 외재적인 명예나 돈과 같은 세속적 가치는 저절로 따라오는 것이라는 원리를 깨달은 기업들이다. 사명에 대한 성찰은 이와 같은 내재적 가치와 외재적 가치 간의 선순환의 중요성을 일깨워준다.

 진성리더들이 가진 정신모형 II에서 비전의 거울은 염세주의나 맹목적 낙관주의가 성찰을 통해 반성되고 '현실적 낙관주의'의 삶을 정립하도록 도와준다. 현재의 키가 160cm이고, 180cm라는 미래의 성장에 대한 비전이 없다면 현재의 자신이 작다는 것을 알 방법이 없다. 180cm에 대한 벤치마킹 포인트가 있어야 20cm 만큼의 차이가 보이게 되고, 그때 비로소 현재 자신이 작다는 것을 성찰할 수 있다. 하지만 160cm에 대한 현실만 인식하고 있을 경우 세상의 모든 사안을 문제로만 인식하는 염세주의에 빠질 수 있다. 또한 180cm에 대한 그림만 있고 현재 자신의 키가 160cm라는 것을 모를 경우, 180cm에 대한 열망은 허황된 꿈으로 끝날 개연성이 높다. 현재의 상태에 대한 인식이 전제되지 않고 미래 성장의 그림만 믿고 있다면 맹목적 낙관주의의 함정에 빠질 수 있다. 맹목적 낙관주의자는 자신은 엄청나게 재수가 좋은 사람이어서 세상의 불행은 자신을 비켜갈 것이라는 근거 없는 믿음을 가지고 있다. 그러다 실제로 불행이 들이 닥치면 이들은 어쩔 줄 모르고 쉽게 절망에 빠져 헤어 나오지 못한다.

리더십 이야기

맹목적 낙관주의 대 현실적 낙관주의

나치 수용소에 관한 연구를 진행한 빅터 프랑클은 실제로 나치 수용소에 수감되었다가 살아남은 몇 안 되는 사람 중 하나이다.[17] 빅터 프랑클은 수용소 생활에 대한 관찰을 통해서 『의사와 영혼』, 『인간 의미의 탐구』라는 저서를 출간했다.

빅터와 아내 틸리, 부모는 모두 나치 수용소에 수감되었다. 여러 수용소의 생활을 거치면서 빅터는 몇 번의 죽을 고비를 넘겼다. 빅터 프랑클은 크리스마스가 다가오면 시체의 숫자가 현격하게 줄었다가 다시 크리스마스가 지나면 원래의 숫자로 되돌아오는 것에 관심을 가졌다. 그것은 크리스마스가 다가오면 수감자들이 석방에 대한 긍정적 기대를 부풀려 삶의 생기를 찾았지만, 다시 크리스마스가 지나면 계속되는 전쟁으로 풀려나지 못할 것이라는 비관 때문에 다시 사망률이 높아졌기 때문이었다.

빅터 프랑클은 육체적으로 강한 사람들이 아니라 살아가야 할 이유 즉, 삶의 의미를 갖고 있는 사람들이 살아 남았다는 사실을 알게 되었다. 또한 이들은 미래에 대한 믿음의 눈으로 현실을 있는 그대로 인식하고 여기에서 벗어날 수 있는 방법에 대해서 꾸준히 실험하는 사람들이라는 것을 깨달았다. 반면 근거 없는 낙관으로 현실을 외면하던 사람들은 낙관이 현실의 벽에 부딪쳐 부정되면 낙담에서 벗어나지 못해 결국은 사망에 이르는 것을 알았다. 맹목적 낙관주의자들은 근거 없이 세상의 좋은 일은 자신에게 제일 먼저 찾아오고 반면 세상의 나쁜 일들은 남들을 다 거친 후 자신에게 마지막으로 찾아 올 것이라고 기대한다. 현실이 이런 기대를 부정하면 이들은 낙담에 빠져 한없이 추락한다.

현실에 대한 정확한 성찰을 기반으로 미래에 대한 희망을 잃지 않는 사람들을 현실적 낙관론자라고 할 수 있다. 이들은 구더기가 들끓고 있는 현재의 상황을 모면하기 위해서 누군가 바위를 덮어놓았다 하더라도 기꺼이 이 바위를 들추어서 구더기를 직시할 수 있는 용기를 가진 사람들이다.

가치의 측면에서 성찰은 지금까지의 삶에서는 역량을 기반으로 성공만을 추구해 온 것에 대한 반성이다. 역량은 경쟁력의 기반이다. 경쟁력의 기반을 만들기 위해서 남들이 관심을 가지는 스펙을 만들기에 모든 것을 경주해 왔고 가치의 중요성을 무시해 왔다면 정신모형 II를 통한 성찰에서는 가치를 중심으로 역량을 재정의하는 삶을 중요시 한다. 요즈음 젊은이들의 화두는 어떻게 남부럽지 않은 스펙을 쌓아서 좋은 회사에 성공적으로 취업하는지 혹은 남들보다 빨리 높은 자리로 승진하는지이다. 또한 스펙을 만드는 것이 중요한 목표인 젊은이들은 어떻게 단기간에 스펙을 만들어서 동료와의 경쟁에서 우위를 점할 수 있을까 고민하며 경쟁과 비교의 삶에 자신의 모든 것을 올인 하는 성향을 가지고 있다. 동료와 항상 스펙 경쟁을 하다보면 자신의 스펙보다 우수한 스펙을 가진 사람은 많다는 것을 깨닫게 되고 실제로 이런 경쟁자가 나타나면 불안해진다. 불안한 마음에 무엇인가를 하기는 하지만 집중해서 하지 못하게 되고 그러다 보니 하는 만큼 성과가 나오지 않게 되고 이에 스트레스를 이기지 못하고 좌절하는 빈곤의 악순환을 경험하게 된다.

스펙이라는 조건적 자신감에 의존하는 삶은 자기 자신을 맹목적 학습 중독자나 자기개발서 중독자로 전락시킨다. 자신이 무엇 때문에 스펙을 구축해야 하는지의 이유를 모르고 다른 사람과의 경쟁에서 이기기 위해서 스펙을 구축하기 때문에 자신의 스펙 수준이 항상 부족함을 느낀다. 또한 경쟁자가 다른 스펙을 구축한 모습을 보이면 자신도 구축해야 한다. 끊임없이 스펙을 구축하기 위해서 노력하지만 결코 만족할 만한 수준에 도달하지 못한다. 스펙을 위해서 열심히 노력하지만 이것이 삶의 목적에 대한 공헌으로 이어지지는 않는다. 불안하니 또 다른 스펙이 세상에 존재하는지 찾아나서야 한다. 끊임없이 새로운 자기개발서를 탐독해야 한다. 이들에게는 먹기는 많이 먹지만 헛배만 부른 것과 같은 상황이 지속된다. 반면 자신의 정신모형 II를 기반으로 한 가치 중심적인 삶을 살고 있을 때는 자신이 구현해야 하는 가치에 필요한 특정한 스펙의 집합들이 드러나게 되고 이것에 집중하는 능력이 생긴다.

가치에 기반을 둔 삶은 스펙 중심의 조건적 자신감과 구별되는 근원적 자신감을 기반으로 한 삶이다. 조건적 자신감은 쌓아 놓은 스펙에 맞는 상황이 나타날 때는 자신감을 보이는 반면 근원적 자신감은 어떤 상황에서도 '다 잘 해낼 수 있다'는 자신감을 드러낸다. 스펙을 만드는 데 모든 것을 전념하는 사람들은 두 가지 이유에서 아무런 장치 없이 자신을 불안의 망망대해로 내던지는 셈이다. 첫째는 열심히 스펙을 쌓았다 하더라도 스펙을 필요로 하는 환경은 항상 변화하게 마련이어서 스펙에 모든 성공을 거는 것은 자신의 주도성을 상황에 맡기는 꼴이라 할 수 있다. 주도권을 남에게 맡길수록 삶은 더욱 예측불가능하게 표류한다. 두 번째는 상황에 맞는 스펙을 가진 사람들은 항상 넘치고, 이들과의 비교는 항상 자신을 좌불안석으로 만든다. 그러므로 스펙에 자신을 맡기는 것은 소위 '레드오션'의 싸움에서 승부를 보겠다는 무모한 의지의 표현이라고 할 수 있다. 이는 일등을 제외하고 모든 사람을 전사시키는 전쟁터에 스스로 몸을 내던지는 자살행위와 다를 바 없다.

하지만 가치에 기반을 둔 근원적 자신감은 상황이 어려울 때일수록 그 빛을 발한다. 즉 자신이 도달해야 할 장기적 정신모형의 집을 명료하게 구축하고, 자신이 중요시하는 가치를 따라 블루오션의 여행을 시작하기 때문이다. 가치를 따르는 삶은 조건적 역량을 따르는 삶과는 달리 어떤 조건이 주어지더라도 길을 잃지 않고 항해를 계속하는 근원적 믿음의 기반이 된다.

사람들은 일상에서 물리적 거울을 통해서 주로 자신의 앞모습만을 확인하고 살아간다. 하지만 사람들은 개인의 앞모습뿐만이 아니라 뒷모습까지 통째로 보고 이것을 그 개인의 모습이라고 규정한다. 진성리더들은 일반사람들과는 달리 다른 사람들의 피드백을 받아들여 자신의 앞모습뿐만 아니라 자신의 뒷모습까지 인식하고 있는 사람들이다. 뒷모습은 일반사람들에게는 블라인드 영역으로 다른 사람이 이 영역을 통해서 나를 공격해올 때는 이 영역은 치명적인 약점이다.

진성리더들은 다른 사람들의 피드백 거울을 통해서 자신의 뒤통수까지 알고 있는 사람들이지만 이들은 이것을 넘어서서 자신의 내면의 보이지 않는 부분까지 자기 자신을 잘 알고 있는 사람들이다. 정신모형 II를 성찰의 거울로 사용하기 때문에 가능한 일이다. 진성리더들은 정신모형 II를 거울로 이용해 자신의 내면의 강점과 자신을 감싸고 있는 내면의 약점(Vulnerability)을 누구보다 잘 안다. 특히 이들은 약점을 감추기

보다는 스스로 용감하게 드러냄으로써 자신에 대한 더 깊은 이해에 도달한다. 또한 이들은 이 약점을 강점만큼 솔직하게 인정함으로써 진정성을 구축한다. 주변 사람들의 환심을 사기위해 남들도 다 알고 있는 자신의 약점을 숨기고 본능적으로 강점만을 내세운 행동을 통해서는 진정성이 발현될 수 없다.

자기규율

정신모형 II는 진성리더가 자신의 미래의 성장한 모습을 통해서 현재 모습을 성찰해볼 수 있는 거울이다. 이 거울을 이용하여 현재의 모습을 성찰해내는 과정이 자아인식이라면 이 자아인식을 통해서 파악한 현재의 모습과 미래의 바람직한 모습간의 차이를 파악하고, 이 차이를 줄여나가는 실천적 프로젝트를 수행하는 과정이 자기규율이다. 자기규율을 통해서 진성리더는 자신의 정신모형 II에 담긴 비전, 사명, 가치 지향적 삶을 실천하게 된다. 이 실천과정을 통해서 정신모형 속에 담긴 비전, 사명, 가치는 단순한 이론적 가정이 아니라 생명을 가진 믿음으로 탈바꿈한다. 이런 점에서 자기규율은 자신의 정신모형이 주장하는 바들을 실천을 통해 검증하여 믿음으로 만드는 과정이다. 믿음으로 전환되지 않는 정신모형은 플라스틱 정신모형으로서 정신모형으로서의 생명이 없다. 진성리더들은 정신모형 속의 가정들을 생명 있는 믿음으로 전환시키기 위해 주변 사람들이 측은하게 생각할 정도로 열심히 할 수 있는 모든 것을 다해 가정을 검증한다. 진성리더들은 실천적 행동을 통해서만이 정신모형을 믿음체계로 바꿀 수 있다는 것을 안다. 진성리더들은 말이 행동을 대신할 수 없다는 것을 누구보다 잘 알고 있다. 반면 유사리더들은 말로 정신모형을 검증할 수 있다는 생각을 가지고 있다.

진성리더들은 정신모형 II를 통해 설정해 놓은 목적 지향적 삶과 현재의 세속적 삶 간의 간격에 대한 성찰을 토대로 이 간극을 줄여나가는 자기규율 프로젝트를 진행시킨다. 진성리더들은 이 프로젝트의 일환으로 바다를 동경하며 배를 만들거나 음악에 영감을 받아 교향곡을 작곡하거나 천진난만한 아이들에게서 희망을 보고 이들을 가르치는데 헌신하거나 남들의 집에서는 볼 수 없는 화단을 가꾸거나 사막에서 공룡의 알을 찾거나 나이가 들어서 악기를 배우는 등의 자신만의 프로젝트에 빠져있는 사람들이다. 진성리더의 프로젝트가 일반리더들의 프로젝트와 다른 점은 그들의 프로젝트가 자신의 삶에 대한 독특한 사명의 스토리인 정신모형 II에 기반을 두고 도출되고 있고 이것을 검증하는 과정이라는 점이다. 자기규율의 방법으로 진성리더가 수행하는 프로젝트는 정신모형 II의 지도를 따라 진북을 찾아 항해하는 학습과 성찰을 동반한 프로젝트다. 자기규율은 정신모형 II에서 구현된 세상에 대해서 명료한 그림을 그리고, 그 그림 속의 삶을 몸소 실천하는 체험을 통해, 정신모형의 가정들을 검증해 이 가정들을 믿음으로 바꾸는 작업이다.

설정된 자기규율 과제들은 측정과 평가를 통해서 관리되고, 그 달성수준이 점점 높은 단계로 발전되어야 한다. 중요한 자기규율의 과제일수록 보이지 않을 수 있지만 그렇다 하더라도 이것을 측정하고 평가, 개선하는 일은 매우 중요하다. 실패와 성공을 측정하고 평가하지 않으면 개선은 있을 수 없다. 따라서 자기규율 과제가 설정되면 이 과제의 성공과 실패를 가늠해줄 수 있는 지표와 측정할 수 있는 척도를 개발해야 한다. 그리고 이 척도를 중심으로 언제까지 달성할 것인지에 관한 목표수준을 설정한다. 목표수준이 결정되면 목표대비 달성정도를 평가하고, 그 차이

의 원인을 분석해서 다음 목표수준에 반영해야 한다.[18]

  목표치가 계획대로 잘 달성되었을 경우 이에 대한 자기보상 계획을 만들어서 실행하는 것이 좋다. 자신이 여행을 좋아하면 이 목표달성을 축하하는 의미로 자기 자신에게 여행을 보내줄 수도 있고 어느 정도 경비를 저축해서 본인이 사고 싶어 했던 것을 본인에게 사줌으로써 보상할 수도 있다. 중요한 것은 이와 같은 보상은 자기규율 프로젝트가 달성된 것을 사후적으로 보상해줘야 하는 것이지 이와 같은 보상을 위해서 프로젝트를 달성하는 형태가 되어서는 안 된다는 점이다. 보상은 자발적인 성과를 촉진시키는 강화요인으로 사용되어야 하지 성과를 억지로 내기 위한 인센티브로 사용되어서는 안 된다는 점이다.

결정적 검증

자기규제과정의 마지막 관문은 리더의 삶에 역경과 고통의 과정이 닥칠 경우 정신모형 II가 명령하는 대로 이를 극복함으로써 정신모형 속의 사명, 가치, 비전을 믿음으로 바꾸는 단계이다. 이와 같은 작업을 결정적 검증(Critical Test)이라고 부른다. 정신모형을 검증해서 가정의 상태에서 믿음의 상태로 바꾸는 검증은 정신모형에서 약속한 세계가 현실로 구현되게 하는 자기규제 프로젝트를 통해서도 이루어지지만, 더 결정적인 검증은 정신모형을 통해 역경과 고통조차도 극복할 수 있는지이다. 결정적 검증을 통과하지 못한 정신모형은 생명 있는 믿음체계가 아닌 말로만 존재하는 플라스틱 정신모형으로 전락한다.

  이런 점에서 진성리더들 대부분은 역경과 고통을 딛고 자신의 정신모형 II를 믿음체계라는 사회적 가치로 만들어 세상에 선물한 인물들이다. 태양의 화가 고흐는 37년이라는 짧은 인생동안 온갖 병마에 시달리며 살았다. 그는 1889년 8월 동생에게 보낸 편지에서 "발작이 또 일어나겠지. 이젠 정말 지긋지긋하다. 지난 나흘 동안은 목이 부어서 아무것도 먹을 수 없었다"며 극한의 삶을 살고 있음을 털어놓을 정도였다. 이런 병마와 싸워가며 자살로 생을 마감한 1890년까지 고흐는 세상에 879점의 불후의 명작을 남겼다. 돈키호테의 저자 세르반테스도 역경의 산물이었다. 그는 말년의 나이에 이르기까지 하는 일마다 실패로 끝나고 어렵게 얻은 말단 공무원 자리에서도 해고를 당한 뒤 작은 실수로 교도소에 갇히는 신세로 전락했다. 하지만 그는 교도소에서 창작의욕을 불태워 걸작 돈키호테를 인류에게 선물로 남겼다.

역경을 자신의 정신모형을 검증하는 결정적 기회로 선택한 진성리더들은 수도 없이 많다. 시각 청각의 중증 장애를 가지고 있으면서 미국 최초로 대학에서 인문학사 학위를 받았을 뿐 아니라 교육자, 사회 운동가, 작가로 큰 족적을 남긴 헬렌 켈러, 말더듬이 학습장애우로 낙제를 거듭하는 불운 속에서도 내면의 용기와 유머로 자신을 딛고 일어서서 영국 수상이 된 처칠, 어머니의 죽음 이후 아버지로부터 버림받고 고아원에서 자랐지만 고모에게 배운 바느질 솜씨로 세계적인 패션 디자이너가 된 코코 샤넬, 궁핍하기로 따지면 세상에 둘째가기도 서러울 정도로 어려운 삶을 살았지만 숨길 수 없는 끼를 통해 만인의 사랑을 받는 스타가 된 엘비스 프레슬리도 있다. 랜스 암스트롱은 암과 싸워가면서도 인간의 한계로는 해낼 수 없는 세계 철인경기에서 우승했다. 1,000번의 실패 끝에 백열전구를 만들어낸 에디슨, 루게릭병에 걸려 시한부 인생을 선고받고도 연구를 포기하지 않고 세기의 물리학자가 된 스티븐 호킹, 아들을 천연두로 잃고 페스트로 피난을 다니면서 천문학을 계속하여 케플러의 법칙을 발견해낸 요하네스 케플러, 공상의 세계를 글로 펼쳐내 가난한 이

혼녀에서 어린이들의 우상이 된 해리 포터의 작가 조앤 K. 롤링, 가족파산과 사업실패, 약혼녀 사망, 상하원 의원 네 차례 낙선 등 절망적 상황에도 희망의 불을 끄지 않고 마침내 미국 대통령이 된 링컨도 있다.

채근담에는 진성리더의 결정적 검증 원리를 다음과 같이 설명하고 있다. "역경과 곤궁은 호걸을 단련시키는 하나의 용광로요 쇠망치이다. 그 단련을 견뎌내면 몸과 마음이 모두 유익하지만 견뎌내지 못하면 몸과 마음이 모두 손상을 입을 것이다" 결국 역사적으로 족적을 남긴 위인들은 역경과 시련(Crucibles) 속에서 자신의 정신모형을 검증해 아름다운 진주로 재탄생시킨 리더들이었다. 역경과 고통은 리더들의 정신모형을 검증해주기도 하지만 정신모형은 역경과 고통을 극복한 신성한 삶에 대한 용기와 희망의 원천이기도 하다. 결국 정신모형이 이끌어주는 사명이 없었다면 역경과 고통을 무조건 견뎌내야 하는 삶 자체가 무의미할 수도 있었을 것이다. 포기하지 않고 치열하게 역경을 극복하려는 노력은 주변 사람들에게 자신이 표명한 사명의 심각성을 소명해 이들로부터 많은 도움을 이끌어 내기도 한다. 마지막 검증과정을 통과한 진성리더들만이 자신이 설정한 정신모형이 명하는 삶의 주인공으로 거듭난다. 역경을 극복해 지켜낸 정신모형은 향후 리더의 모든 언행과 태도를 결정해준다. 세상에 대해서 선한 영향력을 행사할 수 있는 품성을 형성한 것이다.

반대로 정신모형 II가 명하는 사명이 제대로 구축되어 있지 못한 상태에 있는 사람이 고난과 역경을 운 좋게 극복한 경우에는 재앙이 닥친다. 이 성공경험이 자신의 행동과 태도와 말 모든 것을 가두는 감옥으로 변화하기 때문이다. 이 사람은 자신의 극단적인 성공경험을 토대로 앞으로 닥칠 모든 것을 이 성공경험의 입장에서 합리화하거나 배척한다. 다른 대안적 논리는 들어올 여지가 없다. 상황이 바뀌어서 이 성공경험이 전혀 작동하지 않는 경우가 오더라도 이 사람은 이 성공경험의 감옥에서 벗어나지 못해 결국은 쇠락의 길을 맞게 된다.

자아인식이 자신의 미래에 대해서 생생하게 성찰해봄으로써 상상적 체험을 창출하고 이를 통해서 정신모형 II를 암묵적으로 검증하는 과정이라면 자기규율 과제의 성공은 정신모형 II에 담겨 있는 가정들을 실천을 통해 명시적으로 검증해준다. 실천적 검증과 상상적 검증은 정신모형 II의 사명, 가치, 비전을 믿음체계로 전환시켜준다. 검증을 통해 믿음체계로 전환되었을 때 정신모형은 비로소 생명을 획득한다. 정신모형 II에 뿌리내린 믿음은 향후 진성리더가 살아가는 스토리를 구성해주는 플롯이 되어 생활 장면마다 신선한 이야기들을 쏟아낸다. 정신모형 II와 정신모형 I간의 간극을 통해 창출된 내면의 발전소는 자기규율을 통해 내재적 연료인 열정을 끊임 없이 재생산하게 된다. 이처럼 정신모형의 실현은 학습과 성장을 통해 내재적 보상을 가져다준다. 자기규율은 진성리더들에게 현란한 말이 아닌 믿음에 근거한 실천적 삶의 의미를 가르쳐준다. 자기규율 과정에서 겪게 되는 환란과 고통(Crucibles)은 사명을 구현하기 위해 측은해보일 정도로 열심히 몰입하게 하는 원동력이 된다. 이 측은함은 도와줄 수 있는 사람들을 사명에 끌어 모으는 자석이 되기도 한다.

리더십 이야기

백범 김구[19]

긍정적 일탈자로서 진성리더들은 유사리더들이 판을 치는 사회적 분위기 때문에 발굴되거나 조명되지 못해왔을 뿐이다. 일례로 김구 선생을 꼽고 싶다. 평소에 김구 선생에게 사람들은 김구 선생의 진짜 소원이 무엇이냐는 질문을 자주했다. 이에 대해 자신의 심경을 토로해가면서 한 김구 선생의 독백은 진성리더의 면모를 잘 드러내준다.

"네 소원이 무엇이냐?"하고 하나님이 물으시면, 나는 서슴지 않고 "내 소원은 대한 독립이오"라고 대답할 것이다. "그 다음 소원은 무엇이냐?"하면, 나는 또 "우리나라의 독립이오" 할 것이다. 또 "그 다음 소원이 무엇이냐?" 하면 셋째 번 물음에도, 나는 더욱 소리를 높여서 "나의 소원은 우리나라 대한의 완전한 자주 독립이오"하고 대답할 것이다.

김구 선생은 대한민국을 일제의 압제에서 해방시켜 대한국민들에게 사람답게 살 수 있는 존엄성을 찾아주자는 사명에 대한 큰 믿음을 가지고 있었다. 다른 사람들의 경우는 똑같은 질문을 던졌다면 아마도 두 번째쯤의 질문에 가서는 자신의 숨은 심경을 고백했을 것이다. 대한민국의 독립도 중요하지만 지금 자신에게 더 중요한 것에 대해서 정치적으로 숨은 속내를 내비쳤을 것이다. 김구 선생은 진실로 사명에 대한 믿음이 강했기 때문에 같은 질문에 같은 대답을 할 수 있었던 것이다. 또 한 가지 김구 선생은 대한민국의 독립만 될 수 있다면 독립된 대한민국의 대통령이 아니라 문지기라도 자처하겠다는 포부를 기회가 있을 때마다 밝혔다. 이와 같은 희생적 행동에 대한 몰입은 김구 선생에게 대한민국의 독립이 자신의 정치적 이득을 챙기기 위한 것이 아님을 명명백백하게 전달해준다.

김구 선생은 대한국민들을 일제의 압제로부터 해방시키는 큰 사명을 품기 전까지는 미천한 존재였다. 몰락한 양반집안의 장남이었던 김구는 청년시절 양반들에게 모독을 당하는 일이 잦아지자 자신도 어엿한 양반이 되기 위해 과거에

응시한다, 그러나 대리시험과 매관매직으로 치닫던 과거시험 현장을 목격하고 시험을 포기한다. 그 후 세상을 바꾸는 혁명인 동학에 가담하여 접주로 활동한다. 동학시절 이름을 김창암(金昌巖)에서 김창수(金昌洙)로 개명하였다. 동학이 패퇴하여 도피하던 중 명성황후를 시해한 을미사변이 일어나고 국모를 시해한 빌미를 들어 일본인 첩자를 시해하게 된다. 이 죄로 인천감옥에 사형수로 갇히게 되지만 사형집행 하루 전날 이 소문을 전해들은 고종이 전화를 걸어 형 집행이 보류된다. 인천 감옥에서 간수들의 도움으로 서양문물을 배울 수 있게 된다. 인천 감옥에서 탈출한 후 공주의 마곡사에서 승려생활을 하다가 그만두고 1900년에 지인을 찾아 강화도에 내려갔다. 그곳에서 기독교로 개종한 뒤, 교육 계몽운동에 몰입하게 된다. 이후 을사늑약을 무효화하는 국권회복운동을 벌이다가 1911년 신민회 105인 사건으로 조선총독부에 의해 체포되어 종신형을 선고받고 서대문 형무소에 다시 구금된다.

서대문 형무소 시절인 1912년에는 일본의 호적에서 벗어날 생각으로 이름을 김창수에서 김구로 재개명하고 호를 백범이라 정하였다. 1915년 8월 가출옥한 후 농장 농감(農監)이 되어 소작인들을 계몽하고 학교를 세우는 등 농민계몽을 벌이다가 1918년 상해로 망명한다. 안창호의 도움으로 망명정부의 경무국장을 지내다가 1940년 임시정부의 주석에 취임한다. 이후 중국 국민당 정부의 후원을 받아 임시정부 최초의 정식군대인 대한민국 광복군을 조직하여 항일투쟁에 나선다. 해방 후 대한민국으로 귀국한 후 미국과 소련에 의해서 대한민국을 나눠서 통치하려는 주장인 신탁통치에 반대하다가 1949년 6월 26일 12시 36분, 서울의 자택인 경교장에서 찬탁세력의 하수인 육군포병 소위 안두희의 총격으로 암살당하였다. 항년 79세의 나이이다.

대한민국의 자주독립이라는 사명을 달성하기 위해서 김구 선생은 철저한 자기인식과 자기규제의 삶을 살았다. 대한민국의 완전한 독립이라는 정신모형 II를 설정하고 리더의 길을 선택한 후에는 자신의 이름을 김창수에서 백범 김구로 개명하였다. 호 백범은 백정들과 같은 범부들에게도 대한민국의 독립이라는 정신모형을 심어주겠다는 의지가 반영되었다. 대한독립이라는 정신모형 II를 구현하기 위한 백범의 모험적 실험과 희생적 실천은 누가 보기에도 측은할 정도였다. 자기규제에 따른 진성리더로서의 삶을 실천하는데 모범을 보였다. 또한 대한민국의 문지기를 자처할 정도로 정신모형을 구현하는 것과 관련된 모든 사람들을 대함에 있어서 겸손한 자세를 잃지 않았다. 진성리더에게 보이는 관계적 진실성의 소치이다.

우리나라의 정치가들은 유권자들 앞에서는 사명을 위한 정치를 위해 한 몸을 희생하겠다고 하고선 당선이후에는 자신과 가족과 자신의 측근만 챙기는 모습을 종종 보게 된다. 우리나라 국민들은 이들을 사명을 가지고 장사를 하는 장사꾼이라는 생각을 한다. 이처럼 사명에 대해 진정성을 가진 정치가에 목말라 있는 한국 사회에 김구 선생님은 찾아서 배워야 할 숨어 있는 보석이다.

균형 잡힌 정보처리

유사리더는 업데이트가 되지 않은 불완전한 정신모형 I에만 의존해 정보를 처리하기 때문에 정보처리가 편파적이다. 반면 진성리더는 학습과 성장의 동력인 정신모형 II를 통해서 미래지향적 학습의 자세로 정보를 처리하기 때문에 그 과정이 투명하다. 유사리더들은 과거의 교도소에 갇혀서 방어적 기제를 작동시키는 반면, 진성리더들은 균형된 정보처리로 과거에 갇힌 사람들을 해방시키는데 한 몫을 한다.

유사리더들이 균형 잡힌 정보처리를 못하고 편파적인 판단을 내리게 되는 것은 정신모형 I의 속성 때문이다. 사람들은 세상을 읽을 수 있는 마음의 지도를 가지지 못하면 멘붕의 상태에 빠지기 때문에 어떤 방식으로라도 자신의 정신모형을 만들어야 한다. 이처럼 정신모형 I은 세상의 불확실성을 재빨리 제거할 목적으로 과학적 검증 없이 주관적 확증경험을 토대로 주먹구구식으로 만들어진 것에 불과하다. 하지만 그럼에도 불구하고 정신모형 I의 가정들이 믿음으로 변환되면 이들은 향후 정보처리

과정을 장악하게 되어 편파적 정보처리의 원인이 된다.

첫째, 정신모형 I에 의한 정보처리에서는 운과 우연의 일치를 무시하고 과도하게 임의의 원인을 찾아서 이론화시키려는 경향이 있다.[20] 예를 들어보자. 운전하다가 갑자기 돌아가신 아버지가 떠올라서 차를 천천히 몰았다. 그 틈에 다른 차가 내 차를 추월하여 달리다가 마침 중앙선을 넘어온 트럭과 부딪쳐서 대형 사고를 냈다. 이럴 경우 아버지라는 초자연적인 힘이 자신을 보호해줬다고 추론한다. 우연임에도 불구하고 과도하게 원인을 찾아서 이론화하는 것이다.

둘째, 정신모형 I에 의한 정보처리 과정은 불확실성에서 벗어나기 위해서 과도하게 예측에 의존하여 모든 것을 예단하는 경향이 있다. 전혀 앞뒤가 맞지 않음에도 불구하고 많은 사람들은 도박사의 경기 예측이나 전문가의 투자예측을 믿고 수용하려 한다. 불확실성을 제거하려는 본능적인 욕구 때문이다.

셋째, 정신모형 I은 사건의 결과를 놓고 그에 맞는 원인을 사후적으로 찾아서 필연적으로 그럴 수밖에 없었다고 설명하는 사후 확신성향을 가지고 있다. 어떤 일의 결과를 알게 되면 사람들은 두 가지 반응을 보인다. 결과를 불가피한 것처럼 여기거나 일이 그렇게 될 수밖에 없었다고 설명한다. 일의 결과를 알게 되면 자신의 기억을 재구성해서 그 일이 일어나기 전의 불확실성을 잊어버리고 실제로 일어난 일에 대한 지식을 토대로 과거를 재구성해 그럴 수밖에 없었던 이유를 찾아낸다. 이와 같은 일들은 모두 현실의 불확실성을 설명할 수 있는 이론을 유사 과학자적인 입장에서 정신모형 I에 채워 넣는 과정에서 발생하는 문제들이다.

넷째, 정신모형 I은 실패에 대해서는 본능적으로 원인을 분석해서 찾아내지만 성공에 대해서는 이를 당연하게 여기고 분석하지 않는 경향을 가지고 있다. 성공은 불확실성을 통제해서 성취한 것이라고 믿기 때문에 체계적인 분석을 통해 이론화할 대상이라고 여기지 않는다. 하지만 성공에 대해 분석을 하지 않는 것은 정보처리 측면에서는 더 치명적 결과를 초래한다. 성공은 내적인 역량 혹은 외적인 운 등 많은 요인이 작용할 수 있다. 하지만 일단 성공을 하게 되면 자기 편향적 귀인으로 운의 요소는 무시되고 내적 역량의 부분만 강조되어 이론화된다.[21] 이렇게 설명된 이론은 상황이 바뀌었는데도 불구하고 적용되면서 필연적 실패로 귀결된다. 진성리더는 실패했을 때뿐만 아니라 성공했을 경우에도 자기 편향적 귀인이론에서 벗어나 이를 철저하게 분석하여 다음의 성공 사례를 만들어 낸다.

다섯째, 정신모형 I은 휴리스틱의 오류에서 벗어나지 못한다. 어떤 현상을 설명하는 이론을 빨리 만들어 정보를 처리하다 보면 면밀하게 균형 있게 처리하기보다는 나름대로의 지름길을 찾아서 성급하게 주먹구구식으로 처리하게 되는데 이를 휴리스틱(Heuristic)이라고 한다. 이 과정에서 다양한 인지적 오류가 생겨난다.[22] 최근에 얻은 정보나 생생한 사건에 대한 정보가 더 많이 일어난다고 생각하는 가용성의 휴리스틱(Availability Heuristic), 어떤 사건의 결과가 일치할 경우 그 결과가 일어날 확률을 무시하고 똑같은 확률로 일어난다고 생각하는 대표성의 휴리스틱(Representative Heuristic), 제로베이스로 판단하기보다는 어떤 임의의 기준점을 두고 추론하는 닻 휴리스틱(Anchoring Heuristic), 상황이 부정적일 때 어떤 긍정적 사건의 가능성을 더 높게 평가하고, 상황이 좋을 때는 반대로 긍정적 사건의 가능성을 더 보수적으로 추론하는 경향인 전망이론(Prospect Theory) 등이 균형 잡힌 정보처리 과정을 방해한다.

균형된 정보처리를 방해하는 정신모형 I의 속성 중 대표적인 것이 방어기제(Defensive Routine)이다.[23] 정신모형 I의 방어적 기제는 환경에서 정신모형과 어긋나는 정보가 이입될 때 정보의 편에 서서 정신모형을 수정하는 것이 아니라 정신모형의 편에 서서 정신모형을 합리화하는 현상이다. 사람들은 정신모형이 주장하는 이론을 수정하기보다는 정신모형의 이론을 지키기 위한 갖은 행동을 하게 되는데 이것이 바로 방어기제이다. 이와 같은 현상은 정신모형을 만들어내는 뇌의 타고난 속성 때문이기도 하다. 인간의 뇌는 똑게의 속성을 가지고 있다. 즉 똑똑하기는 하지만 게으르다. 흔히들 성공하기 위해서는 자신과의 싸움에서 이겨야 한다고 하는데 정확하게 이야기하면 똑똑하지만 게으르기 짝이 없는 자신의 뇌와의 싸움에서 이겨야 한다는 것이다. 뇌는 게으르기 때문에 기존의 것을 버리고 새롭게 공부하는 것을 선천적으로 싫어한다. 선천적으로 공부하기 싫어하는 뇌의 본능에 종속되어 정신모형 I을 업데이트하는 일을 게을리 한다면 방어기제에 빠지게 된다.

정신모형 I이 방어기제에 돌입할 때 나타나는 몇 가지 징후들이 있다. 첫째, 공 테이프 도는 현상이다. 이는 마치 만취해 필름이 끊긴 사람처럼 현실감각 없이 이전에 했던 이야기를 계속해서 되풀이 하는 것을 말한다. 둘째, 잘 나가는 남들을 보면 이유 없이 배가 아프고 이를 폄하하려는 욕구가 생기는 현상이다. 이는 상대적으로 뒤처지고 있는 자신의 정신모형을 보호하기 위한 전략이다. 셋째, 남들로부터 피드백이 끊어지는 현상이다. 정신모형의 유용성이 떨어지면 이를 근거로 한 언행에 대해 남들의 반응이 자연스럽게 줄어들게 되고 고립감을 경험하게 된다. 넷째, 작지만 황당한 실수를 자주 하는 현상이다. 정신모형의 유용성은 하루아침에 무너지지 않지만, 예측력은 조금씩 무너져서 결국은 이전에 하지 않았던 황당한 실수를 자주 되풀이하게 된다.

이와 같은 현상이 심화될수록 사람들은 기존의 자신의 삶의 방식을 본능적으로 지키려는 방어기제를 작동하게 되는데, 이 방어기제는 틀릴 개연성이 높은 기존의 삶의 방식을 지키는 쪽으로 작동하기 때문에 정보를 균형 있게 처리하는 능력을 현저하게 떨어뜨리게 된다. 현실을 있는 그대로 보고 직시하기보다는 자신의 문제에 대해 변명을 늘어놓거나 심지어 문제를 외재화시켜 비난하는 남들을 역으로 비난한다. 방어기제가 지속적으로 작동하다보면 자신에 대한 적절한 피드백의 가능성을 스스로 끊어 버리게 되어 세상으로부터 고립되게 된다. 대신 낡은 정신모형은 그 속에 담겨있는 낡은 믿음들을 지지하는 정보만을 선별적으로 필터링해 투명한 정보처리를 방해한다. 따라서 오랫동안 업데이트가 안 된 정신모형 I이 정보처리를 장악하면 세상의 모든 정보를 부정적으로 대하게 되는 우를 범하게 된다. 부정적인 생각으로 머리를 채우기 시작하면 세상은 싸움터로 변화한다. 이때 살아남는 전략도 두 가지로 압축된다. 공격하든지 공격을 피해 도망가든지이다. 상대와 싸워 승산이 있다고 생각되면 싸우고, 승산이 없다고 생각하면 도망을 선택한다. 공격 전략에서는 모든 책임과 비난을 남들에게 전가시키는 습관을 배우게 되고 도망 전략에서는 비겁한 자신을 비난하는 습관을 습득한다. 모두가 지는 습관이다.

선천적으로 학습하기를 싫어하는 정신모형 I을 고칠 수 있는 방법은 두 가지이다. 하나는 실수에 대한 태도를 바꾸는 것이다. 우리는 자신의 결함을 스스로 잘 볼 수 없다. 따라서 타인을 통해 자신의 결함에 대한 진솔한 피드백을 받아 자신이 범한 오류를 고쳐나가야 한다. 사실 자신에 대한 타인의 피드백은 자신의 문제를 파악할 수 있는 가장 중요하고 객관적인 원천이라는 점에서 타인은 자신을 비춰볼 수 있는 거울이라고 할 수 있다.[24] 문제는 이 거울이 깨끗이 닦여져 있을 수도 있고, 얼룩이 많을 수도 있다는 점이다. 평소에 주변 사람들로부터의 건설적 피드백에 고마움을 표하고 이를 통해 학습하는 모습을 보였다면 이 거울은 깨끗할 가능성이 높으나, 방어적 기제가 작동해 자신을 보호하려고 했다면 이 거울은 매우 흐릿해졌을 수 있다. 거울이 흐려진 이유는 상대가 진심으로 해준 피드백에 대해 부정하거나 이에 대해 변명으로 일관함으로써 상대가 다시 피드백을 해줄 동기를 빼앗았기 때문이다. 그렇게 되면 우리는 상대에게 피드백을 전혀 받지 못하거나 왜곡된 피드백만을 받게 된다. 주변에 깨끗하게 닦인 많은 거울을 가지고 있는 리더들은 균형 잡힌 정보처리에서 상당히 유리한 고지를 점한다. 역지사지로 평소 상대에게 진심어린 건설적 피드백을 많이 제공한 사람들은 상호성의 원리에 따라 이에 대한 보답으로 진심어린 피드백을 많이 제공 받게 된다. 반면 현재의 문제점을 감추기 위해서 과거의 영광을 늘어놓거나 지인 중에 출세한 사람들이 자신 친구임을 자랑하듯 떠벌린다면 상대는 자신에 대한 진솔한 정보를 제공해주지 않는다. 그때는 아무리 노력한다 하더라도 균형된 정보처리를 할 수 없다.[25] 결론적으로 피드백을 통해 실수를 받아들이고 이것을 통해서 끊임없이 정신모형 I의 가정들을 고쳐나가 가장 업데이트된 정신모형 I의 상태를 유지하는 것이 균형된 정보처리의 첫번째 비밀이다.

 정신모형 I의 편향된 정보처리의 함정에서 벗어나기 위한 다른 방법은 정신모형 II를 이용하는 방법이다. 정신모형 II를 명료하게 만들 수 있다면 이것을 이용해 정신모형 I의 문제점을 찾아내는 내재적 거울로 사용할 수 있다. 다시 말해 지금 자신이 미성숙한 상태에 있다면 미래에 보다 성숙한 자신을 설정하고, 이 둘 사이에 의도적으로 창출된 차이를 적극적으로 줄여나가는 프로젝트를 통해 궁극적으로는 미숙한 자아로부터 탈피하는 방법이다. 성숙한 자신의 모습이 없다면 현재의 미숙한 자아가 작고 문제투성이라는 것을 깨달을 수 없다. 이 방법은 진성리더들이 가장 선호하는 방법이다. 정신모형 II가 탄탄하게 구축되어 있을 때, 정신모형 I과의 차이를 찾아 수정함으로써 정신모형 I에 갇혀 있는 인지적으로 미숙한 자아를 구해낼 수 있다. 이처럼 진성리더들은 미래의 성장을 염두에 두고 끊임없이 학습하기 때문에 정보처리과정에서도 큰 장애를 경험하지 않는다.

정신모형 I은 새로운 것을 받아들이기를 싫어하는 속성 때문에 본능적으로 자신에게 다가오는 모든 정보에 대해서 맹목적 낙관주의를 견지한다. 맹목적 낙관주의는 근거 없는 낙관을 말한다. 맹목적 낙관주의자들은 자신은 재수가 좋아서 세상의 나쁜 일들은 자신에게는 찾아오지 않을 것이라는 믿음을 가지고 있다. 그러다 실제로 불행이 닥치면 이 불행에 대해서 과도하게 해석하여 벗어나지 못한다. 맹목적 낙관주의는 인간의 뇌가 공부하기 싫어하는 정신모형 I의 속성을 뒤에서 암암리에 조종하고 있는 것이다. 반면 정신모형 II에 기반을 둔 미래 예측은 현실적 낙관주의라고 할 수 있다. 상황이 썩어 흉측해 누군가가 구더기를 바위로 덮어 놓았다고 해도, 진성리더들은 기꺼이 이 바위를 들춰내 구더기를 직시할 수 있는 냉철한 현실인식을 보임으로써 미래의 낙관적 솔루션을 창출해 낸다. 정신모형 II는 구더기를 구더기로 볼 수 있는 안목을 갖게 한다. 현실적 낙관주의자들은 현실의 암울한 문제를 객관적으로 인식하여 미래의 솔루션을 찾아내기 때문에 이들에 의해 처리되는 정보는 한쪽으로 편향되지 않는다.

정신모형 I을 내비게이션에 비유해본다면 정신모형 II는 나침반에 비유해볼 수 있다. 내비게이션이 나름대로 유용한 역할을 할 때는 내비게이션이 최신판으로 업데이트되어 있을 경우이다. 10년 전에 만든 내비게이션으로 서울 거리를 찾아 나선다고 가정해보라. 사고를 당할 개연성이 높을 것이다. 이런 경험을 하면 본능적으로 자신이 아는 길로만 다닐 것이다. 하지만 아는 길도 결국은 바뀌게 마련이다. 돌아다닐 수 있는 범위가 점차로 줄어들 것이고 궁극적으로 나 자신의 내비게이션에 갇혀 있는 삶을 벗어나지 못할 것이다. 일단 내비게이션에 갇힌 삶에 익숙하게 되면 내비게이션이 감옥임에도 이곳이 안전하기 때문에 함부로 밖에 나돌아 다니지 말라고 명령할 것이다. 자신의 내비게이션 감옥에 갇힌 죄수이면서 간수 역할을 수행하는 것이다. 오랫동안 감옥 속에 갇혀 산 사람이 세상에 대해 제공하는 정보를 신뢰하는 사람은 없을 것이다. 정신모형 II의 역할은 길을 잃어버렸을 때 올바른 길을 찾게 해주는 나침반이다. 나침반의 문제는 극성이다. 극성이 떨어지면 나침반은 북쪽을 가리키지 못한다. 결국 엉뚱한 곳을 북쪽으로 알고 헤매다가 종국에는 길을 잃고 만다. 아무리 좋은 내비게이션을 가지고 있어서 한 지점에서 다른 지점으로 이동할 수 있는 최단거리를 알려준다 하더라도 궁극적 목적지가 정확한 목적지가 아니라면 아무리 좋은 내비게이션도 쓸모가 없을 것이다.

진성리더는 한 마디로 끊임없이 내비게이션을 업데이트하고 자신의 나침반의 극성을 잃지 않도록 공부하는 사람이다. 이들이 가진 내비게이션은 세상의 어떤 내비게이션보다 업데이트가 잘 되어 있고 이들이 사용하는 나침반은 항상 북쪽을 가리키며 부르르 떨고 있다. 이럴 수 있는 것은 이들이 세상의 정보를 받아들이는 공부를 하거나 삶의 원리를 깨치는 공부를 하거나 게으른 뇌의 속성이 감당할 수 없을 정도로 공부에 몰입하기 때문이다. 이것이 진성리더가 다른 리더들보다 올바른 정보로 올바른 결정을 내릴 수 있는 이유이다.

관계적 투명성

진성리더는 사명을 혼자의 힘으로는 구현할 수 없다는 것을 누구보다 잘 알고 있다. 이들은 사명을 구현하는 과정에 다른 사람들을 동원할 수 있는 탁월한 능력을 보여준다. 이는 사람들에 대한 존재론적 태도를 통해 관계적 투명성을 담보하기 때문이다. 이들은 구성원들을 존재론적으로 대우해 나를 넘어 우리라는 공동체의 사회적 자본을[26] 만들어 간다.

리더와 구성원과의 관계적 투명성은 두 사람 사이에 어떤 교환을 하든지 거래를 할 때 불확실성이 없는 상태 즉 거래비용이 들지 않는 상태를 이야기한다. 상대가 나의 분신처럼 나와 똑같은 마음을 가진 사람이라는 진실된 믿음이 있을 경우에만 가능한 이야기이다. 이와 같은 관계적 투명성은 상대를 소유론적으로 보는 것이 아니라 존재론적으로 대할 때 생성된다. 소유론적으로 상대를 본다는 것은 상대를 나의 이득을 달성하는데 도움을 줄 수 있는 수단이나 물건으로 보는 것을 말한다. 존재론적으로 대한다는 것은 상대를 나와 똑같은 열망을 가진 사람으로 즉 성장의 파트너로 생각한다는 것이다.

파도에 밀려 와서 모래사장에 널려 말라 죽어가는 수많은 불가사리를 한 노인이 일일이 바다로 돌려보내고 있었다. 지나가는 젊은이가 궁금해서 물었다. 그렇게 해봤자 수천 마리 중 몇 마리에 불과할 텐데 뭐 하러 고생하세요. 나그네의 질문에 노인은 다음과 같이 답한다. 그래도 나 때문에 살아나게 될 불가사리들에게는 아주 특별한 일이지요.

물론 사람과 사람 사이의 일은 아니지만 상대를 존재론적으로 대한다는 것의 의미를 잘 보여주고 있는 사례이다. 젊은이에게 불가사리는 소유론적 대상이지만 노인에게 불가사리는 존재론적 대상이었던 것이다. 사람들은 동물이나 사물에게만 소유론적으로 대하는 것이 아니라 인간 관계에서도 소유론적 관계를 적용해서 상대를 내 열망을 충족시키기 위한 도구로 생각하고 접근한다. 상대를 물건으로 대한다는 것은 진성리더가 가장 경계하는 원리이다. 진성리더는 상대를 성장의 파트너로 대함으로써 상대와의 관계에 있어서 관계적 투명성을 극대화 시키는 사람들이다. 관계적 투명성이 기반이 되었을 때 사람과 사람들 사이에는 신뢰를 기반으로 한 사회적 자본이 생성된다. 진성리더는 관계적 투명성을 기반으로 사회적 자본을 만들어내는데 특별한 능력을 보이는 사람들이다. 사회적 자본이란 사람들이 서로간의 관계에서 믿음을 구축했기 때문에 상대가 가지고 있는 자본을 내 자본처럼 빌려서 쓸 수 있는 상태를 이야기한다.[27]

존재와 소유의 문제는 일찍이 에릭 프롬(Erich Fromm)에 의해서 연구되어 왔던 영역이다.[28] 관계를 소유론적 관계로 보는 사람들은 사회를 사람 간에 사회적 거래가 이루어지는 시장으로 규정하고, 상대가 시장에 무엇을 내놓을 수 있는지를 중심으로 파악한다. 즉 상대를 사회적 지위나 권력, 부의 측면에서 평가하고 그 정도에 따라 존경을 표한다. 이와 같은 가정을 가지고 사람들 간의 관계를 파악할 경우 상대의 지위는 상대가 가진 것을 중심으로 평가되기 때문에 사람들은 시장에 내놓을 자신을 포장하는 데 자원을 쏟는다. 좋은 차를 몰고 다니거나, 좋은 옷을 입거나, 큰 아파트에서 살고 명품으로 치장하고 다니는 것 등 사람들이 일류라고 규정한 것들을 획득하기 위해서 많은 것을 투자한다.

어느 백화점에서 만 원짜리 가방이 팔리지 않아 재미삼아 수십만 원을 붙여놨더니 물건이 없어서 못 팔았다는 이야기가 있다. 우리 사회의 명품선호경향은 우리사회의 인간관계가 철저히 상품화 되었다는 것을 보여주며, 이와 같은 경향은 모조명품, 이른바 '짝퉁'에 대한 선호에서 드러난다. 동대문과 남대문 시장에서는 백화점에서 수십만 원을 주어야 살 수 있는 복제품이 진품의 반도 안 되는 가격에 날개 돋친 듯이 팔리고 있다. 사는 사람도 파는 사람도 별로 개의치 않는 한국사회의 모조명품 시장은 요지부동이다. 모조명품을 통해 자신을 치장하고 과시하고 싶어 하는 많은 사람들은 바로 소유를 통해서 자기를 확인하고 싶어하는 소유형 존재라 해야 할 것이다. 특히 학벌이나 부, 직업, 직책은 사람들의 소유 관계에서 자신을 과시하는데 중요한 매개체 역할을 수행한다.

에릭 프롬은 소유론적으로 인간관계가 규정되는 것을 비난한 것이라기보다는 우리가 필요이상으로 소유하고, 또 거의 모든 인간관계를 소유 자체로 판단하는 경향이 문제임을 지적한 것이다. 인류의 큰 스승들은 우리가 필요한 만큼만 소유하는 것을 넘어서서 더 많은 것을 소유하려는 집착 때문에 불행해진다는 점을 가르쳐 왔다고 프롬은 주장한다.

인간관계를 소유 중심으로 보는 사람들은 인간관계를 더 나은 무엇인가를 얻기 위해서 수단으로 사용하기 때문에 우리라는 사회적 자본을 축적할 수 없게 된다. 상대로부터 얻는 것이 없다면 그날로 관계도 끝인 것이다. 또한 소유론적 관계로 관계를 유지하는 사람들은 남을 통해서 무엇인가를 얻을 수 있는 측면도 중요시하지만 자기가 가진 것을 빼앗기지 않으려는 태도도 가지고 있기 때문에 좀처럼 '우리'라는 사회적 자본을 구축하지 못한다. 이들은 상대를 적대적으로 혹은 이해타산적으로 보는 경향이 있다. 소유론적 관계로 관계를 조망하는 사람들은 자신의 입장을 지키지 못할 때 자신을 잃어버리는 것으로 규정하기 때문에 자신의 입장만을 지나치게 강조하게 되어 '우리'라는 관계를 형성하지 못한다.

한편 인간관계를 존재론적으로 보는 진성리더들은 주어진 것에 만족하며 살기 때문에 가진 것에 지나친 욕심을 보이지 않는다. 또한 상대가 무엇을 가졌는지를 중심으로 상대와의 관계를 발전시키는 것이 아니라 가진 것 이면의 상대의 인격을 중심으로 관계를 규정한다. 가진 것에 집착하기보다는 관계를 통해서 자신의 재능과 타인의 재능을 생산적으로 사용하면서 새로운 것을 만들어내는데 보람을 느낀다.

소유에 집착하는 유사리더들은 다른 사람과의 관계를 통해서 무엇을 얻을 수 있는지를 중시하지만, 존재론적 관계에 몰입한 진성리더들은 다른 사람과의 관계가 삶에 의미를 더해주기 때문에 관계를 중시한다. 소유론적 관계에 대한 집착은 자신의 입장을 바꾸는 것을 손실로 여기지만 존재론적 관계에 몰입하는 사람들은 다른 사람들의 입장을 수용함으로써 더 큰 자아를 만들어 간다고 느낀다. 존재론적 관계에 몰입한 진성리더들은 관계를 통해서 자신을 표현하고 삶 자체에 보람을 느끼며 자신을 실현할 수 있다고 느낀다. 소유론적 관계로 관계를 판단하는 유사리더들은 과거에 만들어 놓은 업적이나 재산 중심으로 사람들을 판단하지만, 존재론적 관계에 몰입해 있는 사람들은 우리가 앞으로 어떤 의미 있는 일을 해낼 수 있는지의 가능성을 중심으로 사람을 판단한다. 존재론적으로 관계를 규정하는 진성리더들은 우리라는 큰 관계를 위해 상대가 나에게 해주기를 바라는 대로 상대에게도 해주는 반면 소유론적 관계로 접근하는 유사리더들은 자신의 입장에서만 모든 것을 정당화 시키고 상대의 입장에는 무지한 태도를 보인다.

한 마디로 프롬이 말하는 소유와 존재론적 관계는 우리 인간이 관계를 통해 세상을 이해하는 방식을 나타낸다. 소유론적 관계 양식은 끊임없이 무엇인가 소유하려 하고 그 소유물로 세계와 개인의 관계를 결정짓는다. 한 개인이 존재하는 것은 소유하기 때문이라고 생각한다. 반면 존재론적 관계의 양식은 한 인격에 내재한 참 실재와 다른 인격의 참 실재의 차이를 이해하여 둘에게 보다 의미 있는 '우리' 관계로 만들어 가는 것이 목적이다.[29]

가진 것에 의존하는 소유론적 인간관계는 폐쇄적이다. 새로운 발전을 위해 변화하는 것을 두려워하기 때문이다. 내가 소유하고 있는 것은 이미 내가 아는 것이며, 그 안에서 안정을 느끼며 살아간다. 소유론적 관계에 집착하는 사람들은 불확실한 것에 도전하는 행위나 무엇인가 새로운 것을 받아들일 때 위협을 느낀다. 새롭게 시도하는 일은 지금까지 가지고 있는 것을 잃어버릴 수 있다고 생각하기 때문에 과거와 질서를 중시한다. 이들은 설사 새로운 변화가 부정적인 영향을 끼치지 않더라도 새로운 것 없이 현재의 것만으로도 충분히 만족감을 느끼기 때문에 자유가 주어진들 그 자유를 누릴 수 있는 용기가 없다. 반면 존재론적 관계의 특징은 능동적이고 주체적으로 세상을 이해하고 확장하려 노력한다. 확장된 세상을 통해서 더 큰 의미의 세계를 찾을 수 있다는 자신감은 어떤 환경에서도 두려움을 극복하게 한다. 새로운 세상은 오히려 관계를 확장할 수 있는 좋은 기회라고 생각한다. 이들은 소유에 집착하지 않기 때문에 잃는 것을 두려워하지 않는다. 이처럼 존재론적 관계는 새로운 무엇을 탄생시킬 수 있는 우리라는 확장된 자아를 기반으로 한 능동적 변화를 중시한다.

사랑에 있어서도 소유론적 관계와 존재론적 관계는 극명하게 대비를 이룬다. 소유론적 관계로 사랑에 접근하는 사람들은 상대의 환심을 사기 위해 최대한 자신을 매력적으로 보이려고 노력한다. 하지만 그 사랑을 소유했을 때는 곧바로 스스로 잘 보이기 위해 아름다워져야 할 이유가 없게 된다. 상대를 소유했다고 생각하는 순간 상대를 지배하고 구속하려는 행위가 시작된다. 하지만 존재론적 사랑은 상대를 있는 그대로의 독립적인 인격체로 인정하고 사랑하는 행위이다. 상대가 약점을 가지고 있기 때문에 사랑이 식는 것이 아니라 약점 자체를 인정하고 상대를 전인적 인간으로 사랑하는 행위이다. 소유론적 사랑에는 '나'만이 홀로 남지만 존재론적 사랑에는 '우리'라는 관계적 자본이 형성된다.

    소유론적 관계로 인간관계를 접근하는 사람들은 권위적 위계관계로 조직을 관리하는 것에 편안함을 느끼는 반면, 존재론적 관계를 중시하는 사람들은 공동체 속에서 수평적으로 일하는 것을 중시한다. 프랑크푸르트 학파의 분석에 따르면 권위주의란 약자가 강자에게 자신을 종속시켜 강자가 휘두르는 파워의 힘을 대리 경험할 수 있다고 믿는다.[30] 나치의 권위주의는 정신적으로 콤플렉스에 빠져 있던 독일 민족이 집단적으로 히틀러의 파워에 자신을 종속시키는 과정에서 탄생되었다. 권위주의적 관계는 정신분석학적으로 매조키즘과 사디즘이 교묘하게 결합된 구조이다. 강자는 자신에게 몸을 맡긴 약자들에게 가학적으로 대하고, 약자들은 어느 순간 강자의 가학성에 중독되어 학대받는 일을 즐기는 매조키스트로 변화한다고 분석한다. 권위주의 성향은 조직 내에서 전파되어 약자는 자신보다 약한 사람들을 만나면 가학적으로 대하고 자신보다 강한 사람들을 만나면 비굴할 정도로 매조키스트로 변화하는 이중구조를 보인다는 점이다. 이와 같은 분위기는 '우리'라는 사회적 자본을 파괴시킨다. 이와 같은 권위에 기반을 둔 소유론적 관계는 지금 한국사회에서 큰 문제로 제기되고 있는 갑질의 기반이 된다.

존재론적 관계를 중시하는 진성리더들은 공동체 속에서의 수평적 동반 관계를 선호한다.[31] 하바마스의 소통 이론에 따르면 존재론적 관계에서는 공동의 목적달성을 위해서 모든 구성원들이 어떻게 협력할 수 있는지가 중시된다. 공동의 목적에 대해서 협력하고 결과에 대해서 공동의 책임의식을 느끼고 같이 몰입하는 한 모두가 우리이다. 조직의 목적달성을 매개로 서로가 협력하고 책임지는 사회적 자본이 형성되는 것이다. 물론 공동의 목적을 달성하는데 더 많이 공헌할 수 있는 사람들이 있을 것이나 공동체에서는 자격이 있는 누구에게나 기회가 주어진다. 구성원 모두는 자신의 고유한 전문성을 기반으로 독창적으로 기여할 것이 요구된다. 따라서 모든 사람들은 공동체의 목적을 위한 잠재적인 파트너이다. 스타벅스가 모든 직원들을 파트너라고 부르는 이유는 이 같은 공동체 문화를 육성하기 위한 노력의 한 예라고 할 수 있다. 명령하고, 집행하는 위계적인 권위구조에서는 지위가 높을수록 조직목적에 보다 몰입해 있다고 가정하지만, 공동체적 수평관계에서는 모든 사람들이 목표와 책임에 공동으로 몰입할 수 있다고 가정한다. 정도의 차이는 있을 수 있지만 각자 자신의 고유한 역할을 바탕으로 다른 구성원들과 함께 공동의 목적달성을 위해 협력하고 몰입한다면 모든 구성원들은 당연히 파트너라고 할 수 있을 것이다.

소유론적 관계에 경도되어 있는 유사리더들은 부하들에 관해 X이론적 관점을, 존재론적 관계를 중시하는 진성리더들은 Y이론적 관점을 취하는 경향이 있다.[32] X이론적 관점은 부하가 게으르고 일하기를 싫어한다고 규정한다. 따라서 일을 시키기 위해서는 끊임없이 감시해야 하며 상벌을 도입해야 한다. 사람들은 책임지는 것을 싫어하지만 돈 때문에 마지못해 일하게 된다고 생각한다. X이론을 추구하는 리더들은 상대를 잘 감시하기 위해서 위계적인 권위구조를 통해 밀착 감시할 수 있는 시스템을 만든다. 반면 존재론적 Y이론으로 무장한 진성리더들은 상대를 자기와 비슷한 욕구를 가진 인격체로 규정한다. 이 인격체는 끊임없이 자기를 동기화시켜 자기성장을 추구한다. 사람들은 뛰어난 창의적 잠재력을 가지고 있으나 조직이 이 능력을 충분히 이용하지 못한다고 본다. 가끔 자기성장을 추구하는 욕구가 좌절되는 것은 상황적 요인 때문이다. 결국 상황을 개선할 수 있다면 사람들은 자신의 성장을 구가하고 자기실현을 위해서 노력한다. Y이론으로 무장한 진성리더들은 구성원들에게 일을 믿고 맡기는 경향이 있다. 또한 조직도 신뢰의 분위기를 극대화시키기 위해서 최대한의 노력을 경주해야 한다고 생각한다. 소통도 수평적 방식을 선호하고 의사결정도 공동의 방식을 선호한다. 그래서 구성원들이 가진 잠재능력을 최대한으로 발휘할 수 있도록 여건을 마련해주어야 한다고 생각한다.

    존재론적으로 상대를 대우한다는 것은 상대도 자신의 정신모형의 감옥에 갇혀 있고 나 자신도 갇혀 있고, 상대의 정신모형과 내 정신모형 간에는 엄연한 차이가 있다는 점을 인정하는 것이다.[33] 상대가 다수일 경우 차이가 있음을 인정하는 것은 다양성을 인정하고 존중하는 것이 된다. 진성리더는 상대와의 차이를 인정하고 이 차이를 통합해서 더 큰 목적을 성취하는 사람이다. 정신모형의 차이를 인정하지 않을 때 다른 사람들은 나와 똑같은 사람이 될 것을 강요받게 된다. 차이에도 불구하고 자신과 똑같은 사람이 될 것을 요구받는다는 것은 갈등의 시발점이 된다. 하지만 차이가 있다는 사실을 인정하는 것만으로도 둘 간의 갈등은 상당부분 해소된다. 이뿐만 아니라 차이가 있다는 사실과 상대를 독립적인 인격체로 바라보는 노력은 자연스럽게 보다 더 나은 '우리'라는 관계를 위해서 이 차이를 이용하려는 노력으로 이어진다. 진성리더는 '우리관계'의 복원을 위해 자신이 대접받고 싶은 대로 다른 사람을 대접한다. 자신이 정신적 감옥에 갇혀서 살고 있다는 사실을 인정하지 못한다면 우리는 다른 사람과의 차이를 이해하지 못할 뿐만 아니라 끊임없이 다른 사람을 자신의 정신적 감옥 안으로 끌어 들이려 한다. 그리고 상대가 이에 동조하지 않을 경우 상대를 비난하고 공격하면서 '우리'라는 관계를 자연스럽게 파괴한다.

    진성리더들이 사명을 구현하기 위해서 사회적 자본을 성공적으로 동원하는 비결은 차이와 다양성에 대한 존중에서 시작된다. 이 차이와 다양성을 '우리'라는 관계 속으로 끌어들이고, 공동의 사명을 기반으로 새로운 세계를 만들어 나간다. 이 모든 것이 결국 관계를 존재론적으로 접근할 때 생기는 관계적 투명성 때문이다. 투명한 관계는 관계 자체를 의미가 있고 가치가 있게 만들어 사명과 더불어 더 큰 우리를 만들어 나가는 기반이 된다.

리더십 이야기

추심회사에서도 관계적 투명성을 실천할 수 있을까?

Christina Harbridge가 Harbridgeport Financial이라는 수금대행회사를 직접 설립한 계기는 대학교 1학년 때 미수금을 독촉하는 한 회사에 아르바이트 생으로 일한 경험 때문이다. 누구나 예상할 수 있듯이 추심회사에서 일하는 동료직원들이 추심을 할 때는 먹잇감을 쫓는 사냥개와 같았다. 설정된 추심목표를 달성하기 위해 거친 말을 서슴없이 내뱉어가며 무례하게 빚쟁이들을 몰아세웠다. 거의 매일 협박조로 빚쟁이들을 괴롭혔다. 시간이 지나자 크리스티나도 동료직원들과 똑같이 행동하고 있는 것을 발견하고 깜짝 놀랐다.

시간이 지난 어느 날 크리스티나는 더 놀라운 사실을 깨달았다. 동료직원들과 같이 점심을 먹게 되었는데 이들이 직장에서 빚쟁이들을 괴롭히던 사람이라고는 도무지 상상할 수 없을 정도로 모두 생각보다 친절하고 상냥한 사람들이라는 점이었다. 동료들은 서로의 개인적 문제에 대해서 성심성의껏 귀를 기울여 가며 도와주고 주말에는 빠지지 않고 봉사활동에 참여하기까지 했다.

자신조차도 급격하게 변해가고 있다는 사실에 충격을 받은 어느 날 크리스티나는 다른 개념의 추심회사를 자신이 직접 설립해서 운영해 보기로 작정을 했다. 그래서 설립한 회사가 1993년 설립한 하브릿지포트 파이낸셜이라는 회사이다. 이 회사는 다른 추심회사처럼 사냥개처럼 먹잇감을 쫓기보다는 상대를 인간으로 존중해 줌으로써 더 성공적으로 수금을 할 수 있다는 사명을 세웠다. 인간관계를 존중해주면 사람들은 진 빚에 대해서 더 심각하게 생각하고 될 수 있으면 빨리 빚을 갚으려고 노력한다는 믿음 때문이었다.

이런 사명에 따라 빚을 진 사람에 대한 개념도 다시 정립했다. 따지고 보면 우리 모두는 빚쟁이라는 것이다. 왜냐하면 살아가면서 우리 모두는 필연적으로 누군가에게 빚을 지게 마련이고 다만 이 진 빚을 시급하게 갚아야 할 처지에 있는지 아닌지의 문제에 있어서 차이가 있을 뿐이라는 것이다. 이런 개념에 따라서 회사는 업무의 가이드라인을 새롭게 설정했다. 먼저 채무자를 몰아세우기보다는 채무자의 상황을 정확하게 이해하기 위해서 상대의 처지를 들어주는데 충분히 시간을 보내라는 것이다. 채무자가 빚을 갚을 방법이 있는지 그럴 마음이 있는지 단지 어쩔 수 없는 이유가 있어서 변제를 못하는지 등등의 상대의 진실을 먼저 이해할 것을 주문했다. 이런 업무의 가이드라인에 따라 보너스는 수금한 금액을 기준으로 하는 것이 아니라 고객으로부터 얼마나 많은 감사편지를 받았는가에 따라 정했다. 그리고 직원을 채용할 때도 이와 같은 신념을 공유하는 직원을 채용했다.

결론적으로 하브릿지포트 파이낸셜의 수금성과는 업계 평균의 3배가 넘는다. 이뿐 아니라 한번 이 회사하고 거래를 튼 고객은 평생고객으로 남는다. 이 회사의 홈페이지에 보면 "인간관계가 진짜 돈이다"라는 문구가 나온다. 이 문구는 고객을 현혹시키기 위해서 광고용으로 달아놓은 것이 아니라 회사의 사명과 회사가 경영하는 방식을 반영한 문구이다.

진성리더를 위한 학습 포인트

- 정신모형 I은 모든 사람들이 가지고 있지만 정신모형 II는 진성리더들만 가지고 있다.
- 정신모형 II는 사명, 비전, 가치의 안경을 통해 찾아낸, 세상에 대한 새로운 통찰력이다.
- 자아인식은 목적, 사명, 가치, 비전, 정체성을 통해 정신모형 II를 찾는 작업이다
- 자기규율은 정신모형 II를 가정의 상태에서 믿음의 플랫폼으로 전환시키는 작업이다.
- 진성리더의 명철한 정보처리와 의사결정은 업데이트가 잘 되어 있는 정신모형 I과 극성을 잃지 않은 정신모형 II의 작용이다.
- 관계적 투명성이 무너지는 순간 부하들에 대한 리더의 갑질이 시작된다.

제6장

진성리더십의 심화원리

> 리더는 비전을 현실로 만드는 사람이다.
> – Warren Bennis

5장에서는 진성리더십의 핵심원리를 구성하고 있는 정신모형과 정신모형을 가정의 상태에서 믿음의 플랫폼으로 만들어주는 4가지 기제인, 자아인식, 자기규율, 정보처리, 관계적 투명성에 대해서 살펴보았다. 본 장에서는 진성리더십을 완성하는데 요구되는 또 다른 핵심적 원리들에 대해서 탐구한다. 우선 진성리더십에서 가장 중요한 것은 본질과 그 본질을 구현하기 위한 수단과의 커플링과 정신모형 II와 정신모형 I간의 커플링이 가장 중요하다. 이 정렬 및 커플링을 도와주는 학습의 원리가 이원 및 삼원 학습의 원리이다. 정신모형의 발전소를 돌리는데 필요한 휘발유와 윤활유인 도덕적 감정과 긍정심리자본에 대한 이해도 필요하다. 진성리더십은 품성을 완성함으로써 완성된다. 품성을 통해 발휘하는 진성리더의 선한 영향력이 임재이다.

정렬과 커플링

> 진정성은 머리, 입, 마음, 발 즉, 생각, 말, 느낌, 행동을 정렬시켜
> 일을 일관성을 유지하는 것이다.
> 일관성은 신뢰를 낳고 따라서 진정성은 신뢰의 기반이 된다.
> – Lance Secretan

진성리더십에서 가장 중심축을 이루고 있는 것은 자신과 구성원들의 마음을 따뜻하게 만들어 줄 수 있는 진정성 있는 사명이다. 최종적 목적지로서 사명이 설정되어 있을 때 이에 도달하기 위한 중간 기착지로서의 비전이 설정될 수 있다. 가치는 비전을 통해서 사명에 이르는 길에 생길 수 있는 수많은 의사결정이 엉뚱한 방향으로 탈선하지 않도록 도와주는 선로의 역할을 수행한다. 비전을 달성하기 위한 여러 가지 대안으로 전략이 설정되고 전략을 달성하기 위한 과제가 설정이 될 수 있다. 진성리더의 사명이 달성되는지의 정도는 사명–비전–전략–과제에 이르는 과정들이 얼마나 제대로 정렬되어 있는지에 따라서 달라진다. 진정성 있는 사명이 제대로 정립되어 있지 못할 경우 진성리더의 전략적 의도는 흩어지게 마련이고 이들 간의 정렬은 끊어지게 마련이다.[1]

진성리더가 발휘하는 정렬의 힘은 레이저 빔에 비유될 수 있다. 일반 빛은 사물에 무작위로 흩어져서 사물의 형체를 알아보는데 도움을 준다. 빛이 없다면 사물의 형체는 그 실체를 드러낼 수 없다. 하지만 우리는 삶에서 이 빛의 존재를 전혀 느끼지 못한다. 레이저 빛은 다른 빛이다. 레이저 빛은 무작위로 흩어져 있는 빛을 모아서 한 방향으로 정렬시킨 빛이다. 개개인 입자는 전혀 힘을 발휘할 수 없어도 이것들이 정렬되면 쇠도 뚫을 수 있는 엄청난 힘을 발휘한다. 진정성 있는 사명은 이 빛들을

한 방향으로 정렬시키는 원천이다. 일찍이 니체도 삶의 목적과 사명은 세상의 어떤 고통과 고난도 이겨낼 수 있는 힘의 원천이라고 규정했다. 또한 사람들이 이 목적을 잃어버리는 순간 엉뚱한 일에 몰입하기 시작한다고 예언했다. 진성리더가 다른 리더에 비해서 성공적으로 세상을 바꿀 수 있는 이유는 이 사명과 목적에 대한 진정성과 이에 대한 굳건한 믿음 때문이다. 진성리더는 이 사명에 대한 믿음을 근거로 다른 모든 것들을 전략적으로 정렬시키는데 탁월한 능력을 발휘한다.

사명에 대한 믿음을 잃어버렸을 때 사람들이나 회사는 복권당첨자의 운명에서 벗어나지 못한다. 복권에 당첨된 사람들의 생활을 추적해 이들이 복권 당첨 전의 생활과 복권 당첨 후의 생활을 비교해보면 대부분은 복권 당첨 후의 생활이 복권 당첨 전의 생활보다 더 불행하다는 고백을 많이 한다. 복권은 사람이 누릴 수 있는 최고의 대박 사건이다. 이런 대박이 오히려 사람들을 불행하게 만들 수 있다는 것에 대해서 이해하기 힘들 수 있으나 가장 큰 문제는 이 대박으로 인해 인생의 목적지에 도달했다는 착각에 빠지게 만든다는 점이다. 인생의 종착역에 도착했다고 믿고 있는 사람들은 삶의 개선을 위해서 어렵게 공부를 더 해야 할 이유도 없고 자제력을 발휘할 이유도 없다. 자신이 지금까지 못 누렸던 현재의 향락에 몰입하게 된다. 돈이라는 것은 쓰기 나름이고 아무리 많은 돈도 흥청망청 쓸 경우 탕진하는 것은 시간문제다. 돈을 다 탕진한 순간에도 이들은 자신들은 운이 억세게 좋은 사람이어서 자신에게 똑같은 행운이 계속 찾아올 것이라는 믿음에 빠져서 다시 복권을 사지만 똑같은 행운이 다시 찾아올 리가 없다. 목적지가 정해져 있지 않은 서 있는 기차는 존재 이유를 상실한 기차이다.

큰 비전을 운 좋게 달성해서 이것을 목적지에 도달한 것으로 착각하는 경우는 회사의 경우에도 마찬가지이다. 이들이 비전을 달성한 경험은 세상의 어떤 것이든지 마음만 먹으면 다 달성할 것이라는 과대망상증에 휩싸이게 한다. 자신들이 이처럼 큰 성공을 가져오게 된 이유가 복권당첨처럼 운 때문일지도 모름에도 이들은 이런 상황을 인정하려 하지 않는다. 자신만의 성공 노하우가 자신 삶의 표준이라고 굳게 믿고 지금까지 성공했던 방식의 경영에 집착하지만 이들의 큰 대박 자체는 역설적으로 이들이 경영하는 환경 자체를 바꾸어 놓는 것이어서 기존의 방식은 점점 더 작동되지 않는다. 옛날 방식의 대박이 더 이상 작동하지 않을 때 이들이 택하는 전략은 더 크게 잘못된 길로 올인 하는 것이다. 이 같은 방식으로 한번 대박을 친 회사들이 사명을 잃는 순간 조직은 큰 것, 더 많은 것을 위대한 것으로 착각해가며 결국은 선로를 탈선한다. 이들이 추구하는 대박은 윤리적 범위와 비윤리적 범위의 경계를 넘나들며 집행된다. 이유는 지금 당장 생존을 위해서는 윤리적인 방식만으로는 불가능하다는 것이다. 이들은 사명을 추구하기 위한 윤리적 의사결정에 몰입하는 것은 다시 경기가 좋을 때 언제든지 다시 시도할 수 있다고 설파한다.

리더가 진정성 있는 사명을 가지고 살기 시작할 때 정신모형 II가 작동되기 시작한다. 하지만 정신모형 II에 장착된 사명은 아직 검증되지 않은 단순한 가정이기 때문에 기존의 살았던 방식을 가이드해주는 정신모형 I이 가진 가정들[2]과 충돌할 경우 정신모형 I의 논리와 방식을 이기지 못한다. 정신모형 I에 장착된 가정들은 이미 다 검증이 끝나서 믿음으로 전환된 가정이기 때문이다. 다른 사람에게 설명할 때는 정신모형 II에 따라서 설명하지만 실제 자신이 세상을 사는 방식은 옛날의 방식인 정신모형 I을 따른다. 회사의 홈페이지에는 회사의 사명과 비전이 멋지게 설명되어 있지만 실제 회사가 돌아가는 방식은 이와는 전혀 다른 방식인 정신모형

I에 따른 것이다. 이처럼 정신모형 II와 정신모형 I이 서로 겉도는 현상이 디커플링 현상이다. 디커플링이 지속될수록 정신모형 II에 담겨 있는 사명은 죽어 있는 조화이다.

새롭게 도입한 사명에 대한 몰입과 기존에 살았던 방식에 대한 몰입이 충돌해 디커플링이 일어나는 현상이 이중몰입(Competing Commitment)이다.[3] 사명이 장착된 정신모형 II와 지금까지 생존했던 검증된 방식인 정신모형 I이 충돌하여 경쟁할 때 정신모형 I은 이미 검증과정을 거쳐 믿음으로 전환된 것이기 때문에 항상 정신모형 II를 이기게 된다. 회사에서 사명에 따라서 도입한 대부분의 변화 프로그램들이 제대로 정착되지 못하고 폐기처분되는 것은 이들이 정신모형 I의 가정들을 이겨내지 못했기 때문이다.

진정성 있는 조직에서 가장 경계해야 할 대상은 조직이 공들여 만들어 놓은 비전이나 사명이 이중몰입을 이겨내지 못하고 디커플링 되어서 플라스틱 비전이나 사명으로 변질되는 경우이다. 대표적인 시나리오는 다음과 같다. 많은 조직에서 열정적으로 미래의 성장을 도모하기 위해서 기존의 비즈니스 방식을 탈피하고 정신모형 II의 틀을 세우게 된다. 새로운 정신모형의 일환으로 비전과 사명 선언문을 작성하여 전사적으로 선포한다. 그러나 이와 같은 새로운 비전은 경기가 좋을 때는 지켜지는 듯 보이다가 경기가 후퇴를 할 경우 슬그머니 폐기처분 된다. 어려운 시기에 정신모형 II를 검증할 수 있는 기회를 잃고, 경기가 부활되었을 때 경영진이 다시 이를 강조해봤자 이미 구성원들의 마음 속에는 플라스틱 정신모형으로 디커플링 되어 있다. 이처럼 사명과 비전의 디커플링을 경험한 조직은 다음 기회에 더 강력한 사명과 비전을 만들시만 구성원의 마음 속에 영원히 새로운 정신모형으로 자리잡지 못한다. 개인의 삶도 마찬가지이다. 우리가 항상 변화를 성공시키지 못하고, 항상 옛날에서 벗어나지 못한 삶에 집착하는 이유도 정신모형 II의 사명에 대한 가정을 어려운 상황 속에서 검증해서 믿음으로 전환시키지 못하고 있기 때문이다. 사명이 믿음으로 바꿔진 경우에만 다른 삶을 이 사명에 정렬시키고 사명을 중심으로 통합을 일구어 낼 수 있다.

리더십 이야기

황금선(Golden Thread)

구현된 시스템이 조직의 정신모형 II의 미션, 비전, 가치에 가장 단순하고 가깝게 연결되어 있어서 이를 구현하는 데 도움을 주고 있다면 건강한 시스템으로 역할을 다하고 있는 것이다. 조직의 이념적 정신모형인 미션, 비전, 가치의 구현과는 별개의 시스템을 구축한 경우 이 시스템은 조직의 정신모형 II를 플라스틱 정신모형으로 전락시키는 기능을 하고 궁극적으로 시스템 자체는 관공서로 변한다. 관공서는 기득권이라는 기생충이 살기에 가장 적합한 온도를 제공해서 조직을 괴멸시키게 된다.

이처럼 시스템과 조직의 정신모형 II가 명료하게 연결되어 있어서 시스템에 구현된 사항들이 정신모형 II에 의해서 명확히 설명되는 연결선을 가지고 있을 때 이 선을 황금선이라고 한다. 황금선은 광맥과 같아서 이 광맥을 역으로 추적해 가면 황금이 무한대로 묻혀 있는 노다지광인 조직의 이념적 정신모형(미션, 비전, 가치)을 만나게 된다.

구성원이 하고 있는 과제와 이 과제를 평가하는 기준, 이것에 투입된 인적자원 이 모든 것들이 조직의 사명, 비전, 가치를 구현하는데 이견이 없을 정도로 명료하게 가치충격을 주고 있다면 이것들과 조직의 정신모형 II 사이에 보이지 않는 황금선을 가지고 있는 것이라고 볼 수 있다.

이 정렬은 리더들에게 통찰력의 기반이 된다. 통찰력이란 코끼리의 일부분을 통해서 코끼리의 모습을 추측할 수밖에 없는 장님들에게 코끼리 전체의 모습을 보여주는 것과 같다. 이런 통찰력은 사물의 본질을 꿰뚫어볼 수 있는 안목을 선사한다. 사람들이 사물을 바라볼 때는 주로 앞면만을 보지만 통찰력이 있는 사람들에게는 사물의 뒤통수의 본질까지 볼 수 있는 안목이 생긴다. 주로 연기하는 겉모습뿐 아니라 연기하는 모습 속에 숨어 있는 모습을 볼 수 있는 혜안이 있기 때문이다. 이러한 통찰력은 진성리더가 사명의 눈을 획득하고 이것을 중심으로 모든 것들이 연결되어 있다는 정렬을 깨닫는 순간 체험하는 기적이다.

황금선을 잃어버리는 순간 조직의 모든 과업이나 규칙이나 평가 보상 등등이 관공서에서 볼 수 있는 관료제로 전락하기 시작한다. 또한 조직의 미션, 비전, 가치는 홈페이지에서만 존재하는 죽어 있는 플라스틱 정신모형이 된다.

학습원리

사명의 종소리에 따라 성장한 미래의 모습과 현재의 모습간의 차이를 성찰해내고 이를 채우는 과정이 진성리더들의 학습과정이다. 진정성 있는 조직의 조직학습도 마찬가지이다. 초보적 조직학습은 새로운 지식을 공유함으로써 조직의 효과성을 높이는 것이지만 보다 고차원적인 학습은 지금의 좋은 조직을 넘어서 많은 사람들이 존경하는 조직으로 성장한 모습을 담은 조직의 정신모형을 작성하고 이 둘 간의 차이를 줄이는 과정을 학습으로 규정한다. 진성리더의 학습은 파울로 코엘료의 연금술사에서처럼 삶의 근원적 원리를 배우기 위해 여행을 떠난 산티아고의 여행과 닮았다. 산티아고는 연금술사의 꿈을 안고 허접한 광물을 금으로 정련해 내려는 세속적 욕망과 그런 과정에서 인생의 황금을 만들어가는 신성한 욕망간의 창조적 긴장 속에서 여행을 계속한다. 여기서 연금술을 통해 제련해낸 것이 바로 진성리더의 품성이다. 자신만의 연금술을 터득하기까지 조직이나 사람들은 학습을 지속한다. 학습을 멈추고 현실에 안주해 살아가는 순간 진성리더로서의 삶은 유사리더의 삶으로 쇠락한다.[4]

이원학습

이원학습(Double-Loop Learning)은 정신모형 I이 가지고 있는 가정들의 문제점을 고쳐나가는 학습이다. 정신모형 I 속에 들어 있는 가정들은 처음부터 불확실성을 해소하기 위해서 주먹구구 방식으로 검증된 가정들이다. 또한 가정과 가정 사이의 관계도 논리적인 것과는 거리가 멀다. 그리고 오래전에 만들어져서 새롭게 변화한 세상과는 맞아 떨어지지 않는다. 따라서 이 가정들을 기반으로 세상을 해석하고 이 해석에 근거해서 행동을 할 경우 그 행동은 예측과는 맞아 떨어지지 않을 개연성이 높

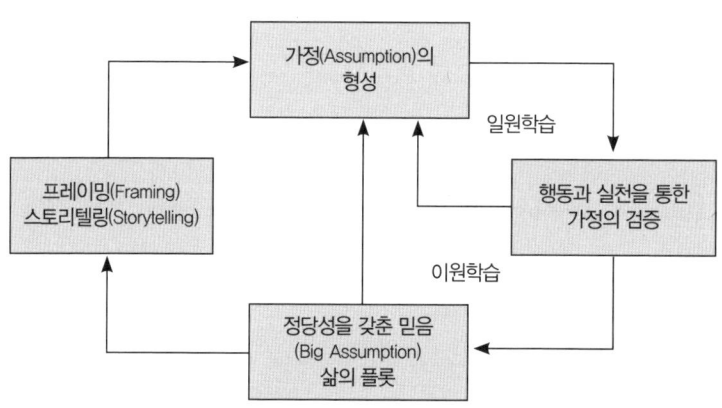

정신모형이 형성되는 과정

다. 이것이 실수이다. 실수는 정신모형 I의 가정이 세상을 예측하지 못할 때 나타나는 현상이다. 대부분의 사람들은 자신의 정신모형을 지키기 위해서 실수를 감추거나 인정하지 않거나 변명을 늘어놓지만 진성리더는 이 실수를 인정하고 이 실수의 원인이 되고 있는 가정을 찾아서 고쳐나간다. 진성리더는 유사리더와 달리 자신이 한 실수에 대해서 허심탄회하게 먼저 자복하는 사람이다. 이 자복을 근거로 다음에는 그와 같은 실수를 하지 않도록 자신이 세상에 대해 가졌던 가정을 고쳐나가는 사람이다. 진성리더는 주변의 구성원들을 자신의 실수를 비춰주는 거울로 잘 이용하는 사람이다. 구성원의 피드백을 어느 누구보다 허심탄회하게 잘 받아들여 이를 기반으로 학습한다. 진성리더가 가진 정신모형 I은 한 목표지점에서 다음 목표지점까지 가장 효율적으로 갈 수 있는 길을 알려주는 내비게이션에 비유해볼 수 있다. 진성리더의 내비게이션은 이원학습을 통해서 항상 최신 상태로 업데이트가 되어 있다.

삼원학습

일원학습이나 이원학습과는 달리 삼원학습(Triple-Loop Learning)은 저자가 창안한 진성리더들의 학습 원리이다. 이원학습이 내비게이션에 해당되는 정신모형 I을 상황에 맞추어 끊임없이 업데이트하는 학습이라면 삼원학습은 영혼의 종소리인 사명에 귀를 기울여 사명의 목소리에 따라 더 의미 있는 삶을 살 수 있도록 정신모형 II를 만들고 이것을 기반으로 정신모형 I과의 간극을 줄여나가는 더 고차원의 학습이다. 삼원학습이 가능하기 위해서는 정신모형 II의 구성요소들인 사명, 비전, 가치, 정체성 등이 믿음으로 형성되어 있어야 한다. 믿음으로 형성된 정신모형 II는 극성이 뚜렷한 나침반의 역할을 수행한다.

정신모형 II는 현재와의 연장선상에서는 구성될 수 없고 현재와 질적으로 다른 미래의 삶에 대한 플롯을 구성할 때에만 생성된다. 초기의 정신모형 II를 구성하는 이론들은 아직 검증이 완료되지 않은 상태여서 여기의 이론들은 선언적 주장(Espoused Theory)으로 끝날 가능성이 있다. 하지만 정신모형 II의 사명이 나름의 검증과정을 통해 믿음으로 발전될 경우 정신모형 I에 대항하는 학습의 메커니즘을 구성한다. 암묵적 지도인 정신모형 I은 평상시에는 절대로 모습을 드러내지 않고 있다가 명시적 지도인 정신모형 II가 만들어져 이것을 기반으로 성찰할 수 있을 때 비로소 그 실체를 드러낸다. 정신모형 I이 지배하는 삶에서 벗어나기 위해서는 정신모형 II가 필수불가결한 이유이다.

진성리더들은 삼원학습의 대가들이라고 할 수 있다. 간디는 열차에서 내던져지는 수모를 당하는 순간, 지금까지의 허구적이었던 정신모형 I을 버리고 잠자던 영혼을 깨우는 종소리를 듣게 된다. 간디는 영혼의 종소리를 듣는 순간 사명에 기반을 둔 리더로서의 삶을 가이드 해 줄 정신모형 II를 마련했다. 정신모형 I을 벗어나 정신모형 II의 존재를 깨닫게 하는 사건이 바로 각성적 체험이다. 링컨은 노예들이 인간 이하의 취급을 받고 고통을 받는 것을 목격한 각성적 체험을 통해 정신모형 I에서 벗어나 이들을 구원해줄 리더로서의 삶을 선택하고 새로운 정신모형 II를 발전시켜나갔다. 남아공의 흑인족장의 아들로 태어나 편한 인생을 살 수 있었던 넬슨 만델라는 백인의 안전과 기독교 문명을 보장하겠다는 아파르트헤이트가 흑인에 대한 압살로 변질되는 것을 목격하는 각성적 체험으로 한 순간 잠자고 있던 영혼을 깨우는 종소리를 듣게 된다. 압제에 대항해 흑인들을 구원하는 남아공 최초의 대통령이라는 정신모형 II의 스토리를 마련하고 투쟁에 나섰다. 스타벅스의 슐츠는 의료보험도 없이 한

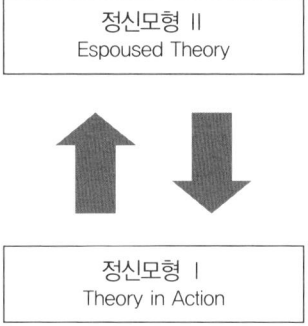

삼원학습의 학습원리

평생 가족을 부양하기 위해 비참하게 살았던 아버지의 죽음을 목격하는 순간 영혼을 깨우는 종소리를 듣게 된다. 이후 아버지와 같은 처지의 사람들이 마음 편하게 일할 수 있는 회사를 설립해 이 회사의 CEO가 되는 것을 자신의 정신모형 II의 스토리로 설정했다.

이들이 이와 같은 정신모형을 설정하고 이것을 기반으로 현재의 삶을 가이드해 주는 정신모형 I과의 차이를 찾아낸다. 이 차이를 자신만의 학습 프로젝트로 수행해서 자신의 정신모형 II가 구현하는 세상으로 정신모형 I을 끌어 올렸다. 정신모형 II와 정신모형 I의 차이를 자신만의 프로젝트로 극복하는 학습이 삼원학습이다.

진성리더가 학습하는 원리는 이원학습과 삼원학습이다. 이원학습이 잘못된 결과에 대한 피드백을 통해서 지금까지 살아왔던 방식을 인도해 주는 지도인 현재의 정신모형 I에 내재된 원리를 고쳐나가는 방식의 귀납적 학습이라면 삼원학습은 먼저 미래의 살아갈 모습을 담은 새로운 정신모형 II를 설정하고 정신모형 I과의 차이를 줄여나가는 프로젝트를 진행하는 방식의 연역적 학습법이다. 이원학습이 기존의 정신모형 I에 담겨있는 삶에 관한 가정들과 원리를 보완하여 수정하는 학습이라면 삼원학습은 정신모형 자체를 새로운 정신모형으로 변혁하는 근원적 학습의 원리이다. 이원학습이 불완전한 현재의 정신모형에서 파생된 실수를 통해 조금씩 개선해가는 점진적 학습이라면 삼원학습은 현재의 지도에서 벗어나 미래에 대한 새로운 지도를 기반으로 변혁적 스토리를 형성했을 때 가능한 학습이다. 삼원학습은 지금 사는 방식대로 열심히 산다고 해서 이루어지는 것이 아니라 의식적으로 새로운 미래의 삶을 이끌어줄 새 정신모형에 대한 선택이 전제되어야만 가능하다.

리더십 이야기

사람을 위한, 사람에 의한, 사람 중심의 인본기업, 범우연합
회사를 세우기 전에 사명을 먼저 세우다.

범우연합은 압연유, 절삭유, 방청유, 코일코팅제 등 산업용 특수윤활유와 소비재인 친환경 과일·채소 세정제를 만드는 중견그룹이다. 그룹 안에 국내 법인 5개와 중국, 베트남, 미국, 유럽 등 해외 법인 8개 등 총 13개 법인을 두고 있다. 1973년 5월 서울 충무로에서 범우화학이란 이름으로 출발해 40년 만에 매출 3,500억 원, 종업원 7백여 명의 중견그룹이 됐다.

범우연합의 김명원 회장은 회사를 통해 무엇을 만들까를 고민하기 전에 어떤 회사를 만들까를 먼저 고민하였다. 회사를 설립하기 전에 사명을 먼저 정했다.[5] 삼원학습 원리를 실천한 것이다. 이런 계기가 바로 진성리더 유일한 박사와의 만남을 통해 만들어졌다. 1950년대 후반 까까머리 고교생이 서울공고 재학

생 대표로 유한양행을 배우기 위해 유한양행의 창업자 유일한 박사를 찾은 것이다. 그 학생은 "기업이 무엇인지, 경영이란 어떤 것인지"를 물었고 유 박사는 친절하게 자신의 가치관과 기업관을 설명했다. 그러면서 "자네는 훌륭한 기업인이 될 자질이 있으니 나중에 사업으로 보국을 하라"고 격려했다. 그 고등학생이 바로 김명원 회장이다. 이 말 한마디가 그의 인생 항로를 결정한 각성사건이 되었다. 그는 유 박사를 평생의 사표로 삼았다. 사람이 중요하다는 '인본', 공을 세워 사회에 보답한다는 '공헌'이라는 사훈도 이렇게 만들어졌다. 김 회장의 40년이 넘은 빛바랜 공책에는 1973년 5월 7일 창업하면서 직원들에게 얘기한 '우리 범우화학은 유일한 선생의 기업정신을 본받아 인간을 위한, 인간에 의한, 인간의 기업으로 만든다'는 내용이 펜글씨로 적혀 있다.

사람을 위한, 사람에 의한, 사람 중심의 인본기업이라는 사명은 이 회사의 삼원학습의 기반이 되었다. 인본기업이라는 사명을 구현하기 위해서 실제로 지난 40년 동안 단 한 번의 구조조정도 없었고, 노사분규도 없었다. 회장과 직원 간에 사명에 대한 믿음을 공유한 결과다. 또한 직원이 잘못을 해도 학습하는 기회로 삼도록 하고 정년을 보장해왔다. 또한 건강만 허락하면 60세가 넘어서도 일할 수 있도록 격려했다. 돈 문제를 떠나서 사람은 일을 통해서 삶의 의미를 확인한다는 김명원 회장의 믿음 때문이다. 김명원 회장은 인재를 데려오는 게 아니라 평범한 사람을 뽑아 인재로 키우는 전략을 고수했다. 자회사의 사장들은 다 범우연합의 직원 출신이다.

기술적 역량에 대한 학습은 수도 없는 실험과 실패를 기반으로 한 이원학습을 고수했다. 연구개발의 중요성을 절감하고 창업한 지 불과 2년 뒤 사내에 연구소부터 만들었다. 지금도 석·박사급 인재 17명을 포함해 전체 인원의 약 10%인 70명을 연구개발 부서에 배치했다. 연구소에서 실제 개발한 기술은 100건이 훨씬 넘고 현재 생산하고 있는 제품은 1,500여 종에 이른다. 이들 중 압연유, 절삭유, 방청유 등 몇 개 제품은 세계 3대 메이커 수준의 경쟁력을 갖고 있다.

범우연합은 기술과 인본이 교차하는 지점에서 만들어진 대표적인 진성기업이다. 인본기업이라는 기업의 사명에 대한 믿음도 뛰어나고 이 사명에 기반을 두고 구현한 기술력도 뛰어나기 때문이다. 범우연합은 70 중반의 고령인 회장에서부터 겸손함을 잃지 않고 끊임없이 공부하는 회사이다. 인본기업의 사명을 구현하기 위해서 공부하고 기술력을 확보하기 위해서 불철주야로 실험한다. 범우연합이 지금과 같은 불황에도 매년 20% 이상 성장하는 것의 비밀은 바로 인본기업을 완성하기 위한 진정성 있는 노력과 이것을 기술적 역량과 정렬시킨 김명원 회장의 진성리더로서의 통찰력 때문이다.

한편 일원학습이란 있는 가정이 잘못되었을 경우 가정을 바꾸기보다는 현재의 가정을 유지시켜주는 방향으로 전략이나 전술을 수정하거나 개선하는 학습이다. 방안의 온도가 40도로 올라가면 자동으로 에어컨이 켜지고 20도로 떨어지면 자동으로 꺼지도록 설정해 놓았다고 가정할 경우 40도로 올라가면 에어컨이 켜지고 20도 이하로 떨어지면 에어컨이 꺼지도록 학습하는 것은 일원학습이다. 학생이 성적이 안 오를 경우 자신의 공부에 대한 태도나 습관을 고쳐보기보다는 학원을 옮겨보든지 교재를 바꿔보는 방식을 택한다면 일원학습을 하는 것이다. 시험에서 틀리지 않는 최고의 효율적인 전략을 찾아서 배우고 있다면 이것은 일원학습이다. 우리나라 학교에서 일어나고 있는 학습은, 심지어는 대학에서의 교육에서도 일원학습의 범위를 벗어나지 못하고 있다. 우리나라의 교육은 성숙한 전인으로서의 리더를 길러내는 교육이라기보다는 답안이 정해져 있는 시험을 잘 볼 수 있는 인지적 기술자를 길러내는 교육이다.

리더십 이야기

청춘
- 사무엘 울만

청춘이란 인생의 한 때가 아니라 마음의 상태이다.
청춘은 불그레한 양 볼, 붉은 입술과 유연한 무릎이 아니라
의지와 상상력의 질과 감수성의 왕성함으로 드러난다.
청춘은 인생의 깊은 샘에서 오는 신선함이다.
젊다는 것은 아직도 우리에게 현실에 안주하지 않고
모험심에 대한 두려움을 극복하려는 용기가 우세함을 의미한다.
이것은 종종 스무 살의 청년에게보다 예순의 노인에게 더 많이 나타날 수 있다.
나이가 많다고 늙는 것은 아니다.
우리는 우리의 이상을 포기함으로써 늙는다.
세월은 피부에 주름살을 만드나 열정의 상실은 정신에 주름을 만든다.
걱정, 두려움, 자신감을 상실함으로써 용기를 잃고 꺾인 기백이
마음에 주름을 만든다.
나이가 예순이든 열여섯이든 사람의 마음속에는 경이로움,
미지의 것에 대한 어린이 같은 무한한 호기심,
그리고 삶 자체를 즐기려는 열정이 도사리고 있다.
마음의 안테나가 아름다운 것, 희망, 격려, 용기와 힘에 대한 메시지를
끊임없이 수신하는 동안에는 우리는 젊은 것이다.
아직 안테나를 세우지 못하여
정신이 눈처럼 쌓인 냉소주의와
얼음처럼 찬 염세주의로 덮여있을 때에는
비록 나이가 스무 살이라도 우리는 늙은 것이다.
그러나 안테나가 살아있어서
단련된 희망과 현실적 낙관주의의 전파를 수신할 수 있다면

> 우리는 여든의 나이에도 젊게 죽을 수 있을 것이다.
> 나는 여든의 나이에 젊게 죽을 것이다.

도덕적 감정과 긍정심리자본

진성리더와 구성원들이 정신모형 II라는 자동차를 타고 사명의 목적지까지 도달하는 데는 휘발유와 윤활유가 필요하다. 도덕적 감정은 휘발유의 역할을 수행하고, 긍정심리자본은 윤활유의 역할을 수행한다. 도덕적 감정은 이 감정에 대한 체험이 자기 자신을 넘어서서 공동체의 복리나 구성원들의 복리에 영향을 미치는 정서이다.[6] 대표적으로는 죄의식, 자부심, 숭고함, 긍휼감, 감사를 들 수 있다. 긍정심리자본은 가장 생산적이고 의미 있는 삶을 영위하는데 도움을 주는 최고의 심리적 상태로, 주로 낙관, 회복탄력성, 효능감, 희망이 높은 상태를 그 예로 들 수 있다.[7]

죄의식

죄의식은 학습과정에서 진성리더들이 자주 동원하는 도덕적 감정이다. 진성리더는 실수를 하지 않는 신과 실수를 통해서만 성장하는 인간의 차이를 잘 알고 있다. 진성리더는 인간이 고차원의 학습인 이원학습이나 삼원학습을 통해 성장하는 과정은 자신의 허물을 벗는 과정을 통해서 이뤄진다는 것을 누구보다 잘 알고 있다. 허물을 벗는다는 것은 자신의 잘못과 죄를 남들이 끄집어내기 전에 먼저 허심탄회하게 인정하는 것에서 시작한다. 자신의 잘못과 죄에 대해서 허심탄회하게 자복하고 삶의 다음 라운드에서는 똑같은 죄와 실수를 범하지 않게 되는 상태가 되어가는 것을 학습으로 규정한다. 진성리더십에서는 인간을 학습하는 죄인으로 규정한다. 유사리더들은 자신이 잘못을 저질러 놓고도 남들에 의해서 털려나올 때까지 자기 방어 전략을 구사한다. 자신이 먼저 자복하는 법이 없다. 자복하지 않는 이유는 자신의 행위에 대한 죄의식이 없기 때문이다.

성장하는 사람과 성장하지 못하고 멈춰져 있는 사람의 차이는 이 실수와 잘못에 대해서 어떤 태도를 보이는지에 따라서 결정된다. 진성리더들은 자신이 인간이기 때문에 필연적으로 실수를 통해서만 학습한다는 것을 겸허하게 인정한다. 반대로 유사리더들은 신의 흉내를 내가면서 자신이 한 실수를 다른 사람들이 알아차리지 못하도록 감춘다. 둘째, 진성리더들은 자신이 저지른 실수를 다른 사람들이 알아차리기 전에 허심탄회하게 자복한다. 반면 유사리더들은 남들에 의해서 자신의 실수가 털려나오는 순간까지 꽁꽁 감춘다. 셋째, 진성리더들은 자신의 실수의 원인을 분석해서 자신의 생각과 태도를 바꾸고 향후에는 비슷한 실수를 다시 저지르지 않도록 노력한다. 반면 유사리더들은 실수를 통해서 학습하는 것을 멈추고 자신 주변으로 더 높은 벽을 쌓고 실수를 통해 태어난 자신의 감춰진 모습이자 기형아인 성인아이를 키운다.

오랫동안 실수를 통해서 학습하지 못한 유사리더들은 자신의 감옥 속에 감춰놓은 성인아이를 하나씩 키우고 산다. 이 성인아이는 가끔 술에 만취해서 필름이 끊어졌을 때 감옥에서 탈출해서 난동을 부리지만 평상시에는 철저한 감시 하에 세상에 모습을 드러내지 못한다. 다른 사람들에게 보여줄 수조차도 없는 추악한 모습으로 성장한 성인아이가 자신의 감옥에서 커갈수록 성인아이는 남들에게 잠재적으로 위험한 무기로 변해간다. 어떤 사람들은 어떤 계기를 통해 자신에게 성인아이가 있었음을 자복하고 이 성인아이와 화해하고 이 아이를 구출해내는 고통스러운 작업을 감행하기도 한다. 하지만 유사리더들은 이 성인아이를 운명처럼 껴안고 죽음을 맞이한다. 소나무가 기품이 있고 아름다운 이유는 소나무가 질곡 없이 쭉 일자로 뻗었기 때문이 아니라 자기 나름의 질곡을 극복한 마디마디를 여기저기에 품고 있기 때문이다. 진성리더의 삶도 마찬가지일 것이다.

성인아이를 키우고 있다면 자신에게 성인아이가 있음을 자복하고 이 성인아이를 용서해주고 껴안아 주는 것이 성인아이로 멈춰졌던 자신에 대한 성장의 물꼬를 다시 트는 지름길이다. 이 순간이 성인아이에 대한 죄의식을 깨닫는 순간이다. 성인아이와의 화해를 통해 이 아이를 구해내지 못한다면 자신의 성장은 영원히 멈춰선 것이다. 충분히 자신의 성인아이를 구할 정도로 성숙된 순간 우리는 아침마당 프로그램에 출연해서 자신의 성인아이를 만인에게 공개할 수 있게 된다. 성인아이가 세상에 모습을 드러낸 순간이 곧 성인아이와 완벽하게 화해한 한층 성숙한 인간으로 다시 태어난 순간이다.

우리나라의 최고지도자, 정치가, 국회의원, 검찰, 법관, 신문기자, 낙마하는 장관후보, 대형교회 목사 등 사회적 리더를 자처하는 분들의 화려한 이면에 무섭게 기형화된 성인아이의 모습을 목격하고 놀란다. 이들은 남들에 의해서 성인아이가 털려 나올 때까지 절대로 먼저 자복하지 않는다. 이런 유사리더들은 자신의 성인아이를 남 탓으로 외재화시켜 무기로 만들어 국민에게 고통을 주는 사람들이다. 진정한 인간임을 포기한 죄의식이 전혀 없는 사람들이다.

긍정적 도덕감정 : 자부심, 숭고함, 긍휼감, 감사

진성리더는 정신모형 II에 내재화되어 있는 진정성 있는 사명을 구현하는 과정에서 자신과 구성원에게 자부심, 숭고함, 긍휼감과 감사의 마음을 불러일으킨다. 그리고 이러한 도덕적 감정을 체험한 구성원들은 진성리더의 사명을 자신의 사명으로 받아들여 이것을 구현하는 자발적 행동에 몰입한다.

진정성 있는 사명의 스토리는 진성리더와 진성리더를 따르는 구성원들이 이 세상에 다녀감으로써 세상이 지금보다 얼마나 더 따뜻하고 행복하고 건강하게 변모될 수 있는지에 대한 스토리이다. 이 사명에 대한 이야기는 진성리더와 구성원의 가슴을 따뜻하게 열어주는 역할을 수행한다. 이는 사명에 대한 이야기가 우리가 만들 새로운 세상에 대한 자부심으로 가득 차 있어서일 수도 있고, 또는 세상의 표준을 새롭게 설정함으로써 세상의 지평을 연다는 숭고함을 느끼기 때문일 수도 있다. 또한 이런 사명을 구현하는 노력에서 진성리더들은 말보다 희생적으로 행동하는 모습을 통해 사람들의 마음을 뭉클하게 만든다. 긍휼감(Compassion)이란 상대의 고통을 자신의 고통처럼 느끼기 때문에 그 상태를 해소하기 위한 자발적이고 희생적 행동을 하게 되는 상태를 말한다. 진성리더가 사명을 구현하기 위해서 측은할 정도로 노력하고 희생하는 모습을 구성원들이 목격했을 경우 이들도 리더의 희생적 행동에 동병상련의 긍휼감을 느낀다. 또한 긍휼감을 체험한 구성원들은 어려운 상황에서 사명을 구현하기 위해 처절하게 희생하는 리더를 지켜만 보고 나서서 도와주지 않는 것에 강한 죄책감을 느끼게 된다. 또한 진성리더가 만들어가는 세상이 진성리더들만을 위한 세상이 아니라는 것을 알고 있고 이처럼 남을 위해 자발적으로 희생하는 리더를 지켜보면서 구성원들은 리더의 행동에 무한한 감사함을 느낀다.

리더의 사명에 대한 스토리가 구성원의 도덕적 감정을 유발함으로써 구성원의 마음을 따뜻하게 데울 경우 구성원들의 자발적 행동이 동원되기 시작한다. 자발적 행동은 모든 행동 중에서 최고의 행동이다. 세상의 모든 큰 변화의 역사는 다 구성원들의 자발적 행동을 성공적으로 동원했기 때문에 가능했다.

이와 같은 사명이 구성원에게 도덕적 감정을 유발할 때 생기는 자발적 행동은 Fredrickson의 확장구축이론(Broaden and Build Theory)에 의해서 잘 설명되고 있다.[8] 확장구축이론에 따르면 긍정적 정서는 움츠렸던 사람들의 마음을 열게 하고, 이 열린 마음으로 받아들인 긍정적 생각을 도와주는 행동들의 레퍼토리를 자발적으로 동원하는 역할을 수행한다. 특히 긍정적 도덕감정은 단순한 열정, 행복, 흥미와 같은 일반적인 긍정적 정서보다 구성원의 마음을 더욱 확장하고 필요한 행동들을 구축할 개연성이 훨씬 높다. 진성리더의 진정성 있는 사명이 구성원들의 마음과 만나서 이와 같은 도덕적 감정을 유발하면 구성원들의 자발적 실천이 생긴다. 진성리더가 일으키는 변화는 다 이 자발적 실천을 통해서 만들어진다. 결국 긍정적 도덕감정은 구성원들의 마음을 따뜻하게 열어서 이들이 사명을 향해 자발적 행동을 활활 타오르게 하는 휘발유 역할을 수행하는 것이다. 리더의 사명이 구성원들에게 도덕적 감정을 느끼게 만들 수 없다면 사명은 진정성이 떨어지는 잘못된 사명일 개연성이 높다.

리더십 이야기

감사를 통해 제품에 생명을 불어 넣는 기업, Nepes

㈜네패스는 이병구 회장이 1990년 창업한 매출액 3천 억 규모의 IT부품소재 히든 챔피언기업이다. 제품의 70%를 수출하는 산업통상자원부가 지정한 지속가능 우수기업이다. 네패스는 히브리어로 "영원한 생명"이란 뜻을 가지고 있다. 네패스가 관여하는 모든 것에 생명을 불어넣음을 통해서 각자의 목적을 복원하고 이를 통해 모두가 함께 성장할 수 있는 행복한 나눔 공동체를 만들겠다는 사명을 가지고 있다. 직원들에게는 일을 통해 쓰임 받고, 존귀함을 느끼며, 매사에 감사가 넘치는 더 온전한 사람으로서의 자아실현을 할 수 있는 플랫폼이 되도록 하겠다는 약속이다. 네패스는 생명이 넘치는 행복한 나눔 공동체를 구현하기 위해 '봉사하는 생활, 도전하는 자세, 감사하는 마음'을 핵심가치로 실천하고 있다. 나눔 공동체라는 가치는 남들에게 봉사할 때, 남들이 하지 않는 도전적인 일을 할 때, 지금의 삶에 대해서 남들에게 감사할 때 저절로 생기게 되고, 또한 이 모든 것을 남들과 같이 할 때 증폭된다는 철학이 담겨있다.

　이 회사는 실제로 봉사를 생활화하고 있고, 사업 분야도 남들이 하지 않지만 많은 사람들에게 도움이 될 수 있는 분야에 집중하며, 이 모든 것을 감사하는 마음으로 행하고 있다. 특히 감사활동은 회사가 다른 회사에 자랑할 만큼 생활화되어 있다. 2009년 '네패스의 7가지 감사진법'을 창안했고 실제 각종 회의와 업무를 시작하기 전, 직원들은 감사진법을 제창하는 것으로 시작한다. 직원들은 스마트폰 어플 '마법노트'를 사용하여 감사일기를 쓰거나 고마웠던 누군가에게 감사의 문자를 보낸다. 감사운동을 통해 네패스는 자연스럽게 서로를 기꺼이 돕는 협업문화가 정착됐다. 이 밖에도 '생활경영 3.3.7'을 창안해 '하루 30분씩 책을 읽고, 3가지의 좋은 일을 나누고, 7가지 감사를 하기'를 실천하고 있다. 직원 및 임원들은 매주 1~2시간씩 독서토론을 열어 서로의 생각을 경청하고 존중하며 단합하는 기회로 삼고 있다. 고객을 향한 감사의 마음과, 남들이 생산하

지 않는 우수한 제품을 생산하여 인간의 삶에 생명을 불어넣겠다는 의지가 담겨 있다.[9]

또한 네패스 직원들은 매일 아침 8시에 대강당에 다함께 모여 합창하는 음악교실을 시행하고 있다. 계층, 부서, 직급의 구분 없이 아름다운 선율과 가사로 네패스의 하모니를 통해 긍정적 정서적 자원을 충전하는 것이다. 이 시간을 통해 직원들은 힐링을 체험한다. 직원들은 음악교실을 열고 난 뒤 업무 시작 전에 가졌던 습관적인 잡념과 흡연을 줄였다고 고백하고 있다. 또한 음악으로 시작하는 하루는 서로 부드럽게 감성적으로 소통하는 문화를 정착시켰다. 직원들은 서로를 수퍼스타라고 칭찬한다. 칭찬과 음악교실과 감사활동으로 직원들의 표정이 밝아지고 얼굴에 행복한 미소가 떠나지 않을 뿐만 아니라 이직률이 업계 최저이다.

네패스는 사업을 통해 네패스가 관여하는 모든 것들에 생명을 불러일으켜 활성화시킨다. 심지어는 기계에도 감사함을 표하고 이렇게 만들어진 제품에는 Thanks Inside를 붙여 생명을 준다. 이 모든 것이 사명이 가지는 진정성을 구성원들이 마음으로 받아들여 숭고함, 자부심, 긍휼감, 감사 등의 도덕적 감정이 활성화되어 있기 때문이다. 이런 도덕적 감정은 인지적, 정서적 확장을 가져와 성과로 연결된다는 것을 보여준 회사이다.

긍정심리자본 : 낙관, 회복탄력성, 효능감, 희망

사명을 장착한 정신모형 II가 작동하기 위해서는 구성원들의 마음을 열고 자발적 실천을 유도하는 휘발유로서 도덕적 감정이 필요하지만 장기적 여행에서 정신모형 II가 제대로 작동하기 위해서는 각 국면 국면마다 필요한 윤활유가 있다.

정신모형 II가 작동되는 원리는 다음과 같다. 먼저 가정의 형태로 진성리더의 사명, 비전, 가치, 정체성이 장착된다. 둘째, 이 가정이 삶 속에서 검증되는 과정을 거친다. 셋째, 이 검증과정을 무사히 통과하면 정신모형 II에 장착된 가정으로서의 사명, 비전, 가치, 정체성은 그 진위가 의심되지 않는 믿음의 상태로 전환된다. 넷째, 이 믿음 상태는 진성리더에게 새롭게 세상을 보는 눈을 제공하고 주변 상황을 이 눈에 보이는 대로 프레이밍하고 재구성해서 변화시킨다.

정신모형 II가 진화하는 과정의 첫 번째 단계에서 필요한 윤활유가 낙관주의이다. 여기에서 요구되는 것은 맹목적 낙관이 아니라 현실적 낙관주의이다. 자신과 자신 조직의 존재이유를 밝혀줄 비전의 목적지인 사명을 설정하는데 있어 맹목적 낙관주의는 현실의 상황을 무시한 목적지를 정한다. 즉, 자신과 자신의 회사는 운이 좋은 회사여서 세상의 모든 불행은 다 피해갈 수 있다는 근거 없는 믿음을 가지고 있다. 이와 같은 근거 없는 낙관을 부정하는 일이 하나라도 벌어지면 이 리더는 낙관이 아니라 끝이 보이지 않는 비관의 나락에 떨어진다. 진성리더들은 이와 같은 근거 없는 맹목적 낙관에서 벗어나서 현실적 낙관주의적 사고를 가지고 있다. 현실적 낙관주의는 도달해야 할 목적지를 현재 서 있는 장소에 대한

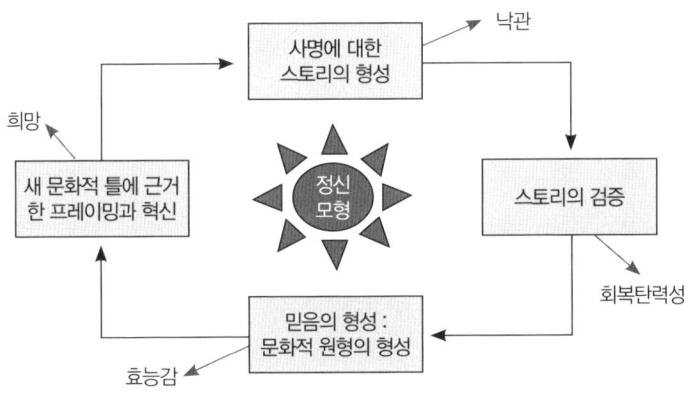

정신모형의 형성과정과 긍정심리자본

정확한 인식을 근거로 설정하려고 노력한다. 현재 서 있는 장소가 아무리 암울한 현실을 반영한다 하더라도 무시하거나 부인하지 않고 그 현실을 있는 그대로 직시한다.

둘째 단계는 사명을 장착한 정신모형 II를 생활 속에서 검증하는 단계이다. 이 단계에서 필요한 것이 회복탄력성이다. 검증은 상황이 좋을 때도 이뤄질 수 있지만 결정적 검증이 이뤄지는 것은 사명에 따라 사는 것이 어려운 상황에서 사명을 통해 문제를 해결했을 때의 검증이 진짜 검증이다. 사람이나 회사나 자신이 주창하는 사명이 얼마나 절실한지를 알아보는 것은 상황이 어려울 때도 그 사명을 따르는 삶을 지켜나가는지를 보는 것이다. 진성리더가 이 단계를 넘어서기 위해서 필요한 긍정심리 자본은 회복탄력성이다. 회복탄력성은 어려운 상황에도 불구하고 자신이 지켜야 할 본질을 지키기 위해서 오뚝이처럼 일어설 수 있는 심리적 능력이 있는지의 문제이다. 회복탄력성은 용수철처럼 어려운 상황에서도 부러지지 않고 원래의 모습을 복원할 수 있는 능력을 말한다. 진성리더가 진성리더로서의 진면목을 보여주기 위해서는 자신이 생명처럼 여기는 사명을 복원한 삶이 아무리 어려운 상황에서도 완수해야 할 일이고 사명을 지켜나감으로써 원하는 것을 얻을 수 있다는 것을 자신에게 확인시켜야 한다. 따라서 진성리더가 되기 위해서는 결국 고난과 시련 속에서 사명을 지키고 사명에 따라서 문제를 더 생산적으로 해결할 수 있음을 보여주는 고시패스(고난과 시련의 패스)를 통과해야 한다. 이 고난과 시련을 넘어서기 위해서 필요한 진성리더의 심리적 자본이 회복탄력성이다.

셋째 단계는 정신모형 II에 대한 검증을 통과해서 정신모형에 장착되어 있는 사명, 비전, 가치, 정체성이 가정의 상태에서 믿음의 상태로 전환되는 국면이다. 가정의 상태에서 믿음의 상태로의 전환은 진성리더에게 사명, 비전, 가치, 정체성에 대한 자신감의 근원을 제공해준다. 정신모형 II를 기반으로 한 삶에 대한 근원적 믿음이 바로 효능감이다. 근원적 믿음이 생기면 어떤 어려운 상황이 닥쳐도 정신모형 II를 기반으로 문제를 해결할 수 있다는 자신감이 생긴다. 정신모형에 대한 근원적 믿음이 떨어질 경우 사람들이 추구하는 것은 필요한 기술과 역량을 축적해서 그 기술과 역량이 작동되는 범위에서라도 자신감을 느끼고 싶어 한다. 그러나 이와 같은 역량과 기술은 특정한 조건에서만 작동되기 때문에 조건적 자신감의 기반은 되지만 조건과도 무관한 자신감의 기반이 되지는 못한다. 또한 세상은 변화하기 마련이어서 변화하기 전에는 자신감의 기반이 되었던 역량과 기술도 상황이 변화하면 쓸모가 없어지기 마련이다.

마지막 단계는 새롭게 획득한 정신모형 II에 대한 믿음의 눈으로 조직과 세상을 변화시켜 나가는 과정이다. 이때 필요한 긍정심리자본은 희망이다. 여기에서 이야기하는 희망은 목표지향적 행동을 말한다. 변화시켜야 할 목표를 정확하게 인식하고 여기에 필요한 적절한 수단을 동원할 수 있는 심리적 능력이 희망이다. 변화된 세상에 대한 모습을 구성원과 함께 설정하고 이 세상을 만들기 위해서 해결해야 할 장애나 목표를 정확하게 설정해서 낙담하지 않고 성공체험을 공유하는 심리적 능력이 희망이다.

진성리더는 낙관의 메시지이든, 회복탄력성의 메시지이든, 효능감의 메시지이든, 희망의 메시지이든, 국면마다 필요한 메시지를 통해 구성원들이 정신모형 II를 받아들여 이를 통해서 세상과 조직을 변화시키는데 성공하는 체험을 전달할 수 있는 긍정심리의 전도사이다.[10]

진성(眞性)

> 당신의 품성이 아주 큰 소리로 당신에 관해 설명해 주기 때문에 말로 하는 소개는 잘 들리지 않습니다.
> — Richard Emerson

기존의 리더십이 리더의 행동이나 리더십 스타일, 스킬 등 리더십의 필요조건에 관심을 기울였다면 진성리더의 중심은 리더십의 충분조건에 해당하는 리더의 품성이다. 리더가 보여줄 수 있는 최대한의 진정성은 품성으로 종결된다. 진성리더십에서 이야기하는 진성(眞性)이란 진성리더들만이 가진 품성을 지칭한다. 품성은 형성되는데도 시간이 걸릴 뿐 아니라 한번 형성된 품성은 잘 바뀌지 않기 때문이다. 사람이라 하면 모두가 인성을 가지고 있지만 품성을 가진 사람은 많지 않다.[11] 인성의 형성에는 타고난 부분의 역할이 크지만 품성은 전적으로 만들어진 것이다.

인성과는 달리 품성은 개인들의 사명에 대한 선택과 선택한 사명에 대한 실천적 자기훈련을 통해서 만들어지는 것이다. 품성은 "개인의 정체성의 기반이 되는 정신모형의 미션, 비전, 가치가 상상적 체험과 실제적 체험을 통해 통합된 믿음으로 전환되어서 그 개인의 행동, 정서, 말 등을 통해 일관성 있게 표출되는 인간의 본질적 속성"이다. 리더가 이런 품성을 구축했을 때 진정성 있는 사명을 내재화한 진성(眞性)을 획득한 것이다. 한 마디로 진성리더의 품성인 진성은 진성리더의 사명이 삶 속에서 검증되어 자신에게 믿음으로 내재화된 상태를 말한다. 진성리더가 품성의 향기를 풍기는 것은 바로 믿음으로 내재화한 사명에 대한 향기이다.

탈무드도 인간의 품성은 타고나기보다는 생각의 선택을 통해 만들어지는 측면을 강조하고 있다. 생각이 검증되어서 믿음으로 내재화하여 품성을 구축하고 있다면 탈무드에서 경고하듯이 더 이상 조심할 필요가 없는 것이다. 품성은 사명의 스토리가 검증되어 이미 믿음으로 내재화 된 상태를 이야기하기 때문에 품성을 형성했다는 것은 품성이 명하는 스토리대로 행동하고 말하고 태도를 보이기 때문에 조심해야할 이유가 전혀 없다. 품성을 기반으로 한 삶은 리더들에게 연기하는 삶에서 벗어나게 만들어준다. 리더가 연기해야 하는 이유는 아직까지 사명을 내재화한 품성인 진성을 획득하지 못했기 때문이다. 또한 리더의 크기는 품성의 크기이고 품성의 크기는 사명의 크기에 의해서 결정된다. 진성리더가 풍기는 품성의 향기의 원천은 바로 사명이다.

   진성의 기반이 되는 것은 자신의 스토리를 만들어낼 플롯인 정신모형 II이다. 진성리더들은 자신의 정신모형 II에 단순한 생각이 아니라 자신만의 진북과 진북을 향한 중간 기점으로서의 비전, 그리고 리더십 여행 중 생명처럼 소중하게 여길 가이드라인으로서의 가치에 대한 플롯을 가지고 있다. 목적, 가치, 비전은 생생한 상상적 체험과 실제적 체험을 통한 검증을 통해 믿음으로 변화한다. 믿음의 상태로 굳어진 미션, 비전, 가치의 씨앗이 일관된 행동과 말의 묘목으로 자라고 이 말과 행동이 지속되어서 습관이란 나무로 성장하게 되고, 이 습관이 꽃을 피우고 열매를 맺어서 품성을 만들어 낸다. 품성이라는 큰 나무의 그늘이 바로 운명이다. 결국 품성의 씨앗은 진성리더가 선택, 구축, 검증한 아름답고 매력적인 정신모형 II이다. 유사리더들은 믿음으로까지 견고해진 정신모형 II가 제대로 구축되어 있지 않기 때문에 이들은 연기하는 삶에서 벗어나지 못한다. 이들의 품성에서는 인간의 향기를 느낄 수 없다. 이들은 품성이라기보다는 모든 사람들이 다 가지고 있는 인성만을 가지고 있을 뿐이고 이들의 인성은 정신모형 I의 산물이다.

　진성리더의 품성인 진성을 갖춘 리더의 대표적인 속성은 행동, 말, 태도가 일관된다는 점이다. 진성리더가 보여주는 모든 것이 진성리더의 정신모형 II의 사명, 비전, 가치에 내재해 있기 때문이다. 이 정신모형 II를 토대로 진성리더의 모든 것이 표출된다. 진성리더의 말, 행동, 동기, 태도, 정서, 습관 등은 결국 정신모형 II에서 발원한 것이다. 이 말, 행동, 습관, 태도, 동기 등은 장소나 상황, 시간에 구애받지 않고 일관되게 표현된다. 이 일관성은 리더의 행동과 생각을 예측가능하게 만들고 결국 이 예측가능성은 리더에 대한 신뢰성의 기반이 된다. 얼핏 보기에는 진성리더는 아주 단순한 삶을 사는 사람처럼 보인다. 진성리더의 정신모형 II를 이해하면 리더의 모든 것이 이것을 중심으로 쉽게 이해될 수 있기 때문이다. 이 정신모형 II에 대한 신념이 리더의 모든 것을 결정해주고 설명해주기 때문이다.[12]

　결국 믿음으로 내재화한 진성리더의 정신모형 II는 신이 인간에게 선물한 가장 보배로운 원석이다. 이 정신모형을 갈고 닦아 다이아몬드를 만들 것인지 싸구려 보석을 만들 것인지는 전적으로 자신에게 달려있다. 정신모형 II가 영혼을 깨우는 사명을 담은 다이아몬드로 가공될 때 정신모형은 진성리더들의 아름다운 성품으로 다시 태어난다. 진성리더는 구성원들에게 자신만의 품성인 진성을 파는 사람들이다.

리더십 이야기

[국민일보 경제시평] 기업의 품격, '땅콩회항' 대기업의 비인격적 민낯 드러내
2014. 12. 24

많은 사람들이 존경하는 한 외국계 기업에서 정년퇴임한 분에게 들은 이야기다. 자신이 정말 이 회사에 안 다녔더라면 지금과 같은 인격을 갖는 것은 꿈도 꾸지 못했을 것이라고, 이 회사의 살아 있는 문화가 자신의 인격을 키워왔다고, 회사를 나온 지금도 자신이 다녔던 회사에 대해서 많은 빚을 졌다고 생각한다는 것이다. 그분의 고백을 듣고 나서 정말일까 하는 호기심에 이 회사에 다니는 다른 임직원 분들에게 정말 그런지 물어봤다. 그런데 놀랍게도 다른 분들도 대체로 그가 한 말에 공감하고 있었다.

이런 일이 가능한 것은 기업문화는 조직의 인격이기 때문이다. 종업원들 인격의 상당부분이 자신이 몸담고 있는 회사와의 만남에 의해 영향을 받는다. 자신의 회사가 좋은 문화를 가진 것은 종업원들에게 크나큰 선물이다. 반대로 종업원들이 조직의 문화적 인격을 탐탁지 않게 받아들일 때 조직의 인격과 종업원의 인격 사이에는 서로 겉도는 현상이 생기고 결국 종업원조차 조직의 인격에 대해 뒷담화를 늘어놓게 되어 있다. 하지만 아무리 뒷담화를 하고 거리를 두려고 해도 같이 오래 살다보면 탐탁지 않은 인격도 은연중에 자신의 한 부분으로 스며들게 돼 있다.

우리나라 대기업의 경우는 어떨까. 회사 때문에 좋은 품성을 갖게 됐다고 고백하는 종업원이 있는 대기업은 얼마나 될까. 안타깝게도 이 질문에 대한 답은 회의적이다. 최근 땅콩회항으로 불거진 모 항공사 3세 경영인 사건에서 대기업이 가진 인격의 한 단면을 단적으로 보여주고 있다. 많은 사람들은 대기업 하면 인격은 고사하고 자신의 종업원에게까지 '갑질'을 일삼는 장본인을 연상한다.

어떤 회사가 제대로 된 품격이 있는 회사인지는 이 회사가 어려운 상황 속에 처해 있어도 자신이 한 약속을 제대로 지키는지를 통해서 판가름 난다. 문제

를 일으킨 항공사의 홈페이지를 보면 이 회사는 대표이사의 이름으로 임직원에 대해 다음과 같은 약속을 하고 있었다. "임직원의 존엄성을 존중하며 회사의 가장 소중한 자산으로 여기겠습니다." 이 회사의 전 부사장 행태를 보면 심지어 회사의 부사장도 이런 약속을 지키지 않고 있음이 명명백백히 밝혀졌다. 약속처럼 종업원을 소중한 자산으로 여기기보다는 이윤을 축적하기 위한 수단 혹은 자신의 수하로 생각하고 있었음을 알 수 있다. 내부 고객인 종업원에 대한 약속도 지키지 못하는 회사가 진정 고객에 대한 약속을 지킬 것이라고 믿는 사람들은 없다. 단지 이윤을 위해 문제가 안 생기는 수준에서 약속을 지키는 모습을 진정성 없이 연기하고 있을 뿐이다.

서비스 품질 수준이 고도화되어 품질만으로는 차별화가 더 이상 불가능해지는 경영환경 속에서 차별적 경쟁력을 제공해주는 것은 회사의 문화로부터 우러나오는 회사 고유의 성품이다. 이 성품은 회사 직원들의 의사결정과 고객들과의 만남 국면에 스며들어 회사만의 독특한 향기를 가진 체험을 제공해준다. 이런 품격 있는 체험을 제공해줄 수 있는 기업을 우리는 초일류기업이라 칭한다.

같은 회사에 근무하는 한 조종사는 회사의 일에 대해 자신들의 힘으로 어쩔 수 없다는 것을 자조적으로 "단지 운에 의해서 인품이 좋은 후세가 태어나기만을 기다린다"는 말로 표현했다. 이 항공사의 문제는 2, 3세 경영이 가속화되고 있는 한국 재벌기업들이 풀어야 할 커다란 숙제를 보여주고 있다.

단 몇 퍼센트의 주식으로 경영지배권을 행사하는 재벌의 존재이유에 대한 여론은 품성의 문제가 불거지면 불거질수록 점점 설 땅을 잃는다. 이번 사건을 계기로 한국의 재벌기업들이 자신의 사업 영역에서 글로벌 시민들에게 대한민국의 품격을 체험하게 하는 대표회사라는 것을 자랑스럽게 이야기할 수 있는 초일류기업으로 거듭나기를 바란다.

윤정구 이화여대 경영학 교수

임재

> 최고의 리더는 부하들이 리더의 존재를 느끼지 못하는 리더이다.
> 일이 성공적으로 완성되었을 때 부하들이 우리가 이루어냈다라고
> 소리칠 수 있게 만드는 리더가 최고의 리더이다.
> — Lao Tzu

사람들 사이에 미친 존재감이란 말이 유행처럼 번진 적이 있다. 어떤 사람들은 그 사람이 그 자리에 있다는 사실 자체만으로도 많은 영향을 미치는 반면 어떤 사람들은 그 자리에 있었다는 것조차도 다른 사람들이 알아차리지 못하는 사람들이 있다. 명의와 만나서 이야기 몇 마디만 나눠도 병이 낫는 것처럼 어떤 리더들은 존재 자체로 사람들에게 많은 선한 영향력을 행사하는 반면 어떤 리더들은 리더가 존재했는지조차도 부하들이 알아차리지 못할 정도로 미미한 존재감을 행사하는 리더가 있다. 리더가 굳이 영향력을 행사하기 위해서 애쓰지 않는다 하더라도 단지 사람들 사이에 존재하고 있다는 자체로 많은 영향력을 미치는 현상을 리더십 임재(Presence)라고 부른다. 리더십 임재는 리더가 물리적으로 부하들과 같이 함께 있을 때 부하들이 리더의 존재감을 느끼는 것을 넘어서서 굳이 리더가 같이 있지 않아도 부하들의 머릿속에 리더의 존재를 인지하여 부하의 행동에 영향을 미치는 상태를 말한다.

헤르만 헤세의 『동방으로의 여행』에서 여행객에 도움을 주기 위해 하인으로 고용했던 레오가 사라지자 여행객들이 지리멸렬하게 되어 결국 여행을 포기하게 된다. 레오가 사라지고 여행이 취소되자 여행객들은 하인이었던 레오가 자신들의 리더였다는 존재감을 깨닫게 된다. 이 스토리는 레오가 리더로서 행사한 임재의 대표적 사례이다. 존재감이 있는 리

더들은 화려한 연기를 통해 카리스마를 휘두르며 청중을 좌지우지하는 리더일 필요가 없다. 이와 같은 리더들은 즐거운 코미디 한편을 보고 난 후 시간이 지나면 그 내용을 전혀 기억하지 못하는 경우와 마찬가지로 요란하기는 하지만 존재감은 미미한 리더들이다. 존재감이 큰 리더들은 그 리더가 있을 때인 든 자리보다는 그 리더가 없을 때인 난 자리가 더 크게 느껴지는 리더들이다.

진성리더의 임재는 리더의 정신모형 II를 기반으로 형성된 품성의 강도에 의해서 결정된다. 품성이란 진성리더가 자신의 명확한 정신모형에 대한 믿음을 가지고 정신모형과 일치되는 일관된 언행과 태도를 보일 때 형성된다. 매력적인 품성은 부하들에게 준거적 권한의[13] 기반이 되어 그 리더만의 독창성 있는 존재감을 창출한다. 진성리더의 정신모형에서 전달하는 스토리가 진실성이 있고 부하들에게 실질적 가치충격을 줄 수 있을 때 존재감은 커진다. 진성리더의 정신모형이 부하들에게 준거적 권한을 형성하고 있다는 것은 리더의 정신모형이 부하의 마음에 뿌리를 내리고 있다는 말이다. 진성리더의 정신모형은 부하들에게 준거가 되어 부하들의 행동과 태도를 조율해서 조직 전체가 화음이 나도록 만든다. 부하가 진성리더의 준거에 맞추어 자신의 준거를 마련하는 방식은 자발적으로 만들어진다.

레빈의 장이론(Field Theory)에서 설명되고 있는 것처럼 강력하고 매력적인 진성리더의 정신모형은 자석과 같은 역할을 한다.[14] 리더와 구성원의 관계도 서로 정태적 관계에 머무르기보다는 동태적으로 서로 끌어당기거나 서로 밀치는 관계를 구성한다. '장'이란 사람들이 생활의 장면으로 의미 있다고 생각한 중요한 요인들을 중심으로 구성한 심리적 연극무대라고 할 수 있다. 이 연극무대에서 가장 강력한 대본은 각자의 정신모형에 내재화된 믿음과 신념들이다. 레빈은 이 신념과 믿음이 비슷한 사람들이 어떤 다른 요인보다도 서로를 끌어당기는 강력한 자석으로 작용한다고 설명한다. 반면 믿음과 신념이 다른 사람들은 서로를 밀쳐내는 힘으로 작용하게 된다. 신념의 차이는 강력한 인지적 부조화를 형성하고 이 부조화를 해결하기 위해 서로를 서로의 장에서 밀어내게 되는 것이다. 회사의 설립자에 따라서 설립자와 비슷한 신념을 가진 사람들이 채용되고 다른 신념을 가진 사람들은 조직을 떠나서 결국 창립자의 정신모형에 따라 회사의 문화가 형성되는 것도 같은 원리이다.[15]

조직에서 훌륭한 한 명의 진성리더가 있다면 모든 사람들이 업무를 수행하는 역할을 이 리더의 대본에 맞추어서 자신의 대본을 조율해야 하기 때문에 강력한 학습효과를 가지게 된다. 진성리더의 정신모형 II가 조직에 큰 중심 톱니바퀴로 작동하고 있는 것과 같은 현상이다. 다른 구성원들은 이 톱니바퀴에 맞추어 자신의 톱니바퀴를 만들고 돌려야 하기 때문에 결국은 조직전체가 진성리더의 톱니바퀴와 조율되는 톱니바퀴를 돌리고 있는 형국이 된다. 이런 조직은 리더와 구성원 간에 상호공명이 형성되어 활력을 쏟아내게 된다. 진성리더가 제공한 토양에서 구성원들은 자신의 정신모형을 만들어 마치 조직 한가운데 산소를 품어내는 큰 숲을 만들어낸다. 이런 조직이 시장처럼 생기가 넘치는 이유는 이 같은 공명 효과 때문이다. 반대로 존경받지 못한 리더가 있는 조직은 침체되어 있다. 구성원들이 심정적으로 갈구하고 있는 자기의 대본과 공식적으로 리더 앞에서 요구되는 대본이 다르기 때문에 과도한 스트레스를 경험하고 있는 것이다. 이와 같은 조직은 토양이 산성화되어 있어서 구성원들이 자신의 정신모형이라는 나무를 키워낼 수 없다. 오히려 쓰레기 처리장을 가지고 있는 것과 같은 상황이 연출된다. 훌륭한 매력적인 진성리더가 한 명 있다는 것은 부하들에게 그 만큼 많은 긍정적 전염효과를 보이고, 여기서 만들어지는 학습효과는 어설픈 집합교육을 통해서 만들어지는 교육효과보다 훨씬 크다고 할 수 있다.

이와 같은 현상은 강력한 리더의 존재 자체만으로도 리더십이 온 조직에 전염이 이루어지는 것처럼 보인다. 소위 리더십의 '임재현상(Leadership Presence)'이다. 이는 진성리더의 강력하고 매력적인 정신모형을 토대로 구성원들이 자신의 정신모형을 배양해 내기 때문에 생기는 현상이다. 구성원들이 정신모형을 복제하는 것이 아니라 리더의 정신모형을 '준거로 삼아서' 자신만의 독창적인 정신모형을 배양해 내는 과정이다. 리더의 임재현상으로 인해 말투와 행동을 따라하는 것은 어디까지나 부수적 현상에 불과하다. 핵심은 리더가 제공한 정신모형의 플롯을 토양으로 구성원들도 자신만의 고유한 정신모형을 길러내 이들도 영혼의 종소리를 들어가며 자신의 진북을 찾아 여행을 떠나는 삶을 시작한다는 점이다.

리더십 이야기

리더의 정신모형이 어떻게 부하에게 전수되나?

Douglas McGregor가 주장하는 X이론은 성악설에 따른 인간관으로 인간은 본래 노동을 싫어하고 경제적인 동기에 의해서만 노동을 하며 명령 · 지시받은 일 밖에 실행하지 않는다는 것을 가정하고 있다.[16] 이 가설에 입각하면 엄격한 감독, 상세한 명령 · 지시, 상부로부터의 하부에 대한 지배 중시, 금전적 자극 등을 특색으로 하는 관리나 조직이 출현한다. 이에 대해 Y이론은 인간에게 노동은 놀

이와 마찬가지로 본래 바람직한 것이며 인간은 자기의 능력을 발휘, 노동을 통해 자기실현을 바란다고 본다. 인간은 또한 타인에 의해 강제되는 것이 아니라 스스로 설정한 목표를 위해 노력한다는 것이 Y이론이다.

맥그리거의 후학들은 이 이론을 발전시키기 위해서 재미있는 연구주제를 찾아냈다. 이들이 제안한 연구주제는 X이론 상사 밑에 Y이론의 부하가 있거나 반대로 Y이론 상사 밑에 X이론 부하가 있으면 이들의 직장생활은 어떨까를 연구해보자는 것이었다. 하지만 적절한 표본을 찾지 못해서 이들의 연구는 중단되었다. 문제는 Y이론 상사 밑에서 일하는 X이론 부하나, X이론을 가진 상사 밑에서 일하는 Y이론의 부하를 찾을 수 없기 때문이었다. 놀랍게도 상사가 Y이론을 가지고 있으면 부하들도 이미 대부분이 Y이론을 가지고 있거나, 상사가 X이론을 가지고 있으면 부하들도 대부분 X이론을 가지고 있었다.

이만큼 직장 내에서 상사의 영향력은 강하다. 상사가 Y이론의 정신모형을 가지고 있으면 부하들도 Y이론의 정신모형으로 바뀌거나 아니면 X이론의 상사를 찾아서 조직을 떠나게 된다. 반대의 경우도 마찬가지다. 강력한 리더의 정신모형은 조직에서 가장 큰 톱니바퀴로 설정되어서 부하들이 정신모형을 선택하거나 변화시키는데 영향력을 미친다.

리더의 임재현상을 카리스마에 비유한다. 카리스마에는 두 종류가 있고 이들이 미치는 임재효과도 다르다. 일반적 카리스마와 진성리더의 카리스마가 그것이다. 일반적 카리스마는 자신의 사욕을 채우기 위해 부하들이 자신의 스타일을 무조건 따라하도록 일방적으로 강요하지만 진성리더로서의 카리스마는 부하들이 자신만의 정신모형을 세워 함께 추구하는 공동의 사명과 비전에 매진할 수 있도록 공동체를 세워나간다. 일반적 카리스마는 우상화된 카리스마(Personalized Charisma)인 반면 진성리더들은 사회적 카리스마(Socialized Charisma)이다.[17] 우상화된 카리스마는 카리스마가 가지고 있는 개인적 매력이 준거가 되어서 부하들을 매료시킨다. 여기에는 개인이 가지고 있는 카리스마적 외모나 재능이 그 준거로 작용한다. 영화배우나 가수 등의 겉모습에 빠져 그 사람들을 그대로 따라해 스스로가 복제품이 되는 일부의 병적인 광팬들처럼 우상화된 카리스마를 따르는 사람들 사이에는 결코 운명공동체가 형성될 수 없다. 모든 사람들이 리더와 일대일의 관계를 유지하고 리더의 신임을 얻기 위해 서로 경쟁하기 때문이다. 우상화된 카리스마는 자신들의 탁월한 재능을 동원해 구성원을 자신의 사욕을 챙기는 도구로 이용하기 때문에 그 관계는 패거리 수준을 벗어나지 못한다. 또한 우상화된 카리스마의 실체를 알게 되면 이들 리더의 삶에는 사명의 내용이 전혀 없는 화려한 연기와 꾸밈이었다는 것을 알고 놀란다.

그러나 사회적 카리스마는 진성리더가 천명하는 정신모형인 사명, 비전, 가치를 토대로 구성원들도 자신의 정신모형을 길러내고 이를 통해 서로간의 정서적, 정신적 공명을 창출한다. 진성리더가 제시한 사명, 비전, 가치는 이들을 따르는 사람들이 자신의 사명, 비전, 가치를 실험해볼 수 있는 플랫폼이자 토양인 것이다. 이들의 관계는 사명, 비전, 가치를 매개로 형성되기 때문에 리더와의 일대일 관계를 넘어서 서로를 지탱해주는 운명공동체가 형성된다. 이들은 '우리'라는 공동체 속에서 사명을 토대로 서로의 성공을 돕는다. 이들에게 공동으로 구현해야 할 사명은 '우리'라는 공동체를 더욱 공고히 만든다. 아울러 이들은 공동운명체 내에서 자신들이 천명하고 있는 사명에 대한 믿음을 원천으로 행동, 태도, 언행을 통합시켜 자신만의 고유한 사회적 품성으로 일궈낸다. 우상화된 카리스마가 개인적 재능에 기초하고 있다면 사회적 카리스마는 사회적 품성에 기초한다. 사회적 카리스마의 품성은 공동체 내의 영향력뿐 아니라 공동체의 경계를 넘어서 다른 공동체로 쉽게 파급된다. 그 이유는 이들의 품성이 울림이 큰 사명을 내재화하고 있기 때문이다. 이들의 큰 사명은 공동체의 구성원들을 넘어서 많은 사람들에게 잠자는 영혼을 깨우는 종소리가 된다. 사명의 종소리로 인해 잠에서 깬 많은 영혼들은 서로의 마음의 북을 울려가며 공명을 창출하고 이 공명은 더 많은 사람들을 공동체의 일원으로 불러들인다. 이처럼 진성리더가 유사리더와 달리 임재를 행사할 수 있는 이유는 사람들의 눈에 보이지 않는 정신모형 II를 플랫폼으로 삼아서 리더로서의 영향력을 행사하기 때문이다.

리더십 이야기

Southwest Airlines의 Kelleher 회장

일본의 마쯔시타 전기를 세워 내셔날과 파나소닉을 글로벌 브랜드로 만든 마쯔시타 고노스케를 동양의 경영의 신으로 든다면 서양의 경영의 신으로 꼽을 수 있는 사람은 사우스웨스트 항공사의 켈르허 회장이다.

그 첫째 이유는 켈르허 회장 재임 30년 동안 한 번도 적자를 내지 않고 사우스웨스트 항공사를 운영해왔다는 점이다. 미국의 항공업계는 복걸복 시장이어서 일 년 동안에도 새로운 항공사가 우후죽순처럼 생겨나기도 하고 대형 항공사가 하루아침에 파산하기도 한다. 이런 시장에서 재임기간동안 한 번도 적자를 내지 않았다는 것은 신이나 할 수 있는 경영이다. 재임기간 중에는 911이 포함되어 있다. 911로 미국의 모든 항공사가 적자에 허덕였을 때도 사우스웨스트 항공은 적자를 보지 않았다. 둘째는, 종업원들이 이 회사의 사명에 대해 보여주는 자부심이 대단하다는 것이다. 심지어 이 회사의 종업원 중에는 이 회사의 심벌인 사랑의 마크를 팔뚝에 문신으로 새기고 이것을 고객에게 자랑하기도 한다는 점이다. 회사가 설파하는 사명인 사랑에 대한 진정성이 이들의 마음을 장악했을 뿐 아니라 이 진정성 있는 사명을 자신의 마음속에 담고 있는 것이 너무 아까워 자신의 문신으

로 표현해서 만나는 사람들에게 회사를 자랑한다는 점이다. 셋째, 고객이 이 회사에 대해서 가지는 애정은 상상을 초월한다. 죽기 전에 이 회사의 비행기를 한 번 타보고 죽는 것이 소원이라고 말하는 고객이 있을 정도다. 가격이 비싸고 사치스럽기 때문에 그런 것이 아니다. 이 회사 비행기를 타면 가격은 싸지만 특별한 손님으로 대접받았다는 체험을 할 수 있기 때문이다. 또한 미국 전역을 운행하는 회사가 아니어서 이 비행기를 꼭 타보려면 일부러 텍사스 지역으로 여행 스케줄을 만들어야 함에도 비행기 자체를 타보기 위해서 일부러 스케줄을 만드는 고객도 있다. 911로 미국 모든 항공사가 어려워져서 도산직전에 이르렀다는 뉴스를 들은 고객들은 혹시나 사우스웨스트 항공이 도산해서 지구상에서 사라지는 것을 조금이라도 막아보기 위해서 천 달러 이천 달러의 수표를 끊어 보내기도 했다. 수표와 같이 보낸 편지 내용에는 그간 너무 고마웠다는 것이다.

사우스웨스트 항공은 1973년 켈르허 회장에 의해서 텍사스 달라스에서 설립되었다. 설립초기부터 켈르허 회장은 독특한 경영기법을 시도했다. 큰 비행사와의 경쟁을 피하기 위해서 비교적 저렴한 요금으로 피닉스, LA, 달라스 등의 남서부지역을 여행하는 고객을 주 대상으로 삼았다. 하지만 가격이 싸다고 해서 싸구려 서비스를 한 것은 아니다. 오히려 비행기를 한 번 타보면 특별한 체험을 했다는 느낌을 받도록 고객에게 서비스를 제공했다. 원래 4대의 비행기로 사업을 시작하기로 했는데 사정상 3대밖에 구하지 못하자 이미 광고된 시간표를 바꿀 수도 없어서 이 문제를 해결하기 위해서 종업원들에게 의견을 구했고 종업원들은 회항률을 높이는 방법을 제안한다. 회항률을 높이기 위해서 구성원 각자는 주어진 임무를 넘어서 바쁜 사람을 도와주어야 했다. 필요한 경우에 조종사도 승객의 티켓을 검사하는 일을 도와주기도 하고, 승무원들도 짐을 옮기거나 검사하는 일을 도와주는 것을 당연하게 여기게 만들었다. 이와 같은 결과로 다른 회사들이 한 비행기가 도착에서 출발까지 걸리는 시간이 평균 한 시간이 걸리는 반면 사우스웨스트 항공사에서는 약 10분에서 15분으로 단축되었고 이와 같은 전략은 다른 항공사에 비한 회항률을 높여줌으로써 회사의 경영에 큰 도움을 주게 되었다. 이 회항률은 비행기의 낮은 운임정책을 유지하는데 결정적 공헌을 했다. 또한 회항률을 달성하기 위해서 서로가 서로를 돕는 정신이 회사의 문화로 정착되었다. 이와 같은 혁신이 회사의 문화로까지 정착될 수 있었던 것은 켈르허 회장이 회사를 운영하는 방식에 대한 진정성을 구성원들이 몸으로 직접 체감할 수 있었기 때문이다.

켈르허 회장의 회사경영에 대한 철학은 Campbell의 관리자였던 자신의 부친으로부터 배운 바가 크다. 그의 아버지는 관리자라면 적어도 종업원에게 누구보다 깊은 사랑을 보여야 한다는 철학을 가르쳤다. 이런 가르침을 실현하기 위해서 켈르허 회장은 될 수 있으면 종업원과 많이 접촉해 사랑을 직접 전달할 수 있는 프로그램을 개발했다. 이를 통해 종업원들이 사우스웨스트 항공사를 사랑할 수밖에 없도록 만들었다. 예를 들어서 본부가 있는 달라스에서는 일주일에 한번 정도는 종업원과 같이 회사의 좋은 일이 있으면 그것을 축하하는 파티를 열었고, 회사의 특별한 날이나 종업원들이 승진할 때는 회사가 아무리 커졌어도 직접 축하하는 의식을 빠뜨리지 않았다.

켈르허 회장은 종업원들이 최대로 즐겁게 일할 수 있는 직장으로 만들기 위해 자신의 직책 CEO를 회사의 대표광대(Chief Entertainment Officer)로 고쳐 부르게 했다. 켈르허 회장의 이미지는 큰 회사의 회장이라고는 상상도 할 수 없을 정도다. 그냥 재미있고 활기 넘치는 옆집 시골 할아버지의 분위기이다. 이 분위기는 연출한 것이 아니라 켈르허 회장의 진정성 넘치는 삶 그대로이다. 켈르허 회장의 타고난 유머감각도 이런 분위기를 만드는데 크게 기여했다. 실제로 켈르허 회장은 엘비스 프레슬리의 복장이나 부활절 토끼복장으로 출근하는 경우도 있고 한번 회사에 들어서면 만나는 모든 사람들과 농담을 하는 바람에 중요한 일이 있으면 비서가 대기하고 있다가 비밀통로로 그를 회장실로 인도하기도 하는 소동이 벌어지기도 하였다. 스스로 색다른 옷을 입고 비행기에 탑승하여 고객들을 즐겁게 하여 지루할 수 있는 여행에 활력을 불어 넣어 주는 일을 게을리 하지 않았다. 이와 같은 회장의 진정성 넘치는 노력으로 대부분의 종업원들은 자신의 임무를 넘어서 회사를 위해서 하는 희생을 희생이라 생각하지 않고 자신을 위해서 즐겁게 일하게 되는 분위기가 만들어졌다. 종업원들에게는 조직의 목적을 위해서라면 언제든지 자신의 개인적 일을 제쳐놓고라도 나서는 분위기가 조성되었다.

한편으로 종업원들을 이끌어 나가고 격려하기 위해서 자신이 약속한 바들은 반드시 실천하려고 노력하고 있었고 조직의 목표달성에 공헌을 했거나 성과가 좋은 직원들을 발굴해서 보상하는 것도 잊지 않았다. 사우스웨스트 항공의 보수는 다른 비행사에 비해서 그리 높은 편은 아니라 하더라도 순수익의 15%를 Gain Sharing으로 종업원들에게 돌려주고 있었고 노후를 위한 연금 등에서 다른 회사에 비해 월등히 종업원들을 식구로 챙겨 주는 정책을 쓰고 있다. 다른 회사와는 달리 무해고 정책은 경기가 어려울 때 주기적으로 해고당하는 다른 비행사의 직원들에게 부러움의 대상이 되었고 종업원들은 어려운 시기를 대비하여 회사의 비용과 효율성을 위한 정책에 적극적으로 협조하고 있었다. 이와 같이 종업원 스스로가 일하기 즐거운 직장으로 만들려는 켈르허 회장의 노력은 사우스웨스트의 낮은 이직률과 결근율에서도 그대로 드러나고 있다. 한 마디로 재미있게 일하고 놀기 위해서 종업원들이 월요일을 기다리는 회사가 된 것이다.

Fortune지는 켈르허 회장을 포춘 500대 기업의 최고의 회장으로 선정하였다.

진성리더를 위한 학습 포인트

- 진성리더의 영향력의 비밀은 정신모형 II로 모든 것을 통합하고 정렬시키는 능력이다.
- 진성리더들은 이원학습과 삼원학습의 대가들이다.
- 진성리더는 정신모형 II를 작동시키기 위해 도덕적 감정과 긍정심리자본을 동원한다.
- 진성리더의 사명에 대한 스토리는 진성리더의 품성인 진성으로 완성된다.
- 진성리더는 구성원에게 진심으로 영향력을 행사한다.
- 진성의 크기가 임재의 크기를 결정한다.

3

진성리더는 리더십을 어떻게 다르게 실천하나?

7장. 진성리더십의 실천 I
8장. 진성리더십의 실천 II
9장. 진성리더십의 실천 III

진성리더십의 실천에서 중요한 것은 진성리더가 사명을 기반으로 만들어낸 정신모형 II를 플랫폼으로 삼아 성과와 변화를 이끌어내는 다양한 리더십의 스킬들을 찾아 결합시키는 것이다. 지금까지의 논의가 진성리더의 충분조건을 형성하는 정신모형 II와 이것을 검증하여 믿음의 플랫폼으로 만드는 것이었다면 지금부터 다루는 것은 이 정신모형을 구현할 수 있는 리더십의 필요조건으로서의 스킬들을 찾아내고 이 스킬들을 정신모형 II와 결합시키고 통합시키는 것이다.

제7장

진성리더십의
실천 I

> 리더십은 전략과 품성의 결합이다.
> 그러나 둘 중 하나를 포기해야 한다면 전략을 포기하라.
> – Norman Schwarzkopf

의사소통

소통은 모든 리더가 고심하지만 근원적인 해결책이 없다고 생각하는 이슈 중 하나이다. 항상 문제가 생기면 소통의 문제라고 결론내지만 시간이 지나면 소통의 문제는 또 다시 불거진다. 결국 리더가 평생을 통해서 가장 잘 배우지 못하는 리더십 스킬이 소통이다. 그렇다면 진성리더들의 소통방식은 일반리더들의 소통방식과 어떤 차이를 보일까?

다음 [소통과정모형]에서와 같이 소통의 과정은 화자가 자신이 전달하고 싶어 하는 메시지를 준비하는 작업에서 시작된다. 메시지는 화자가 내면으로 가지고 있는 소통거리이다. 화자는 이 내면적 소통거리를 다른 사람에게 전달하기 위해서 언어나 비언어적인 방법을 이용하여 인코딩해야한다. 인코딩이란 화자가 가지고 있는 메시지를 상대가 알아들을 수 있는 부호로 전환시키는 작업이다. 화자와 청자가 서로 떨어져 있다면 부호화한 메시지를 전달하는데 채널을 이용해야 한다. 채널은 서로 만나서 일대일 대면으로 할 수도 있지만 거리가 있을 경우 전자우편을 쓸 수도, 휴대폰을 쓸 수도, 화상통화를 할 수도 있다. 상황에 따라 다양한 채널을 이용할 수 있다. 메시지가 채널을 통해서 청자에게 전달되면 청자는 언어적, 비언어적 부호로 전달된 메시지를 해석해서 그 속에 담긴 뜻을 파악해야 한다. 이 과정이 디코딩의 과정이다. 디코팅을 통해서 전달된 메시지의 의미를 이해했다면 청자는 이 메시지를 전달한 사람에게 이러저러한 메시지를 잘 받았다고 전달하게 된다. 이 과정이 피드백 과정이다.

소통에서 생기는 문제의 70-80%는 진성리더십의 원리 중 하나인 화자와 청자 간 관계적 투명성이 떨어지는 것에서 생긴다. 관계적 투명성이 100% 보장되는 관계는 두 사람이 똑같은 사람의 두 분신이라고 가상

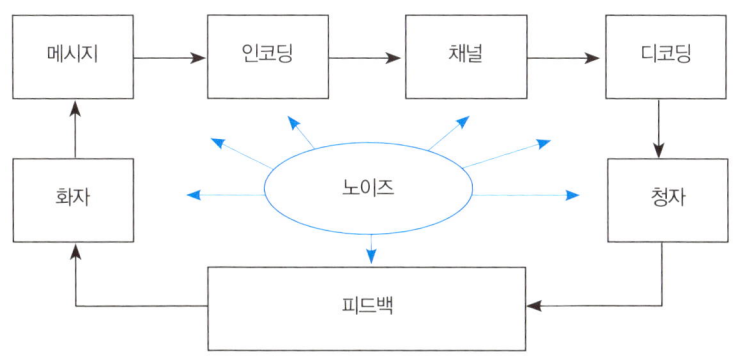

소통과정모형

해볼 때 생길 수 있다. 분신은 아니라 하더라도 둘 사람 사이에 충분히 신뢰하는 관계가 형성되어 있다면 관계적 투명성은 보장된다. 신뢰가 떨어져서 관계적 불확실성이 높아진다면 청자나 화자 모두는 상대의 의도에 대해서 그대로 받아들이기 보다는 의심하고 과도하게 자신의 입장에서 해석하기 시작한다. 노이즈가 개입되기 시작하는 것이다.

양치기 소년의 이야기는 소통문제에서 신뢰가 가져다주는 의미를 잘 가르쳐 주는 대표적 사례이다.

양치기 소년이 산 속에서 양을 돌보는 일이 너무 지루해 동네 사람들에게 사기를 쳤다. 늑대가 나타나지 않았음에도 늑대가 나타났다고 살려달라고 동네 사람들에게 거짓으로 메시지를 전달한 것이다. 이 말을 믿고 동네 사람들이 와서 우왕좌왕하는 모습을 보고 재미를 붙였다. 두 번째도 늑대가 나타나지 않았음에도 늑대가 나타났다고 사기를 쳤고 이때도 동네 사람들이 도와주러 몰려왔다. 문제는 두 번째 사건이 끝난 후 발생했다. 진짜 늑대가 나타나서 너무 다급한 마음에 동네 사람들에게 도와달라고 구조요청을 했으나 이번에는 동네 사람 중 아무도 나타나지 않았다. 결국 늑대에게 많은 양들이 잡혀 먹게 되는 비극이 발생한 것이다.

이 우화가 가르쳐주는 교훈은 많은 사람들이 생각하는 것처럼 소통의 근원적 문제는 화자가 말을 세련되게 잘하거나 발표를 잘 하는 것에 있지 않다는 것이다. 이런 상식과는 달리 소통의 문제는 화자와 청자 간의 신뢰의 잔고에 달려있다는 것이다. 신뢰의 잔고가 떨어지면 화자가 아무리 백만금짜리 정보를 가지고 세련되게 말을 잘 하더라도 청자에게 전달할 방법이 없다. 화자가 말을 아무리 어눌하게 하더라도 청자가 다 이해를 하는 이유는 둘 사이에 신뢰의 은행산고가 있기 때문이다. 신뢰의 잔고는 둘 사의의 관계적 투명성의 정도를 결정해준다. 양치기 소년을 데려다가 아무리 뛰어난 소통의 기술을 가르쳐서 현장에 다시 투입해도 신뢰의 잔고가 없는 양치기 소년은 늑대로부터 자신의 양을 지킬 수 있는 방법이 없다.

하지만 우리가 알고 있는 바와 같이 화자와 청자 사이의 신뢰관계가 있다 하더라도 둘 사이의 관계적 투명성을 100% 보장해주는 것은 아니다. 신뢰도 연기가 가능한 영역이기 때문이다. 아이러니하게도 신뢰를 도구적으로 이용해서 먹고 사는 사람들은 사기꾼들이다. 사기꾼들은 자신이 사기를 치려는 목적을 달성하기 위해 상대방에게 자신이 믿음직한 사람이라는 것을 각인시킬 수 있어야 한다. 이 각인이 먹혀들어갔을 때 사기꾼은 이 신뢰를 이용해서 자신의 사적 야욕을 채우는 것이다. 이처럼 신뢰도 속으로는 어떤 생각을 가지고 있든지간에 상대에게 자신이 예측가능하고 일관된 사람이라는 것을 보여줄 수 있으면 달성할 수 있는 것이다. 즉 신뢰는 연기의 영역에 속한 것이다. 하지만 진정성은 연기의 영역을 벗어난 가치이다.

진정성이란 자기 자신을 감동시키는 내면의 사명의 스토리를 가지고 주변의 구성원들에게도 전달하는 "True to Oneself"의 상태를 말한다. 연기하지 않고 내면의 사명의 스토리대로 사는 모습을 다른 사람에게도 보여주는 것이 진정성이다. 진정성이 있는 삶을 영위하는 사람은 다른 사람에게 일관된 예측가능성을 보여주기 때문에 신뢰를 얻을 수 있지만 이 신뢰는 사람의 내면의 삶과 외면의 삶이 일치되는 진정성에서 나오는 것이지 연기에서 나오는 것은 아니다. 따라서 소통에 있어서도 신뢰가 아니라 진정성이 답이다. 신뢰가 자연스럽게 따라오는 삶은 삶 자체가 진정성이 있기 때문이다. 청자와 화자 사이의 최고의 관계적 투명성도 화자가 진정성 있는 삶을 추구하기 때문에 생기는 것이지 단순히 연기로 신뢰를 보여주었기 때문에 생기는 것은 아니다. 신뢰는 어떤 상황에서의 예측 가능성이기 때문에 상황이 바뀌면 어떻게 바뀔 것인지 아무도 장담할 수 없다.

진성리더가 조직과 구성원들을 이끌어가는 정신모형 II에 대한 스토리를 가지고 진정성 있게 살고 있다는 것을 구성원들이 마음속으로 받아들이면 화자와 청자 간에 생기는 소통의 문제도 대부분 극복된다. 그 이유는 구성원들과 진성리더 간에 서로를 이끌어가는 정신모형 II를 공유하고 있고 구성원들이 이 정신모형 II를 진심으로 받아들이기 시작하면 조직에서 일어나는 각종 애매모호한 것들을 해석해서 정리해주는 기반을 제공해주기 때문이다.

리더십 이야기

진성리더 타라그룹 강경중 회장의 소통방식

타라그룹은 매출 3천억 원의 중견기업이다. 우리나라 프린팅업계 1위 기업이다. 20년 전 강경중 회장이 안락했던 대교의 임원직을 버리고 뭔가 자신이 주인공이 되는 의미 있는 일을 해보기 위해 새롭게 시작한 사업이 프린팅 사업이다. 직원 5명과 윤전기 2대로 시작했다. 타라는 미국 남북전쟁을 배경으로 한 비련의 로맨스 〈바람과 함께 사라지다〉의 주인공 스칼렛이 자기가 사랑하는 사람이 레트라는 것을 뒤늦게 깨닫고 레트를 찾아 돌아간 스칼렛의 고향마을 이름이다. 강경중 회장은 회사이름을 〈바람과 함께 사라지다〉에서 영감을 받아 타라라고 지을 정도로 문학적이다.

강경중 회장이 직원들과 소통하는 방식은 더 독특하다. 매출 1,000억을 돌파한 2006년 새로운 전환점이 필요하다는 생각이 들었다. 회장 혼자서 회사의 전환점을 만들 수는 없었기 때문에 직원들과 허심탄회하게 소통을 해보기로 했다. 소통의 방식으로 국토대장정을 해가면서 직원들과 소통해보기로 결심을 했다. 사원들과 생고생을 해보면서 같이 먹고 자면서 소통을 해보자는 결심이었다. 코스는 회사가 있는 파주에서 시작해서 속초, 부산, 해남을 거쳐서 다시 파주로 돌아오는 1,800km 장정이었다. 방식은 강 회장은 전 코스를 완주하고 직원들은 교대로 와서 1박 2일 동안 주어진 구간을 걸으면서 릴레이로 회장과 이야기를 나누는 방식이다. 직원들은 아침에 도착해서 저녁까지 같이 걷고 그날은 같이 자고 다음 날 아침에는 회장을 보내고 자신들은 회사로 돌아왔다. 하루를 같이 지낸 후 직원들은 떠나고 회장은 다시 걷는 방식이었다. 직원들은 바통터치하고 떠나지만 회장은 계속 걸어야 했다. 다른 직원들과 교대해가며 자기보다 나이가 훨씬 많은 회장을 혼자서 떠나보내는 직원들 마음이 울컥했다. 1,800km를 완주하는데 47일이 걸렸다. 직원들은 자발적으로 신청을 받았지만 당시 320명이었던 그룹 직원 중 250여 명이 신청했다. 신청자는 20대 신입사원부터 50대 임원까지 다양했다. 회장이 먼저 소통을 위해 고생을 통해 마음을 열자 직원들도 마음을 열기 시작했고 1,800km의 완주가 끝났을 때 회장의 마음과 직원의 마음은 완전히 하나가 되어 있었다.

이런 기적이 힘을 발해 매출은 2006년 1천억에서 2009년 두 배인 2천억을, 2014년은 3천억을 찍었다. 강경중 회장은 정년퇴임한 직원들이 같이 모여살 수 있는 이상향의 마을로 타라를 생각하고 파주에 실제로 땅을 매입해서 타라마을을 건설하고 있다.

다음 [토끼와 오리] 그림은 언어학자 비트겐슈타인이 만들어낸 그림으로 사람들에 따라서는 토끼로도 볼 수 있고 오리로도 볼 수 있는 그림이다. 이 그림을 보고 리더는 오리로 해석하고 구성원들은 토끼로 해석한다고 가정해보자. 리더는 오리 나라에서 자랐기 때문에 토끼를 본 적이 없고 구성원들은 토끼 나라에서 자랐기 때문에 오리를 본 적이 없기 때문이다. 리더와 구성원들이 똑같은 그림을 놓고 서로 다른 해석을 가지고 일을 처리하는 일이 조직에서는 비일비재하게 일어나고 있다. 이는 구성원과 리더 사이에 각자의 정신모형 I은 있지만 공유된 정신모형 II가 없기 때문에 생긴 현상이다. 공유된 정신모형 II는 이것을 기반으로 세상을 해석해주고 프레이밍해주는 믿음의 눈을 제공하는데 결국 구성원과 리더는 이와 같은 공유된 눈이 없는 것이다.

리더와 구성원들이 공동의 정신모형 II를 가지고 있고 이것을 마음으로 받아들이고 있다면 소통에서 필터링의 문제가 해결된다. 필터링이란 공유된 정신모형 II가 없어서 메시지를 화자 본인의 정신모형 I을 중심으로 인코딩해서 전달하거나 받은 메시지를 청자의 정신모형 I을 중심으로 디코딩할 경우 즉 자신의 입장에서 해석할 경우 생기는 노이즈를 말한다. 말하는 사람의 입장에서는 자신의 개인적 정신모형 I에 기반하여 필요한 내용만을 필터링한다. 듣는 사람의 입장에서도 공동의 정신모형 II가 없기 때문에 자신의 개인적 경험을 기반으로 한 정신모형 I에 따라서 메시지를 편파적으로 해석하게 된다. 똑같은 대상을 보고 있지만 다른 해석을 하고 있는 이유는 공동의 정신모형 II가 없기 때문이다. 상대

토끼와 오리

와 내가 다른 정신모형 I을 기반으로 소통하고 있다는 것을 잊어버렸을 때 자신의 메시지는 맞고 상대의 메시지는 틀렸다는 것을 확인하기 위한 You Message를 많이 사용하는 경향이 있다. 이 모든 것이 정신모형 I의 차이를 이어줄 공유된 정신모형 II가 없을 경우 리더가 자신의 지위를 이용해서 자신의 정신모형 I을 상대방에게 강요하는 국면에 불과하다.

리더가 정신모형 II를 공유해 구성원들이 이것을 마음으로 받아들이고 있을 때 리더는 어떤 메시지가 메시지의 중심에 있어야 하는 것을 정확하게 이해한다. 따라서 리더의 메시지는 항상 간결하고 정확하다. 또한 간혹 정확하지 않다 하더라도 구성원은 리더와 공유하고 있는 정신모형 II라는 맥락을 기반으로 이 메시지의 의미를 정확하게 해석해낸다. 리더가 아무리 메시지를 애매모호하게 보냈다 하더라도 구성원이 정신모형 II의 단서를 가지고 리더의 메시지를 리더보다 정확하게 이해할 수 있는 능력인 맥락적 경청이 작동한다. 맥락적 경청은 공유된 정신모형 II가 있어서 리더가 설사 애매모호한 메시지를 전달해도 구성원들은 이 정신모형 II의 입장에서 해석해낼 수 있는 능력이다. 리더가 말이 많아지는 것은 조직을 이끌어 주는 정신모형 II 자체가 형성되어 있지 않아서 그때그때마다 해설을 붙이기 때문이다. 마음으로 받아들인 공유된 정신모형 II는 모든 군더더기 메시지를 제거하고 메시지를 단순명료하게 만들어주는 마법을 가지고 있다.

진성리더는 인코딩할 때 언어적 부호보다는 비언어적 부호인 행동이나 표정 등을 많이 사용한다. 언어적으로 표현할 수 있는 것은 이미 정신모형 II 속에 다 있고 중요한 것은 이 정신모형 II 속의 메시지를 구성원들이 마음으로 받아들이게 하는지가 더 중요하기 때문이다. 따라서 이들은 메시지를 전달하기 위해서 말보다는 모범적 행동을 통해서 전달하거나 어려운 상황에 처했을 경우는 희생적 행동을 통해서 메시지를 구성원들의 마음속에 심어주는 일에 공을 들인다. 마음에 심어지지 않은 메시지는 행동으로 이어지지 않는다는 것을 진성리더들은 누구보다 잘 안다.

진성리더는 소통의 채널로 대면적 소통을 중시한다. 대면적 소통만이 생길 수 있는 문제를 즉시 해결할 수 있고 얼굴표정이나 느낌을 통해서 메시지를 전달할 수 있기 때문이다. 진성리더들은 말하기 어려운 문제라 하더라도 중요한 문제를 이야기할 때는 항상 만나서 이야기하는 것을 중시한다.

진성리더가 청자의 입장이 되고 대신 구성원들이 화자의 입장이 되었을 때 진성리더들은 적극적 경청의 능력을 사용해서 치어리더의 역할을 할 뿐 아니라 상대방의 내면적 정서까지도 이해하려는 공감적 경청능력이 뛰어나다. 하지만 진성리더가 최고의 경청능력을 보이는 것은 구성원과 리더가 공유한 정신모형 II의 입장에서 메시지를 이해하고 해석할 수 있는 능력인 맥락적 경청능력 때문이다. 이 맥락적 경청은 구성원들이 정신모형 II를 마음으로 공유하고 있을 때에만 가능하다.

진성리더는 본능적으로 구성원들에게 말할 수 있는 기회를 더 많이 부여하기 위해서 자신이 말하는 시간을 줄이는 성향을 보인다. 진성리더는 결국 잘 듣는 사람이 뛰어난 소통자라는 것을 잘 이해하고 있다. 조직에서 높은 자리에 오른 유사리더들은 이 능력에서 오류를 범한다. 자리가 높아질수록 소통능력이 떨어진다는 이야기는 자리가 높아질수록 본능적으로 귀를 닫고 말을 많이 하는 성향 때문이다.

리더십 이야기

CEO는 청각장애인?

최고경영자들의 임기는 얼마 정도로 해야 적절할까? 많은 사람들은 CEO 임기는 3년을 넘기지 말아야 한다고 주장한다. 많은 사람으로부터 칭송을 받던 잭 웰치도 CEO로 가장 어려웠던 일이 가장 중요했던 문제적 사건을 회사에서 가장 늦게 보고받는 것이라고 고백한 바가 있다. 일찍 보고를 받았다면 쉽게 해결할 수 있었던 사건도 해결이 불가능한 시점에서 알게 되어 손을 쓸 수 없었던 일들이 CEO에게는 너무 많이 일어났기 때문이다.

CEO는 회사에서 누구보다 막강한 권한을 가지고 있는 사람들이다. 이 권한을 통해서 조금이라도 이득을 취하려는 의도를 가진 사람들은 CEO에게 보고할 때 CEO가 듣기 좋아하는 방식으로 프레이밍해서 전달하게 마련이다. 또한 CEO가 하는 말에 대해서는 누구든 긍정적으로 피드백하기 마련이다. 긍정적 피드백만을 받게 되면 CEO는 자신이 하는 말이 항상 옳다는 믿음에 휩싸이게 마련이다. 일단 이런 믿음에 빠지게 되면 CEO는 자신을 스스로가 만들어 둔 감옥에 가두게 되는 현상이 생긴다. 다른 사람들의 말을 듣기 보다는 자신이 하는 말은 항상 올바르다고 믿기 때문에 본능적으로 듣기보다는 주로 말을 하는데 더 시간을 쏟게 된다.

듣지는 못하고 말만 하게 되면 어느 시점에서 자신도 모르게 자신을 청각장애라는 장애의 상태로 만든다. 청각장애인들은 말을 할 수 있지만 듣지를 못하기 때문에 음을 제대로 표현할 수 없는 사람이다. 말을 못하는 사람들이 아니다. 청각장애인들은 발음을 정확하게 듣고 이를 기반으로 적절하게 피드백해가며 교감 있게 소통을 하지 못하기 때문에 발음을 해도 상식적인 귀를 가진 사람들은 이해를 할 수 없는 음성이 되어 전달되어진다. CEO가 하는 말들이 어느 시점이 되면 극단적으로 청각장애를 가진 분들이 세상에 대해서 전달하는 말의 성격을 갖는 것으로 변질된다.

CEO는 귀머거리라는 뒷담화가 회사에서 나무하나 이 진실을 누구도 전달하기 싫어한다. 누가 고양이에게 방울을 달 것인가? 뒷담화와 불편한 진실은 회사 밖의 회사와 전혀 이해관계가 없는 사람에 의해서 충격으로 전달되어진다. 그러나 이미 상황은 악화될 대로 악화된 상황이어서 어떻게든 손을 써볼 길이 없다.

학자들은 회사가 이와 같은 재앙에 빠지기 전에 CEO로서 적절하게 임무를 수행할 수 있는 기간이 3년으로 충분하다고 본다. 3년이 되면 대부분의 CEO들은 귀머거리가 될 확률이 크다. 그러나 CEO들 중에는 큰 귀를 가진 뛰어난 CEO도 많이 존재한다는 사실을 인정해야 한다. 이들은 구성원의 말에 진심으로 귀를 기울이는 진정성과 세상이 돌아가는 이치를 볼 수 있는 통찰력을 가진 진성리더들이다.

소통은 청자가 전달 받은 메시지의 내용을 화자에게 피드백해서 확인하는 것으로 종료된다. 하지만 많은 사람들이 이 종료단계를 생략하는 경향이 있다. 이 단계가 생략된 상태로는 아무리 뛰어난 메시지를 전달하고 전달받아도 소통의 한 꼭지가 완성되지 않은 것이다. 빠른 피드백은 말한 사람이 듣는 사람에게 존중받고 있다는 느낌을 전달해준다. 자신이 공들여서 메시지를 전달했음에도 상대가 반응이 없다는 것은 부정적 해석을 낳게 할 소지가 크다. 특히 공유된 정신모형 II가 없을 경우 오해는 커질 수 있다. 진성리더는 다른 사람보다 더 빨리 전달받은 메시지에 반응함으로써 상대를 존중하고 있다는 것을 표현하는데 인색하지 않다.

리더십 이야기

소통의 Latte를 마시자

Listen : 말보다는 상대의 말을 경청하는데 시간을 더 쏟아라. 소통의 성공은 말 잘하는 사람에 의해서 결정되는 것이 아니라 상대의 말을 얼마나 진심으로 경청해주는 사람과 소통하는지에 달려 있다. 소통은 화자와 청자가 같은 음악에 맞추어 추는 왈츠와 같다. 왈츠에서 듣는 사람의 역할은 적극적 경청을 통해 화자의 스텝을 이끌어 주는 치어리더이다.

Acknowledge : 상대와 나는 근본적으로 다른 관점을 가진 사람이라는 것을 인정하고 시작해라. 모든 소통을 통한 갈등은 상대와 나의 차이를 인정하지 않고 나의 입장을 강요하는 데에서 생긴다. 상대와 나는 근본적으로 차이가 있다는 것을 인정하는 것만으로도 의사소통 오해의 70-80%는 해결된다.

Take action : 말보다는 행동으로 소통해라. 특히 상대방으로부터 신뢰를 잃었을 경우 상대에게 소통하는 유일한 방법은 행동으로 진심을 보여주는 방법밖에 없다. 행동은 가장 강력한 소통의 도구이자 소통의 수단이 없을 경우 유일한 소통의 수단이다. 또한 행동 중에서 가장 강한 행동은 희생적 행동이다. 시간의 흐름에도 변화하지 않는 사명에 대한 일관된 희생적 행동은 모든 소통행위 중 최고의 소통행위에 해당된다.

Thank : 상대와의 차이 때문에 새로운 것을 배우게 되었다는 점을 감사해라. 사람들은 이 차이를 인정하고 통합하는 과정에서 성장한다는 것을 인정하고 상대에게 감사해라. 좋으면 좋은 대로 나쁘면 나쁜 대로 상대 때문에 자신이 세상과의 차이를 인식하고 배우게 되었다는 점을 감사해라. 상대와 같은 친구를 만나게 되었다는 것을 감사해라. 감사의 표현은 앞으로 있을 또 다른 소통 행위에서 공감의 맥락을 형성한다.

Explain : 감사의 말에서 한 발 더 나가서 자신이 상대와 어떤 차이를 가지고 있었는데 상대와의 소통으로 어떤 새로운 입장을 배우게 되었는지를 상대에게 설명해줘라. 상대도 이 차이를 인정함으로써 성장할 수 있도록 도와주어라.

스타벅스에도 고객에 대한 Latte의 법칙이 있는데 이것을 응용해서 소통에 적용시켜보았다. 핵심은 상대는 나와는 다른 정신모형 I로 소통을 한다는 점이다. 내 정신모형 I과 상대의 정신모형 I을 연결시킬 수 있는 다리인 정신모형 II가 없다면 상대는 나와 다르다는 것을 인정하고 차이를 통해서 배우는 것에서 소통의 기본이 시작된다.

소통의 Latte를 마시자.

의사결정

팀원 두 명이 중요한 비즈니스가 걸려 있는 출장을 떠났다. 한 명은 남아프리카의 오지로 떠났고 다른 한 명은 남아메리카의 오지로 출장을 떠났다. 현지에 도착한 팀원들에게서 전화가 왔다. 두 지역이 워낙 오지여서 전화 말고는 소통할 방법이 없다는 것이다. 전화도 가끔은 불통일 경우가 많다는 것이다. 아니나 다를까 중요한 비즈니스 의사결정을 앞 둔 전날 두 팀원과의 전화 연락도 끊겼다. 이 두 사람과 긴밀하게 연락을 취해가며 상황에 따라 마지막 조율해야 하는데 방법이 없다. 그러나 이런 상황 속에서도 팀장은 전혀 걱정하는 기색이 없다.

이 팀의 팀장이 진성리더임을 알려주는 사례이다. 유사리더라면 아마도 멘붕에 빠졌을 것이다. 왜 진성리더는 이와 같은 상황에서도 침착함을 유지할 수 있을까?

이유는 진성리더가 이끄는 팀은 평소에 중요한 의사결정을 할 때 팀의 정신모형 II를 구현하는 것과 가장 근접한 의사결정을 가장 잘한 의사결정으로 생각하고 팀을 운영했기 때문이다. 서로간의 의견조율을 할 수 없는 상황이 왔다 하더라도 팀장은 두 팀원이 팀의 정신모형 II에 대한 믿음을 내재화하고 있기 때문에 자신에게 맡겨진 중요한 의사결정도 이 정신모형을 구현하는 최적의 방향으로 의사결정을 할 것을 믿고 있기 때문이다. 정신모형 II에 대한 믿음을 내재화한 상태로 전 팀원들이 일을 해왔기 때문에 팀장은 다른 팀장과는 달리 평소에도 팀원들에게 책임감을 가지고 일을 하라고 언급조차 한 적이 없다. 팀원 모두가 자신에게 맡겨진 일을 처리할 때 팀의 정신모형 II를 구현하는 최적의 방향으로 알아서 처리할 것임을 알고 있기 때문이다.

유사리더들은 사공이 많으면 배가 산으로 간다는 속담을 사실로 믿고 있겠지만 진성리더는 다르다. 배가 산으로 가는 이유는 갈 목적지가 정해져 있지 않은 상태에서 배를 몰고 있기 때문이다. 구성원들이 조직이 나아가야 할 방향인 비전과 사명과 가치에 대해서 확고한 믿음을 가지고 있다면 모두가 나서서 노를 젓지 않을 이유가 없다. 사공들이 지치면 돌아가면서 노를 저을 것이고, 남들보다 빠른 시간에 도착하려면 다 같이 모여서 일사불란하게 노를 저을 것이다. 서로 다른 재능을 가진 사공은 그때그때 적재적소에 배치할 것이다. 이 모든 일은 배가 가야할 목적지에 해당하는 정신모형 II를 구성원들이 마음으로 공유하고 있기 때문에 가능한 일이다.

진성리더는 유사리더와는 달리 의사결정에서 두 가지 강력한 무기를 사용하기 때문에 아무리 불확실한 상황에서 어렵게 의사결정을 해도 낭패를 경험하지 않는다. 진성리더들이 아무리 상황이 불확실해도 균형된 의사결정을 통해 조직을 잘 이끌 수 있는 이유는 이들에게는 최신판으로 업데이트가 잘 되어 있는 내비게이션을 가지고 있기도 하고 또한 길을 잃었을 경우 길을 찾을 수 있는 극성이 뚜렷한 나침반을 가지고 있기 때문이다. 내비게이션은 정신모형 I을 이야기하고 나침반은 정신모형 II를 이야기한다. 진성리더가 가지고 있는 정신모형은 유사리더가 이용하고 있는 정신모형과는 질적으로 다른 정신모형이다.

정신모형 I은 어떤 방식의 의사결정이 최적의 가치를 창출할 수 있는 방법인지의 노하우를 결정해준다. 회사의 경우 정신모형 I은 가치를 효율적으로 창출할 수 있는 회사 고유의 비즈니스 모형이다. 비즈니스 모형인 정신모형 I이 가장 효과적인 대안들을 설정하게 도움을 줄 수 있게 하는 이유는 업데이트가 잘 되어 있기 때문이다. 업데이트가 안 된 정신모형 I에 토대를 둔 의사결정은 실수로 이어진다. 반복되는 실수에도 불구하고 조직과 리더와 구성원은 이를 인정하기보다는 자신의 정신모형을 방어하는데 더 힘을 쏟는다. 결과는 더 엄청난 의사결정의 오류에 빠지게 된다. 업데이트가 되지 않은 정신모형 I이 자신과 구성원 모두를 이 정신모형의 감옥에 가두는 역할을 수행하기 때문이다. 감옥 속에 갇힌 리더나 구성원들은 감옥이 더 안전한 곳이라고 서로를 위로한다. 자신의 정신모형 I의 문제를 고치기보다는 이 정신모형을 방어하는 의사결정에 몰입하게 된다.[1] 감옥 속에서 본 세상의 눈으로 세상을 이해하고 의사결정을 하게 된다. 이런 상황에서의 의사결정은 조직을 위기상황으로 내몬다.

정신모형 I의 감옥에 갇혀서 의사결정하는 사람들의 특징은 자신의 정신모형을 지키는 쪽에 도움이 되는 방식으로 데이터를 주관적으로 이용한다는 점이다. 이들은 일견 표면상으로는 객관적으로 보이는 데이터를 주관적으로 선별하고 포장하는 일에 능수능란하다. 한 마디로 정신모형의 감옥에 빠져 방어기제를 사용하기 시작하면 모두가 사이비 과학자로 전락한다. 이들은 주먹구구식으로나 아니면 개인의 느낌에 토대를 두고 자신의 정신모형을 지키는데 도움이 되는 데이터만을 선별해서 이것을 기반으로 의사결정을 내린다. 이들은 최근에 일어난 희소성이 큰 생생한 사건을 부풀려서 의사결정을 하거나, 적은 샘플에서 얻은 결과를 과도하게 일반화시키거나, 함몰비용을 과대계상하거나, 사건의 결과를 정해놓고 사후적으로 그에 맞는 원인을 찾아서 정당화하거나, 상황이 안 좋아질수록 한 몫에 모든 것을 해결할 수 있는 더 위험한 대안을 과대평가해 여기에 올인 하는 의사결정을 한다.[2] 집단사고도 구성원들이 집단적으로 정신모형 I을 지나치게 신봉하고 이것을 부정하는 신호들을 외면하는 과정에서 생긴다. 정신모형 I의 지나친 신봉은 정신모형을 부정하는 외부 위협을 과대해석하게 하고 이에 과민하게 대응해 파국에 이르는 의사결정을 내린다. 모든 경우 과학자들처럼 데이터를 동원하지만 동원된 데이터는 과학자처럼 정신모형을 객관적으로 검증하기 위한 것이라기보다는 모두 자신의 정신모형을 버리지 않고 지키기 위함이다.

진성리더들은 정신모형 I을 최적의 상태로 유지하기 위한 이원학습에 몰입한다. 정신모형을 통해서 내린 의사결정이 실수나 실패로 이어지면 그 원인을 분석해서 정신모형의 가정을 고쳐나간다. 이들은 성공보다는 실수를 학습의 보고로 생각한다. 진성리더에게 실수나 실패는 정신모형을 업데이트해야 하는 시점이라는 것을 알려주는 중요한 신호이다. 또한 이들은 정신모형의 의사결정에 의해서 영향을 받는 이해당사자들을 정신모형의 문제점을 고쳐나가기 위한 중요한 반성의 거울로 삼는다. 이들로부터 들어오는 피드백 정보를 끊임없이 모니터링하고 이 모니터링을 통해서 정신모형의 잘못된 가정들을 찾아나가고 이를 고쳐나간다.

불확실한 상황에서 길을 헤매지 않고 제대로 된 길을 찾아가게 도와주는 의사결정은 정신모형 II의 역할이다. 정신모형 II는 극성이 뚜렷한 나침반의 역할을 수행하기 때문이다. 정신모형 II가 제대로 된 의사결정을 이끌 수 있는지는 정신모형 II의 극성에 달려 있다. 극성이 떨어진 나침반은 어떤 상황에서는 북쪽을 가리키다가도 어떤 상황에서는 남쪽을 북쪽이라고 가르쳐주기 때문이다.

사명과 목적이 장착된 정신모형 II에 대한 믿음을 구성원들이 내재화하고 있을 때 정신모형 II는 나침반으로서의 극성을 유지하게 된다. 정신모형 II가 구성원들에게 믿음으로 받아들여져 극성을 유지할 경우 구성원들은 정신모형 II를 통해서 세상을 볼 수 있는 새 안경을 획득한 것이 된다. 이 새 안경은 미래가 돌아가는 상황을 보다 정확하게 규정하고 이해할 수 있도록 도와주고 이를 기반으로 미래로부터 오는 기회와 위협요인을 정확하게 파악할 수 있는 통찰력을 제공해준다. 정신모형 II를 갖는다는 것은 근시나, 원시나, 난시인 사람에게 세상을 더 잘 볼 수 있는 안경 한 벌을 맞춰주는 것에 비유할 수 있다. 이 안경으로 지금까지 볼 수 없었지만 지금은 볼 수 있는 세상을 찾아냄으로써 현상을 더 잘 볼 수 있는 정확한 초점을 획득하게 된다. 정신모형 II의 특징은 정신모형 I과는 달리 끊임 없이 더 큰 세상을 포함시켜가며 내면을 확장시켜준다. 이 모든 것이 정신모형 II의 눈을 통해 세상이 어떠하다는 것을 알아낼 수 있는 상황정의 능력 때문이다. 정신모형 II라는 눈으로 상황을 정의해내는 능력이 없다면 우리 모두는 미래에 대해서 눈 뜬 장님이나 마찬가지이다. 세상은 믿는 것만 보이게 되어 있다.

이를 뒷받침하는 실험결과도 있다. 실험은 Simmons과 Chabris가 한 실험으로[3] 피 실험자들에게 흰 옷을 입은 팀과 검은 옷을 입은 두 팀으로 나눠서 같은 팀끼리 공을 주고받는 게임을 지켜봐가면서 백색 옷을 입은 팀이 공을 몇 번이나 성공적으로 주고받는지를 세라는 실험과제를 부여했다. 이 실험도중 고릴라 한 마리가 공을 주고받는 학생들 사이를 헤집고 다니면서 가슴을 두 주먹으로 치는 장면이 나온다. 진짜 실험의 과제는 공을 몇 번이나 성공적으로 주고받았는지가 아니라 중간에 나타난 고릴라를 봤는지의 여부이다. 대부분의 학생들은 고릴라를 보지 못했다고 보고한다.

조직이 과제를 수행하는 방식도 비슷하다. 정신모형 I을 기반으로 주어진 과제를 효율적으로 수행하는데 빠지게 되면 고릴라는 기회요인이든지 아니면 위협요인이든지를 보지 못하고 넘기게 된다. 대부분의 회사들도 당장 해결해야 하는 시급한 업무에 집중하다 보면 기업의 운명을 결정해줄 기회나 위협인자를 놓치게 마련이다. 이것을 볼 수 있는 정신모형 II라는 믿음의 눈이 없다면 아무리 기회나 위기가 코앞에 닥쳐도 다 놓치게 되어 있다.

진성리더들이 구성원들과 공유하고 있는 정신모형 II의 플랫폼은 조직이 집중해야 할 전략적 의도를 제시한다.[4] 정신모형 II를 통해서 조직이 도달해야 할 사명의 목적지가 정해져 있고 이 목적지에 대한 믿음이 있기 때문에 이것에 도달하기 위한 최단 거리에 비전이라는 중간 기착지를 세울 수 있다. 또한 이 비전을 달성하기 위한 효과적 전략을 세울 수 있고 이 전략을 달성하기 위해 무엇을 해야 하는지를 알게 된다. 전략적 의도라는 세상을 볼 수 있는 안경을 가진 회사는 이 안경을 끼기 전에는 볼 수 없던 세상을 포함시켜 이 세상과 전 세상과의 갭을 인식하고 이 갭을 극복하는 과정에서 끊임없이 혁신을 만들어낸다. 유사리더들을 정신모형 II에서 제시하는 사명과 목적에 대한 진정한 믿음을 가지고 있지 못하다. 이들이 사명과 목적에 대한 믿음을 가지고 있지 못하다는 사실은 조직이 어려울 때 드러난다. 이들은 경기가 어려워지면 조직 생존의 명분을 내세우면서 지금 당장 단기적으로 먹고 사는 문제를 해결해주는 정신모형 I을 더 세련되게 만드는데 집중해야 한다고 주장한다. 이들의 주장이 먹혀들어가기 시작하면 생존을 위해서 단기적 비즈니스를 하는 방식을 정해주는 정신모형 I 중심으로 회사를 몰고 간다. 이런 방식이 지속

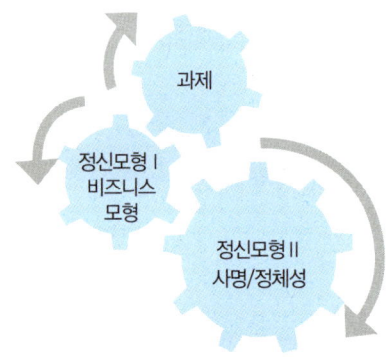

정신모형 간의 정렬

될수록 정신모형 II와 정신모형 I은 서로 정렬된 방향으로 돌아가는 것이 아니라 디커플링 되어서 서로 반대방향으로 겉돌기 시작한다. 회사가 탈선한 것이다.

조직이 선로로부터 탈선하는 행위는 조직의 목적과 사명을 무시하고 거대한 비전을 수립해서 여기에 몰입할 때도 나타난다. 운이 좋게 이런

회사들이 한 번의 비전을 달성하지만 문제는 이 비전을 달성하고부터 생긴다. 일단 비전을 성공적으로 달성한 행동에 무한한 자부심을 느끼고 자신들이 성공한 관행을 업계의 표준으로 강요한다. 환경의 변화에서 오는 압력을 애써 무시해가며 학습하지 않다가 상황이 불리해지면 다시 더 크게 위험을 무릅쓰고 내지르지만 이 행동이 회사를 무너뜨리게 한다. 결국 한 번 달성한 비전에 안주해서 그곳을 목적지로 생각하게 하는 행동이 결국은 조직을 사명의 경로에서 탈선하게 만든 것이다. 한 때 승승장구하다 무너진 노키아, 모토롤라, 소니의 사례가 대표적이다.

　마지막으로 진성리더들은 자신의 의사결정이 상대방에게 미치는 영향력을 면밀하게 검토한 후에 상대에게 긍정적 영향력을 미치는 쪽의 윤리적 의사결정에 몰입하는 성향이 있다. 이때 진성리더가 도입하는 원리가 황금률이다. 의사결정의 황금률이란 상대가 나를 위해서 어떤 방식으로 의사결정을 내려주기를 바라는 대로 상대를 위해서 의사결정을 해주는 원리이다. 남들이 나를 대우해주기를 바라는 대로 남들을 대우해주는 성서의 원리를 원용한 것이다. 이와 같은 황금률에 근거한 의사결정은 진성리더와 구성원간의 관계적 투명성을 더욱 강화시킨다.

임파워먼트

진성리더들은 구성원들을 임파워먼트 시키기 위해 정신모형 II를 임파워먼트의 플랫폼으로 이용한다. 구체적으로 정신모형 II가 담고 있는 스토리의 핵심인 사명을 통해서 업의 개념을 깨닫게 하는 방법과 비전을 통해서 구성원들의 마음속에 열정의 발전소를 건설하는 방법을 통해서이다.

경업락군(敬業樂群)

앞에서 설명한 세 석공의 이야기를 상기해보자. 첫 번째 석공은 강제노동에 동원되어 와서 일을 하고 있기 때문에 항상 도망갈 궁리만 하고 있다. 둘째 석공은 생계를 위해서 일하고 있기 때문에 일당 5만 원짜리 일이라도 하지 않는다면 가족의 생계를 해결할 방법이 없다. 일하기는 죽기보다 싫지만 목구멍이 포도청이다. 세 번째 석공은 성당을 복원하기 위해서 일하는 석공이다. 세 번째 석공만 사명을 가지고 석공의 일을 하고 있다.

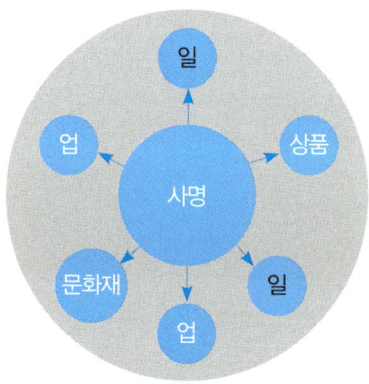

일과 업

사명 때문에 일하는 석공에게 돌을 쪼개는 작업은 단순히 월급을 받기 위한 일이라기보다 자신에게 주어진 업이자 소명(Calling)이다. 사명이 일과 만났을 때 일은 단순한 일에서 신성한 업의 개념으로 전환된다. 사명에 의해서 회사가 파는 제품이 성공적으로 프레이밍 되었을 때 그 상품은 그 회사의 정신을 파는 회사의 문화재가 된다. 설사 억이 넘는 월급을 받는다 하더라도 경업하지 못한다면 일 억짜리 일개 월급쟁이에 불과할 뿐이다. 일 억이 넘는 연봉을 주고 핵심인재라고 해서 스카우트했다 하더라도 이 핵심인재는 다른 회사에서 연봉 천만 원을 더 보전해준다면 언제든지 회사를 떠날 사람이다. 이 사람은 회사가 어려워지면 자신의 연봉과 몸값을 보전하기 위해서 언제든지 회사를 버릴 사람이다. 이와 같은 사람을 회사의 핵심인재라고 키우고 있는 회사는 정말로 취약하기 짝이 없는 회사이다. 설사 연봉은 3천만 원 밖에 안 된다 하더라도 세 번째 석공처럼 성당을 복원한다는 사명의 스토리를 마음에 품고 자신의 일을 업으로 하고 있는 직원이 회사에 15%만 된다면 어떤 회사도 이 회사를 넘어설 수 없을 것이다.

예기.학기(禮記.學記) 편에도 "경업락군(敬業樂群)"이라는 말이 있다. 경업은 자신의 일을 업으로 승화시킨다는 뜻이고 락군이란 많은 사람들과 함께 즐거워할 수 있는 최적화된 낙관의 상태라는 뜻이다. 즉 구성원들이 자신의 일을 업으로 승화시켜서 하게 된다면 많은 사람들이 행복한 최고의 상태를 만들 수 있다는 뜻이다. 예기.학기 편에서는 경업락군의 조건에 대해서는 이야기하지 않았지만 경업락군은 어떤 회사가 구성원의 마음을 사로잡을 수 있는 정신모형 II를 가지고 있는지 특히 사명이라는 회사의 존재이유를 구현하기 위해서 일하는 문화를 가지고 있는지에 달려있다. 경업하지 못하는 사람들이 모여 있는 회사는 어떤 방식으로든 모두가 즐거워할 수 있는 최적의 행복상태인 락군 상태를 만들 수 없다. 직원들이 자신의 일을 업으로 승화시켜 일하는 경업만이 조직을 최적화시켜 모든 구성원들을 행복하게 할 수 있기 때문이다.

구성원들이 사명을 가지고 일하는 경업락군은 직원들만의 문제는 아니다. 설사 직원들은 자신의 일을 업으로 대할 준비가 되어 있다 하더라도 회사가 성당을 복원하는 장면인 사명 내지는 목적을 제공해주지 못할 경우 구성원들의 사명을 복원해 자신의 일을 임파워먼트 시키려는 노력은 밑 빠진 독에 물을 붓는 일이 된다.

일본에 텟세이라는 신칸센의 청소를 대행해주는 회사가 있다.[5] 이 회사가 유명해진 이유는 신칸센 극장이라는 이름으로 고객들 사이에서 구전되어 전파된 숨겨진 이야기 때문이다. 신칸센의 청소를 대행해주는 용역회사의 직원들은 따지고 보면 인생의 막장에 이른 사람들이다. 이와 같은 고정관념을 가지고 이들이 청소하는 장면을 지켜보던 고객들이 놀라운 일을 목격한 것이다. 고정관념과 달리 이들이 청소하는 모습을 지켜본 사람들은 차창 밖으로 보여주는 한 편의 영화를 보는 것과 같은 감동을 받았다. 고객들은 자신의 친구들에게 자연스럽게 물어보게 되었다. 혹시 신칸센 극장 봤어? 청소하는 장면이 너무 드라마틱해서 붙여진 이름이다. 신칸센이 회항하는데 걸리는 시간이 10분이라면 이 텟세이에 맡겨진 시간은 7분이다. 이 7분동안 화장실 청소에서 시트를 가는 일까지 모든 청소를 끝내야 한다. 이 시간동안 텟세이 직원들은 한 편의 감동스러운 드라마를 연출해가면서 자신의 일을 업으로 승화시켜 완수했던 것이다.

어떻게 이런 일이 벌어질 수 있었을까? 여기에는 이 회사의 사장님도 아닌 경업락군하는 부장이 있었다. 이 부장은 청소에 나가기 직전 직원들에게 다음과 같은 성당을 복원하는 스토리를 들려주었고 직원들이 이 진심이 담긴 스토리를 마음에 받아들이기 시작하면서 기적이 일어난 것이다.

"죄송하지만 여러분은 사회라는 하천의 상류에서 흐르고 흘러, 지금 텟세이라는 하천의 하류에 이르렀습니다. 그렇지만 하류라고 자신을 비하하지 않기를 바랍니다. 여러분이 청소를 하지 않으면 신칸센은 움직일 수 없습니다. 여러분은 그냥 청소하는 아저씨, 아줌마가 아니에요. 세계 최고의 기술을 자랑하는 JR동일본 신칸센의 유지보수를 맡은, 구체적으로 말하면 청소라는 분야의 유지보수 기술자들입니다. 우리는 단순히 청소를 팔지 않습니다. 고객들에게 여행의 추억을 토털서비스로 판매하는 회사입니다."

이런 회사의 특징은 리더가 성당을 복원하는 스토리를 구성원들에게 명확하게 제공하고 있고 구성원들은 대표가 제시한 이 사명을 복원한 스토리를 마음으로 받아들여 자신의 일에 진심으로 정성을 다해서 이것을 적용하고 있다는 점이다. 이들이 아무리 청소라는 하찮은 일을 하고 있다 하더라도 고객들에게 여행의 추억 제공이라는 텟세이의 신성한 사명에 대한 믿음이 이들을 임파워먼트 시킨 것이다.

경업락군(敬業樂群)의 원리는 개인의 삶에도 그대로 적용된다. 자신이 하는 일을 생계를 넘어서 업으로 승화시킬 수 있는 자신만의 사명과 목적에 대한 믿음이 없다면 자신의 삶과 관련된 모든 것들을 한 못에 최적화 할 수 있는 락군은 없는 것이다. 진성리더는 정신모형 II를 구성하고 있는 사명을 통해 구성원들이 하고 있는 일을 업으로 승화시켜 구성원들의 삶을 임파워먼트 시키는 사람이다.

리더십 이야기

포항제철 박태준 회장의 경업락군(敬業樂群)

각성적 사건은 진성리더들에게만 일어나는 사건이 아니다. 많은 진정성 있는 조직이나 심지어 국가도 각성적 사건을 경험한다. 포항제철 건립의 종잣돈이 된 1억불의 돈은 대일청구권 자금이었다. 즉 우리나라를 36년간 식민 지배한 일본에게 사죄금 명목으로 받은 돈이다. 한 마디로 일제에 의해서 죽음을 당한 치욕스런 나라의 사망에 대해서 더 이상 왈가왈부하지 않겠다고 각서를 쓰고 받아낸 국가의 목숨 값이었다. 포항제철 건설의 프로젝트를 맡았던 고 박태준 회장은 이 돈의 신성한 의미를 잘 알고 있었다. 따라서 이 돈을 사용해서 만들어 낼 사명을 제철보국으로 정했다. 제철산업을 꼭 성공시켜 국가의 은혜를 갚겠다는 뜻이었다. 국가의 목숨 값을 받아서 완성해야 하는 사업이니만큼 실패할 경우는 모두가 우향우해서 영일만에 빠져 죽을 각오로 필사적으로 몰입했다. 소위 우향우 정신이다. 포항제철 건설은 국가의 사명을 세우는 목적 지향적 프로젝트였다.

돈을 마련했어도 기술이 문제였다. 박태준 회장은 일본의 3대 철강회사 사장과 소유주를 따라다니며 막무가내로 기술이전을 요구했다. 철강회사 소유주들은 박태준 회장이 일본을 방문하는 일정에 맞추어서 휴가를 잡아 피해 다녔으나 휴가처까지 찾아내 집요하게 따라다녔다. 이 때 일본에서도 한국에 제철소가 생겨도 수십 년 내 일본 수준을 절대로 못 따라 잡을 것이고 인접국에 철강 산업이 일어날 경우 긍정적 효과도 있을 것이라는 여론이 일어났다. 천우신조였다. 박태준 회장은 마침내 뜻을 이루었다. 기둥 하나가 잘못 세워질 때마다 가차 없이 폭파시키는 그의 완벽주의 속에 제철소는 서서히 모습을 드러내기 시작했다. 그리고 1973년 6월 9일 그가 외친 구호들은 모두 현실이 됐다. 마침내 제 1고로에서 쇳물이 쏟아져 나온 것이다.

그 사이 박정희 대통령은 3선 개헌을 밀어 붙였고 박태준 회장에게도 동참하라는 메시지를 보냈다. 박태준 회장은 이 제의를 거부했다. 중앙정보부장 김형욱이 포항으로 사람을 보내서 설득했으나 제철소 하나만으로도 바쁘다는 핑계로 거절했다. 보고를 전해들은 박정희 대통령도 박태준은 원래 그런 친구이니 건드리지 말고 놔두라고 지시한다. 정치를 잊고 제철소 건설에만 신경 써오던 그는 1992년에 연간 2,100만 톤 규모의 양산체제를 구축하는데 성공한다. 박태준 회장은 기념식 다음 날인 10월 3일 개천절에 국립묘지에 있는 박정희 대통령의 묘역을 찾는다. 이 자리에서 박태준 회장은 한지에 붓글씨로 쓴 보고문을 낭독했다. "불초 박태준, 각하의 명을 받은 지 25년 만에 포항제철 건설의 대역사를 성공적으로 완수하고 삼가 각하의 영전에 보고를 드립니다. 혼령이라도 계신다면 불초 박태준이 결코 나태하거나 흔들리지 않고 25년 전의 그 마음으로 돌아가 잘사는 나라 건설을 위해 매진할 수 있도록 굳게 붙들어 주시옵소서."

포항제철은 세계 최강의 철강 기업으로 성장했다. 글로벌 철강 분석 기관 WSD는 2011년 세계 34개 철강사 대상으로 기술력·수익성·원가절감 등 23개 항목을 평가, 포스코를 세계 1위 철강사로 선정했다. 포스코는 시가총액도 최근 아르셀로미탈을 제치고 세계 1위 철강기업으로 올라섰다.

열정의 발전소

구성원들은 진성리더가 제시하는 사명과 정렬되어 있는 비전을 내재화함에 의해서도 임파워먼트를 경험한다. 비전의 생명은 생생함이다. 현재 자신의 키가 160cm라면 비전은 정해진 기간에 180cm 혹은 200cm로 성장한 자신의 미래의 모습이다. 이 성장의 모습은 무엇보다도 생생해야 한다. 생생한 미래의 모습은 마음속에 열정의 발전소가 된다. 열정의 발전소는 플러스극과 마이너스극이 명확할 때 마음속에 켜지게 된다. 플러스극에 해당되는 것이 바로 미래에 자신이 성장해 있는 모습이고 마이너스극은 자신의 현재의 모습이다. 이 열정의 발전소는 플러스극과 마이너스극 간에 충분한 긴장관계를 유지할 때 작동하기 시작한다. 자신의 미래에 성장한 모습만 존재하고 현실에 대한 이해를 못할 경우는 낭만가나 공상가로 전락하기 때문에 발전소의 불은 켜지지 않는다. 반대로 마이너스극만 존재할 때 현실에 대한 염세주의로 빠져서 역시 열정 발전소의 불은 켜지지 않을 것이다. 또한 돈만을 성장의 목표로 삼은 발전소의 불은 쉽게 꺼지기 마련이지만 자신의 성장 자체를 목적으로 한 발전소의 불은 쉽게 꺼지지 않는다. 발전소의 연료는 플러스극과 마이너스극 간의 줄어드는 갭, 즉 성장에 대한 개인적 체험이다. 미래의 성장된 자신의 모습을 생각하면 가슴 한 구석에서 울렁거림을 경험하게 되는데 이것이 바로 열정의 에너지가 산출되는 증거들이다. 이런 에너지가 산출될 때 사람들은 하루 빨리 차이를 줄여 나가는 프로젝트를 수행하고 싶어 하는 즉시성을 경험하게 된다. 이런 즉시성을 불러일으킬 수 있는 비전이 잘 만들어진 비전이다.

지금 직장을 다니고 있다고 가정해보자. 직장에서 지금 내 키가 170cm라고 가정해보자. 어느 날 하나님이 나타나서 이 직장에서 5년 동안 근무해도 나의 키는 170cm에서 더 이상 성장하지 않을 것이라는 엄청난 비밀을 알려주셨다고 가정해보자. 이런 비밀을 전해들은 내가 내일 아침에 일어나서도 예전처럼 활기차게 회사에 출근할 수 있을까? 아마도 마음속에 열정의 발전소의 불이 꺼지는 소리를 들을 수 있을 것이다.

사람들은 왜 열정을 가지고 회사에 출근할까에 대한 비밀이 이 시뮬레이션에 담겨져 있다. 사람들은 5년 후에는 170cm에서 180cm로 성장할 것이라는 성장의 기대감이 있는 한 열정의 발전소가 돌아간다. 이 열정의 발전소의 연료는 170cm와 180cm의 갭이 회사에서 하는 프로젝트의 결과로 줄어드는 성장체험이다. 이 성장체험은 우리에게 열정을 가져다주고 이 열정을 체험하고 싶은 마음에 우리는 다시 이 갭을 줄이는 프로젝트에 몰입하고 있는 것이다. 회사에서 성장체험을 제공해주지 못하고 있다면 이 구성원을 회사에 몰입시키기 위해서 갖은 인센티브나 외재적 보상을 동원할 수 있어야 한다.

회사의 관리자들과 세미나를 할 때 어떤 경우에 마음에 불이 붙어서 며칠 밤을 세워가면서 몰입해서 일한 경험이 있느냐는 질문을 자주 던진다. 이때 많이 나오는 답이 자신이 존경하는 상사가 자신을 믿어주고 자신이 성취한 것에 대해서 칭찬해주었을 때라는 답이다. 하지만 이 문제를 더 깊이 파고 들어가 연구해보면 자신이 존경하는 상사의 외재적 칭찬 때문에 그리 열심히 일한 것이 원인은 아니다. 자신이 하고 싶어 하고 도전하고 싶어 하는 즉 지금 170cm인 자신에게 180cm의 그림을 그려주는 일을 맡아서 성공적으로 수행했기 때문에 성장체험을 한 것이 열정의 발전소에 불을 붙인 것이다. 우연히도 자신이 존경하는 상사조차도 내 성장에 대해서 객관적으로 인정까지 해주니 천군만마를 얻은 심정이 된 것이다. 이 상사가 정신모형 II를 기반으로 이와 같은 행동을 했다면 더 금상첨화일 것이다. 핵심은 나 자신의 성장체험이다. 여기에 상사의 칭찬이 부수적으로 붙은 것이다. 나의 성장체험이 없었다면 아무리 상사가 칭찬을 했다 하더라도 내가 그리 좋아 했을 리는 만무하다. 성장체험은 보이지 않기 때문에 대신 상사의 칭찬 때문이라고 설명한 것이다. 진성리더는 생생한 비전을 기반으로 구성원에게 성장체험을 할 수 있는 열정의 발전소를 구축해주는 사람이다. 성장체험은 회사가 변화하는 세상에 구성원들을 적응시키기 위한 최소한의 보험이다. 보험으로서의 성장체험은 만약에 회사가 사라질 경우 지금의 몸값을 보전하게 만들어 준다. 회사가 성장체험을 제공하지 못한다는 것은 이런 보험도 없이 구성원들을 혹사시키고 있다는 것이 된다.

지행격차

임파워먼트가 제대로 작동하지 않을 때 생기는 현상이 아는 대로 행동하지 않는 지행격차현상이다.[6] 지행격차가 큰 회사는 말 잘하거나 발표 잘하는 것을 일 잘하는 것으로 착각하기도 한다. 어떻게 이런 일들이 벌어지는 것일까? 리더가 설파하는 사명과 비전에 대한 진정성이 받아들여지지 않기 때문에 생기는 현상이다.

지금까지 유사리더들이 리더십을 발휘하는 방식은 뛰어난 전략을 짜

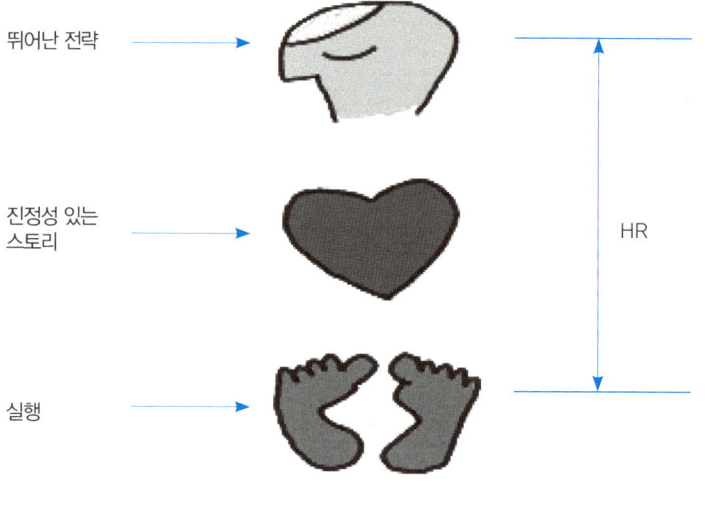

지행격차

서 이것을 완벽하게 실행하는 것이었다. 리더들이 전략을 완벽하게 짜더라도 구성원들이 발로 뛰어주지 않는다면 실행되지 않으므로 이들을 발로 뛰게 만들기 위해서 동원하는 것이 HR이다. 전략대로 발로 움직여준다면 승진도 시켜주고 평가도 좋게 해주고, 고과도 잘 주고, 인센티브도 듬뿍 주는 방식이다. 즉 외재적 보상을 기반으로 그레이하운드 경주를 시키는 방식이다. 고기를 달아놓고 달려서 이것을 따먹게 하는 방식이다. 당연히 고기가 없다면 달릴 이유가 없다. 이와 같은 방식은 그래도 경기가 좋을 때 자주 쓰던 방식이다. 경기가 좋아서 전략만 잘 짠다면 치고 나갈 수 있는 여지가 충분할 때 작동되던 방식이다.

하지만 지금은 경기가 L자 경기로 꺾이고 침체된 경기가 당분간은 살아날 기미를 보이지 않는 상황으로 바뀌었다. 이런 상황이 지속되자 대부분의 회사에서는 이전처럼 자원에 대한 여유가 없어져서 결국은 HR이 없다는 가정 하에서 회사를 운영해야 할 지경에 이르렀다. 또한 경기침체는 이전처럼 강력한 전략을 짜서 밀고 나간다 해도 더 이상은 성장의 여지가 없는 상태로 변했다. 이전 방식의 전략 자체가 작동이 될 수 없는 상황으로 바뀐 것이다. 그럼에도 불구하고 이전 방식의 강력한 전략으로 밀고 나가는 회사는 종업원에게 갑질을 하거나 고객에 대해서 침해를 가하거나 대리점에 대한 밀어내기로 오히려 더 곤혹스러운 상황을 연출하고 있다. HR을 앞에 걸고 구성원을 달리게 하는 가장 손쉬운 방법은 이제 더 이상 작동이 안 되고 있다.

이런 상황에서 우리가 잊고 있었던 자원은 마음이다. 왜냐하면 어떤 스토리가 마음과 만났을 때 마음은 도덕적 감정들을 느껴가면서 스스로 따뜻해지고 이 스토리를 마음속으로 깊이 받아들이게 된다. 마음속으로 받아들여진 스토리는 사람들에게 자발적 실천을 만들어낸다. 자발적 실천이 지속되면 성과로 이어진다. 실천을 통해서 성과가 난다면 사람들은 성장체험을 하게 되고 일에 다시 열정을 가지게 된다. 열정과 성과가 살아나면 사람들은 스토리에 대한 믿음을 갖게 되고 이 믿음은 더 큰 변화를 이끌어낸다.

목적과 결과

지금처럼 경기가 어려울 때일수록 변화를 만들어내는 근원적 원천을 이해하고 구성원들을 임파워먼트 시킬 수 있어야한다. 진성리더들은 진정성 있는 사명과 가치와 정체성 즉 정신모형 II를 플랫폼으로 이용하여 구성원의 마음을 따뜻하게 만들고 이 마음을 통해서 구성원들을 임파워먼트 시킨다. 진성리더가 구성원을 임파워먼트 시키는 원리에서 유사리더와 차이를 보이는 점이 바로 이것이다. 진성리더가 임파워먼트 시키는 원리는 사명을 일의 목적으로 각인시키고 이것을 일의 결과와 구분하는 것이다. 진성리더는 일에 대한 내재적 사명이 있어서 일에 몰입하는 사람이지 일이 어떤 외재적 결과를 산출해주기 때문에 몰입하는 사람이 아니다. 이들은 좋은 결과는 목적이 제대로 돌아갈 때 자동적으로 따라온다는 것을 안다.

황금알을 낳는 거위가 있다고 가정해보자. 진성리더는 상식적으로 지속적으로 황금알을 얻기 위해서는 거위를 튼튼하게 만드는 것이 목적이라는 것을 잘 안다. 거위를 튼튼하게 만드는 목적이 달성되면 황금알이라는 결과는 자동적으로 따라온다는 것도 누구보다 잘 알고 있다. 유사리더가 범하는 우는 황금알을 단기간에 많이 산출하라는 명령에 쫓기게 되어 앞 뒤 사정보지 않고 거위 배를 갈라서 뱃속에 있는 황금알을 꺼내는 실수를 한다는 것이다.

이와 같은 실수를 범하는 이유는 일의 목적과 결과를 혼동하는데서 생긴다. 일을 통해서 얻어내는 외재적 성과나 승진이나 인센티브는 일의 결과일 뿐이지 일의 목적은 아니다. 일의 목적은 더 많은 보상이나 더 많은 성과가 아니라 세 번째 석공처럼 성당을 복원하는 일과 같은 내재적 사명이다. 사명을 깨닫고 사명을 일의 목적으로 받아들일 때 사람들은 업의 개념으로, 신성한 족적을 남기는 개념으로 일을 하게 되고 신성한 족적을 남기는 업으로 일을 하다 보니 누구보다 몰입해서 일을 하게 되고 몰입해서 일을 하다 보니 남들보다 더 좋은 성과를 거두게 되고 성과를 거두다보니 이에 대한 더 많은 보상을 누리게 되는 것이다. 진성리더가 구성원들을 임파워먼트 시키는 원리는 내재적 사명과 목적을 삶의 중심에 두는 것이다. 이들은 돈을 좇아가는 방식으로 구성원을 임파워먼트 시킬 수는 없다는 것을 잘 안다. 이들은 돈이 이들을 좇아오게 만드는 원리를 깨달은 사람들이다.

다음은 목적과 결과 사이의 선순환을 통한 임파워먼트의 삼 단계 프로세스이다.

첫째, 내 일이나 삶에 대한 설계가 내재적 목적이나 사명이 원인으로 설정되어 있고 여기서 얻어지는 산출물이 결과로 설정되어 있는지를 확인한다. 황금알을 낳는 거위를 건강하게 키우는 것은 목적이고 황금알은 결과이다.

둘째, 황금알을 낳는 거위를 튼튼하게 만들기 위한 충분조건과 필요조건을 확인하여 이것을 강화시킨다. 내재적 목적을 구현하는 것 중 본질에 직접적으로 관련된 것을 충분조건으로, 본질을 강화하는 수단에 관련된 것을 필요조건으로 설정하여 이것들을 강화한다.

셋째, 내재적 목적과 외재적 결과 간의 선순환의 고리가 만들어져서 좋은 결과들이 산출되면 이 결과들을 공정하게 평가해서 보상한다. 황금알의 개수를 공정하게 평가해서 거위들을 건강하게 키운 사람들을 공정하게 보상한다.

리더십 이야기

2014년 목적이 이끄는 기업에 대한 조사 결과[7]

딜로이트 컨설팅이 2014년 미국의 성인 1,053명(임원 300명, 일반직장인 753명)을 대상으로 목적(사명) 지향적 기업과 단지 돈을 버는 것이 목적인 일반기업들 간 비교조사 결과를 발표했다. 연구결과는 목적(사명)을 기반으로 경영을 하면 회사가 고민하는 대부분의 경영 이슈들이 한 몫에 해소됨을 보여주고 있다.

1. 목적지향적 회사의 직원들 82%가 우리 회사는 올해 성장을 구가할 것이라고 예측한 반면 비교회사의 직원들은 48%만이 우리 회사가 올해 성장할 것이라고 예측했다.
2. 목적지향적 회사의 직원들 83%가 회사가 미래에 어떤 난관이 오더라도 잘 극복할 것이라고 예측하는 반면 비교회사의 직원들은 42%만이 같은 결론을 내렸다.
3. 목적지향적 회사의 직원들 79%가 자신의 회사는 장기적 경쟁력을 유지할 것이라고 예측한 반면 비교회사의 직원들은 47%만이 장기적 경쟁력을 유지할 수 있을 것이라고 예측했다.
4. 목적지향적 회사의 직원들 78%가 자신 회사의 문화와 가치에 대한 견고한 믿음을 가지고 있었던 반면 비교회사의 직원들은 32%만이 비슷한 믿음을 견지하고 있었다.
5. 목적지향적 회사의 직원들 73%가 회사일에 진심으로 몰입한다고 대답한 반면 비교회사의 직원들은 23%만이 회사 일에 몰입한다고 응답했다.
6. 목적과 사명이 분명한 회사의 직원들 중 74%가 회사는 자신의 잠재력을 발휘해가며 성장하도록 도와준다고 생각한 반면 비교회사의 직원들 중 19%만이 이 같은 생각을 견지하고 있었다.
7. 목적과 사명이 분명한 회사의 직원들 중 83%가 자신의 회사는 다양성과 개인 간의 차이를 존중한다고 생각한 반면 비교회사의 직원들 중 43%만이 그렇다고 대답했다.
8. 목적과 사명이 분명한 회사의 직원들 중 80%가 회사가 진정으로 혁신을 원한다고 응답한 반면 비교회사 직원들의 35%만이 회사가 혁신을 원한다고 대답했다.

진성리더를 위한 학습 포인트

- 리더의 소통은 정신모형 II를 만들어 구성원들의 다양한 정신모형 I을 통합하는 행위이다.
- 리더의 정신모형 II의 스토리가 진정성과 신뢰를 잃으면 모든 소통은 물 건너간 것이다.
- 최고의 소통은 정신모형 II의 맥락을 이해하고 소통하는 맥락적 소통이다.
- 리더의 최고의 의사결정은 업데이트된 정신모형 I과 극성이 있는 정신모형 II에서 온다.
- 사공이 많아서 배가 산으로 가는 것이 아니라 정신모형 II의 부재가 배를 산으로 몬다.
- 진성리더는 정신모형 II로 성당을 복원하여 구성원을 임파워먼트 시키는 사람이다.
- 리더와 구성원이 정신모형 II의 사명을 깨닫는 순간 단순한 일은 업으로 전환된다.
- 진성리더는 결과는 목적을 따라올 수밖에 없다는 원리를 깨달은 사람들이다.

제8장

진성리더십의 실천 II

> 오케스트라를 제대로 연주하기를 원한다면 청중에 대해서 등을 돌리고 서야한다.
> – Max Lucado

> 사람들을 성장시키고 개발시키는 일이 리더에게 부여된 가장 높은 소명이다.
> – Harvey S. Firestone

코칭 및 멘토링

리더가 구성원들에게 미칠 수 있는 영향력의 최대치는 구성원들이 자신의 정신모형 I을 지키려는 방어기제를[1] 포기하고 정신모형 II의 감옥에서 뛰쳐나와 정신모형 II를 마련하여 진성리더로의 여정을 시작할 수 있게 도와주는 것이다. 진성리더는 구성원들이 진성리더로 성장하는데 무궁무진한 사회적 자본이 되어 줌으로써 둘은 '일'을 넘어서 '운명'을 공유하는 관계로 묶이게 된다.[2] 진성리더는 구성원과 운명공동체를 형성하는데 이원학습과 삼원학습의 원리를 동원한다. 리더는 이원학습을 통해서 구성원이 현재의 정신모형 I을 더 세련되고 유용성 있게 고쳐나가는 것에 도움을 줄 수도 있다. 또한 리더는 삼원학습을 통해서 구성원이 새로운 정신모형 II를 구축해서 진성리더로서의 여행을 떠나게 도와줄 수 있다. 구성원이 이원학습을 통해서 정신모형 I을 수정해나갈 수 있도록 도와주는 역할이 진성코칭인 반면 구성원들이 삼원학습을 통해서 새로운 정신모형 II를 건축해나갈 수 있도록 도와주는 역할이 진성멘토링이다.

진성코칭, 진성멘토링과 일반코칭, 일반멘토링 간의 차이는 자기 자신에 대해서 좋은 코치가 되고 자신에게 스스로 좋은 멘토가 되는 것을 전제로 다른 사람에게도 코칭을 하고 멘토링을 하고 있는지에 따라 결정된다. 자신 스스로에게는 제대로 된 코칭과 제대로 된 멘토링을 하지 못하면서 코칭과 멘토링의 스킬만을 배워서 다른 사람에게 코칭을 하거나 멘토링을 하고 있다면 이것은 유사코치이고 유사멘토이다. 진짜 코칭과 멘토링을 하고 있다기보다는 생계를 위해서 코칭과 멘토링을 연기하고 있는 것이다.

자신에게 코칭과 멘토링을 잘 할 수 있다는 것은 그만큼 자기 자신을 잘 알고 있다는 것을 의미한다. 진성멘토나 진성코치는 일반사람에 비해 자아인식의 수준이 월등히 높은 사람이다. 사람들은 일상에서 물리적 거울을 통해서 주로 자신의 앞모습만을 확인하고 살아가지만 진성코치나 진성멘토는 자신의 앞모습뿐만이 아니라 자신의 뒷모습까지 통째로 볼 수 있는 사람들을 말한다.

이 같은 높은 수준의 자아인식에 기반을 두고 코칭과 멘토링을 수행할 때 다른 사람들이 자신의 내면의 문제와 결점을 제대로 인식하고 이것을 넘어설 수 있는 계기를 마련할 수 있는 것이다. 이와 같은 관계로 맺어진 코칭과 멘토링은 서로에게 긍정적 영향력을 행사하여 서로가 믿고 의지할 수 있는 '운명공동체'를 만들어간다.

진성코칭

진성코치는 구성원들이 이원학습을 통해서 자신의 정신모형 I에 갇혀서 살고 있다는 것을 인정하고 정신모형 I에서 벗어나려 하지 않는 행동인 방어적 기제를 수정해나가는 것을 도와준다. 한 마디로 진성코치는 구성원이 의존하고 있는 정신모형 I의 문제점을 들추어 고쳐나가는 이원학습의 동반자이다. 진성코치들은 구성원들이 정신모형 I의 선천적 결함때문에 실수를 할 수 밖에 없고, 본능적으로 실수를 감추기 위해서 방어적 행동을 한다는 것을 받아들이게 하여야 한다. 진성코치들은 구성원이 방어적 행동에서 벗어나서 자신의 실수를 허심탄회하게 분석하고 고쳐나가는 것을 도와준다. 진성코칭이 성공해서 구성원이 가진 정신모형의 결함이 고쳐진 증거는 다시 비슷한 실수를 반복하지 않는 것이라고 할 수 있다. 그래서 진성코치들의 과제는 구성원이 자신의 정신모형에서 벗어나 과감하게 실수를 해보고 이것을 학습과 성장의 기제로 사용하게 하는 것이다. 이들에게 실수는 가장 중요한 학습의 재료인 만큼 구성원들이 실수에 대한 두려움을 극복할 수 있도록 심리적 안정지대를 만들어주어야 한다. 진성코치들의 행동강령은 실수에 대한 긍정적 피드백과 구성원이 스스로 깨달을 수 있도록 도와주는 지적자극이다.

진성코칭의 전제조건 : 심리적 안정지대

농구 황제 마이클 조던은 자신의 자서전에서 "나는 지금까지 9,000번 넘게 슛을 성공시키지 못했다. 나는 300번 넘게 경기에서 졌다. 사람들이 나를 믿어 주었을 때조차 26번이나 결정적인 슛을 넣지 못했다. 나는 계속 실패하고 또 실패했다. 그것이 내가 성공한 이유다"[3]라고 말했다. 전설적인 홈런왕 베이브 루스는 통산 714개의 홈런을 쳤다지만 그는 자신의 홈런 수의 두 배가 넘는 1,300개 이상의 삼진아웃을 당했다. 전구의 발명으로 인류의 밤을 밝혀준 발명왕 에디슨은 1,000번째의 도전 끝에 성공한 후 "나는 999번의 실패를 한 것이 아니라 전구가 켜지지 않은 999가지의 이유를 밝혀낸 것이다[4]"라고 말했다. 2005년 히말라야 14좌, 7대륙 최고봉, 지구 3극점 등반으로 세계 첫 산악 그랜드 슬램을 달성한 산악인 고 박영석 대장은 "실패가 어영부영한 성공보다 100배 낫다. 단 실패할 때는 100% 최선을 다해 실패해야 한다. 그래야 실패가 내 것이 된다. 100% 최선을 다하지 않은 실패는 다른 실패로 이어진다. 뭐가 모자라 실패를 했는지 모르기 때문이다[5]"라고 말했다.

이들의 이야기는 실수가 곧 성장과 학습의 근원임을 역설하고 있다. 카네기멜론 대학의 랜디 포시 교수는 자신의 마지막 강의에서 실수를 통해 배우지 못할 때가 바로 진짜 패배라고 말한다.[6] 우리는 실수에 대한 피드백을 통해서 실수의 근원이 된 자신의 정신모형의 결점을 고쳐서 같은 실수를 반복하지 않을 수 있다. 실수만이 정신모형 I의 결함을 드러낼 수 있다. 정신모형 I은 이론적 가정의 세계이기 때문에 이 가정에 결함이 있다면 스스로 예측한 결과를 얻지 못하게 된다. 이것을 우리는 '실수'라고 부른다. 그러므로 실수는 정신모형 I의 구성요소 중 어떤 가정에 문제가 있다는 것을 간접적으로 시사해 주는 유일한 단서라고 할 수 있다. 실패학의 창시자로 추앙받고 있는 하타무라 요타로 동경대학 교수는 실패의 특징을 다음과 같이 정리하고 있다.[7] "실패는 감출수록 커지고 악화되다가도 일단 드러내기 시작하면 성공과 창조를 가져온다" 진성리더들은 실수와 실패를 통해서만 잘못된 가정을 근원적으로 수정할 수 있다는 것을 알고 있기 때문에 구성원들이 학습을 위해 마음 놓고 실수를 할 수 있는 분위기를 만드는데 주력한다.

혼다의 창업주 혼다 소이치로는 "나의 성공은 99%의 실패에서 나온 1%의 성과"라고 말한다. 그는 실패의 값어치를 아는 뛰어난 코치였다.[8] 그는 심지어 실패 왕을 뽑아서 100만 엔가량의 격려금을 수여하기도 했다. 이와 같은 정책을 통해서 직원들이 마음 놓고 학습을 위한 실수를 저지를 수 있는 심리적 안정지대를 창출해준 것이다. 창조적 기업의 대명사 3M에서는 실패를 장려하는 '15% 룰'을 운영하는 것으로 유명하다. 15%의 시간을 자신의 업무 이외의 실험을 하는데 사용할 수 있도록 하는 제도이다. 이 시간 동안에는 자신이 좋아하는 업무에 대한 실험과 실패를 경험하게 함으로써 두려움을 극복하고 새로운 것을 발명해내게 하는 제도이다. 기술 세미나에서는 실패에 대한 경험을 발표하도록 독려하고 있다. 실패를 통해서 배운 것이 있다면 실패파티를 열어서 축하해 준다. 포스트잇도 이와 같은 제도를 통해서 탄생한 제품이다. 포스트잇을 발명한 아트 프라이는 같은 연구원이었던 스펜서 실버가 강력한 접착제를 개발하려다 실패한, 접착력은 있지만 끈적이지 않은 이상한 접착제에 착안했다. 이 접착제의 실패는 이미 사내 기술 세미나에 보고되어 있었다. 아트 프라이는 이 기술을 자유롭게 붙였다 떼어내는 접착식 노트를 만드는데 활용하자는 아이디어를 냈고 15%의 업무 외 시간을 이용해서 스펜서 실버와 함께 포스트잇의 개발에 착수, 발명에 성공했다. 3M의 마음껏 실패를 할 수 있도록 장려하는 심리적 안정지대의 문화가 없었더라면 포스트잇은 세상에 빛을 보지 못했을 것이다.

코치에게는 구성원들이 업데이트 되지 않은 정신모형 I의 속성인 방어기제를 버리고 자신의 정신모형의 감옥에서 뛰쳐나와서 자신 있게 실수를 할 수 있는 심리적 안정지대를 만들어 실수에 대한 자신감을 회복하게 하는 것이 가장 중요한 문제이다. 이처럼 진성코치들은 구성원들이 실패나 실수를 통해서 자연스럽게 배울 수 있는 환경인 심리적 안정지대를 잘 조성해준다.

올림픽 4강신화의 주인공인 히딩크는 이런 점에서 뛰어난 진성코치였다.[9] 히딩크 감독은 축구와 관련한 선수들의 정신모형이 근원적으로 4강과는 거리가 멀다는 것을 알았다. 위계서열을 중시하는 플레이가 팀을 망치고 있다는 것을 간파하고, 수평적인 팀의 역량을 최대한 동원할 수 있는 관계적 자본을 구축하기 위해 당시 잘 나가고 있었던 맏형 홍명보를 수평적 팀웍에 대한 믿음체계가 굳어질 때까지 배제한 뒤 나중에 다시 팀에 복귀시키는 일련의 조치를 단행했다. 홍명보의 정신모형에 짜 맞추어져 있던 한국의 축구에 대한 믿음을 한 단계 업그레이드시킨 것이다. 또 선수들이 골이 안 들어갈까 봐 자신 있게 슛을 하지 못하는 걱정 때문에 문전에서 머뭇거린다는 것을 알고, 안 들어가도 좋으니 자신 있게 홈런 볼이라도 날리라고 주문하기도 하였다.

정신모형 I은 내비게이션과 비슷해서 일정 기간이 지나도록 변화하는 환경에 맞추어 업데이트를 하지 않으면 점점 더 유용성이 떨어지게 된다. 10년 전에 만들어진 내비게이션을 달고 서울거리를 찾아 나선다고 가정해 보라. 나가자마자 혼란에 빠지게 될 것은 뻔하다. 한 두 번의 교통사고를 경험한 운전자는 자신의 내비게이션을 탓하기보다는 세상은 위험한 곳이니 나가지 말라고 자신에게 경고한다. 아니면 확실히 아는 길 아니면 다니지 말라고 주문한다. 그러다 보면 어느 순간에 자신의 정신모형이라는 내비게이션에 갇혀서 세상을 바라보게 되고, 그러한 사실조차 인정하려 들지 않게 된다. 자신을 스스로 간수로 임명하고 오히려 나가지 못하도록 자신을 독려한다. 감옥에 갇혀 지내고 있다는 것을 사실대로 전해주는 사람들을 만나면 자신은 아니라고 온갖 수단을 다해서 변명하고 방어한다. 이 같은 방어기제가 심각해지면 자신의 잘못이나 실수를 남에게 전가시키는 행동까지 서슴지 않는다. 코치의 성공여부는 구성원이 자신의 방어기제를 버리고 자신의 정신모형 I의 감옥에서 빠져나와 실수를 통해서 자신의 정신모형의 문제점을 성찰하고 고쳐나갈 수 있는 심리적 안정지대를 제공할 수 있는지에 달려 있다.

물론 구성원이 코치를 신뢰하지 않는다면 구성원들이 방어기제를 해체하고 심리적 안정지대에 뛰어드는 실험에 동참할 리가 없다. 신뢰의 더 심층적 근원은 코치가 자신의 일에 대해서 가지고 있는 진정성 있는 사명에 대한 믿음이다. 아무리 뛰어난 코칭에 대한 스킬로 중무장하고 있다 하더라도 구성원이 코치가 가진 사명의 스토리에 대해서 믿음을 갖지 않고 있다면 코칭스킬이 작동할 리가 없다. 이런 코치들은 겉만 화려한 유사코치인 것이고 이들이 먹고사는 방식은 구성원들을 대상으로 한 화려한 연기술이다. 이런 점에서 Scott Peck이 정신치료사로서 쓴 『아직도 가야할 길』의[10] 자전적 고백은 진성코칭을 염원하는 우리에게 시사하는 바가 크다. 스캇 펙은 적어도 성공적으로 환자의 영혼의 상처를 치유하려면 코치나 상담사가 환자의 고통을 객관적으로 관조해가며 충고하는 자세를 넘어서서 환자와 고통을 같이 체험하고 고통을 같이 극복하는 긍휼감(Compassion)을 기반으로 한 변혁적 과정을 거칠 수 있어야 한다고 주장한다. 100명의 환자를 고쳤다는 것은 100명의 고통을 똑같이 체험하고 똑같이 극복한 100번의 자기변혁의 과정을 넘었다는 것이다. 환자의 치유에 대한 진정한 사랑과 헌신이 없다면 가능한 일이 아니다.

> 정신치료는 인간적인 참여요, 투쟁이다. 그것은 치료자가 환자의 성장을 도와주기 위해 기꺼이 자신의 몸을 희생해 감정적인 관계에 뛰어드는 것을 말한

다. 환자와 같이 투쟁해 나가고자 하는 의욕과 용기가 없다면 가능한 일이 아니다. 한 마디로 성공적이고 의미 있는 정신치료의 근본적인 요소는 사랑이다 (p.253).

만약 치료자가 환자를 순수하게 사랑할 수 없다면 순수한 치유는 불가능하다. 아무리 경력이 훌륭하고 숙련된 치료자일지라도 사랑을 통해서 환자에게 자신을 확대할 수 없다면 어떠한 치료도 성공할 수 없을 것이다. 반대로 화려한 경력도 없고 훈련도 충분히 못 받은 평범한 사람일지라도 사랑할 줄 아는 능력이 있다면 아주 유명한 치료자와 똑같은 성과를 거둘 것이다 (p.255).

진성코치의 행동양식

Scott Peck은 『아직도 가야할 길』에서 정신적인 성장은 오직 문제에 도전적으로 직면함으로써 얻어지는 것이라고 규정하고 있다. 정신적 성장을 자극하려면 문제에 직면해 이 문제보다 더 깊은 수준에서 문제를 해결할 수 있는 역량과 도전적 태도를 격려해야 한다고 본다. 아인슈타인도 "문제는 문제가 일어난 수준과 같은 수준에서는 해결책을 찾을 수 없다"고 천명하고 있다. 따라서 코치는 항상 겉으로 드러난 문제보다 더 깊은 수준에서 질문을 던지고 미래지향적 성장을 염두에 두고 구성원을 대할 수 있을 때 코칭의 실마리를 찾을 수 있다.

코치의 숫자만큼이나 코칭의 방법론도 다양하다. 하지만 코치가 어떤 이름을 붙여가며 어떤 방법을 사용하든지 코치가 쓰는 기술은 지적자극과 건설적 피드백의 한 범주에 속한다.

지적자극이란 코치가 열린 질문을 통해 구성원 스스로가 정신모형 I에서 빠져 나오게 도와주는 것이다. 열린 질문은 응답자가 자신의 생각을 반영할 수 있도록 디자인된 질문이다. 따라서 정답이 정해져 있지 않은 질문들을 말한다. 육하원칙 중에서는 주로 왜, 무엇을, 어떻게 등의 질문을 포함한 질문이 열린 질문이 될 개연성이 높다. 열린 질문의 특색은 지금까지의 결론과는 다른 대안적 결론이 있을 개연성을 열어놓고 그 개연성을 탐구해보는 것이다. 지적자극은 학습과 성장이라는 긍정적 목적을 전제한다. 문제가 있는 구성원들이 더 이상 문제를 일으키지 않기 위해 코칭에 참여하는 것이라는 편향된 생각에서 벗어나지 못한다면 건설적 코칭이 이뤄질 수 없다. 또한 코칭을 받는 사람들은 자신의 문제를 자신의 머리로 해결할 수 있는 것이 중요하므로 코칭을 받는 사람이 답에 대한 심리적 소유의식을 갖게 하는 것이 필요하다. 또한 제대로 된 지적자극을 진행하기 위해서는 적극적, 공감적, 맥락적 경청을 이용하여 코칭을 받는 사람의 심리적 상태와 최대한 일체감을 느끼는 상태를 유지할 수 있어야 한다. 가끔 이야기가 겉돌거나 삼천포로 빠질 경우 지적자극을 지속하기 위해서 긍정적 결과를 염두에 두고 다시 본론으로 회귀하도록 도와줄 수 있어야 할 것이다. 또한 참을성을 가지고 진솔하게 대화에 임함으로써 상대와의 공감대가 끊어지는 일이 없도록 해야 할 것이다. 어떤 대화에 긍정적 결론을 도출하고 이 결과를 실제로 실행해 봄으로써 변화를 모색할 경우 이에 대해서 최대한 긍정적으로 강화해야 할 것이다.

또 다른 코칭의 스킬은 건설적 피드백 능력이다. 피드백은 지금의 행동이 바람직한 행동인지 아닌지에 대한 객관적 정보를 제공해주는 것이지만 코칭을 받는 대상이 미래에 촉망받는 리더로 성장할 수 있다는 긍정적 단서를 제공해주는 측면도 담겨 있어야 한다. 따라서 Goldsmith는 코칭 피드백을 미래지향적 측면을 강조하여 피드포워드(Feedforward)라고 불러야 한다고 주장한다.[11] 피드포워드 코칭에서는 과거의 잘못에 대해서는 함구하고 미래에 자신이 고치고 싶어 하는 어떤 행동에 대해서 코치에게 의견을 구하고 코치가 의견을 제시하면 이에 대해서 성심성의껏 듣고 행동하고 좋은 의견을 제시한 것에 대해서 감사를 표명한다. 따라서 코칭은 지금 가지고 있는 문제를 당장 해결하는 것을 넘어서서 미래에 어떤 리더로 성장할 것이라는 맥락을 전달하는 것으로 마무리 할 수 있어야 한다고 본다. 또한 코치가 이와 같은 믿음을 실제로 가지고 있을 때 이 믿음은 피그말리온의 긍정적 단서가 되어 코칭을 받는 사람의 행동에 대한 기대수준에 영향을 미친다.

코치가 사용하는 피드백은 즉각적이고, 진실한 느낌이 풍기고, 구체적이고, 개인적이고, 문제에 대한 비난이 아니라 문제해결을 목표로 삼고 있고, 따라서 미래지향적일수록 더 건설적 피드백으로 받아들여지는 경향이 있다. 또한 피드백의 대상은 행동에 중점을 두고 행동의 문제가 구성원의 성격이나 품성과 같은 인간적 문제로 확대 해석되지 않도록 조심해야 한다. 또한 코치의 개인적 피드백을 넘어서 코칭을 받는 사람의 행동에 의해서 영향을 받는 주변 이해관계자들의 집단적 의견을 피드백 해 줄 수 있다면 그 효과는 더 크다고 볼 수 있다. 또한 코칭 피드백은 한쪽 면만을 볼 수 있는 거울이 아니라 서로를 볼 수 있는 양 사이드의 거울이라는 점에서 코치가 평소 자신의 결점에 대한 피드백을 인정하지 않는 모습을 보였다면 코칭을 받는 사람도 진심으로 코치의 피드백을 받아들이지 않을 것이다.

리더십 이야기

소크라테스의 산파술

코칭을 위한 지적자극과 건설적 피드백의 핵심은 소크라테스의 산파술에서 파생된 것이다. 산파술은 상대가 제출한 논조에 대해 질문을 거듭함으로써 개념을 정확하게 다시 규정하고 이를 통해 상대가 의식하지 못했던 더 깊은 원리를 깨닫게 도와주는 기법이다.

상대는 임산부이고 코치는 산파이다. 아기는 임산부가 가지고 있고 산파가 아기를 낳을 수는 없다. 임산부가 아기를 낳는 과정은 그 자체로 고통스러운 과정이므로 산파는 임산부가 고통 없이 아기를 낳을 수 있도록 임산부를 정서적으로 지지하고, 공감하고, 호기심과 경이로움으로 격려하여야 한다. 이것이 건설적 피드백이다.

또한 산파는 임산부가 아기를 스스로 낳을 수 있도록 지적으로 자극할 수 있어야 한다. 태어난 아기는 임산부가 자신의 힘으로 깨우친 새로운 지식체계를 의미한다. 지적으로 자극하기 위해서 산파는 질문을 통해, 상대의 주장이 무엇인지? 이 주장을 통해서 어떤 결론을 도출했는지? 그 과정에서 사용한 가정은 무엇인지? 가정에 대한 추론은 잘못된 점이 없는지? 발견하지 못했던 함축적 의미가 있는지? 사용하는 개념의 정의는 무엇인지? 주장에 어떤 특정한 시각이 들어있는지? 등을 질문한다. 이 질문들을 통해서 자신의 주장이 더 큰 어떤 체계에 바탕을 두고 있는지, 그 바탕에는 어떤 문제가 있는지, 그 문제는 어떻게 수정이 되어야 하는지, 문제가 수정되면 지식체계는 어떤 모습을 갖게 되는지를 깨닫게 된다.

진성멘토링

> 빛을 전파하는 두 가지 방식이 있다.
> 하나는 촛불이 되는 것이고 다른 하나는 초를 비출 수 있는 거울이 되는 것이다.
> — Edith Warton

코치가 행동을 중심으로 구성원의 정신모형 I이 가진 문제점을 피드백을 통해 고쳐주는 역할을 수행한다면 멘토는 새로운 정신모형 II를 디자인하는 것을 도와주는 사람이다.

소크라테스, 예수, 간디, 아인슈타인, 코페르니쿠스, 피카소, 에디슨, 무하마드, 알리, 테레사, 마리아 칼라스, 히치콕, 킹 목사, 존 레논, 밥 딜런, 만델라 등 무수히 많은 멘토들은 많은 제자들의 정신모형 II를 확장시킨 사람들이다. 이들의 제자들은 이 확장된 정신모형에 따라 세상을 바꿔나갔다. 지금과 같은 빔 프로젝터나 파워포인트도 없는 시절에 노예들에게 대화법으로 피타고라스 정리를 가르친 소크라테스는 플라톤이라는 걸출한 철학자를 길러냈다. 소크라테스는 기이한 외모에 비해 누구보다도 맑은 심성을 가진 인물로 알려져 있다.[12] 소크라테스는 끊임없는 성찰을 통해 아테네 시민의 정직하고 올바른 심성을 개발하는 것을 그의 소명으로 여겼다. 그와 대화를 나눈 사람들은 그의 말과 매력적인 내면에 사로 잡혔다. 소크라테스는 아테네의 거리에서 젊은이들을 상대로 '사람을 행복하게 만드는 것은 무엇인가?', '착하다는 것은 무엇인가?', '용기란 무엇인가?' 등에 대해 묻고 답했다. 소크라테스는 '네 자신을 알라'라는 언명으로 진성리더십의 자아인식과 성찰을 강조했다. 또한 그가 제자들과의 대화를 통해서 나눈 내용들은 대부분 그 주제에 대한 실천에 관한 것들이 많았다는 점에서 누구보다도 진성리더의 자기규제를 실천한 사람이었다. 소크라테스는 BC 400년경에 불경죄로 기소 당하여 악법도 법이라는 명언을 남기고 독배를 마셨다. 그를 기소한 죄는 '젊은이들을 타락시키고 도시가 숭배하는 신들을 무시했으며, 새로운 종교를 설파하고 다녔다'는 것이었다. 당시 공포정치꾼들에게는 죄가 될 수 있는지는 모르지만 역사적 관점에서 보면 소크라테스는 정신모형 II의 개혁을 통해 젊은이들에게 새로운 세상을 보여준 위대한 멘토였다고 할 수 있다. 결국 우리가 향유하고 있는 오늘의 세상은 이런 훌륭한 멘토들의 작품이었다.

이들과 같은 성인이 아니어도 성공한 사람들의 주변에는 항상 이들의 정신모형 II의 변혁을 도와준 멘토들의 이야기가 존재한다. 듣지도 보지도 말하지도 못하는 삼중고의 성녀라고 불리는 헬렌 켈러는 7세 때부터 가정교사 설리번에게 교육을 받고 1900년에 하버드 래드클리프 칼리지에 입학하여 우등생으로 졸업하였다. 그녀는 시각, 청각, 언어 장애를 가진 사람으로는 최초로 대학교육을 받은 사람이었다. 그녀의 노력과 정신력은 전 세계 장애인들에게 희망을 주었고 다양한 장애복지 활동으로 빛의 천사라고도 불렸다. 그녀는 자신의 저서 『사흘만 볼 수 있다면』에서 첫 번째 소원으로 '설리번 선생님의 얼굴을 보는 것'이라고 고백했다. 설리번 선생은 헬렌 켈러에게 '장님에게 현실적으로 더 필요한 것은 세상을 볼 수 있는 눈이 아니라 자신을 이끌 수 있는 마음의 눈'이라는 말을 통해 그녀가 자신만의 정신모형 II를 만들어 자신을 이끌 수 있도록 독려했다.[13]

리더십 이야기

홀랜드 선생님의 나침반

영화 〈Holland Opus〉에서 홀랜드 선생은 결혼 후 케네디고교의 음악선생으로 근무한다.[14] 초보 음악선생이었던 홀랜드는 학교에서 일원학습에 기초해 기계적으로 음악이론을 가르치지만 학생들은 전혀 반응하지 않는다.

여러 가지 방법을 실험하던 홀랜드는 학생들에게 록앤롤을 가르친다. 학교에서 가르치는 것이 금지되었던 록앤롤에 무심했던 학생들이 열광하는 것을 보고 교육에서 진정 중요한 것은 일원학습에서 이야기하는 지식이 아니라는 것을 깨닫는다. 홀랜드 선생은 음악을 통해서 학생들의 정신세계를 아름답게 만들고 확장할 수 있다는 확신을 가지게 된다. 이런 철학적 깨달음은 자신이 음악에 전혀 재능이 없다고 믿고 있던 한 여학생을 가르치면서 빛을 발한다. 삼원학습을 토대로 악기 연주 자체가 아니라 그 학생 자신의 아름다운 금발머리에 몰입하게 함으로써 자연스럽게 훌륭한 연주를 할 수 있도록 도와준다. 이와 같은 새로운 실험을 지켜보던 교장선생은 자신의 정년퇴임을 기념하는 선물로 홀랜드 선생에게 나침반을 선물한다. 그는 '가르치는 것은 지식을 전수해주는 것을 넘어서서 학생들에게 나침반이 되어 주는 것'이라는 사실을 깨닫는다.

우여곡절 끝에 홀랜드 선생도 정년퇴임을 맞는다. 정년퇴임식장에는 시장이 된 자신이 가르쳤던 금발머리의 소녀가 축사를 낭독한다. 이 축사에는 '나는 선생님이 작곡한 악보의 연주가 되어 세상 사람들에게 감동을 전해주고 있다'는 말로 끝을 맺는다.

또한 진성멘토들은 즐탁동시(啐啄同時)라는 방식을 통해서 구성원들이 정신모형 II를 스스로 설계하도록 도와준다. 즐탁동시라는 말은 병아리가 알에서 깨어 나오기 위해서 안에서 어미 닭에게 신호를 보내는데 이때 밖에서 어미 닭은 이 소리를 듣고 그 소리가 나는 부분을 같이 쪼게 되고 그 결과 병아리를 부화시킨다는 뜻의 고사성어이다. 새끼와 어미 닭이 동시에 알을 쪼고 있지만 그렇다고 어미 혼자서 새끼를 부화시키는 것은 아니다. 병아리가 신호를 보내기 전에 어미 닭이 알을 쪼아서 알을 깨트린다면 아직 성숙하지 못한 병아리는 알이 깨짐과 동시에 죽게 된다. 어미는 새끼가 알을 깨고 나오는데 작은 도움을 줄 뿐 알을 깨고 나오는 것은 정작 병아리 자신이다. 어미 닭은 병아리가 알을 쪼는 소리를 세심하게 듣고 있어야 한다. 그렇게 보면 병아리는 깨달음을 향해 앞으로 나아가는 수행자이고 어미 닭은 수행자에게 깨우침을 주는 멘토라고 할 수 있다.

대부분의 사람들이 멘토의 도움 없이 알에서 깨어 나오는 경험을 하게 되는데 개인적으로 이 경험은 철이 드는 각성사건이다. 하지만 이렇게 철이 든 사람들이 리더로 성장할 플랫폼인 정신모형 II를 마련하지 못하고 평범한 삶을 사는 사람으로 생을 마감한다. 그 이유는 뛰어난 정신모형 II를 설계하는 일에 도움을 줄 수 있는 멘토를 주변에서 만나지 못했기 때문이다. 진성멘토와 구성원간의 관계는 정신모형 II의 설계를 통해서 '운명'을 공유하는 관계로 발전된다. 서로는 운명의 파트너십을 형성하게 된다. 운명의 파트너십은 리더가 향후 사명과 비전의 횃불을 치켜들 때 부하들이 자발적으로 동참해 헌신하는 공동체로 발전하게 하는 원천이 되기도 한다.

리더십 이야기

리더는 변화를 꿈꾸는 스토리 작가

리더는 자신이 조직을 어떻게 이끌어갈 것인지, 자신은 어떤 목적을 위해서 일하는지, 이 목적에 어떤 이유로 끌림을 받게 되었는지, 이 목적을 달성하기 위해서 어떤 여행을 떠날 것인지에 대한 스토리 작가이다.

리더의 의도가 담긴 이 스토리는 리더에게 주어진 상황이라는 노트에 텍스트(text)로 기록되어 구성원들에게 읽혀진다. 이 텍스트를 읽고 많은 사람들이 공감을 하면 이 텍스트는 구성원들의 스토리가 가미되어 공유된 텍스트인 맥락(context)으로 전환된다. 리더가 세상을 변화시키는 것은 바로 이 자신의 스토리가 기록되어서 구성원들에게 읽혀지는 맥락을 통해서이다. 많은 리더십이 진공상태에서 리더만 잘 하면 모든 것이 해결될 것이라고 리더 용비어천가를 외치고 있다면 리더십을 잘 못 이해하고 있는 것이다. 아무리 뛰어난 리더십 재능을 가지고 태어났어도 맥락을 구성해낼 수 있는 능력이 없다면 리더의 존재이유인 변화를 주도할 수 있는 능력이 없는 것이다.

현대적 리더십 이론을 지배하고 있는 상황이론은 상황에 따라서 리더가 어떤 모습을 보여야 하는지만을 강조하는 과정에서 리더를 상황에 종속시키는 우를 범했다. 리더는 상황에 수동적으로 적응하는 사람이 아니라 상황을 맥락으로 바꿔서 변화를 일으키는 사람이다.

진성리더가 되기 위해 집중적으로 성찰해야 할 내용은 다음과 같은 것이 아닐까? 나에게 주어진 리더십 노트 즉 상황은 무엇인가? 나는 나의 리더십 의도, 즉, 텍스트를 이 상황 즉 노트에 어떻게 기록할 것인가? 내가 끼워넣은 의도를 어떻게 많은 사람들이 읽고 공감하게 해서 맥락으로 전환시킬 것인가? 이런 과정을 통해서 내가 만들고 싶은 스토리의 목적지는 어디인가? 나는 리더로서 어떤 변화를 염두에 두고 있는가?

갈등관리

갈등은 소통의 한 양식이기 때문에 극한 갈등을 제외하고는 관계를 개선하거나 목적달성에 기능적일 수 있다. 진성리더는 갈등을 회피하기보다는 적정한 수준의 갈등을 허용하고 갈등요소를 직시함으로써 상황을 더 잘 이해하고 학습하는 계기로 삼는다. 갈등이 지나칠 경우에는 조직에 도움이 안 되더라도 적정한 수준의 갈등은 오히려 조직이 기능하는데 반드시 필요한 요소이다. 천둥치고 비 온 후에 하늘은 더 맑게 개고 땅은 더 단단하게 굳듯이 적당한 양의 갈등은 조직이나 개인에게 순기능적인 측면이 많다. 단 갈등의 목적은 조직의 정신모형 II를 더 잘 이해하고 더 잘 달성하는 것에 있어야 한다.

조직의 정신모형 II에 도달하고 이것을 완성하기 위한 과정에서 생기는 갈등은 적정한 수준에서 관리되어질 때 다음과 같은 순기능을 가지고 있다.

1. 갈등을 통해서 쌓였던 앙금이나 긴장, 스트레스가 풀려 정서적 순화를 경험할 수 있다.
2. 외부와의 갈등은 우리 팀 내의 결속을 다지는 계기를 마련해 준다.
3. 이해하지 못했던 입장 차이를 보다 명료히 이해할 수 있는 계기가 된다.
4. 갈등을 통한 해결방안의 모색은 긍정적 변화를 도출할 수 있다.

갈등의 역기능적 결과와 순기능적 결과의 차이는 갈등을 통해서 보다 높은 차원의 새로운 것을 배우게 된 계기가 되었는지 아니면 오히려 서로에 대한 부정적 안목과 불신만 커졌는지에 달려 있다고 볼 수 있다.

갈등의 기원

원래 남성은 화성의 원주민이고 여성은 금성의 원주민이었던 것으로 알려져 있다.[15] 어느 날 화성에서 사냥을 하던 남자들이 망원경으로 관찰을 하다 금성의 여인들을 발견한다. 남성들은 이 여성들이 자신과 비슷한 것 같으면서도 다르게 생겼다는 점에 흥미를 갖게 된다. 또한 노는 방식도 자신들이 사냥을 하면서 노는 것과는 달리 손을 잡고 둥그렇게 원을 그려가면서 강강술래를 하고 논다는 것을 알고 흥미진진해 한다. 어느 날 남성들은 우주선을 지어서 금성으로 날아가서 금성의 여성들과 조인한다. 이들은 서로가 너무 다름을 알고 서로서로에 대해서 너무 흥미진진해 하면서 즐겁게 공동체를 꾸려서 생활을 한다. 남성들은 사냥을 하고 여성들은 농사를 지어가며 평화롭게 살았다.

어느 날 사람들은 망원경으로 아름다움의 극치를 보이는 지구를 발견한다. 다시 호기심이 발동한 이들 금성여성과 화성남자들은 우주선을 타고 지구로 향한다. 그러나 지구의 대기권에 들어오다가 충격으로 우주선에 타고 있던 모든 사람들이 기억상실증에 걸리게 된다. 여성들은 본인들이 원래 금성사람이라는 것을 잊어 버렸고 남성들은 화성사람이라는 것을 까마득하게 잊어 버렸다. 기억상실증에 걸린 이들이 지구에 도착하면서 금성에서 그리 사이좋게 지내던 이 사람들의 태도가 180도 바뀌어서 이들은 웬일인지 매일 싸우게 된다. 이들이 싸워가면서 하는 말 "너도 사람인데 왜 내 입장을 이해못하냐?"

이 화성남자와 금성여성은 서로가 남성이고 여성이라는 본질적 차이를 잊어버리고 서로 똑같은 사람이라고 가정하기 시작하는 순간이 인간갈등의 시초가 된다는 점을 우화적으로 잘 그리고 있다. 서로의 숨겨진 본질적 차이를 보지 못하는 순간 모든 것을 자신의 표출된 입장

(Position)을 통해서만 이해하려 한다. 모든 갈등은 이 입장 차이에서 시작된다. 모든 갈등의 해결은 숨겨진 본질적 차이와 겉으로 드러난 표면적 입장의 차이를 이해하는 것에서 시작한다. 하지만 본질적 차이를 이해하는 것이 갈등을 해결하는데 많은 도움이 되는 것은 사실이지만 갈등의 문제를 근원적으로 해결해주는 것은 아니다. 이 차이를 이해했다 하더라도 이 차이를 이어줄 수 있는 둘 사이의 다리를 성공적으로 건설할 수 있는 능력은 또 다른 문제이다. 진성리더는 이 입장 차이 밑에 흐르는 본질적 차이를 이해하고 이 차이를 연결하는 다리를 건설하는 사람이다.

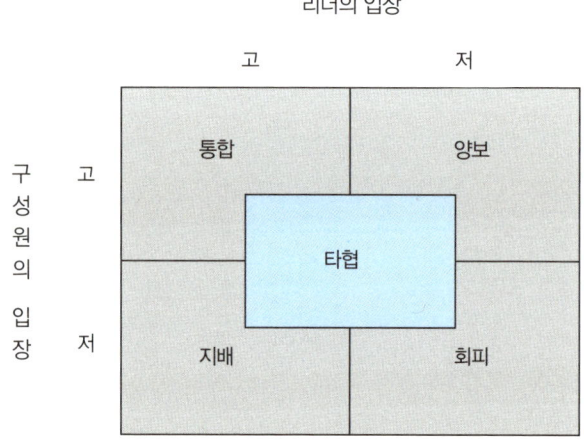

입장 차 갈등

진성리더가 이와 같은 차이를 어떻게 극복하는지를 살펴보자.[16]

동생 철수와 누나 순이가 귤 한 개를 놓고 서로 가지려고 상대의 눈치를 보고 있는 갈등상황을 생각해보자. 순이가 누이니까 그냥 귤을 통째로 동생에게 양보해야 된다고 생각하고 양보하여 갈등이 풀렸다면 누나는 양보의 방법을 쓴 것이다. 동생 철수가 여자인 누나보다 힘이 세다는 것을 이용해 완력으로 귤을 차지했다면 동생은 지배적 갈등 해결방법을 쓴 것이다. 싸움이 일어날까 봐 두려워 서로 눈치만 보고 있다면 회피의 방법을 사용한 것이 된다. 서로 배운 사람이니까 배운 사람답게 공평하게 반반씩 나눠 갖자고 해서 나눈다면 타협에 해당된다.

눈치를 보다가 이번에는 서로 허심탄회하게 이야기를 나눠보기로 합의를 보고 이야기 하다 보니 엄청난 사실을 알게 되었다. 누나인 순이는 다이어트 중이어서 사실 귤의 알맹이는 관심이 없고 미용을 위해 얼굴에 붙이려고 귤껍질만 필요하고 동생은 배가 고파서 귤 알맹이를 원한다는 것을 알게 된다. 서로가 똑같은 귤에 대해서 관심이 다르다는 것을 발견한 남매는 누나는 귤껍질을, 동생은 알맹이를 가져가게 되어 갈등상황은 양자가 만족하는 해피엔딩으로 끝난다. 서로가 왜 다른 입장 차이를 보였는지를 이해함으로써 서로에게 좋은 해결책을 도출하는 것을 통합이라고 부른다. 이 통합의 방법에 비해서 타협은 최선의 창의적 갈등해결법은 아니다. 통합이 가능하기 위해서는 한 대상에 대해 자신이 관심을 두는 이유가 서로 다르다는 것을 통해 둘 간의 입장 차이를 조율할 수 있어야 한다. 자신의 입장을 고수하는 데는 다른 이유가 있을 것이라는 전제하에 서로 대화를 나누기 시작할 때 타협을 넘어 통합이 가능하다.

도서관에서 두 사람이 한 시간째 암묵적으로 싸우고 있다. 한 사람은 방의 창을 닫으려는 사람이고 다른 한 사람은 창문을 열어 놓으려는 사람이다. 한 사람이 창문을 열어 놓으면 다른 사람은 곧 바로 닫는다. 이러다 큰 싸움이 벌어질 것 같아서 도서관 사서가 중재에 나선다. 창문을 열기 원하는 사람에게 왜 창문을 열어 놓으려 하냐고 물어보니 도서관 공기가 탁해서라고 대답한다. 다른 사람에게 왜 창문을 닫으려 하느냐고 물었더니 창문으로 바람이 들어와 책장을 넘긴다고 대답한다. 도서관 사서는 중재안을 제시한다. 그러면 지금 있는 방의 창문은 닫고 옆방의 창문을 열어놔서 공기가 순환될 수 있게 하는 것은 어떠냐고. 둘은 대 찬성이다.

창문을 여는 것과 창문을 닫는 것의 차이는 입장차이다. 이 입장 차이를 그냥 해결하기 위해서는 한 시간을 쪼개서 30분은 문을 열어 놓고 30분은 문을 닫아 놓는 타협의 방법 밖에는 수가 없어 보인다. 하지만 왜 그런 입장을 고수하는지 그 이유를 들어보면 서로의 이유의 차이를 연결할 수 있는 대안들은 많다. 이 대안 중 최선의 방법을 고른다면 창의적으로 갈등을 해결할 것이다.

진성리더는 이 같은 방법에서 한 발 더 나아간 갈등해결법을 제시한다. 결국 입장 차이를 보이는 것은 각자가 자신의 정신모형 I의 입장에서 현재 상황에 접근하기 때문이다. 이들은 서로가 다른 정신모형을 가지고 있다는 것을 이해하는 것만으로도 갈등의 상당부분을 해결할 수 있다는 것을 안다. 진성리더는 서로가 서로의 정신모형 I의 입장에서 상황을 파악하고 있다는 것을 환기 시켜줄 뿐 아니라 이 둘 사이의 간극을 극복하는 토대로 정신모형 II를 제시한다. 자신의 정신모형 I의 입장에서 상대의 정신모형 I을 이해하는 것은 한계가 있기 때문에 정신모형 II의 탑에 올라가서 서로의 정신모형 I을 돌아보도록 독려한다. 진성리더가 갈등을 해결하는 원리는 이처럼 두 정신모형 I 간의 차이를 전체적으로 조망할 수 있는 정신모형 II라는 탑을 세워서 이 탑에서 둘 간의 입장 차이를 이해시키고 중재하는 것이다. 진성리더는 공통의 정신모형 II의 탑 위에서 구성원들이 자신들의 입장 차이를 극복하고 둘 사이의 문제를 창의적이고 생산적으로 극복할 수 있는 대안들이 도출된다는 것을 안다.

진성리더가 제시한 정신모형 II는 조직의 존재이유를 밝혀주는 궁극적 목적지와 그 과정에서 성장해가는 모습들을 생생하게 청사진으로 보여주는 비전, 조직이 비전과 미션을 추구하는 과정에서 꼭 지켜야 할 몇 가지 가치기준들로 구성되어져 있다. 첫째, 구성원들이 진성리더가 제시한 정신모형 II에 대해서 몰입하고 있다면 갈등의 이슈가 되는 모든 문제는 이 조직의 정신모형이라는 큰 그림의 입장에서 옳고 그름이 재단되어질 수 있다. 즉 경상도와 전라도가 서로 갈등하는 상황에서 대한민국의 존재이유와 대한민국의 비전이 제시된다면 지역 갈등은 무의미해 지듯이, 구성원들이 진성리더가 제시한 미래의 상태에 몰입하게 되면 구성원 간의 개인적 이해관심의 충돌은 대부분 무의미해지게 된다.

둘째, 대부분의 갈등은 조직이 지금 가지고 있는 것을 어떻게 자기에게 유리하게 가져오는지를 판단하는 밥그릇 싸움에서 시작된다. 그러나 구성원들이 조직의 성숙한 미래에 몰입해 있다는 것은 지금 당장의 밥그릇 싸움보다는 미래의 커질 밥그릇을 키우는 일에 더 몰입해 한다는 것을 의미하므로 현재의 밥그릇 싸움은 별 의미가 없다. 미래의 성장에 대한 그림이 없을 경우에는 갈등은 지금 가진 것을 서로 어떻게 자신에게 유리하게 나누는지의 문제로 프레이밍 되어 제로섬 게임을 벗어날 수 없지만 미래의 파이를 키울 수 있는 가능성에 대한 믿음이 있을 경우에는 서로가 Win-Win 할 수 있는 플러스섬의 게임으로 전환된다. 진성리더가 제시하는 정신모형 II가 받아들여져서 자신이 이 정신모형 속에서 성장한 모습을 상상할 수 있을 경우 사람들은 당장의 이득을 챙기는 것을 포기하고 정신모형 II가 완성될 수 있도록 헌신하고 투자한다. 또한 일단 진성리더가 제시하는 정신모형 II를 마음으로 받아들일 경우 어떤 구성원이 자신의 정신모형 I에만 근거해서 자기주장을 펴는 모습을 보일 경우 다른 구성원들이 나서서 정신모형 II가 명하는 원칙에 따라서 이와 같은 행동의 옳고 그름을 자율적으로 판단할 수 있게 도와준다. 조직이 갈등이 아니라 스스로를 규제할 수 있는 원칙을 세운 것이다. 조직이 갈등을 하는 대부분의 이유는 구성원의 이기심을 규제할 수 있는 공통의 원리원칙인 가치나 목적의 부재에서 오는 경우가 대부분이다. 정신모형 II에 기반을 둔 원리원칙이 명확히 서 있는 리더 아래에서는 개인적 이득을 챙기기 위한 공공연한 싸움은 아주 예외적이다.

하버드 대학의 교수인 Ury, Fisher, Patton의 저서, 『Getting to Yes』에서[17] 창의적 갈등해결을 위한 협상의 가이드라인으로 다음과 같은 규칙을 제시하고 있다. 첫째, 협상의 문제를 사람의 문제와 분리해라. 둘째, 입장보다는 숨겨진 이해를 파악하라. 셋째, 서로에게 Win-Win이 될 수 있는 옵션을 만들어라. 넷째, 객관적 기준을 사용하라. 다섯째, 협상이 결렬될 경우의 대안적 해결책의 질을 높여서 지렛대로 삼아라.

이와 같은 원칙은 진성리더가 정신모형 II를 기반으로 갈등을 해결하는 입장에서 다시 쓸 수 있다.[18] 첫째, 협상의 문제를 사람의 문제와 분리해라. 진성리더는 개인적 입장차이의 원천인 구성원 개인의 정신모형 I을 벗어나서 조직의 정신모형 II의 입장을 이해시키는 것이 갈등해결의 주안점이라고 생각한다. 따라서 정신모형 II만 명료하다면 개인적 몰지각이나 부정적 감정이나 오해나 고정관념을 어렵지 않게 넘어설 수 있다고 본다. 왜냐하면 정신모형 II를 기반으로 한 솔루션은 각 개인들이 가지고 있는 정신모형 I의 문제를 보다 포괄적이고 높은 수준에서 해결할 수 있기 때문이다. 갈등은 이런 개인이 추구하는 정신모형 I을 버릴 경우 대안으로 도달할 수 있는 더 나은 객관적 대안들이 없기 때문에 구성원들은 자신의 정신모형 I을 포기하지 않는다.

둘째, 입장(Position)보다는 숨겨진 이해(Interest)를 파악하라. 입장

속에 숨어 있는 이해를 파악했다 하더라도 미래의 더 큰 가치 속에 각자의 이해를 통합할 수 있는 해결책이 없다면 모든 해결책은 미봉책으로 끝나게 된다. 이때 정신모형 II는 감자의 줄기 역할을 수행한다. 정신모형 I에 해당되는 개개의 감자는 정신모형 II라는 공동의 줄기에 달려 있기 때문에 이 줄기를 들춰내면 다 달려 나오게 된다. 정신모형 II가 더 나은 미래의 가치를 창출할 수 있는 한 각자의 이해는 건설적 갈등으로 승화된다. 셋째, 서로에게 Win-Win할 수 있는 대안을 마련해라. 진성리더는 최고의 Win-Win에 대한 답은 서로의 이해의 타협이 아니라 제 삼의 해결책인 정신모형 II에 담겨 있다고 본다. 넷째, 객관적 기준을 사용하라. 진성리더는 정신모형 II를 기반으로 보다 창의적인 답을 가지고 있기 때문에 이것을 지지하는 더 적절한 데이터를 수집해 서로를 설득할 수 있는 능력을 갖추게 된다. 마지막으로 협상이 결렬되었을 때 대안적 해결책의 질을 높여서 협상의 지렛대로 사용해라. 이 조언은 진성리더가 갈등을 통해 관계를 복원하기 위해서 쓰는 방법과 정면으로 충돌하는 조언이다. 진성리더는 오히려 구성원들이 정신모형 II에 몰입하고 있다면 이 정신모형 II에 대한 다른 대안의 질을 높이기보다는 대안에 대한 관심을 끊고 먼저 정신모형 II를 구현하는데 더 투자하라고 조언한다. 성사가 안 될 것을 전제로 더 나은 대안을 챙기는 모습은 서로의 신뢰에 대해 부정적 시그널로 작용하기 때문이다.

다양성관리

대학교 동기 다섯 명이 모여서 광고 회사를 차렸다고 가정해보자. 문제는 이 동기들의 배경이다. 이 동기들은 같은 동네에서 태어나서 같은 초등학교를 다니고, 같은 중학교를 다니고, 같은 고등학교를 졸업한 후 같은 대학교에서 마케팅을 전공했다. 이들은 어려서부터 동네의 수재라고 알려졌다. 이들의 아이큐는 평균 150을 넘는다. 이들이 만든 광고회사가 다른 광고회사에 비해 잘 될까? 답은 상황에 따라 다르다. 광고회사의 경영환경이 예측가능하고 수십 년이 지나도 변화가 없다면 이들은 승승장구할 개연성이 높을 것이다. 하지만 업계의 경영환경이 불확실하고 예측가능하지 않고 변화가 빠르다면 이들이 세운 회사는 시간이 지나면 도산할 개연성이 높다. 변화무쌍한 경영환경에서는 다섯 명의 똑같은 생각을 하는 브레인이 필요한 것이 아니라 다섯 명의 다른 창의적 생각이 필요하기 때문이다. 오히려 이들은 회사를 다섯 명을 인력 풀로 해서 막노동 일꾼을 대여해주는 회사로 바꾸는 것이 생존가능성이 더 높다.

　동질성을 중시하는 우리나라의 대기업들이 인재를 채용하는 원칙이 이와 같은 원칙을 벗어나고 있지 못하다. 21세기는 어떤 방식으로든 창의성을 발휘할 수 없다면 생존이 불가능한 시대이다. 환경의 이질성이 늘어갈수록 조직 동질성의 원리는 시대와는 동떨어진 원리가 된다. 오히려 평범하지만 다양한 경험을 갖춘 인재를 채용해서 이들이 집단지성을 발휘할 수 있는 환경을 만들어 주어야 한다. 인재의 다양성이 보장된다면 조직은 항상 창의적이 될 수 있을까? 아니다. 다양한 인재들이 채용되기 시작하려면 이들이 마음 놓고 일할 수 있는 환경을 만들어 주어야 하는데 이것 또한 쉽지 않다. 이들은 다양한 배경을 가지고 있기 때문에 팀으로 일할 경우 팀웍을 발휘하는데 한계가 있을 수 있다. 또한 이들은 서로가 서로에 대한 기대수준들이 달라서 공정성의 문제가 민감한 이슈로 등장할 수 있다. 뿐만 아니라 이들은 일하는 방식도 달라서 이 방식들을 잘 반영한 작업에 대한 디자인도 필요하다. 이와 같은 부담 때문에 선

불리 다양한 인재를 채용하는 것을 꺼리는 회사가 많다.

상식적인 생각과는 달리 눈에 보이는 다양성 즉, 성별, 나이, 인종의 다양성은 오히려 해결하기가 쉽다. 오히려 눈에 보이지 않는 심층적 다양성인 가치관, 태도, 문화 등에서 기인한 다양성이 더 극복하기 힘들다. 왜냐하면 눈에 확연히 보이는 다양성은 시간이 지나면서 익숙해지기 때문에 오히려 당연한 것으로 받아들인다. 그렇다면 진성리더들은 이와 같은 다양성을 어떻게 동원하고 활용할까?

진성리더가 이 다양성의 문제를 해결하는 방식은 지금까지 진성리더가 리더십을 발휘하는 원리인 정신모형 II를 통해서이다. 정신모형 II를 구성원들과 공유하고 이에 관련된 모든 활동을 정신모형에 정렬시키는 것이다. 진성리더는 정신모형 II에 대한 몰입을 다양한 생각들을 창의적인 방향으로 수렴시키는 동질성의 축으로 생각하여 인적자원의 다양성을 여기에 결합시킨다. 구성원들은 진성리더가 설파하는 목적, 사명, 가치, 비전에 대해서 공감대를 형성하고 이것을 구현하기 위해 자신이 가진 다양한 역량을 동원한다. 이질성과 동질성의 한 축을 택하기보다는 이 둘을 창의적으로 결합시키는 인적자원전략을 동원한다.

동질성과 이질성을 정신모형 II를 기반으로 결합시킬 수 있는 조직이 창의성을 제대로 이용할 줄 아는 유기적 조직이다. 유기적 조직은 구성원들이 정신모형 II에 대해서 몰입하고 있으면서 이들의 인적구성이 정신모형 II를 최대한 구현할 수 있는 다양한 인적자원으로 구성되어 있는 조직이다. 구성원들이 정신모형 II에 대한 동질성을 가진 반면 인적 자원들의 다양성은 떨어진다면 이들은 동종교배 조직이다. 우리나라 대다수 대기업의 인적자원구조가 이와 같은 형태이다. 이와 같은 동종교배는 안타깝게도 급격하게 변화하는 환경에서 조직이 성공적으로 진화할 수 있

```
                        동질성
                 (정신모형 II에 대한 몰입)
                    저              고
              ┌──────────────┬──────────────┐
           고 │   자유방임    │   유기적      │
  (인적         │  (실패의 덫)  │   다양성      │
   자원          │              │  (양손잡이)   │
   역량        ├──────────────┼──────────────┤
   의          │              │              │
   다양성)   저 │   생계형      │   동종교배    │
              │              │  (성공의 덫)  │
              └──────────────┴──────────────┘
```

다양성 분류

는 DNA를 개발시키는데 최대의 적이다. 다양성의 중요성을 이해해서 전략적으로 다양한 인재를 영입하는 것에 성공하나 이들을 한데 모아서 같이 일하게 할 수 있는 환경을 제공하지 못해서 무너지는 회사들도 많다. 자유방임형 조직이다.

동질성과 이질성의 양 측면을 활용할 수 있는 유기적 조직은 양손잡이 조직이다. 이들은 이질성을 이용해서 새로운 지식과 정보를 탐색할 뿐 아니라 이 탐색된 정보와 지식을 더 나은 제품이나 서비스로 완성하는 활용의 능력도 가지고 있다. 이들은 이질적인 구성원들의 탐색능력과 실험능력을 이용하여 환경과의 접점에 있는 변방에서 성공하는 다윗을 길러낸다. 변방에서 성공한 다윗들은 조직의 표준이 되어 조직전체로 확산되고 이들의 표준은 조직 전체를 위해 효율적으로 활용된다. 유기적 조직이 환경에 적응해가면서 지속적으로 성장을 구가하는 능력은 활용

과 탐색을 다 할 수 있는 능력인 동적역량에서 나온다.[19]

동적역량은 조직 내에 자본을 축적·보유하는 것을 넘어서서 자본을 환경적 요구에 맞도록 이용하고 창조적으로 확장하는 조직 특유의 자원 활용 프로세스를 의미한다. 동적역량은 크게 기존자원의 이용 측면을 강조하는 활용과 새로운 자원의 개발의 측면을 강조하는 탐색의 두 요소로 구성된다. 특정 집단이 동적인 역량을 지니고 있다는 것은 기존에 보유한 인적 자원, 기술적 자원을 효율적으로 활용하는 프로세스와 이 자원들을 혁신적으로 탐색하는 프로세스 모두에서 탁월한 능력을 지니고 있음을 의미한다. 변화가 상수로 간주되는 현대 조직에서는 활용과 탐색 모두를 관리할 수 있는 조직만이 살아남을 수 있다. 이 이질적인 두 가지 역량이 한 조직에서 공존할 수 있는 것은 이것이 리더가 제시하는 정신모형 Ⅱ가 이 둘을 통합하는 기제로 작동하기 때문이다. 즉, 정신모형 Ⅱ를 구현하기 위해서 필요에 따라서는 활용을 하고 또 다른 필요에 따라서는 신축적으로 탐색을 할 수 있기 때문이다.

활용 혹은 탐색만을 추구하는 리더는 단기적 이익 추구에는 별 문제가 없을 수도 있으나 장기적으로는 성공의 함정과 실패의 함정에 빠질 개연성이 높다.[20] 성공의 함정이란 변화한 환경을 인식하지 못하고 기존의 성공을 보장해주었던 주요한 자원의 활용만을 과도하게 추구하는 경우이다. 성공의 함정을 극복하기 위해서는 환경의 변화와 경쟁 조직의 움직임을 끊임없이 분석함과 동시에 팀의 자원을 지속적으로 혁신하고 탐색해야 할 것이다. 반면 실패의 함정이란 자원에 대한 탐색 활동에만 역량을 집중해가며 다양하고 획기적인 시도를 하지만 이런 활동을 가시적 성과로 연결시키지 못하는 경우를 의미한다. 끊임없이 새로운 자원을 탐색하고 혁신을 위해 노력하지만 이러한 노력을 성과로 연결시키지 못해 비용을 과다하게 발생시키게 되고 종국에는 조직을 무너뜨리게 된다. 실제로 활용과 탐색의 능력을 모두 지닐 수 있는 것은 이것이 기여하는 정신모형 II라는 분명한 지향점이 존재하기 때문이다.

다양성은 기업의 목적지인 사명과 결합해서 학습과 혁신을 일으키고 이 학습과 혁신을 통해서 정신모형 II는 다이아몬드로 점점 단단하게 진화한다. 이 다이아몬드가 바로 기업의 문화적 DNA로 CEO의 승계를 넘어서 기업을 100년의 세월 속에서도 지속적으로 성장하고 영속하게 만드는 생명의 비밀인 밈(Meme)이다.[21] 조직의 밈(Meme)을 구성해주는 문화적 DNA가 없다면 기업은 영속할 방법이 없고 바로 이 문화적 DNA는 정신모형 II와 다양성이 만들어낸 이중주의 작품이다.

진성리더를 위한 학습 포인트

- 정신모형 I을 업데이트해주는 것이 코칭이고 정신모형 II를 설계해주는 것이 멘토링이다.
- 새 내비게이션을 만들어 주는 것이 코칭이고, 나침반을 선물하는 것이 멘토링이다.
- 자신을 코칭하고 멘토링할 수 있는지의 전제가 진성코칭, 진성멘토링을 결정한다.
- 갈등관리는 정신모형 II를 통해 갈등을 플러스섬으로 설득시킬 수 있는지의 문제다.
- 입장차 갈등은 정신모형 II가 없거나 기능을 하지 못할 때 생기는 현상이다.
- 성공한 다윗을 만들어 골리앗으로 표준화시키는 것이 다양성관리의 핵심이다.
- 기업영속은 다양성과 사명의 합주를 통해 진화한 다이아몬드인 문화적 DNA에 달려있다.

제9장
진성리더십의 실천 III

> 바람의 방향을 바꿀 수는 없어도
> 목적지에 도달할 수 있도록 바람에 따라 돛의 방향을 바꾸는 것은 가능하다.
> – Jimmy Dean

> 일반적 리더는 자신의 목표를 높일 줄 아는 사람이고,
> 좋은 리더는 남의 목표를 높일 줄 알지만,
> 위대한 리더는 스스로가 목표를 높일 수 있도록 영감을 주는 사람이다.
> – Orrin Woodward

성과관리

성과에 대해 진성리더와 일반리더의 차이는 초보 운전자와 경험이 많은 운전자와의 차이에 비유해 볼 수 있다. 초보운전자들은 운전의 초점이 근거리에 집중되어 있어서 근거리에 보이는 돌출변수에 신경을 쓰다가 사고를 내지만, 경험이 많은 운전자들은 시야를 멀리 고정시키고 여기에 근거리에서 오는 정보들을 맞춰 수렴시키기 때문에 단기적으로 제공되는 많은 변수들에도 불구하고 운전에 안정감이 있다. 진성리더와 유사리더의 성과에 대한 견해차이도 바로 여기에 있다고 볼 수 있다. 유사리더들은 단기적 성과에 올인 하는 과정에서 결국 사고를 내지만, 진성리더들은 장기적 성과를 전제로 단기적 성과를 고려하기 때문에 성과에 지속성

과 안정성이 있다.

소프트뱅크의 손정의 회장은 이와 같은 상황을 다음과 같이 표현했다.

"세상 사람들은 눈앞의 것만을 보기 때문에 배 멀미를 느끼는 것이다. 수백 킬로 앞을 보고 항해를 한다면 항해는 물결처럼 평온한 여정일 것이다. 나는 그런 식으로 오늘을 지켜보고 사업을 하고 있기 때문에 전혀 사고 낼 걱정을 하지 않는다."

황금알을 낳는 거위의 이야기는 잘 알려진 이야기이다. 현금이 급해지자 거위 뱃속에는 황금알이 많이 들어 있을 것이라고 추측을 하고 거위의 배를 가르지만 아무 것도 못 건진다는 우화이다. 이 우화는 사람들이 단기적 성과를 위해서 어떻게 장기적 성과를 희생하게 되는지를 웅변적으로 보여준다.

어떤 리더는 성과만 내면 모든 것을 용서 받을 수 있으니 성과를 가져오라고 구성원들을 닦달한다. 황금알을 지속적으로 낳기 위해서는 거위의 건강이 전제되어야 하는데 단기적 성과에 집착하다보면 건강한 거위를 사육할 시간적 여유가 없다. 궁지에 몰리면 거위를 잡아 뱃속에 있는 알이라도 꺼내는 우를 범하게 된다. 지속적으로 성과를 내는 진성리더들은 성과를 내기 위해서는 건강한 시스템을 먼저 육성해야 한다는 믿음을 가지고 있다.

성과관리 측면에서 진성리더가 염두에 두고 있는 것은 다음 세 가지이다. 첫째는 장기적 목적관리와 단기적 목표관리를 정렬시키는 일이고, 둘째는 성과에 있어서 균형을 달성하는 문제, 마지막으로는 비즈니스를 하는 토양 자체를 비옥하게 만드는 사회적 성과를 만드는 일이다. 이 모든 것을 가이드해주는 것은 진성리더가 설정한 정신모형 II이다.

목표관리와 목적관리

진성리더들은 단기적 KPI(Key Performance Indicator)를 기반으로 한 목표관리와 정신모형 II를 기반으로 한 장기적 목적관리를 정렬시키는 능력이 뛰어나다. 목표관리는 할당된 목표를 구성원의 역할과 책임의 범위에서 구성원에게 할당하는 작업이다. 이때 각자의 목표에 대해서 SMART 방식으로 설정한다. 즉 구체적이고(Specific), 측정가능하고(Measurable), 회사의 전략과 연계되어 있어야 하고(Aligned), 실현가능해야 하고(Realistic), 달성해야 하는 시간적 범위가 정해져 있는(Time-Bounded) 목표를 리더와 협의를 통해서 설정하고 설정된 목표에 대해서는 구성원들에게 최대한 자율권을 부여한다. 일정기간이 지나면 리더와 구성원은 성과달성에 대해서 면담을 하고 여기서 얻어진 결과에 따라 고과를 결정하거나 부족한 성과에 대해서 코칭할 수 있는 일정을 잡게 된다. 문제는 비전에서 전략적 목표가 도출되어 나왔다는 생각에서 이것만 달성하면 회사의 비전이 달성된다는 생각으로 주어진 목표의 달성에만 집중하게 된다. 목표를 달성하는 동안은 회사의 사명이나 가치 등은 전혀 의심되지 않는다. 또한 회사의 사명이나 가치와 연계하는 것은 구성원 한 사람 한 사람의 문제라기보다는 회사의 임원급에서나 고려해야 할 사항이라고 치부되어진다. 전략적 목표에 따라 구성원들의 목표가 할당되면 이를 달성하는지 못하는지가 중요한 것이지 이것이 전략적으로 맞는 일인지는 이들이 고민해야 할 바가 아니다.

목표관리(MBO: Management By Objective)가 조직의 비전으로부터 도출된 단기적 성과지표인 KPI를 관리하는 것이 목적이라면 목적관리(MBP: Management By Purpose)는 달성한 성과가 조직의 사명과 가치를 구현하는데 얼마나 기여했는지를 평가하는 작업이다. 이 평가를 토대로 갭이 있을 경우 이 갭을 줄여나가는 프로젝트를 수행하는 것이다. MBO가 경영의 과제를 제대로 수행하고 있는지를 관리하는 것이라면 MBP는 이 과제들이 실제로 사명과 가치를 달성하고 있는지를 점검해준다. MBO는 비전으로부터 여러 단계를 통해 연역적으로 도출되기 때문에 이것의 달성 자체가 조직의 정신모형 II의 핵심인 사명과 가치를 구현하고 있는지를 평가해줄 수 없다. 반면 MBP는 조직의 성과달성이 정말로 조직의 사명과 가치를 달성한 것인지를 평가해줌으로써 조직의 정신모형 II가 플라스틱 정신모형이 아닌 살아있는 정신모형으로 만드는 과정이다. 대부분의 조직에서는 KPI를 기반으로 한 MBO를 하지만 MBP를 하는 회사는 찾아보기 힘들다. 이런 회사들의 사명과 가치를 보면 대부분이 그냥 홈페이지를 장식하는 죽어 있는 정신모형인 경우가 많다. 직면하고 있는 과제의 달성이 사명을 달성하는 것에서 멀어지고 궁극적으로 선로를 탈선했다고 생각하면 CEO가 나서서 "기본으로 돌아가자"고 주장한다. 이들이 말하는 기본이란 바로 회사의 창업초기에 모든 구성원의 마음을 사로잡았던 회사의 존재이유를 밝혀주는 조직의 사명이다. 결국 이들은 지금까지 MBO만을 해왔고 MBP를 전혀 하고 있지 않았음을 실토한 것이다.

　KPI는 조직의 비전으로부터 몇 단계의 가정을 통해서 도출되는데 이 가정이 맞는 가정인지의 타당도의 문제가 있을 수 있다. 따라서 아무리 KPI를 달성했다 하더라도 KPI의 타당도가 의심되도록 도출되었다면 KPI 달성이 오히려 조직의 비전달성과는 거리가 멀 수도 있다. 다음 해의 KPI도 올해의 KPI를 기반으로 만들어지는 것이므로 잘못 설정된 KPI는 처음부터 잘못 끼워진 단추가 된다. 성과의 날성이 소식이 의도하는 사명, 비전, 가치를 달성한 것인지를 점검하는 과정이 MBP이다.

MBP에 대한 평가는 달성한 KPI의 결과가 나와야 제대로 평가될 수 있다. MBP에 대한 평가는 조직전체가 달성한 KPI의 총합에 대한 데이터를 기반으로 평가될 수 있기 때문이다. MBP는 회사차원의 KPI의 총합이 과연 제대로 비전을 달성한 것으로 평가할 수 있는지 또한 궁극적으로는 회사의 사명과 가치를 어느 정도나 구현하고 있는지에 대한 평가이다. 적어도 1년에 한 번의 MBP 리뷰 워크샵 등을 통해서 조직의 KPI 성과가 조직의 목적에 기여하는 성과인지가 정기적으로 점검되어야 한다.

리더십 이야기

[국민일보 경제시평] KPI가 우리 회사를 죽이고 있어요.
2015. 01. 21

요즈음 웬만한 회사는 다 KPI(Key Performance Indicator: 핵심성과지표)를 가지고 전략적으로 성과를 측정하고 관리한다. 다양한 세미나를 통해 회사 임원진에게 회사 비전을 달성하기 위해 설정한 KPI가 역설적으로 회사 비전과 문화를 살해하는 주범이라는 이야기를 들려주면 임원들은 내 말에 반신반의한다.

KPI가 설정되기 위해서는 먼저 회사 비전과 미션이 정해져야 한다. 이 미션과 비전을 최종 준거로 삼아 달성 과제들이 도출되고 이 과제들은 팀이나 개인 단위로 할당된다. 이 과제의 성공적 달성 여부를 판단해줄 수 있는 계량화된 지표가 KPI다. 논리적으로 따지면 KPI는 회사 비전과 미션을 달성할 수 있는 중요한 전략적 수단이다. 경영자들이 환호하는 이유가 비전과 전략을 달성한 정도를 숫자로 정확하게 알아볼 수 있기 때문이다.

하지만 문제는 그리 간단치 않다. 회사 비전과 미션에서 논리적으로 도출돼 일단 팀이나 개인에게 할당되는 순간 구성원들은 비전과 미션은 깨끗이 잊어버리고 자신에게 할당된 KPI를 달성할 수 있는가가 최대 현안이 된다. 종업원들에게 KPI는 경영진이 생각하듯이 회사 비전과 미션을 달성하는 '수단'이 아니라 회사에서 자신의 생존을 보장해주는 '목적'이 돼버린다.

임원들은 전략적 차원에서 회사 비전을 달성하는 수단으로 KPI를 설정하지만 실제로 달성에 참여하는 종업원들은 이 KPI가 안정된 회사생활을 보장해주는 목적이라고 생각한다. 임원들은 KPI를 비전 달성 수단이라고 생각해 할당하지만 그 비전을 위해 KPI를 달성해야 한다고 생각하는 종업원들은 없다. 종업원에게 회사 비전은 더 이상 중요한 고려대상이 아니다. 중요한 것은 어떤 방식으로라도 KPI를 달성해 생존을 보장받는 것이다.

자신의 생존을 보장해주는 목적으로 채용된 이 KPI를 성공적으로 달성하기 위해 종업원들은 어떤 수단과 방법도 가리지 않는다. 자신의 생계가 걸려 있기 때문이다. 이 수단과 방법은 가끔 조직이 설정한 비전과 미션을 침해하는 방식으로 달성된다. KPI만 달성되면 비전과 미션이 구현된다고 믿고 있는 임원들도 KPI 달성 과정에서 비전과 미션이 침해받고 있는 것을 전혀 괘념하지 않는다. 이런 과정에서 회사 비전과 미션은 구성원 마음속에 새겨지는 것이 아니라 이미 말뿐인 플라스틱 비전 미션으로 전락한다. KPI의 압력이 더 세지면 세질수록 점점 더 조직의 비전과 미션을 죽이는 방식으로 달성된다.

이 같은 현상은 이미 조직의 비전과 미션이 플라스틱 비전으로 죽어 있는 경우에 더 심각하게 나타난다. 어차피 허울뿐인 식물화된 비전 미션이기 때문에 KPI를 달성하는 과정에서 조금 손상을 받아도 아무도 괘념치 않는다. 회사의 한 해 성과를 평가하는 자리에서도 회사 전체에서 달성된 KPI 숫자에만 관심을 쏟지 KPI가 비전과 미션을 얼마나 죽였는지는 관심이 없다. 경영진은 KPI 숫자만 달성되면 자동적으로 미션이나 비전이 살아날 것이라는 착각에 빠져 있기 때문이다. 이런 회사일수록 회사 문화는 점점 더 고사당하고 있는 것을 체험하게 된다. KPI를 강조하면 할수록 회사 문화는 확실하게 확인사살을 당하고, 살아있는 문화가 없는 회사는 식물인간과 같은 상태로 변모한다.

경영환경이 급격하게 상생을 통한 공진화의 패러다임으로 전환되고 있는 이 시점에서 신자유주의 경쟁원리를 기반으로 도입된 KPI가 우리 정서에 맞는 성과측정 도구인지를 심각하게 논의해봐야 할 시점에 이르렀다. 회사의 문화적 맥락이 무시된 상태에서 KPI에의 집중은 오히려 장기적 성과를 내기 위한 체력을 소모시키는 주범이 되기 때문이다.

윤정구 이화여대 경영학 교수

균형성과

진성리더들은 비록 성과는 보이는 것의 산물이지만 한편으로는 보이지 않는 것에 의해서도 성과가 결정된다는 것을 잘 이해하고 있다. 따라서 진성리더들은 성과관리 시스템의 확인 가능한 유형자본의 측면과 보이지 않는 무형자본의 측면을 균형 있게 관리한다. 또한 유형자본들은 측정이 쉬운 반면 무형자본은 측정이 어렵다는 것을 알고 무형자본을 측정해서 이의 잔고를 확인하는 일에 더 관심을 집중한다. 균형성과표의[1] 입장에서 보면 재무적 지표에 관련된 KPI들이나 운영에 관련된 KPI들은 측정이 가능한 반면 구성원의 성장과 학습에 관한 것이라든지 고객에게 전달된 가치의 수준에 관련된 KPI는 측정이 쉽지 않다는 것을 안다. 그럼에도 이들을 측정할 수 있는 가설적 지표를 만들어서 측정하고 관리하는 노력을 게을리 하지 않는다. 측정할 수 없는 것은 관리할 수 없다는 믿음으로 측정하기 쉬운 것, 보이는 것만을 관리하지 않고 이들 간의 균형 잡힌 관리를 위해서 최선을 다한다. 보이는 것과 보이지 않는 것 간의 균형 잡힌 성과관리의 안목은 바로 리더의 정신모형을 토대로 정당성이 부여되어 진다. 리더와 구성원이 견고한 정신모형 II를 내재화하고 있을수록 균형 잡힌 성과를 만들어내는 일에 관심을 집중한다.

보이는 것과 보이지 않는 것의 균형의 중요성은 다음과 같은 비유를 통해서 확인해볼 수 있다. 예를 들어 우리가 기운을 내기 위해 매일 세 끼 식사로 고기만 먹는다고 가정해보자. 여기에 한술 더 떠 식사 중간 중간 배가 고플 때마다 과자나 초콜릿 등 당분으로 에너지를 충전시킨다고 가정해보자. 이런 생활이 한 달만 지속된다면 서서히 혈관이 막혀 뇌졸중이 생기거나 단것을 먹어도 에너지로 흡수가 안 되는 당뇨증세를 보이기 시작할 것이다. 결국 에너지를 충전하기 위해 섭취한 고기나 당분이 우리 몸을 망가뜨려 고혈압에 걸리게 하거나 당뇨병의 주범이 되는 것이다.

회사가 운영되는 원리도 마찬가지다. 단기적 성과를 내는 과제만을 완수하는 것은 구성원에게 세끼 식사로 고기만 먹으라고 강요하는 것과 마찬가지다. 회사의 모든 활동을 KPI에 연동시키는 것은 활력을 충전시키기 위해 설탕만을 공급해주는 것과 같은 형국이다. 이런 회사는 초기에 반짝 성과를 거둘지는 몰라도 장기적으로는 당뇨증세가 나타나거나 동맥경화가 나타나 결국 구성원들의 만성피로가 누적되기 시작하고 결국은 무너질 것이다. 이런 점에서 우리가 아는 대한민국의 대부분 회사들은 혈관이 막혀 가고 있거나 당뇨병 초기 증상을 보이고 있다. 성과를 균형 있게 관리하지 못한 결과이다.

기력이 떨어지면 단기적으로 고단백질의 음식을 섭취하거나 종합비타민제를 복용하는데 이런 활동이 바로 조직개발이라는 조직 활성화 프로그램들이다. 하지만 체질이 근본적으로 개선되지 않은 상태에서 이런 고단백질 음식과 비타민제를 먹는다고 문제가 해결되지는 않는다. 오히려 약에 대한 내성만 길러줘 일단 이런 프로그램에 중독되기 시작하면 끊을 수가 없다. 컨설팅 회사만 먹여 살리는 꼴이다. 대부분 컨설팅 회사의 처방은 악화되는 상태를 일시적으로 지연시키는 효과만을 가져오지 문제를 근원적으로 해결해주지는 못한다.

기업을 건강하게 성장시키는 방법은 과일나무를 키워서 과수원을 만드는 것과 비슷하다. 과일나무의 핵심요소는 열매로서 과일, 과일을 맺게 하는 꽃, 꽃에 영양분을 제공해주는 줄기와 가지들, 그리고 영양분을 빨아들이는 뿌리로 구성되어 있다. 이것들을 회사에 비유하면 과일은 재무적 성과를 대변하고, 풍성한 꽃은 고객에 대한 가치를, 건강한 줄기는 회사의 효과적인 운영을, 튼튼한 뿌리는 학습과 혁신을 대변한다. 각각을 스테이크홀더로 보면 재무적 성과는 주주의 이익을 대변하고, 고객가치는 고객의 이익을, 운영은 경영진을, 혁신과 학습은 종업원의 행복을 대변한다.

결국 잘 되는 회사라는 것은 주주만 행복한 회사가 아니라 이 모든 스테이크홀더들이 회사가 존재하기 때문에 행복한 회사이다. 이런 행복한 회사를 만들기 위해서는 재무적 성과를 넘어 가치의 선순환을 볼 수 있어야 한다. 결국 풍성한 과일도 꽃이 피지 않으면 얻을 수 없고, 꽃도 줄기가 튼튼하지 않으면 영양을 공급받을 수 없고, 영양은 결국 뿌리로부터 공급받는다. 결국 재무적 성과를 결정하는 가장 중요한 요인은 뿌리이고, 다음이 줄기, 다음이 꽃인 것이다. 하지만 당뇨병에 걸리거나 고혈압 증세로 고생하는 회사는 앞에서도 언급했듯이 재무적 성과만을 거두기 위해 이런 장기적 안목을 생각하지 않는 회사들이다. 이런 회사들은 뿌리로부터 영양을 공급받지 않고도 꽃을 많이 피워 열매를 많이 맺게 할 것만을 고민한다. 진성리더들은 균형된 성과만이 지속적 성과로 이어질 수 있다는 철저한 믿음을 가지고 있다.

리더십 이야기

Whole Foods Market의 균형성과

Whole Foods Market의 창시자인 John Mackey는 이해당사자들에게 균형된 가치를 전달하는 것을 회사의 사명으로 삼고 있다. 맥키는 처음 4만 5천 달러의 자본금으로 시작해서 지금은 이 회사를 3만 6천명의 종업원과 50억 달러 이상의 연간매출, 80억 달러가 넘는 시장가치를 지닌 기업으로 만들었다. 포춘 500에 선정된 식품소매기업 가운데 홀푸드는 매출 비중 당 가장 높은 이익을 올렸고, 투자 대비 가장 많은 이윤을 얻었으며, 제곱미터 당 가장 많은 매출기록을 가지고 있고 가장 높은 성장률을 지니고 있다.[2]

홀푸드의 성공 비밀에 대해서 맥키는 다음과 같이 서술하고 있다. 즉 자신은 회사를 운영해가면서 회사와 관련된 모든 이해당사자에게 가치를 제공해서 서로가 서로에게 인간다움을 유지할 수 있게 하는 것을 경영의 최우선 원칙으로 삼았다.[3]

"홀푸드는 여섯 부문의 주요 이해당사자들 – 고객, 종업원, 주주, 협력업체, 지역사회, 환경 – 에게 얼마나 많은 가치를 창출, 제공하였느냐를 통해 성공을 측정한다. 이것은 인간사회의 일원으로서 모든 사람에게 번영을 누릴 수 있는 기쁨을 제공하는 것이 우리의 사명이다. 홀푸드는 지역사회에 부를 제공한다. 왜냐하면 우리는 지역사회의 일원이기 때문에 그들을 돌봐줄 의무가 있고 지역사회가 더욱 번창할 수 있게 도움을 주어야 한다는 책임감을 느끼기 때문이다. 편협한 이기주의를 넘어서 우리의 사랑과 배려를 펼친다고 해서 인간의 본성과 금전적인 성공 중에서 하나를 선택해야만 하는 것은 아니다. 둘 사이에 성공의 선순환 구조가 확립되어야 한다. —중략— 의학, 법, 교육과 마찬가지로 비즈니스도 숭고한 목적을 가지고 있다. 고객의 삶을 향상시킬 상품과 서비스를 제공하고 종업원에게 직업과 동시에 가치 있는 일을 할 수 있는 기회를 제공하고, 주주에게는 부와 자신을 창출하게 도움을 주고, 시민들에게는 책임을 지고 관심을 기울인다."

　이 방식은 이해당사자 각각이 서로 경쟁하는 이익극대화 모델보다 더 튼튼한 비즈니스 모델을 제공해준다. 이것들은 이기주의보다 더 강력한 동기를 장려하고 있기 때문이다. 이런 방식들은 경제학자들의 주장을 넘어서 실제로 시장에서 경쟁력을 제공해주는 사례를 만들어냄으로써 성공하게 될 것이다. 머지 않아 홀푸드처럼 이해당사자들 간의 균형과 상생의 모델을 고수하는 비즈니스가 경제의 표준으로 작용하게 될 날이 올 것이다.

사회적 성과

성과를 과일나무에 비유할 때 진성리더가 염두에 두고 있는 또 하나의 중요한 논리가 있다. 바로 우리 회사라는 나무가 뿌리를 내리고 있는 토양의 문제이다. 우리 회사가 토양의 모든 영양분을 독점함으로써 토양을 산성화 시키고 있다면 결국 장기적으로 우리 회사도 피해를 볼 수밖에 없다. 우리나라의 현재구조가 바로 이런 구조이다. 재벌들이 한국기업들이 성장할 수 있는 토양의 영양분을 독점적으로 빨아들이는 과정에서 토양이 산성화 되어간다면 중소기업이나 다른 기업들이 뿌리를 내리고 성장할 수가 없다. 또한 이런 소수의 기업이 시장의 강자로 등극하면서 독과점에 의해서 시장이 무너지고 시장이 제대로 기능하지 못할 때 결국 경제구조도 취약해지고 장기적으로 무너지게 되어 있다. 진성리더들은 대부분의 회사가 지속가능한 성과를 내기 위해서는 이 회사들이 나서서 토양이 산성화되는 것을 막아야 한다고 생각한다. 회사들이 의존하고 있는 공동의 토양을 비옥하게 만드는 작업을 사회적 성과라고 부른다.[4]

　한국경제의 지배적 패러다임이었던 신자유주의는 시장경쟁에서 이긴 것은 모두 정당성을 가지고 있다고 규정해왔다. 신자유주의 논리에 따르면 시장에서 존재를 인정받는 길은 경쟁에서 이기는 길 뿐이다. 신자유주의에 따르면 시장은 동반성장을 위한 토양이 아니라 피 비린내 나는 약육강식의 각축장이다. 승자는 토양인 시장을 기름지게 할 이유가 없다. 경쟁에 집중할수록 토양은 메말라가고 산성화된다. 어느 날 승자 한 사람만 빼고 모두가 서서히 죽어간다는 것을 뒤늦게 깨우치지만 때는 이미 늦었다. 지금 한국도 이미 늦었다. 신자유주의는 강자의 존재이유를 설명해주는 이론이다. 시장을 약육강식의 경쟁의 장이 아니라 상생의 기름진 토양으로 가꾸는 "목적 있는 성장"의 새로운 길을 찾을 때 우리 경제는 근원적 변화를 이룰 수 있다. 목적 있는 성장이란 사회든 회사든 자신의 정신모형 II를 복원하고 여기에서 명령하는 사명을 구현하는 과정으로 성장을 이해할 때 구현할 수 있다.

진정성 있는 기업을 이끄는 진성리더들은 자신의 이익만을 극대화하는데 모든 전략을 올인 하는 기업이 아니라 같이 성장할 수 있는 공동의 토양을 비옥하게 만드는 사회적 성과에 회사의 자원을 투자하는 사람들이다. 따라서 모든 회사들이 공진화 하는 과정 속에서 상생할 수 있는 사회적 환경을 만드는데 기여한다면 이런 회사를 이끄는 리더는 진짜 진성리더라고 볼 수 있다.

변화관리

> 뛰어난 리더는 뛰어난 연설을 할 수 있거나
> 인기가 넘치는 사람이 아니라 결과로 변화를 말하는 사람이다.
> – Peter Drucker

동물 중에서 환경변화에 가장 능수능란한 동물은 개구리이다. 개구리는 변온동물이기 때문이다. 물론 환경적응에 천재적 재능을 가지고 있는 개구리가 20-30도씩 변화하는 환경에 적응할 수 있는 것은 아니다. 경영학자들은 개구리를 통해서 환경변화에 사람들이 어떻게 적응하는지를 실험해왔다. 이 실험은 삶은 냄비 속의 개구리 현상이라고 칭해진다.

먼저 개구리를 잡아서 차가운 물이 담긴 냄비에 집어넣는다. 개구리는 자신의 체온이 있기 때문에 차가운 물을 좋아하지 않는다. 그러나 변온동물인 개구리는 크게 괘념하지 않는다. 실제로 일정한 시간이 흐르면 몸의 온도가 내려가서 적응을 한다. 이처럼 개구리가 충분히 적응을 할 시간을 주고 다시 온도를 10도 올린다. 개구리는 옛날 온도로 되돌아 온 것을 느끼고 기분이 느긋해져서 가만히 있다. 개구리가 적응할 시간을 주고 다시 10도를 올린다. 먼저 번의 온도에 비해서 물이 약간 뜨거워지는 것을 느끼지만 자신이 변온동물이라는 자신감 때문에 괘념하지 않는다. 이처럼 개구리에게 충분히 적응할 수 있는 시간을 주고 계속 온도를 10도씩 비등점까지 올려도 개구리는 자신이 적응했다고 믿고 있다가 냄비 속을 뛰쳐나오지 못하고 삶아죽게 된다.

환경변화에 적응하지 못해서 사라지는 회사나 사람들은 모두 냄비 속의 삶아 죽는 개구리의 곤혹스런 과정을 거친다. 온도가 80도 정도로 올라왔을 때는 이미 늦었다고 깨달아서 뛰쳐나가야겠다고 생각을 하지만 이미 몸이 말을 듣지 않는다. 삶아 죽어가는 자신의 모습을 고통스럽게 관조하는 일 말고는 달리 할 일이 없다. 이와 같은 과정을 점진적 죽음(Slow Death)이라고 부른다. 하지만 처음부터 100도의 물에 개구리를 집어넣으면 나 죽겠다고 하고 뛰쳐나온다. 근원적 변화(Deep Change)의 과정이다. L자 경기가 본격화되면서 우리나라 상장기업들 대부분은 삶아 죽는 개구리의 과정을 겪고 있다. 대부분의 회사가 망해감에도 이

망해가는 속도가 느려서 자신이 망한다는 것을 모르고 있을 뿐이다. 또한 설상가상으로 자신은 충분히 변화에 적응하고 있다는 믿음에 갇혀서 근원적 변화에 대한 요구를 철저히 외면하고 있다는 점이다. 결국 이들 대부분은 마지막 순간에 자신이 고통스럽게 삶아 죽어간다는 것을 깨닫겠지만 이미 때는 늦었다. 왜 이와 같은 현상이 반복되는 것일까?

리더십 이야기

벌거숭이 임금님

롤러코스터 변화로 특징 지워지는 21세기에 다른 기업에서 유행하는 변화기법을 따라 복사만 한다는 것은 본인 혹은 본인 회사를 벌거숭이 임금님으로 만드는 것과 비슷하다. 벌거숭이 임금님처럼 갖은 유행의 첨단을 걷는 옷을 다 입어보지만 성에 차지 않고 따라서 결국에는 벌거벗은 모습으로 거리를 활보하다가 아이들에게 놀림감이 되는 경우가 남의 이야기만은 아니다.

일류회사의 경우에는 자신이 어떤 변화의 기법을 선택하는 가장 궁극적인 이유를 자신의 정신모형에서 설정한 비전과 목적에 얼마나 부합되는지에서 찾지만 이류들은 우리의 비전이나 목적과는 무관하게 다른 경쟁사가 하고 있기 때문에 하지 않을 경우 불안해서라는 식의 이유로 옷을 자주 갈아입으므로 자신의 회사를 벌거숭이 임금님으로 만들어 나간다. 이와 같은 회사의 직원들은 회사의 변화정책에 대해서 냉소주의를 견지하고 있다. 아무리 뛰어난 변화 프로그램을 가져와도 이들은 이 프로그램을 마음으로 받아들이지 않는다. 결국 야심차게 도입한 프로그램도 시간이 지나면 폐기처분되는 수순을 밟고 또 시간이 되면 새로운 것을 도입하지만 이 프로그램의 운명은 똑같다. 변화 프로그램이 구성원들만 피곤하게 만들고 조직에 상처만 남기고 끝난다. 남의 것을 따라만 하는 회사가 조직을 변화시켜서 세상에 족적을 남긴다는 것은 낙타가 바늘구멍 들어가기보다 힘든 일이다.

회사가 이와 같은 이유로 많은 변화기법을 도입해왔다면 지금 어린이의 눈으로 "임금님은 벌거숭이"라고 외칠 필요가 있다. 개인의 경우도 마찬가지다. 자신의 미래의 방향인 비전이나 목적이 없을 경우 어떤 종류의 변화든 유행을 따라 하는 벌거숭이 임금님의 행위에 불과하다. 자신만의 정신적 모형이 없으면 모든 옷은 한 때의 유행에 불과하다.

일차적 공포와 이차적 공포

사람들이 변화를 두려워하는 이유는 지금까지 안전하게 살고 있다고 믿고 있던 정신모형 I을 떠나는 것에 대한 두려움 때문이다. 정신모형 I은 세상이 어떻게 변화하든 조직이나 구성원에게 심리적 안정영역을 제공한다. 우리주변을 구성하고 있는 세계 중 우리가 이해하고 설명할 수 있고 나름대로 통제할 수 있는 영역을 심리적 안정영역이라고 한다. 이 심리적 안정영역은 현실과는 독립적으로 우리의 주관적 현실을 구성해 준다. 이 심리적 안정영역을 벗어나서 새로운 것들을 받아들이는 것은 아기가 어머니의 자궁을 벗어날 때 느끼는 상황과 비슷하다. 아기가 어머니의 자궁을 벗어나 자신이 통제할 수 없는 세상으로 나올 때 느끼는 공포가 있다면 이것이 바로 일차적 공포이다. 우리가 주관적으로 구성한 심리적 안정지역을 벗어나서 우리가 모르는 미지의 불확실성의 망망대해로 뛰어든다는 것은 아기가 어머니의 자궁을 벗어날 때 느끼는 공포를 유발한다.

정신모형 I이 상당기간 업데이트가 안 된 정신모형일 경우 이 정신모형은 이들에게 어머니의 자궁에서 자신을 가두는 감옥으로 변화한다. 정신모형 I이 감옥으로 작용함에도 구성원이나 회사는 감옥을 벗어나지 않는 것이 오히려 안전하다고 자신을 설득한다. 자신이 스스로에 대해서 간수도 되고 죄수도 되는 것이다. 정신모형 I을 벗어나서 어떤 행동을 할 때 예측할 수 없는 일들이 벌어질 것들에 대한 불안 때문이다. 우리들은 우리주변의 세계를 옳든 그르든 이해하고 설명하고 통제할 수 있을 때 안정감과 편안함을 느끼고 이것으로부터 벗어나는 것에 대한 공포를 가지고 있다. 우리가 아무리 나쁜 습관을 가지고 있다 하더라도 일단 습관이 심리적 안정영역의 한 부분으로 받아들여지면 그 습관을 벗어나기가 힘든 이유가 여기에 있다. 익숙한 것으로부터의 해방은 자유로움보다는 익숙하지 않은 것들에 대한 공포를 유발하고 이 공포를 일차적 공포라고 규정할 수 있다. 일차적 공포는 자신의 정신모형 I을 버리는 것에 대한 공포이다. 세상의 모든 변화는 심리적 안정영역을 벗어날 때 경험하는 일차적 공포를 극복하고 정신모형 I을 성공적으로 포기하는데서 시작된다.

이차적 공포는 지금의 정신모형 I을 버리고 새로운 정신모형을 마련하는 것이 두려워서 변화를 안 하고 있다가 결국 밖의 온도는 90도로 끓어올라서 삶아 죽게 되는 자신을 관조하는 공포 즉 죽음에 직면한 자신을 관조하는 공포이다. 하이데거는 인간이 인간으로서의 현 존재를 느끼기 위해서는 죽음 앞에 용기 있게 서 볼 수 있을 때에 비로소 가능하다고 설파하였다. 사실 정신모형 I 속에 숨어서 산다는 것은 죽음으로부터의 도피이다. 하지만 그렇다고 죽음을 피할 수 있는 것은 아니다. 모든 사람은 죽을 수밖에 없기 때문이고 정신모형 I 속에 숨어 지내는 동안 시간의 흐름을 잘못 이해하여 다른 사람보다 먼저 죽음에 도달할 뿐이다. 결국 삶아 죽는 개구리가 될 수밖에 없다는 운명적 죽음의 실체에 직면해서야 사람들은 적응했다는 믿음에서 깨어 나와 근원적 변화를 향한 여행을 시작하는 것이다. 진성리더들은 이런 이차적 공포를 통해 일차적 공포를 극복한 사람들이다.

일본, 한국, 독일의 공통점이 있다. 이 나라는 전쟁으로 폐허가 되었음에도 전후에 오히려 더 부강한 나라를 만들었다. 대부분의 나라는 전쟁의 폐허로부터 벗어나지 못하고 아직도 헤매고 고생하고 있는데 왜 이 세 나라는 아직도 전쟁의 폐허에서 벗어나지 못한 비교국가들과는 달리 이런 전쟁 이후의 기적을 만들었을까? 정신모형의 비밀이 여기에 있다. 이 세 나라는 죽음에 직면하자 지금까지 유지했던 정신모형 I을 벗어 던지고 새로운 정신모형 II를 만드는데 성공했다. 반면 비교국가들은 기존의 정신모형 내에서 다시 옛날을 복원하는 일에 몰입했다. 기존의 정신모형 I을 죽음에 직면해서 폐기처분하고 새로운 정신모형 II를 만들고 이 정신모형에 따라서 나라를 개조한 국가들은 변화에 성공했지만 기존의 정신모형을 지켜가면서 옛날 모습을 복원하는데 주력한 나라는 아직도 전쟁의 상처에서 벗어나지 못하고 있다. IMF 때 대한민국은 온 나라가 또 한 번의 죽음을 경험했다. 한국 사람들은 진취적이어서 이때도 기존의 낡은 정신모형을 복원하는데 시간을 보내기보다는 새로운 정신모형을 만들어냈다. 대한민국에 IMF가 없었다면 지금과 같은 경제대국으로 성장하는 모습은 없었을 수도 있다. 창의성의 대명사 3M에는 CDO(Chief Destruction Officer)라는 직책이 있다. 창의성의 대명사인 3M의 브랜드 가치를 위해서 기존의 제품 중 폐기처분해야 할 제품들을 결정하는 직책이다.

진정한 변화의 시작은 새로운 정신모형을 만드는 것이 아니라 기존의 정신모형 I를 제대로 폐기하는 것에서 시작한다. 변화는 육각형의 얼음을 별표 모양의 얼음으로 변화시키는 과정과 비슷한 과정을 거쳐서 완성된다. 육각형의 얼음을 더 멋있는 별표 모양으로 만들기 위해서는 우선 얼음을 녹여야 한다. 다음은 이 녹인 물을 별표 모양의 틀을 만들어 여기에 부어야 한다. 마지막으로는 이 틀을 냉동실에 넣어서 별표 모양이 자연스러운 모습이 되도록 얼리는 과정이 필요하다. 이 세 단계의 과정을 거쳐야 제대로 된 변화가 완성된다. 녹이는 단계는 탈 학습(Unlearning)이라고 하고, 새로운 틀을 만드는 단계는 변혁(Moving), 마지막은 변화한 상태를 시스템으로 굳히는 작업(Consolidating)이다. 변화이론의 선구자 레빈은 이렇게 녹이고, 틀을 만들고, 굳히는 단계의 대상을 행동이라고 규정하지만, 저자의 신 레빈이론에서는 이 대상이 정신모형이다.[5] 따라서 신 레빈이론에서 제시하는 변화의 3단계는 기존의 정신모형 I을 녹이고, 새로운 정신모형 II를 만들고, 마지막으로 이 새로운 정신모형에서 요구되는 행동을 디자인해서 이것을 습관화시키는 작업이 마지막 단계의 작업이다. 진성리더들이 따르는 신 레빈이론은 정신모형의 변화 없이 행동의 변화만으로는 근원적 변화의 상태에 도달할 수 없다는 가정을 기반으로 하고 있다.

이중몰입

정신모형 I은 지금까지 변화를 하지 않고 살았던 방식을 제시해주는 지도라면, 정신모형 II에는 새로운 변화의 목적지를 알려주는 사명, 비전, 가치, 전략, 정체성 등이 장착된다. 진성리더들이 근원적 변화를 실제적으로 이행하다보면 기존의 정신모형 I을 녹이는 작업과 새로운 정신모형 II를 장착하는 작업을 동시에 수행해야 할 때가 있다. 이때 변화챔피언들이 하는 대부분의 실수는 정신모형 I이 실재하지 않은 것처럼 가정하고 정신모형 II만 설계하고 이를 이행시킨다는 점이다. 정신모형 I이

탈 학습되어 지워지지 않았다면 없어진 것이 아니라 폭풍우와 같은 변화의 바람 때문에 잠시 숨어 있는 것이다. 이 정신모형은 변화의 압력이 약해지면 언제든지 과거의 행동을 재생시켜 변화를 무기력하게 만든다. 결국 변화에 성공하는지 실패하는지는 정신모형 I과 정신모형 II의 싸움에서 누가 이기는지에 달려 있다. 정신모형 I이 이기면 변화에 실패하는 것이고 정신모형 II가 이기면 변화에 성공하는 것이다. 구성원은 정신모형 I에 몰입하기도 하고 상황에 따라서는 정신모형 II에 동시에 몰입하기도 한다. 이와 같은 상태를 이중몰입(Competing Commitment)이라고 부른다.[6]

인디언 할아버지가 손자를 무릎에 앉혀놓고 이야기를 나누고 있다. 할아버지가 손자에게 묻는다. 사람들 마음속에는 두 마리의 늑대가 싸우고 있단다. 한 마리는 착한 늑대이고 다른 한 마리는 악한 늑대란다. 너는 이 두 마리의 늑대가 싸우면 어떤 늑대가 이길 것이라고 생각하니? 할아버지의 질문에 손자가 답하기를. 내가 밥을 더 많이 주는 늑대가 이길 거예요.

결국 근원적 변화에 성공하기 위해서 두 마리의 늑대가 싸우고 있다는 것을 잊어서는 안 된다. 일반적으로는 정신모형 I을 지지하는 세력과 정신모형 II를 지지하는 세력이 서로 싸우면 항상 정신모형 I을 지지하는 세력이 이기게 마련이다. 왜냐하면 정신모형 I에 담겨 있는 스토리나 가정은 이미 개인적 삶 속에서 충분히 검증되어 정신모형의 소유자에게는 믿음으로 바뀐 상태인데 정신모형 II의 사명, 비전, 가치에 대한 가정은 전혀 검증과정을 거치지 않은 말랑말랑한 가정의 상태이기 때문이다.

진성리더들은 정신모형 I과 정신모형 II와의 싸움을 다음 그림처럼 3단계의 과정의 대결로 이해한다. 첫 단계는 말 그대로 다윗과 골리앗의 싸움이다. 정신모형 I의 가정은 믿음으로 전환된 가정이고 정신모형 II의 가정은 검증되지 않은 생각의 가정이기 때문이다. 믿음과 생각이 서로 싸우면 결과는 다윗과 골리앗의 싸움의 결과이다. 정신모형 II에 특별한 관심을 쏟지 않는다면 정신모형 I을 이길 방법이 없다. 변화를 거창하게 시도하지만 항상 변화하지 못하고 무너지는 첫 번째 이유이다. 정신모형 II에 특별한 관심을 쏟아서 정신모형 II의 사명, 비전, 가치의 가정들이 검증되어서 부분적으로 믿음의 뿌리가 생기면 싸움은 둘째 국면으로 접어든다. 한 몸에 머리가 둘인 사람의 형국이다. 이 정도로 정신모형 II가 믿음의 뿌리를 획득하면 싸움은 해볼 만한 싸움이다. 결국 정신모형 II가 지속적으로 지지되어서 정신모형 I을 퇴진시켰다 하더라도 이들이 완전히 사라지는 것은 아니다. 이들은 다시 물귀신이 되어서 변화챔피언들과 시간 싸움을 벌인다. 상황이 자신들에게 여의치 않아서 숨어 있지만 이들이 완전히 사라진 것은 아니다. 언제든지 정신모형 II를 구현하는 힘들이 약해지면 물귀신처럼 나타나서 발목을 잡는다. 이 세 단계의 싸움에서 완전히 승리했을 때 정신모형 II를 구현하는 두 번째 단계가 성공

정신모형 I과 정신모형 II의 이중몰입

적으로 마무리된다. 하지만 대부분의 유사리더들은 정신모형 I에 안이하게 대처하다 이 단계를 극복하지 못하고 무너진다.

시스템 구축

마지막 단계는 정신모형 II를 기반으로 변화의 시스템과 문화를 구축하는 단계이다. 시스템과 문화를 구축해서 오히려 변화한 상태가 자연스러운 상태로 받아들여지게 만드는 과정이다. 또한 이 단계는 정신모형 II를 구현하는데 필요한 행동을 디자인해서 심고 이 행동들을 HR을 동원해서 강화시켜 이 행동들을 습관으로 만드는 작업이기도 하다.

시스템 구축 과정에서 리더들이 범하는 오해는 다음과 같은 주장들이다.

- 좋은 시스템의 구현을 위해선 계층 수를 될 수 있으면 축소해야 한다.
- 좋은 시스템의 구현을 위해선 권한위임은 필수이다.
- 교육을 통해 생각을 바꾸면 시스템의 문제도 자연히 해결된다.
- 좋은 시스템을 구현하기 위해선 될 수 있으면 많은 정보를 공유할 수 있게 해야 한다.
- 결국 충분히 보상 해주면 좋은 시스템이 자연히 정착된다.
- 모든 직원들은 권한을 위양 받기를 원한다.
- 시스템 구축에서 가장 골칫거리는 중간관리자 층이다

진성리더들은 위에서 열거한 기준들이 시스템 구축의 절대적 기준이 될 수는 없다는 것을 잘 안다. 진성리더들은 조직의 정신모형 II의 내용만이 이것들이 올바른 것인지 그른 것인지를 판단해 주는 유일한 정당성의 기준으로 생각한다. 진성리더들에게는 관공서의 계층도 시민의 욕구를 충족시킬 경우 계층의 존재는 정당성을 얻게 되고 이때의 계층은 건강한 관료제가 된다. 조직이 지향하는 정신모형 II에 근거하지 않고 중간관리자를 없앨 경우 이들은 조직의 다른 곳에서 다른 형태로 기생하게 되어 있다. 권한위임도 마찬가지다. 진성리더들은 회사의 비전, 사명, 가치와 상관없이 구축된 권한위임은 부하들에게 일을 떠넘기는 수단으로 전락할 수밖에 없다는 것을 안다. 또한 이들은 정신모형 II와 연계가 되어 있지 않은 HR 시스템은 재원의 낭비에 불과하다는 것을 이해한다. 정신모형 II와 연계되지 않은 교육과 정보공유는 시간낭비와 혼란과 정보의 유출만 초래할 수 있기 때문이다. 진성리더들에는 건강한 시스템인지의 문제를 판별해 주는 절대적 보편적 기준과 관행은 존재하지 않는다. 회사의 정신모형 II의 미션, 비전, 가치에 의해서만 정당성과 옳고 그름이 판단될 수 있기 때문이다.

진성리더들에게 정신모형 II에 의해서 가이드 되지 못한 모든 변화는 방향 없는 변화이다. 방향 없는 변화는 앞의 다양한 예에서 지적했듯이 결과적으로 혼돈만을 가져온다. 세상에서 가장 좋은 차를 만들기 위해서 재규어의 스타일과 포르쉐의 동력장치, BMW의 서스펜션, 그리고 롤스로이스의 내부 장식을 장착한 차를 생각해보자. 마찬가지로 야구의 올스타 팀을 구성한 경우를 생각해 보자. 이렇게 만들어진 자동차와 야구팀은 최고의 자동차나 야구팀이라기보다는 오히려 평균보다 더 뒤지는 팀이 되거나 평균보다 성능이 떨어지는 자동차가 되는 경우가 많다는 것은 잘 알려진 사실이다. 변화를 통해서 아무리 새로운 것이 만들어져도 정신모형 II와 연동되지 않는 한 우리 것이 되는 것은 아니다.

진성리더는 지속적인 성과를 통해서 조직과 구성원을 위해서 더 나은 변화를 만들어내는 사람들이다. 결국 진성리더는 변화를 통해서 문화를 바꾸는 사람들이다. 조직에서 성공한 상사들에는 세 가지 등급이 있다고 알려지고 있다. 가장 하위 등급은 성과를 통해서 조직에 돈을 많이 벌어준 상사들이다. 상식적으로 이런 상사들은 조직이 빚을 지고 있기 때문에 오랫동안 조직의 기억을 장악할 것 같은 생각이 들지만 연구결과들은 반대다. 이들이 정년퇴임하는 순간 구성원과 조직의 기억 속에서 허무할 정도로 빨리 사라진다. 둘째 리더를 얼마나 육성했는지에 따라서 정해진다. 이 상사와 같이 일했기 때문에 리더로 성장한 부하들이 얼마나 많은지가 관건이다. 리더를 많이 육성한 상사는 이 리더들이 조직에 남아 있는 한 오랫동안 이들의 기억 속에 남아서 영향을 미친다. 하지만 가장 존경받는 상사는 따로 있다. 바로 이 상사가 우리 조직에 있었기 때문에 조직이 더 일하기 좋은 문화를 만들어 놓은 상사이다. 문화를 변화시킨 상사는 조직이 존재하는 한 조직의 기억 속에 남아서 조직에 영향을 미친다. 진성리더가 꿈꾸는 상사는 바로 이와 같은 정신모형 II에 기반을 두고 조직을 성공적으로 변화시켜 조직에 더 나은 문화를 선사한 사람이다.

리더십 이야기

[국민일보 경제시평] 기업 영속의 비밀
2014. 06. 11

대기업들 중심으로 100년 넘게 영속하는 기업들의 숫자를 세어보면 2013년 기준으로 미국은 약 152개, 일본은 45개, 영국은 41개, 독일은 24개, 프랑스는 21개, 한국은 2개 기업인 것으로 나타났다.
미국을 차치하더라도 일본이 다른 유럽 유수의 국가를 제치고 100년 이상

된 대기업들의 숫자가 월등히 많은 이유는 무엇일까. 사람들이 상식적으로 생각하는 것과는 달리 기업이 영속하는 것은 기업의 시스템의 문제도, 기업의 리더십의 문제도 아니다. 아무리 뛰어난 시스템을 가지고 있다 하더라도 시스템의 한계는 변화하는 환경에 맞춰 유연하게 변화하지 못한다는 점이다. 시스템에 의해 움직이는 회사는 환경이 변화하지 않는다는 조건에서 다른 회사보다 효율적으로 일할 수 있을 뿐이다.

시스템이 영속의 문제를 해결할 수 없다면 시스템을 운영하는 리더가 문제를 해결할 수 있을까? 뛰어난 리더를 가지고 있다는 것은 시스템에 의해 해결할 수 없는 문제를 그때그때 유연하게 해결할 수 있다는 점에서 변화하는 환경에서는 시스템보다는 리더에 의해 생존 문제가 결정된다. 문제는 기업에서 리더의 생명주기는 20~30년으로 한정되어 있다는 점이다. 한 기업이 뛰어난 리더에 의해 한 세대간 잘 성장한다 하더라도 이 리더 이후 다음 세대에서도 성장할 것이란 걸 보장할 수 없다.

이런 점에서 피터 드러커는 "위대한 경영자의 마지막 과제는 승계"라며 승계의 중요성을 역설했다. 하지만 기업이 작은 단위일 경우 기업의 영속성은 승계에 성패가 달려 있다고 할 수 있으나 대기업의 경우는 경영권이 승계되었다고 자동적으로 영속하는 기업이 되는 것은 아니다. 성공적 승계는 100년 기업의 필요조건이지 충분조건은 아니다.

기업이 영속하는 비밀은 시스템도, 리더도 아닌 그 조직이 살아 있는 문화를 가지고 있는지에 달려 있다. 한 기업을 이끈 리더가 다음 세대의 리더에게 넘겨주는 것도 바로 이 문화적 DNA가 담겨 있는 바통이다. 하지만 대부분의 회사에서 리더 교체가 일어날 때 비즈니스만 물려주지 이 바통을 떨어뜨리는 현상이 비일비재하다. 공기업은 특히 심하다. 새로운 CEO가 등장하면 이 CEO는 전임 CEO가 공들여 만들어 놓은 문화적 DNA를 깡그리 부정하고 부수는 데 앞장선다. 공기업에서는 절대로 살아 있는 문화가 생기지 못하는 이유이기도 하다. 조직에 문화가 죽어 있다는 것은 몸은 살아 있어도 몸을 움직이는 정신이나 영혼이 없는 것이어서 식물조직이라는 소리다.

중요한 것은 공기업에서처럼 죽어 있는 문화가 아니라 살아 있는 문화다. 죽어가는 문화라도 문화가 없는 조직은 없기 때문이다. 뛰어난 리더를 넘어서서

'살아 있는' 문화만이 세월과의 싸움에서 살아남게 하는 원천이 된다. 결국 뛰어난 리더가 거둘 수 있는 최고의 성과는 자신의 재임기간 중 이처럼 살아 있는 문화를 만들어 자신의 후배들에게 성공적으로 전수했는지 여부다.

    일본에서 '경영의 신'이라고 칭송받는 마쯔시타 고노스케는 기업이 영속하기 위해서는 '우리 회사는 무엇을 위해 존재하는가?' '경영의 목적은 무엇인가?'라는 회사의 사명에 대한 물음에 대해 확고한 소신이 있어야 한다고 강조했다. 결국 영속하는 기업에서 전임자가 후임자에게 물려주는 것은 이런 기업에 대한 살아 있는 문화의 유산인 사명인 것이다. 사명은 회사의 진북이다. 변화무쌍한 환경에서도 목적지에 대한 길을 잃지 않는 것은 바로 진북에 대한 믿음 때문이다. 고노스케가 지적한 다른 한 축은 인재의 다양성이다. 변화하는 환경과 공명이 될 수 있는 다양한 인재들이 육성이 되어서 이들이 변방의 수많은 다윗으로 키워져야 한다. 이 두 가지가 바로 일본에서 100년 넘게 영속하는 기업들이 많은 이유다. 우리 회사의 비전과 미션과 가치가 홈페이지에 멋지게 장식되어 있어도 이것들이 이 회사의 비즈니스를 하는 방식을 장악하지 못하고 있다면 이런 회사의 문화는 서서히 고사되어 가고 있는 중일 것이다. 또한 회사가 진북을 가지고 있어도 변화무쌍한 환경에서 이를 실현할 수 있는 다양한 인재가 없다면 상황은 마찬가지일 것이다. 이런 회사에서 경영자가 100년 기업으로 영속하겠다는 꿈을 꾼다면 이것은 일장춘몽일 뿐이다.

윤정구 이화여대 경영학 교수

리더십 개발

우리 모두는 우리 인생의 작가다.
– Bennis

진성리더들을 개발해내기 위해선 기존의 리더십 훈련 방법과는 전혀 다른 방식이 제시되어야 한다는 주장에 대해서 많은 학자들이 공감해왔다.[7]

정신모형 II에 기반을 둔 믿음의 근육을 단련시키기 위해 성찰을 훈련하거나 서로의 성찰에 대해서 공유하는 방식들이 많이 제시되고 있다. 필자는 세 가지 실험적 방법을 제안한다. 하나는 자서전 쓰기이고, 다른 하나는 진성리더를 열망하는 소집단인 진성리더십 도반그룹을 이용하는 것이고, 마지막이 회사에서 채용할 수 있는 시뮬레이션 프로그램이다.

자서전

진성리더십의 핵심은 정신모형이라는 튼튼한 플롯을 기반으로 자신만의 신화적 스토리를 써가는 과정이라고 본다.[8] 사람들은 자신이 살아왔던 기록을 자서전 형태로 써 내려감으로써 자신의 정신모형을 명료하게 만든다. 자서전은 또 다른 형태의 자신의 삶에 대한 성찰인 것이다. 자신의 삶에 대해서 글로 써보기 전까지는 삶 자체가 명료한 형태로 떠오르지 않는다. 지금까지의 삶이 명료한 형태로 정리되지 못한다면 이것을 기반으로 삶을 어떻게 마무리해야 하는지에 대한 생각도 뜬구름 잡는 이야기로 끝날 수 있다.

소설과의 차이점은 소설은 마지막 장을 다 읽으면 스토리가 끝나지만 인생 스토리의 결말은 미래에 있기 때문에 어떻게 결론이 내려질지는 아무도 모른다는 점이다. 따라서 사람들은 자신이 지금까지 써온 이야기의 독자이기도 하고 앞으로 써나가야 할 미래 이야기의 작가이기도 하다. 진성리더들은 정신모형 II의 플롯을 기반으로 나만의 이야기를 기록함으로써 나의 문명이 존재한다는 것을 확인한다. 기록이 없으면 역사도 없고 자신의 세계도 없다. 기록의 형태는 일기여도 좋고 메모여도 좋고 홈페이지여도 좋고 사진첩이어도 좋지만 가장 종합적인 완성은 자서전이다. 자서전 저술을 통해 자기성찰, 자기규제, 진정성 있는 관계가 공진화 하게 되고 이 과정을 통해서 개인의 역사는 스스로 편찬된다. 스토리를 써가면서 작가를 대변하는 품성(Character)이 모습을 드러낸다. 좋은 소설도 장편인지 단편인지가 중요한 것이 아니라 얼마나 흥미진진한 내용을 담고 있는지가 중요하듯이 인생도 얼마나 오래 사느냐가 중요한 것이 아니라 얼마나 흥미진진한 스토리를 들려줄 수 있는지가 더 중요하다.

인간의 뇌는 항상 결말을 중심으로 스토리를 재구성하는 특성을 가지고 있다. 인간의 뇌가 그렇게 결정하면 사람들은 그런 삶을 산 것으로 결론을 내린다. 따라서 아주 유복하게 태어나서 부모님이 일찍 돌아가시거나 부모님의 사업이 망해서 나락의 길을 걸어가면서 끝까지 비참하게 삶을 마감한 사람들은 이 사람들이 평균적으로 살았던 삶의 내용보다 더 비참한 삶을 산 것으로 결론 내려질 것이다. 다른 한편으로는 유복한 가정에서 태어나 유복하게 유년시절을 보내고 괜찮은 직장을 잡아서 직장생활을 하고, 무난하게 정년퇴직을 하고, 나머지 여행을 유복하게 마쳤다는 플롯도 나락의 삶을 살아온 사람의 입장에서는 부러운 스토리이지만 세상에 태어나서 아무런 족적을 남기지 못한 삶이다. 이들의 삶은 이들이 세상을 하직함과 동시에 사람들의 기억 속에서 깨끗하게 지워질 것이다. 세상을 빌려 쓴 렌트비도 못 갚고 떠난 삶이다. 지금까지는 이런 삶을 살았다 하더라도 지금부터는 삶의 베이스캠프를 높은 곳으로 옮기고 자신만의 진북여행을 시작한다면 이 사람의 삶은 자신에게나 다른 사람들에게나 아주 행복하고 의미 있는 삶을 산 사람으로 기억될 것이다. 따라서 지금까지 살았던 부분이 중요한 것이 아니라 앞으로 살날에 대한 결말의 스토리를 어떻게 만들어 낼지가 중요하다.

유사리더들은 스토리를 남기지 못하고 존재감 없이 세상에서 사라지지만 진성리더들은 자신들만의 흥미진진한 신화적 스토리를 남긴다. 신화적 스토리의 플롯은 정신모형 II의 사명, 가치, 비전 등에 대한 믿음들에서 나온다. 정신모형 II가 제대로 검증되지 못해 믿음의 상태를 유지하지 못하고 플라스틱 정신모형으로 변질된 이들의 이야기는 분절된 정신모형 I을 통해서 만들어진다. 정신모형 I에 의해 써진 스토리는 일관성이 없어서 이들의 삶은 일회적 에피소드로 끝나게 되어 있다. 아리스토텔레스가 지적하고 있듯이 에피소드 플롯은 최악의 플롯이다. 이야기 속에서 여러 가지 에피소드가 서로 개연성, 필연성 없이 존재할 때 에피소드 플롯이 만들어진다.

품성을 갖춘 진성리더로 태어나는 과정은 긴 여행의 과정이다. 이야기의 플롯은 다음과 같다. 리더는 자신의 문제나 부족의 문제를 해결하기 위해서 편안했던 정신모형 I이 지배하는 생활을 포기하고 영혼의 잠에서 깨어나 정신모형 II가 가리키는 진북을 찾아 긴 여행을 떠난다. 이 여행에서 리더는 험준한 산도 만나고, 적대적인 부족도 만나고, 강, 길동무, 스승도 만난다. 여행은 험난하지만 리더는 이 모든 과정을 극복하여 진북에 이르고 여기서 불로장생의 명약을 얻어 금의환향한다. 불로장생의 명약은 자신과 부족을 구해낼 수 있는 수양된 품성이다.

스토리는 기승전결의 구조를 가질 수 있다. 이 여행의 첫 번째 단계는 유년기이다. 어떤 배경에서 태어나서 어떤 부모 밑에서 어떻게 성장해왔는지에 대한 기록이다. 나의 배경에 대한 기록이다. 내 자신이 주체적으로 리더십 여행을 선택하고 시작하기 전의 기록이다.

둘째 단계는 기승전결의 승의 국면이다. 이 단계는 리더십의 성장기이다. 성장기는 주로 학교에서 공부하는 것을 통해 리더로서의 전망을 탐색하는 기간이다. 이 기간의 리더십 훈련은 제한되어 있다. 공부도 주로 지식을 습득하는 것 위주여서 일원학습의 수준에 머물고 있다. 탐색과정에서 가장 중요한 작업은 자신만의 각성사건(Triggering Events)을 경험하고 이것을 자신의 진북 내지는 사명의 구성요소들과 연결시키는 작업이다. 이 기간의 후반부는 대학을 졸업하고 첫 직장을 가지게 되고 직장에서 다른 사람의 지시를 받아서 과업을 수행하는 단계까지에 해당된다.

세 번째 단계는 기승전결의 전의 단계로 자신이 주체적으로 선택한 리더로서의 삶을 살아가는 리더십 성숙기이다. 회사에 들어간다면 관리자로 승진해 후배들이나 부하들과 같이 일을 하는 단계이다. 조직에서는 직책을 부여받기 시작하는 데 초기에는 파트장 등의 역할을 수행한다. 하지만 단지 리더로서 직책을 부여 받은 것과 진성리더로서 태어나는 것은 전혀 다른 문제이다. 아무리 높은 직책을 가지고 있다 하더라도 스스로가 리더가 되기를 선택하고 이 리더의 모습에 맞는 정신모형 II를 구축하지 못할 경우는 진성리더의 여정을 시작했다고 보기는 힘들다.

리더는 부하들과 정신모형 II를 공유하여 조직에 성과를 내는 사람이다. 리더의 정신모형 II는 나 중심의 관점에서 우리의 관점으로 확장되어 있어야 한다. 이 시기에 진성리더는 자신이 잘 할 수 있는 것, 좋아하는 것, 사회적으로 기여할 수 있는 것의 영역을 찾아서 현재와 미래의 차이를 성찰해내고 자기규율을 통해 갭을 채워나가며 내공을 기르게 된다. 이 성숙기 단계에서 중요한 것은 자신의 정신모형 II에 대한 결정적 검증과 어려운 상황을 자신만의 정신모형으로 극복한 것들에 대한 경험이다. 이 단계의 정점은 환난과 시련(Crucibles)의 과정을 통해 정신모형 II를 가정의 틀에서 믿음의 플랫폼으로 전환하는 것에서 만들어진다. 이 시기에 어떤 시련을 넘어섬으로써 정신모형 II를 완전하게 정립하는 결정적 검증(Critical Test) 사건이 있었다면 진성리더에 한 걸음 더 다가서게 된다.

마지막 단계는 기승전결의 결 단계로 험난한 리더십 여행을 끝내고 자신과 주변의 문제를 치유할 수 있는 불로장생의 만병통치약을 얻어서 귀환하는 완성기 단계이다. 자신과 부족의 문제를 자신이 얻어온 약으로 치유하는 단계이다. 만병통치약이란 골격만 있던 사명과 진북이 세련되고 매력적인 정신모형 II로 완성되는 것을 의미한다. 이 단계는 진성리더로서의 품성을 공인받게 되며, 후학들의 스폰서가 되어 정신모형과 진북을 후학들에게 유산으로 넘겨주는 단계이다. 조직에서는 자신의 품성을 기반으로 조직의 문화를 바꿔놓은 단계이다.

자서전의 중요한 플롯의 꼭지들은 각성사건, 진북, 고난사건, 결정적 검증, 정신모형 II, 변화이다. 각성사건을 통해서 자신만의 진북을 발견하고, 이 진북을 실현하는 과정에서 고난을 경험하기도 하고 진북에서 이탈하여 헤매기도 하다가, 마침내 결정적 검증을 통과하여 모든 고난을 극복하고 결국은 자신만의 정신모형의 틀을 완성한다. 결론은 이 새로운 정신모형 II를 통해서 세상을 더 행복하고, 건강하고, 살기 좋은 곳으로

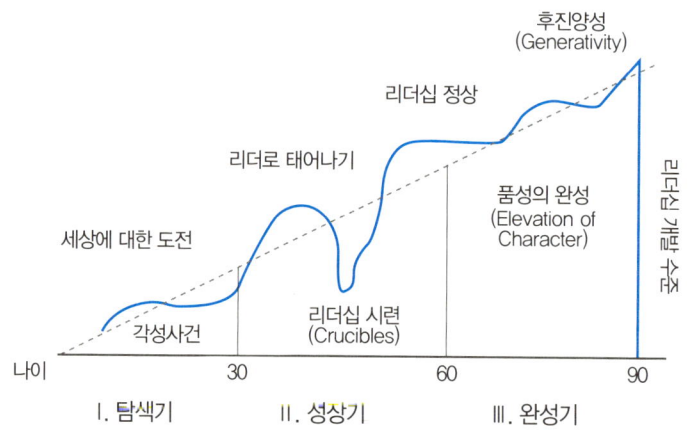

진성리더십 성장 단계(George, 2007, p.45)

변화시키는 여정이다. 결론적으로 나의 삶의 진정성은 이처럼 사명을 추구하는 일에 내 스스로도 보기에 얼마나 진심으로 임했는지의 문제이다.

도반그룹

진북을 찾아 떠나는 진북여행에 도반을 구해서 동행하는 방법도 적극적으로 추천하는 방법이다. 진북의 방향이야 다르지만 자신의 길에서 겪은 어려움과 성찰과 고뇌를 같이 나눌 도반은 천군만마이다. 진성리더십의 구루인 Bill George도 자신의 진성리더십을 완성하는데 이 도반그룹(True North Groups)의 도움을 많이 받았음을 고백하고 있다.[9] 이 도반그룹은 5명에서 8명으로 구성된 소집단으로 주기적으로 만나서 개인적 도전과 삶의 중요한 질문들을 공유하고 서로로부터 피드백을 받는다. 도반그룹은 각 구성원들에게 자양분을 제공하기도 하고, 삶의 지표를 만들어주기도 하고, 진실을 이야기해주는 거울이 되기도 하고, 서로에게 도전이 되기도 하고, 영감을 주기도 한다. 한 마디로 서로에게 진성코치와 진성멘토가 되어주는 것이다. 도반그룹은 어려움과 곤경과 스트레스에 빠져 있을 때 이것들을 극복할 수 있는 비밀스러운 성지가 된다. 따라서 비밀과 신뢰가 기본적인 전제이다.

도반그룹은 그때그때 해결해야 할 주제를 넘어서 주기적 만남을 통해서 이야기할 수 있는 주제를 자신들의 자서전에서 플롯으로 설정된 주제에서 선정할 수 있다. 첫 만남에서는 서로가 살아왔던 이야기를 할 수도 있고, 진북으로부터 길을 잃었던 이야기, 어려웠던 시기에 대한 이야기, 또한 이 시기를 어떻게 극복할 수 있었고 이 극복이 지금의 삶에 어떤 영향을 미쳤는지 등을 중심으로 주제를 선정할 수 있다.

진성리더십 도반그룹의 운영과 관련해서는 소집단을 운영하는 과정을 참조할 수 있다. 처음 만나는 과정에서 시작해서, 집단이 돌아가게 하는 과정, 또한 갈등과 혼돈을 극복하는 과정, 집단으로서 성과를 내는 과정, 그리고 문제나 새로운 환경을 반영하여 집단을 바꿔나가는 과정 등을 참조할 수 있다.[10] 또한 새로운 구성원을 초대하는 문제나, 문제가 생긴 구성원을 내보내는 문제, 그라운드 룰을 만드는 문제, 워크샵을 진행하는 문제 등에 대한 기본적인 로지스틱스를 사전에 설정하는 문제 등에서 집단의 원리를 참고할 수 있다. 도반그룹에 참여하고 있는 맴버들은 다른 맴버들에게 헤르만 헷세의 『동방으로의 여행』의 하인이자 서번트 리더였던 레오의 역할을 수행하여야 한다.

진성리더십 개발

진성리더는 성과를 넘어서 조직에 문화적 스토리를 남기는 사람들이다. Schein은 리더들이 조직의 문화를 만들고 구성원들이 이 문화에 적응해 가는 사회화 과정을 진성리더를 개별적으로 육성하는 3단계와 진성리더를 육성하기 위한 조직문화를 설계하는 4단계로 나눠서 시뮬레이션하고 있는데 이 사회화 시뮬레이션을 진성리더십의 프로그램에도 그대로 응용할 수 있다.[11]

첫째 단계는 대상을 선정하는 단계이다. 진성리더 훈련의 대상은 일반 리더십의 훈련대상을 선정하는 과정과는 다른 과정이 요구된다. 유사 리더십의 문제점을 절실하게 경험한 사람들이나 어떤 이유든 진성리더가 되기를 진정으로 열망하려는 욕구가 높은 사람들을 중심으로 대상을 조심스럽게 선정하는 단계가 필요하다.

둘째 단계는 진성리더십을 받아들이게 할 수 있는 탈 학습과정이다. 진성리더십의 프로그램이 자신에 대한 변혁을 요구하는 한 리더십에 대한 기존의 가정들을 사전에 제거하지 못할 경우는 실패한 프로그램으로 끝날 가능성이 높다. 기존의 유사리더십을 탈 학습시키는 프로그램들이 만들어져 실행되어야 한다.

셋째 단계는 본격적으로 진성리더십의 프로그램을 디자인하고 훈련하는 단계이다. 지금까지 리더십 훈련의 원리가 되어온 스킬 중심의 프로그램에서 탈피해서 진성리더십의 원리인 믿음, 성찰, 실천, 품성을 각성시킬 수 있는 프로그램이 만들어져야 한다. 즉, 자신과 조직의 정신모형에 대한 믿음을 발전시키는 방법, 정신모형을 통한 자아와 조직에 대한 성찰, 실천을 통한 정신모형의 검증, 진성으로 무장한 사회적 카리스마로의 환골탈태 등의 포인트들이 강조된다. 실제 업무에서도 자신의 정신모형을 적용하고 검증하는 기회로 디자인한다. 이렇게 육성된 진성리더들은 조직의 긍정적 일탈을 창출할 수 있는 전령사로 임명된다.

지금까지의 단계가 개인차원에서 진성리더십을 개발하기 위해서 개인에 맞추어 디자인 하는 과정을 이야기했다면 지금부터의 단계는 진성리더십을 조직에 어떻게 확산시키는지의 문제이다. 진성리더를 육성하기 위해 조직과 문화를 설계하는 일이다.

첫째 단계는 잠재적 진성리더의 선발인력이 진성리더십의 실천에 성공할 경우 내재적 외재적 보상을 연동하도록 설계하는 단계이다. 진성리더로 성장한 자아가 가져다주는 다양한 새로운 의미와 사회적 영향력에 대한 체험은 내재적 보상이다. 현업에서 구성원들이 진성리더십의 영향으로 성장하는 것을 목격하는 것도 중요한 내재적 보상이다. 구성원들로부터 진성리더십에 대한 지지를 얻어내는 것도 내재적 보상이다. 진성리더가 어느 정도 가시적 성과를 보였을 때 이를 외재적 보상과 연동시키는 HRM 시스템의 개선이 필요하다. 이와 같은 설계는 진성리더 개인이

터득한 진성리더십을 조직에 실천함으로써 진성리더의 씨앗을 더 견고하게 만드는 과정이다. 진성리더들의 정신모형 II를 실제로 조직의 과제를 통해서 검증해 이것을 믿음의 플랫폼으로 완성하는 단계이기도 하다.

둘째 단계는 개인을 넘어 조직단위에서 진성리더 자신의 정신모형 II를 기반으로 조직의 정신모형 II의 정비를 통해 진성리더십이 나와 나의 업무를 넘어서 회사의 모든 중요한 문제들에 대한 정당성의 원천으로 작용하게 만드는 단계이다. 내 개인적으로 검증한 진성리더십 모형을 본인이 책임지고 있는 조직을 염두에 두고 실험적으로 적용해서 조직의 진성리더십 모형으로 정립하는 단계이다. 암묵적 지식으로 가지고 있는 진성리더십 모형을 조직단위로 외재화 시키는 단계이다.

셋째 단계는 진성리더십을 통해서 조직차원에서 긍정적 효과를 낸 숨어있는 신화적 이야기라든지 실천사례 등을 발굴해서 공유하는 작업이다. 이들을 발굴해서 공유하는 워크샵이나 세미나 등을 활성화시킨다. 이들은 진성리더십이 조직에서 잘 작동하고 있다는 사실을 검증해주는 중요한 증거가 된다. 또한 조직 내의 한정된 부서나 팀에서 성공한 진성리더십을 조직전체로 확산시켜 조직의 브랜드로 만드는 작업이기도 하다.

마지막 단계는 진성리더십에 해악이 되는 사례가 만들어질 경우 이에 대한 조직차원의 대응체계를 구축하는 단계이다.

진성리더를 위한 학습 포인트

- 사업의 진전을 점검하는 것이 목표관리라면 사업의 사명을 점검하는 것은 목적관리이다.
- 단기적 성과에 올인 하는 사람들이 성과를 내지 못하는 것은 성과를 멀리보지 못하기 때문이다.
- 일반리더는 성과를 만들고, 좋은 리더는 인재를 만들고, 진성리더는 문화를 만든다.
- 변화에 실패하는 이유는 정신모형 I과 II의 싸움에서 항상 정신모형 I이 이기기 때문이다.
- 최고의 리더십 개발은 자신의 자서전을 완성하는 것이다.
- 도반그룹(True North Group)은 진성리더들 서로간의 멘토링 집단이다.

4

진성리더십은
기존의 리더십과 어떻게 다른가?

10장. 고전적 리더십 이론
11장. 현대 리더십 이론

4부에서는 진성리더십과 기존의 리더십이 어떻게 다르고 어떤 점에서 유사한지를 다룰 것이다. 진성리더는 자신의 목적과 사명을 구현하기 위해서 기본적인 리더십 스킬을 습득해야 할 뿐 아니라 상황에 맞춰 자신의 사명의 구현을 도와줄 수 있는 리더십 스타일을 이해하고 이를 적용할 수 있어야 한다. 리더십 스타일은 리더십 스킬들이 어떤 리더십의 목적을 위해서 집합을 이루고 있는 상태를 말한다. 4부에서는 어떤 상황에서 어떤 스타일이 진성리더가 자신의 사명을 구현하는데 도움을 줄 수 있는지를 탐구한다.

제10장

고전적 리더십 이론

> 리더가 올바른 일을 하는 사람이라면
> 관리자는 일을 올바르게 처리하는 사람이다.
> – Peter Drucker

진성리더십의 충분조건은 정신모형 II가 담고 있는 사명, 비전, 가치, 정체성의 스토리를 검증해서 믿음의 플랫폼으로 전환시키고 이 믿음의 플랫폼을 진성리더의 품성으로 내재화시키는 것으로 달성된다. 결국 진정성 있는 사명을 내재화한 품성이 진성리더십의 가장 중요한 기반이다. 진성리더십의 필요조건은 이와 같은 품성의 스토리를 구현하는데 필요한 스킬과 역량과 스타일을 연동시키는 작업이다. 지금까지는 모든 리더들이 구축해야 할 기초적인 스킬인 소통, 의사결정, 임파워먼트, 갈등관리, 코칭 및 멘토링, 성과관리, 변화관리, 리더십 개발 등을 집중적으로 살펴보았다. 본 장에서는 어떤 특정한 상황을 염두에 두고 제안된 스킬들이나 역량들의 조합인 리더십 스타일에 관한 이론들을 고전이론과 현대이론을 중심으로 살펴볼 것이다. 이런 리더십이 진성리더들에게는 어떻게 채용될 수 있는지를 검토해본다.

특성이론, 행동이론, 상황이론

리더가 가진 스타일을 연구하는 가장 오래된 이론이 특성이론(Trait Theories), 행동이론(Behavioral Approaches), 상황이론(Contingency Theories)이다. 특성이론은 역사적으로 알려진 위대한 인물(Great Persons)들은 일반사람들과는 달리 공통으로 타고난 특질이 있을 것이라는 가정 하에 이들에게 공통적으로 보이는 특질을 찾아서 연구했다. 행동이론은 리더의 타고난 특질보다는 리더가 어떤 행동을 보여주는지에 따라 구성원들이 직접적으로 영향을 받는다는 가정을 가지고 있다. 아무리 타고난 재능과 자질을 가지고 있다 하더라도 이것이 행동으로 발현되지 않는다면 부하들은 이 사람을 리더라고 생각하지 않는다고 가정한다. 따라서 리더는 타고 났다기보다는 어떤 행동을 실천할 수 있도록 학습하면 된다는 가정을 가지고 있다. 상황이론은 특성이론이나 행동이론에서 지정한 어떤 특성이나 행동도 어떤 상황적합성에 의해서 리더십의 영향력이 될 수도 있고 되지 않을 수도 있다는 점을 강조한다. 특성이나 행동 등 리더십 스타일이 리더십 씨앗이라면 이 씨앗은 상황이라는 토양과 맞아떨어질 때 효과적 리더십으로 발현된다고 가정한다.

특성이론이 학문적으로 정립된 것은 Stogdill의 1948년과 1974년의 연구를 통해서이다.[1] 1948년 연구에서는 1904년부터 1947년까지 124개의 연구를 분석해서 리더들에게 보이는 공통의 특질 8개를 도출했다. 8개의 특질은 지성, 통찰력, 책임감, 주도성, 지속성, 자신감, 사회성, 민감성이었다. 1974년 연구에서는 1948년과 1970년대 사이에 연구되었던

163개의 연구를 분석하여 10개의 특질을 도출해냈다. 이차 연구에서는 일차 연구에서 도출된 특질에다 리더가 가져야할 능력적인 측면들이 강조되었다. 이 특질들은 책임감 및 과제완수, 목표달성에 대한 열정과 지속성, 위험감수성향과 독창성, 주도성, 자신감, 결과에 대한 승복, 스트레스 감수능력, 좌절감 극복능력, 다른 사람들의 행동에 영향을 미칠 수 있는 능력, 사회적 상호작용체계를 구조화할 수 있는 능력이다. 이 이후에도 지속적인 연구가 있었고, 이 연구들에서 공통으로 강조된 특성은 지성, 자신감, 결단력, 정직과 성실, 사회성이다.[2]

행동이론은 오하이오 대학과 미시건 대학을 중심으로 완성되었다. 오하이오 대학에서는 리더들에게서 보이는 1,800여개의 구체적 행동들의 리스트를 만들어서 연구를 했고 이 연구결과를 측정할 수 있는 행동들인 LBDQ(Leadership Behavior Description Questionnaire)를 개발하여 수천 명의 사람들에게 검증해보았다.[3] 그 결과 리더들은 보편적으로 구조주도라는 과업지향적 행위와 배려행동이라는 관계적 행동을 한다는 것을 발견하였다. 구조주도행동은 부하직원들이 일과 업무를 효과적으로 수행할 수 있도록 관여하는 목표설정 및 이에 대한 보상 평가 등의 행동을 말하며, 배려행동은 부하직원과의 관계를 가치 있다고 믿고 존중하는 소통과 정서적 공감 행동을 보여주는 것을 말한다.

미시건 대학에서도 비슷한 방법으로 종업원 지향과 생산지향이라는 두 차원의 리더십 행동을 찾아냈다.[4] 미시건 대학의 종업원 지향은 오하이오 대학의 배려행동과 비슷하고 생산지향은 구조주도와 비슷하다. 한 가지 결정적인 차이는 오하이오 대학팀은 두 차원이 독립적이라고 생각한 반면 미시건 대학은 생산과 종업원 지향이 같은 한 차원이라고 생각했다. 따라서 어떤 리더가 생산 지향적이면 종업원 지향적 행동은 낮다고 생각했다.

    나중에 Blake와 Mouton(1964)은 오하이오 대학의 행동의 두 독립적인 차원의 가정을 받아들여 사람에 대한 관심과 과업의 결과에 대한 관심의 두 차원으로 나누고 이 차원의 높고 낮음을 기반으로 5가지 리더의 행동유형을 분류해낸다.[5] 이 다섯 가지 스타일 중 사람과 결과에 모두 관심이 높은 행동을 보이는 사람이 팀 리더십 스타일이고, 과업의 결과에만 관심이 있는 행동을 보일 경우 권위-순응 리더십, 사람에 대한 관심만 높을 경우 컨트리클럽 스타일, 두 차원 모두 중간인 경우를 중간형(Middle of the Road)이라고 명명하였다.

    상황이론은 행동이론이나 특성이론이 리더십의 상황을 고려하지 않는다고 비판한다. 스타일이 리더십의 씨앗이라면 이 씨앗이 발아되는 토양을 생각해야 한다는 것이다. 씨앗이 아무리 훌륭해도 토양이 맞지 않거나 척박하다면 리더십이 효과적일 수 없다는 것이다. 대표적 상황이론은 Fiedler의 상황이론과 Blanchard와 동료들이 만들어낸 상황이론이다.[6] Fieldler의 상황이론은 먼저 리더들의 스타일을 파악해내기 위해서 가장 싫어하는 동료(Least Preferred Coworker) 척도라는 것을 만들어냈다. 지금까지 일했던 동료 중 가장 마음에 안 드는 동료를 한 명 선정해서 이 사람을 평가하는 것이다. 이 평가에서 이 사람을 아직도 안 좋게 평가한다면 이 사람의 리더십 스타일은 과업주도형이다. 반면 이 사람을 그래도 좋게 평가한다면 이 사람의 스타일은 관계주도형이다. 과업주도와 관계주도라는 말이 행동주의에서 나왔어도 피들러는 과업주도와 관계주도를 특성처럼 생각한다. 사람들이 한 번 이런 스타일로 결정되면 바꾸기가 힘들다는 것이다. 따라서 이런 스타일에 맞는 상황을 찾아서 이들을 배치하는 것이 중요하다.

상황을 파악하기 위해서 리더와 부하와의 관계가 신뢰를 기반으로 하고 있는지, 과업의 상황이 잘 표준화되어 있고 구조화 되어 있는지, 리더가 부하에게 일을 시키기 위해 필요한 실질적 권한을 가지고 있는지를 파악한다. 이 세 가지 상황이 다 좋을 수도 있고, 다 나쁠 수도 있고, 중간 상황일수도 있을 것이다. 피들러는 상황이 좋거나 상황이 나쁠 때는 과업주도 스타일의 리더를 파견해야 하고 상황이 중간일 때는 관계형 리더를 보내야 한다고 주장한다. 상황이 좋을 때는 과업주도형 리더가 상황을 이용하여 100%가 아닌 120%, 130%의 과업을 달성할 수 있기 때문이다. 상황이 안 좋을 경우는 기본적으로 과업주도의 능력을 이용해서 최소한의 업적을 내야만 하는 것에 대해서 구성원들도 동의하고 따를 것이기 때문에 과업주도 스타일이 선호된다는 것이다. 한편 중간상황에서는 리더십의 본질로 돌아가서 먼저 관계를 구축하고 이것을 기반으로 과제를 수행해야 하는 원칙론에 입각해서 리더십을 발휘해야 한다는 것이다.

Blanchard와 동료들은[7] 부하들의 성숙도라는 측면을 상황적 변수로 고려한다. 부하들의 성숙도를 파악하기 위해서는 부하의 능력과 부하의 의욕을 동시에 고려해야 한다. 부하가 능력도 있고 의욕도 넘칠 경우 리더십 스타일은 일체 간섭하지 않고 믿고 위임해주는 스타일을 제안한다. 반면 부하가 능력은 있는데 의욕이 없는 경우는 부하들이 의욕을 발휘할 수 있는 환경을 조성해주고 이에 대해 심리적 지원과 지지를 아끼지 않는 스타일이 요구되고, 부하가 의욕은 넘치는데 아직 능력이 안 되면 지도 많이 해주고 개입도 많이 해서 과제도 직접 가르쳐 주는 코칭 스타일을 제안한다. 반면 능력도 안 되고 의욕도 없을 경우 밀착지시형의 리더십을 쓸 것을 제안한다.

진성리더십은 특성이론의 주장에 대해서 다음과 같은 입장을 표명할 것이다. 특성이론에서 확립해놓은 특성들도 진성리더가 자신의 사명을 달성하는데 필요한 중요한 가치로 규정이 된다면 설사 진성리더가 이 가치를 선천적으로 타고 나지 못했다 하더라도 구현해야 할 중요한 대상으로 확립할 것이고 끝없는 훈련을 통해서 이 가치를 습득할 것이고 이 습득된 가치가 믿음으로 내재화된다면 이 가치는 특성이론에서 주장하는 속성과 큰 차이를 보이지 않을 것이라는 점이다. 이런 점에서 대부분의 진성리더들은 타고난 사람이라기보다는 자신이 중시하는 가치를 진성으로 내재화한 사람들이라고 본다.

행동이론에 대해서는 뛰어난 리더들은 인간에 대한 관심과 과업에 대한 관심을 모두 보일 것이라는 점에 대해서 동의할 것이다. 하지만 행동이론에 대해서도 이 두 가지 행동적 스타일도 진성리더가 가지고 있는 사명을 구현하는 것에 대한 수단으로 의미를 부여할 수 있을 때 진정한 행동적 영향력을 가질 수 있다고 본다. 사명이 기반이 되지 않은 상태에서의 리더십 행동들은 진정성 없는 연기로 간주될 개연성이 있기 때문이다. 사명의 내용에 따라서 행동 중 어떤 차원을 더 시급하게 요구하고 있는지의 우선권도 결정될 수 있을 것이다. 사명은 리더의 행동에 정당성을 부여해주기 때문에 리더의 사명에 대한 이해는 리더십 행동차원을 보다 신축적이고 유연하게 사용할 수 있는 기반을 제시해준다고 본다.

상황이론이 다른 이론에 비해서 늦게 개발되어서 이전의 이론들이 지닌 한계를 극복한 것처럼 보이나 진성리더들은 상황이론에 대해서 똑같은 이슈를 제기할 수 있다. 리더십의 영향을 결정해주는데 리더의 주체성보다는 상황적 특성의 중요성을 더 강조함으로써 인간의 주도성보다는 상황 결정론적 입장을 취하고 있다는 점이다. 역사는 인간이 상황을 주도적으로 창조할 때 만들어지는 것이지 상황이 숙명적으로 인간을 결정하도록 놔둘 때 만들어지는 것은 아니다. 진성리더에게는 상황도 중요하지만 주어진 상황을 변화시켜 자신만의 스토리로 바꾸어나가는 것은 더 중요하다. 진성리더들은 리더와 구성원들이 상황을 이해하고 이를 통해서 상황을 자신에 맞게 바꾸어나가는 변화챔피언의 역할을 수행할 것을 요구한다. 진성리더십의 입장에서 보면 상황이론에서는 자신이 주인공이 되어 상황을 바꾸어 나가는 주도적 변화의 스토리가 없다. 진성리더십에서는 상황을 무시하는 것은 아니지만 상황 결정론을 넘어서서 이런 인간의 주도성이 리더십의 본질을 구성한다고 믿는다.

목표경로이론, 의사결정이론

House의 경로-목표이론(Path-Goal Theory)은[8] Vroom의 기대이론(Expectancy Theory)을[9] 기반으로 발전시킨 이론이다. 기대이론은 동기가 적용되는 과정을 설명한 동기의 과정이론이다. Vroom은 일에서 구성원들이 경험하는 동기를 기대(Expectancy), 도구성(Instrumentality), 주관적 가치(Valence)의 3요소의 곱으로 설명한다. 기대는 어떤 일을 맡겼을 때 노력하면 일을 완벽하게 잘 완수해낼 것이라는 구성원의 능력에 대한 기대이고, 도구성은 구성원이 일에서 성과를 냈을 경우 회사나 상사는 이 성과에 비례해서 보상을 할 것이라는 기대이고, 주관적 가치는 회사나 상사가 제시하는 보상이 구성원이 원하는 보상으로 주어질 것인지에 대한 기대이다. 따지고 보면 세 가지 모두가 기대이다. 기대이론이라는 이름이 여기에서 나왔다. 이 세 기대 중 한 요소만이라도 0으로 평가되어도 구성원이 경험하는 동기는 0이라고 본다. 즉, 어떤 구성원이 아무리 보상이 공정하고, 보상의 내용이 마음에 들어도 자신에게 맡겨진 일을 제대로 처리 못할 것이라고 기대한다면 처음부터 열심히 하지 않을 것이다. 또한 일을 완벽하게 처리할 수 있는 기대도 있고 보상도 마음에 들지만 상사가 자신이 낸 성과를 제대로 평가해주지 않을 것이라고 기대하면 열심히 일할 의욕이 없을 것이다. 또한 일에 대한 기대도 있고 평가도 공정할 것이라고 기대하지만 회사에서 주는 보상의 내용이 자신이 바라는 것과 다를 때도 일에 대한 의욕은 떨어질 것이라고 예측한다.

경로-목표이론은 이 기대이론을 이용해 리더가 구성원의 동기를 어떻게 극대화 할 수 있는지를 제시한다. 먼저 구성원들의 입장에서 보면 자신의 노력을 통해서 성과를 내고 이 성과에 대해서 보상을 받게 되는 노력-성과-보상의 경로(Path)를 생각할 수 있다. 이때 성과와 보상은 구성원들이 달성하고 싶어 하는 목표(Goal)이다. 경로-목표라는 이론의 이름은 여기에서 따온 것이다. 리더가 해줘야 할 리더십의 핵심적 내용은 구성원들이 각각의 목표(Goal)에 이르는 경로(Path)마다 어떤 장애가 있으면 이것을 제거해줄 수 있어야 한다. 즉 노력과 성과 사이의 경로인 기대의 문제가 훈련의 부재에서 생겼다면 훈련을 시켜서 기대를 높여주거나, 자신감 자체가 문제라면 자신감을 고취시키는 조치 등을 취해야 한다고 본다. 성과와 보상의 경로를 지칭하는 수단성이 문제라면 이것을 수정할 수 있는 조치를 해야 하고, 주관적 가치에 문제가 있으면 구성원들의 가치성향을 더 잘 파악하여 이에 맞는 맞춤보상을 할 수 있도록 해야 한다. 또한 경로-목표이론은 상황이론이다. 동기를 극대화 하는 과정에서도 부하의 성향을 잘 파악하여 부하의 성향이나 상황과 맞아 떨어지는 리더십을 행사해야 한다. 즉 부하들이 초심자들일 경우는 지시적 스타일로 이와 같은 과정을 조율해야 하고, 스트레스를 많이 받는 상황이라면 정서적 지원을 많이 해야 하고, 부하들이 주도성이 부족할 때는 부하들을 될 수 있으면 많이 참여시키는 쪽으로 독려해야 하고, 부하들이 목표의식이 부족하면 성취 지향적 스타일로 지도할 것이 요구되어진다.

예일 대학의 Vroom과 미주리 대학의 Jago의 의사결정이론은 리더가 상황에 따라 부하를 어느 정도나 참여시켜 의사결정을 할 것인지를 연구했다. 일반적으로 사람들은 참여를 독려하는 민주적 의사결정이 최선일 것이라고 생각하나 브룸과 제이고는 상황에 따라 다르다고 생각한다. 어떤 경우는 오히려 독단적 의사결정의 스타일이 더 효과적이라는 것이다. 리더가 행사할 수 있는 의사결정의 유형으로는 리더가 다 알아서 하는 독단적 스타일, 리더가 구성원들에게 정보를 수집하고 의견을 듣기는 하지만 의사결정은 리더가 하는 스타일은 참고형, 리더는 구성원과 일대일 관계에서 구성원에게 다 믿고 맡기는 위임형 스타일, 의사결정 상황이 집단인 경우는 집단의사결정을 들 수 있다. 집단의사결정이나 개인 위임형은 민주적 의사결정의 유형이다.

리더는 상황에 따라서 이 4가지 스타일 중 어떤 스타일을 쓸 것인지를 잘 선택해야 한다. 먼저 가장 큰 문제는 리더가 부하들을 의사결정에 대한 경험을 통해서 개발 시키려는 의도가 있는지 또한 개발에 대한 충분한 시간이 있는지이다. 개발의 의도가 있고 충분한 시간이 있을 경우 민주적 참여형의 의사결정이 적절하다. 반대로 지금 시급하게 의사결정을 내려야하고 부하들이 초심자들일 경우는 독단적 스타일이 적절하다. 이와 같은 큰 맥락을 염두에 두고 세부적인 상황적 요인에 따라서 적절한 스타일의 의사결정을 선택할 수 있다. 예를 들어 리더가 아니라 구성원이 중요한 정보를 가지고 있으면, 즉 리더가 상황을 잘 모르고 있는 경우 독단적 의사결정을 하면 안 될 것이다. 또한 구성원들이 조직의 목표와 어긋나는 개인적 목표를 추구할 경우 위임하면 안 될 것이다. 중요한 문제인데 문제가 구조화가 안 되어 있을 경우 집단적 위임을 활용하면 많은 도움이 될 것이다. 또한 의사결정이 중요한 것이 아니라 결정 후에 실행하는 것에서 장애가 예상될 때는 위임의 방법이 효과적일 것이다. 수용이 문제가 될 수 있는데 구성원들 사이에서 의견일치가 안 될 경우 집단토론이나 집단위임을 사용한다.

경로-목표이론이나 의사결정이론은 모두 상황이론이다. 리더는 상황에 맞추어서 구성원의 동기를 극대화하거나 상황에 맞추어서 민주적이거나 지시적 의사결정을 한다. 하지만 진성리더십에서 강조되는 것은 부하를 동기화 시키는 데 있어서나 의사결정 과정에 있어서 가장 중요한 리더로서의 중심인 본질을 벗어나서는 안 된다는 점이다. 즉 진성리더라면 사명을 복원해줌으로써 구성원들을 임파워먼트 시키고 이 사명을 달성하는 과정에서 열정을 느끼게 하는 것이 기본이다. 즉, 정신모형 II가 동기와 열정의 원천이 되는 것이다. 의사결정도 정신모형 II와 정렬되는 방향으로 의사결정을 하여 방향을 잃지 않는 것이 제일 중요하다. 이와 같은 동기나 의사결정의 큰 골격이 유지되는 것을 전제로 상황에 따라 경로-목표이론이나 의사결정이론에 따라 미시적으로 동기를 증가시킨다든지 의사결정을 조율하는 것이 중요하다. 진성리더는 동기나 의사결정의 집을 짓는 대목의 역할을 수행하고 경로-목표이론이나 의사결정이론이 제시하는 바에 따라 소목의 역할도 동시에 해야 한다고 본다.

교환이론

리더 멤버 교환이론(LMX Theory: Leader-Member-Exchange Theory)은 역할이론에 근거해서 발전된 이론이다.[10] 부하와 상사간의 역할은 공식적으로 규정된 것 이외의 많은 다른 비공식적 요소에 의해서 결정된다. 특히 조직 내에서 부하가 어떤 역할을 주도적으로 만들어나가는지(Role Making)는 대부분 부하가 어떤 리더와 일하는지에 의해서 결정된다. 리더가 부하들을 동일하게 대하기보다는 은연중에 내집단 구성원과 외집단 구성원으로 나눠서 차별적 역할에 대한 기대를 발전시키기 때문이다. 내집단 구성원은 자신의 눈에 넣어도 안 아픈 부하이고 외집단 구성원은 그냥 일반적인 부하들이다.[11]

연구결과에 의하면 통상 리더들의 90% 이상이 부하들을 이렇게 나눠서 관리하는 것으로 보고되었다.[12] 물론 내집단과 외집단은 공식적인 것이 아니라 리더의 마음속에 비밀스럽게 나눠진 것이지만 구성원들은 자신이 내집단인지 외집단인지 다 안다는 것이 문제이다. 결과적으로 구성원이 내집단에 속해 있으면 리더와의 관계가 헌신과 몰입의 관계로 엮여서 많은 혜택을 받게 되고 결국 승진이나 성과에서도 두각을 나타낸다. 반면 외집단 구성원들의 경우는 공식적으로 눈에 띄게 차별대우를 받는 것은 아니지만 내집단 구성원들에 비해서는 차별적 대우를 받는다. 내집단과 외집단으로 구성원을 나눠서 관리하는 습성은 조직정치로 이어져서 조직을 갈기갈기 찢어 놓는다.

진성리더는 부하들을 내집단과 외집단으로 나눠서 관리하는 것에 대해서 철저하게 반대한다. 진성리더들은 교환이론에 의해서 부하를 관리하는 리더는 평소 리더십에 대해서 체계적으로 훈련받지 못한 리더들일 개연성이 높다고 본다. 진성리더는 구성원과의 관계를 이득이 되는 한 서로에게 도움을 주고받는 경제적 교환관계가 아닌 사명을 구현하기 위한 운명의 파트너로 생각한다. 진성리더는 모든 직원들을 내집단의 직원으로 생각하고 모든 구성원들에게 관계적 투명성을 보일 것을 요구한다. 설사 모든 사람에게 관계적 투명성을 보이지 못할 경우 진성리더가 그럼에도 가장 관계적 투명성을 포기하지 않아야 하는 대상은 일반사람의 기준으로도 구성원 중 가장 소외될 개연성이 높은 부하들이다.

리더십 대체론, 중화론, 리더십 로맨스

리더의 특정한 리더십 스타일은 구성원의 성과라든지 직무만족도 등에 많은 영향을 미친다. 결국 구성원은 리더의 리더십 스타일이 제대로 발휘되었는지를 평가해주는 고객이다. 리더의 리더십과 구성원의 만족도 사이에는 일정한 관계가 존재하는데 이때 리더십의 효과를 대신해줘서 리더십을 발휘할 필요 없게 만드는 요인을 대체요인이라고 하고 리더십과 구성원의 만족도 사이의 관계를 절연시켜 주는 역할을 하는 것을 중화요인이라고 한다.[13]

예를 들어 구성원들이 내재적으로 동기화가 되어 있는 프로페셔널일 경우에는 리더가 개입할 필요가 전혀 없다. 일이 루틴하고 잘 정의되어 있을 경우도 리더가 필요 없게 된다. 또한 성숙한 자율관리팀도 자신들이 다 알아서 일을 처리하기 때문에 리더가 필요 없게 되는 상황을 만드는 대체요인이다. 반면 구성원들이 보상에 관심이 없을 경우 이는 리더십의 중화요인이다. 본사는 서울에 있고 공장은 부산에 있는 경우 이 둘 사이의 거리는 서울에 있는 리더가 영향력을 발휘하지 못하게 하는 중화요인일 개연성이 높다. 이와 같은 상황은 다국적 기업의 경우에는 더욱 심각하게 나타날 수 있다.

리더십 로맨스는 Meindl이 만든 개념으로 일반사람들이 리더의 입장에서 모든 결과를 이해하려는 성향을 말한다.[14] 즉 일반사람들은 조직의 성과에 대해서 설명을 할 때 모든 것을 객관적으로 분석해서 종합적으로 결론을 내리기 보다는 단순히 리더의 입장에서 설명하는 것을 선호한다. 즉 구성원들이 열심히 해서 조직에 좋은 성과를 가져왔을 때도 사람들은 단순하게 훌륭한 리더를 가졌기 때문에 성과를 냈다고 설명하고, 구성원들의 문제 때문에 성과가 저조할 경우도 리더를 잘못 만난 덕택이라고 설명한다. 즉 성과의 요소인 시스템의 우수성, 상황, 구성원 등의 여러 요인을 다 무시하고 오직 리더 능력의 입장에서 모든 것을 설명하려는 성향이다. 이와 같은 성향은 신문기자의 기사에서 특히 자주 목격된다. 신문기자들도 조직의 전문가가 아니기 때문에 어떤 조직의 성과를 설명할 때 객관적으로 모든 것을 분석할 수 있는 안목이 없다. 따라서 이들도 그냥 성과가 좋을 때나 나쁠 때나 다 리더로 귀인시켜서 설명한다. 문제는 신문을 읽는 독자들이다. 독자들은 신문에 났기 때문에 공신력 있다고 믿고 기업의 성과를 리더의 입장에서 설명하고 이해하게 된다.

리더십의 대체요인과 중화요인에 대해서 진성리더십은 중화요인을 제거하고 대체요인을 강화할 것을 요구한다. 또한 대체이론에서 놓치고 있는 가장 중요한 대체요인은 구성원들이 조직의 사명에 대해서 임파워먼트 되어 있고 따라서 자신이 하고 있는 일에 대해서 업의 개념으로 임하고 있는 상황이다. 진성리더십에서는 이것이 최고의 리더십 대체효과를 가져올 수 있다고 본다. 또한 구성원들이 리더와 같은 정신모형 II를 공유한다면 리더와 구성원 사이의 물리적 거리 등도 중화요인으로 작용할 수 없다고 본다. 진성리더십 입장에서는 구성원들과 리더가 서로 다른 정신모형을 가지고 일할 때가 최고의 중화요인이다. 한 마디로 진성리더십이 제대로 발휘된다면 조직은 제대로 된 리더십 대체효과를 누릴 수 있고 중화요인들은 자연적으로 사라지게 된다. 진성리더십이 조직에 규범으로 받아들여진다면 성과에 대해서 균형된 시각으로 정보처리할 수 있는 안목이 생겨 리더십 로맨스에 기반을 두고 리더의 공과를 신비화하려는 성향도 사라질 것으로 보인다.

거래적 리더십, 카리스마, 변혁적 리더십

거래적 리더십은 일반관리자들의 리더십을 통칭한다. 일반관리자들이 많이 쓰는 리더십의 방식은 조건적 보상과 예외관리이다.[15] 조건적 보상은 부하의 동기부여를 위해서 특정한 보상을 약정하는 방식이다. 이번 프로젝트를 잘 끝내주면 승진을 시키거나 인센티브를 부여하는 방식의 조건을 붙임으로써 구성원을 독려하는 방식이다. 예외관리는 평소 문제가 없을 때는 그냥 지켜보고 있다가 문제가 생기면 그것을 계기로 개입해서 문제를 해결하는 방식이다. 예외관리는 부하의 성장을 위해서 자율적 관리를 하는 것이 아니라 리더 자신의 편의를 위해서 문제가 생기지 않는 범위에서 그냥 놔두는 스타일이다. 예외관리를 많이 사용하는 관리자는 문제가 실제로 발생하면 부정적인 피드백을 많이 사용하기 때문에 구성원에게 좋은 영향력을 발휘하는데 장애가 된다.

거래적 리더십이 지금의 현 상황을 유지하려는 생각을 가진 리더들이 많이 사용하는 리더십이라면 카리스마와 변혁적 리더십은 현재 상황을 변혁시킬 생각을 가진 리더들이 많이 행사하는 리더십이다. 이중 카리스마 리더십은 특성이론의 입장에서 제시되었다. 카리스마 리더십은 House에 의해서 설파되다가, Conger에 의해서 발전되었다.[16] 변혁적 리더십은 변혁의 측면을 강조하기 위해 기존의 카리스마 리더십에 행동적인 측면을 가미하여 Burns와 Bass에 의해서 발전되었다.[17]

카리스마가 학문적 영역으로 들어온 것은 Max Weber에 의해서이다. Weber는 카리스마를 신이 주신 특별한 은총으로 생각했다. 신이 주신 은총이란 사람들이 노력에 의해서 쉽게 따라 잡을 수 없는 천부적인 리더로서의 재능을 말한다. 카리스마는 일반사람의 눈으로는 볼 수 없는 통찰력으로 미래의 비전을 제시할 수 있는 능력, 이 비전을 현실로 만들어 낼 수 있는 기적을 행하는 능력을 구사한다. 이런 범상한 능력이 평생을 노력해도 따라잡을 수 없다는 것을 스스로 인식하는 순간 일반사람들은 리더와의 경쟁을 포기하고 리더에 대해서 맹목적으로 복종을 하고 충성심을 보이는 추종자가 된다. 이런 점을 부각해서 Conger는 카리스마는 부하의 마음속에서 태어난다고 설명했다.[18] 문제는 부하의 마음속에 태어나기 때문에 리더들은 카리스마를 연기할 수도 있다는 점이다. 어떤 사이비 목사는 자신이 설교할 때 뒤에서 드라이아이스를 피워놓고 이것이 하나님이 주신 특별한 은총이라고 사기를 친 적이 있다. 문제는 구성원들이 이 사기를 믿는 순간 이 목사는 하나님이 보내신 카리스마를 시현하는 사람으로 태어난 것이다. 또한 카리스마의 어두운 면은 카리스마가 리더로 받아들여지기 위해서는 평범한 사람들이 따라잡을 수 없는 비범함에 있다. 하지만 정말 뛰어난 2인자가 나타나서 이 비범함을 따라잡을 때 카리스마 리더가 자신의 입지를 지키기 위해서는 이 2인자를 제거하는 수밖에 달리 방법이 없다. 카리스마 리더의 스토리에는 항상 2인자와의 피비린내 나는 싸움이 숨어 있다.

지금까지 모든 리더십 이론 중에서 문화적 차이를 넘어서서 효과성이 가장 검증된 리더십이 변혁적 리더십이다.[19] 변혁적 리더는 카리스마의 속성 이외에 두 가지 행동적인 속성을 보인다. 하나는 구성원들에게 지적으로 자극하는 행동과 개별적으로 고려하는 행동이다. 구성원들은 기존의 생각의 틀을 잘 벗어나지 못한다. 이것이 변화의 큰 장애이다. 변혁적 리더는 구성원들이 이와 같은 생각의 장애를 극복하고 미래의 변화에 대해 마음을 열 수 있도록 지적으로 자극한다. 지금까지와는 전적으로 다른 각도에서 질문을 던지고, 받아들이고 있는 가정의 타당성에 대해서 검토할 것을 주문한다. 이런 과정을 통해서 변혁적 리더는 구성원에게 변화에 대한 생각을 심어준다. 또한 변혁적 리더는 변화를 달성하는 과정에서 팀웍을 강조한다. 팀웍을 극대화하기 위해서 팀으로 활동하는데 장애가 있는 사람들에게 팀의 정당한 일원으로 참가하고 공헌할 수 있는 기회와 훈련을 제공한다. 이와 같은 리더의 행동을 개별적 고려라고 칭한다.

지금까지 논의한 리더십 중 거래적 리더십은 진성리더십과 가장 대치되는 리더십이다. 진성리더는 모든 구성원을 관계적 투명성을 가지고 존재론적으로 대하기 때문에 거래적 리더십에서 조건적으로 보상하는 행동과는 거리가 멀다. 조건적 보상 행동도 내재적 보상이 전제되어 있을 경우에 이에 대한 보완책으로 사용하는 것은 의미가 있다고 생각할지는 몰라도 진성리더십에서는 조건적 보상이 관계의 기반이 될 수는 없다는 생각이다. 또한 예외관리에 대한 생각도 부정적이다. 예외관리라는 것은 기본적으로 구성원을 신뢰하지 않는다는 것을 전제로 일 자체를 무리 없이 처리하기 위한 리더의 개입방식이다. 이와는 정반대로 진성리더는 구성원에게 자율성을 부여하여 일을 맡기고 이런 과정을 통해 둘은 서로 운명을 공유하는 성장의 파트너로 성장한다고 생각한다.

한편 카리스마는 다시 부정적 측면이 부각된 개별화된 카리스마(Personalized Charisma)와 사회화된 카리스마(Socialized Charisma)로 대변된다. 카리스마를 행사하는 사람들 중에는 자신의 개인적 이득을 극대화시키기 위해서 자신이 가진 카리스마의 속성을 이용하거나 연기를 통해서 이 속성을 과장하는 개별화된 카리스마(Personalized Charisma)가 태반이다. 이들은 자신의 개인적 이득을 챙기기 위해서 조직의 사명을 이용하는 유사리더들이다.[20] 진성리더가 경고하는 카리스마는 바로 이런 개별화된 카리스마이다. 반면 사회화된 카리스마는 개인적 영달보다는 우리라는 공동체를 먼저 생각하는 카리스마이다. 문제는 이런 사회화된 카리스마라 하더라도 승계문제에 있어서는 다른 카리스마와 마찬가지로 논란을 벗어날 수 없다. 또한 한 사람의 카리스마적 리더에 의해서 조직의 운명이 좌우되는 것은 위험한 일이다.

한편 변혁적 리더십은 진성리더십과 유사점이 많은 리더십이다. 하지만 변혁적 리더에게 중요한 것은 현재의 상황을 타개해 갈 수 있는 문제의 솔루션으로서 비전을 제시하고 이 비전을 통해 변화를 성공시키는 일이다. 문제는 이런 변혁적 리더들 대부분이 한 번의 변혁에 성공한 후 탈선을 한다는 점이다. 이들이 지향하고 있는 변화의 목적지가 사명이 아니라 그 중간 기착지인 비전이기 때문이다. 진성리더는 비전을 사명의 목적지에 도달하는 중간 기착지로 규정하고 이 사명과 정렬된 일련의 비전을 강조하는 리더십이다. 또한 변혁적 리더가 어떤 실제적 의도를 가지고 변화를 주장하는지의 문제는 변화가 완성될 때까지는 베일에 가려 있다. 변혁적 리더는 자신의 변혁이 성공할 때까지 그 숨겨진 의도를 드러내지 않을 수 있다. 이들의 의도가 사명으로부터 벗어난 개인적 영달의 문제를 연극한 의도일 수도 있다는 위험이 항상 존재한다. 이들은 소위 유사 변혁적 리더들이라고 불려진다.

 **진성리더를 위한 학습 포인트**

- 진성리더의 품성인 진성은 타고난 특성이 아니라 리더가 훈련을 통해 만들어낸 특성이다.
- 구성원들은 진정성에 기반을 두지 않는 리더십 행동을 연기로 생각한다.
- 진성리더는 상황에 순응하기보다는 자신만의 스토리로 상황을 변화시킨다.
- 진성리더는 구성원을 사명으로 동기화시키고 사명으로 방향을 설정한다.
- 진성리더는 소외된 구성원을 내집단 구성원으로 만들기 위해 노력한다.
- 진성리더는 목적을 강화하기 위해 보상을 사용한다.
- 진성리더는 사명으로 무장한 사회화된 카리스마이다.
- 진성리더에게 비전은 사명에 도달하기 위한 중간 기착지이다.

제11장

현대 리더십 이론

> 위대한 리더는 위대한 일을 하는 사람이라기보다는
> 사람들로 하여금 위대한 일을 하게끔 만드는 사람이다.
> – Ronald Reagan

> 다른 사람에게 가치를 전달하려면 먼저 그 사람을 가치 있게 생각하라.
> – John Maxwell

고전적 리더십은 주로 앞에서 끌어당기는 것을 기본으로 생각하는 리더십 스타일을 구사했었다. 최근에는 이런 리더십 경향이 가진 문제점을 지적하고 리더십의 문제를 전 방위적인 측면에서 다시 생각하는 리더십 스타일에 대한 논의가 시작되었다. 앞에서 끄는 사람의 역할도 중요하지만 결국 리더십의 성패는 따라오는 사람들의 리더십에 달려 있다고 생각하는 팔로워십이나, 최고의 수퍼리더십은 당장 일을 얼마나 잘하는가를 넘어서서 자신과 같이 일함으로써 자신보다 더 나은 리더들을 얼마나 육성했는지의 문제로 보아야 한다는 입장이다. 또한 팀을 기반으로 리더십을 팀 구성원에게 위임해서 분배하고 공유하는 공유리더십도 최근에 강조되고 있는 리더십의 경향이다. 리더는 이성적인 머리만을 사용하는 사람이 아니라 머리와 가슴 사이의 16인치의 절벽을 넘어설 수 있는 감성을 동원할 수 있는 사람이라는 점을 강조하는 정서적 리더십도 중요하다. 또한 리더는 군림하는 사람이 아니라 하인이나 집사역할을 수행할 수 있는 사람을 진짜 리더로 생각하는 리더십인 서번트리더십도 있다. 또한 요즈음은 위기가 아주 일상화 되고 있는데 이와 같은 위기상황을 극복할 수 있는 리더들의 속성도 중요한 문제로 부각되고 있다. 또한 정도와 윤리성을 강조하는 경향인 윤리적 리더십도 한 축을 형성하고 있다. 우리나라 리더십의 대표적 학자인 국민대학교의 백기복 교수가 창안해서 전파한 이슈리더십도 리더의 스토리텔링 능력을 강조한다는 점에서 리더십의 새로운 경향이다.

수퍼리더십

고아소년은 어려서부터 마을에서 제일가는 사냥꾼인 외삼촌에 의해서 길러졌다. 아직 열 살밖에 안 된 소년은 외삼촌과 같은 뛰어난 사냥꾼이 되는 것이 꿈이었다. 소년의 마음을 읽은 외삼촌은 사냥길을 나서다가 물끄러미 쳐다보는 소년에게 손짓을 했다. 그게 무슨 뜻인지를 아는 소년은 기쁨에 가득 차 외삼촌을 따라 나섰다. 종일토록 그들은 사냥에 열중했다. 수확이 좋은 하루였다. 그날 이후 그들은 그렇게 함께 사냥을 다녔다. 외삼촌은 사냥을 하고 소년은 외삼촌을 따랐다. 처음에 소년은 외삼촌을 그저 보기만 했다. 외삼촌은 거의 말이 없었다. 소년이 질문을 해도 외삼촌은 좀처럼 대답을 하지 않았다. 소년은 점차 질문을 하지 않게 되었다. 그들은 말없이 사냥을 했고 소년은 삼촌이 사냥하는 모습을 주의 깊게 바라보았다. 외삼촌은 훌륭한 스승이었다. 외삼촌은 소년이 매우 영리하고 민첩하다는 것을 알아차렸다. 오래지 않아 소년은 외삼촌을 따라 할 수 있게 되었다. 소년은 사냥을 거들었다. 소년은 마을에서도 외삼촌을 주의 깊게 바라보았다. 특히 외삼촌이 사냥 준비를 하고 계획을 세우는 것을 주의 깊게 살펴보았다. 소년은 외삼촌이 무기와 장비를 조심스럽게 손질하는 것을 주시했다.

얼마 안 돼서 소년도 자기 장비를 똑같은 방법으로 준비했다. 3년이 채 지나기도 전에 그들은 마을에서 제일가는 사냥꾼으로 이름이 났다. 그들은 더 이상 스승과 제자 사이가 아니었다. 그들은 한 팀이었다. 서로 말을 안 해도 각자 사냥에서 무엇을 해야 하는지 알았다. 함께 함으로써 그들은 혼자보다 훨씬 훌륭히 사냥을 해냈다. 날이 갈수록 외삼촌은 소년에게 자신감과 기술과 힘이 자라남을 느꼈다. 외삼촌은 소년이 계곡마을의 지도자가 될 운명임을 알았다.[1]

Manz와 Sims에 의해서 창안된 수퍼리더십은[2] 구성원을 자신을 스스로 이끌 수 있는 셀프리더로 만드는 리더십이다. 셀프리더란 위의 사례에서의 조카처럼 자기 자신을 스스로 이끌 수 있는 리더로 성장시키는 리더를 말한다. 셀프리더십은 행동주의 강화이론에서 착안한 것이다. 강화이론은 가르치는 선생과 학생의 역할이 나눠지는데 셀프리더십은 스스로가 선생이 되기도 하고 학생이 되기도 하는 것이다. 선생이 되어서 목표를 설정해보기도 하고 학생이 되어서 이 목표에 따라 실제로 해보기도 하고, 선생이 되어서 평가를 해서 보상과 벌을 줘보기도 하고, 목표에 미치지 못했을 경우는 다음 번에는 이를 달성하기 위해서 스스로 반복적으로 훈련하는 과정을 거친다.

먼저 셀프리더가 되기 위해서는 자신을 잘 관찰해서 자신의 어떤 점이 강점이고 어떤 점이 보완해야 할 점인가를 정확하게 인식하는 것이 중요하다. 둘째는 셀프리더들은 자신의 장점을 키우고 단점을 보완해나가기 위해서 이것을 도와줄 수 있는 중요한 단서들을 많이 생성해 상황적 맥락을 우호적으로 만든다. 셋째로, 실제로 단점을 보완하거나 강점을 강화시킬 수 있는 목표를 설정해본다. 넷째, 이 목표에 따라서 실행을 해보고 이 실행의 결과를 평가해서 제대로 되었을 경우는 자신에게 상을 주기도 하고 잘 안 되었을 경우는 벌을 주기도 한다. 마지막으로 목표를 달성하기 위해서 집중적이고 반복적으로 훈련을 한다.

사례에서 외삼촌이 조카를 위해 행사한 리더십은 수퍼리더십이고 결과적으로 조카가 자신을 발전시킨 리더십은 셀프리더십이다. 수퍼리더십은 훌륭한 코치로서의 역할을 수행하는 리더십이다. 만쯔와 심스에 의하면 수퍼리더는 다음과 같은 과정을 통해서 리더십을 행사한다. 우선 삼촌의 경우처럼 리더가 평소 자기 자신을 잘 이끄는 모습을 보여준다. 자기 자신을 잘 이끄는 모습을 확인하고서야 구성원들은 리더와 같은 모습으로 성장하고 싶은 열망을 가지게 된다. 둘째는 수퍼리더는 부하들이 보고 배울 수 있도록 역할모형이 될 수 있는 행동의 리스트를 가지고 이것을 행동으로 시연한다. 조카가 삼촌의 모습을 지켜보고 배울 수 있는 행동이 중요하다. 셋째로 조카로 하여금 삼촌의 행동 중 배우고 싶어 하는 것을 골라 이것의 달성수준을 목표로 설정해보도록 독려한다. 넷째, 결국 학습은 부단한 실수와 실패를 통해서 달성하는 것이기 때문에 아무리 어려운 상황에서도 실수와 실패에 대해서 긍정적인 마인드를 잃지 않도록 격려한다. 다섯째, 조카가 잘 했을 경우는 스스로 칭찬할 수 있게 하고, 실수를 했을 경우에는 건설적 피드백을 제공해서 다음 기회에는 성공할 수 있도록 돕는다. 여섯째, 수퍼리더가 팀장일 경우 팀원들 모두가 셀프리더가 되어 팀 자체를 자율관리팀이 되도록 한다. 마지막으로 수퍼리더가 더 높은 직책을 가지고 있을 경우는 셀프리더십과 수퍼리더십을 통해서 리더를 육성해내는 것을 조직의 문화로 정착시킨다.

수퍼리더십은 진성리더십을 개발시키는데 많은 도움을 준 리더십 스타일이다. 왜냐하면 모든 리더십의 기반은 자기가 자신을 스스로 이끌 수 있는 능력이라는 점을 강조하기 때문이다. 자기 자신도 못 이끌면서 직책을 빌미로 다른 사람들에게 리더십을 행사하는 것은 리더십을 연기하는 것과 같다. 진정성이 있는 리더는 자기에 대한 리더십의 스토리와 구성원들에게 요구하는 리더십의 스토리가 같은 사람이다. 또한 수퍼리더십은 스스로 학습목표를 설정하고 이것을 달성하기 위해서 부단히 훈련하는 모습을 강조하고 있는데 이 같은 원리는 진성리더십의 자기규제와 같다.

 진성리더십과 수퍼리더십의 핵심적 차이는 학습에 대한 목적에서의 차이이다. 진성리더십은 구성원들의 학습에 대한 열정은 자신이 성장하는 체험에서 나온다고 가정한다. 학습할 때 자신이 성장하는 체험을 하게 되고 여기에서 생긴 행복감이 내재적 보상이 되고 사람들은 같은 보상을 얻기 위해서 지속적으로 더 열심히 학습하고 이런 지속적인 학습이 결국은 좋은 성과와 보상으로 연결된다고 가정한다. 반면 수퍼리더십에서는 행동주의의 강화이론의 가정을 받아들여 사람들은 보상을 얻고 벌에서 벗어나기 위해서 학습한다는 가정을 가지고 있다. 한 마디로 수퍼리더십과는 달리 진성리더십은 보상을 따라가는 학습이 아니라 보상이 따라오게 하는 학습원리를 강조한다. 이런 점에서 진성리더십은 공자가 논어에서 강조한 학이시습지 불역열호(學而時習之 不亦說乎)와 더 깊은 연관성을 가지고 있다. "배우고 때로 익히면 또한 기쁘지 않겠는가?"로 해석되는 이 구절은 배움을 통해서 자신의 완성을 확인하는 체험은 정말로 희열을 느낄 수 있을 정도로 기쁜 내재적 보상의 과정이라는 뜻을 담고 있다. 진성리더십은 이 내재적 보상이 결국은 사람들을 학습하게 하고 결국 리더로 성장하게 하는 원동력이라는 생각을 가지고 있다.

공유리더십

만쯔와 심스가 가정했듯이 리더가 팀에서 수퍼리더십을 발휘해서 부하들을 전부 셀프리더로 만든다고 해서 리더가 없어도 자율적 관리가 가능한 자율관리팀이 만들어지는 것은 아니다. 셀프리더십은 어디까지나 자기 자신을 이끌어나가는 리더십이지 남들과 어떻게 협업과 협력을 통해 목표를 달성하는지를 가르쳐주는 리더십은 아니다. 완전히 성숙한 자율관리팀에서는 팀장의 리더십이 팀원들에게 완전히 위임이 되어서 각 구성원이 자신이 가진 역량을 기반으로 다른 구성원들을 이끌 수 있게 된다.[3] 이런 점에서 자율관리가 가능한 팀에서 팀원들의 리더십은 분배된 리더십(Distributive Leadership)이다. 또한 어떤 점에서는 리더의 역할을 공유하는 것이어서 공유된 리더십(Shared Leadership)이라고도 부른다.[4]

　기러기는 우리가 배울 수 있는 공유리더십의 가장 뛰어난 역할모형이다. 사람들은 기러기를 철새라고 비하하지만 실제로는 가장 모범적인 팀 리더십을 가르쳐 준다. 기러기들은 날아갈 때 앞장서는 대장 기러기의 역할을 순번을 정해서 돌아가면서 공유한다. 어느 정도 날아가다 대장 기러기가 지치면 다음 순번의 기러기가 대장 기러기가 되어 대오를 지휘한다. 모든 기러기가 돌아가면서 리더 역할을 수행하는 것이다. 대장 기러기의 역할을 끝냈다고 이 기러기가 그냥 쉬는 것은 아니다. 기러기가 날아갈 때 소리가 시끄러운 이유는 대장 임무를 마친 기러기들이 대오의 제일 뒤에서 치어리더가 되어 격려하는 소리이다. 또한 기러기는 따뜻한 팀웍을 생명처럼 여긴다. 같이 날아가던 기러기 중에 환자가 생기면 2마리의 기러기를 같이 내려 보낸다. 환자 기러기가 다 나을 때까지 간호하는 역할을 수행하기 위해서이다. 환자 기러기가 다 나으면 다시 다른 대오에 합류하여 여행을 다시 시작한다. 기러기가 죽게 되면 장례를 치러 주고 남은 기러기들은 여행을 포기하는 일 없이 다른 대오에 합류한다. 더 중요한 것은 기러기는 목적지에 도달해야 한다는 사명이 다른 어떤 동물보다 뚜렷하다. 아무리 날씨가 험난해 상황이 안 좋아도 이들은 자신들이 가야하는 목적지를 결코 포기하는 법이 없다.

요즈음의 기업에서는 팀을 통해서 성과를 내는 것이 보편적인 원칙으로 받아들여지고 있다. 이때 생길 수 있는 또 다른 문제는 지행격차, 즉 리더가 아는 것과 실제로 행하는 것 사이의 격차의 문제이다. 전통적 조직에서처럼 리더가 전략을 짜고 부하들이 이를 수행한다는 가정 하에서는 지시하는 사람과 수행하는 사람이 다르기 때문에 전략이 완벽하게 집행되지 않는다. 성과를 내는 단위가 팀으로 바뀌었다 하더라도 리더는 주로 전략을 만들고 팀원들이 집행한다는 가정을 벗어나지 못한다면 설사 팀으로 바뀌었다 하더라도 지행격차의 문제에서 벗어날 수 없다. 공유리더십은 팀원들이 스스로 리더십을 발휘하는 상황을 만들어 나가기 때문에 이와 같은 지행격차의 문제를 해결하고 팀을 성숙한 팀으로 만들어 나가는데 필수적이다.

공유리더십과 진성리더십은 많은 점을 공유하고 있다. 구성원들 사이의 관계적 투명성을 기반으로 한 진정한 팀웍은 진성리더십의 가장 중요한 원칙이다. 진성리더십에서는 한 걸음 더 나아가서 공유리더십이 제대로 작동하기 위해서는 팀의 정신모형 II를 공유하는 것이 필수적이라는 것을 지적한다. 정신모형 II의 사명과 비전이 팀 구성원들 사이에서 잘 공유가 되어 있기 때문에 팀원들 각자가 리더십을 발휘하는데 있어서 조율도 쉽고 비전과 사명을 달성하기 위한 프로젝트에서 요구되는 협업과 협동하는 능력도 탁월해진다. 이런 점에서 기러기의 리더십은 공유리더십을 넘어서서 진성리더십의 진수를 보여주고 있다.

팔로워십

Kelley는 조직이 성과를 내는 데는 리더만큼 팔로워들의 역할이 중요함에도 팔로워들은 단지 추종자라는 이름 때문에 조명을 받지 못했다고 주장한다.[5] 리더십을 직책의 측면에서 고려해본다 하더라도 리더의 직책을 가지고 있는 사람들은 전체의 1%도 되지 않는다. 99%의 나머지는 다 팔로워들인 셈이다. 또한 팔로워들은 리더가 발휘한 리더십의 효과성을 평가해주는 최고의 고객이다. 리더가 궁극적으로는 팔로워들의 마음을 사로잡을 수 있을 때 훌륭한 리더로 태어날 수 있는 것이다. 결국 훌륭한 리더는 팔로워들의 마음속에서 태어난다.[6] 또한 바보 온달과 같은 경우는 오히려 팔로워가 더 출중한 상황으로 이런 상황에서는 팔루워들은 리더를 키워나간다.

켈리는 팔로워들의 유형을 두 축으로 개념화하고 이것을 기반으로 다섯 가지 유형으로 나눠서 제시하고 있다. 두 축은 팔로워들이 얼마나 적극적이거나 얼마나 수동적인지의 축과, 다른 한 축은 독립적이고 비판적 사고를 할 수 있는지 아니면 무비판적이고 의존적인지의 축이다. 가장 바람직한 스타일은 모범형 팔로워로 매사에 적극적이면서 동시에 독립적이고 비판적 사고를 할 수 있는 능력을 가지고 있는 사람들이다. 반대의 사람들은 의존적이고 무비판적인 수동형 팔로워들이다. 이들은 책임감도 없고 리더가 지시하기 전까지는 나서지 않는다. 적극적이기는 하나 무비판적인 팔로워들은 순응형 팔로워들이다. 이들은 생각은 안 하지만 리더가 시키는 대로 착하고 열심히 하는 예스맨의 스타일이다. 리더가 독재형일 때는 이와 같은 순응형 팔로워들이 양산되는 경향이 있다. 회사의 일에 대해서는 독립적이고 비판적이지만 그렇다고 적극적으로 나서지도 않는 스타일이 소외형 팔로워들이다. 이들은 원래 모범형 팔로워들이었을 가능성이 높다. 어떤 이유에서인지 리더와 사이가 소원해져서 소외형으로 변했다. 이들은 회사나 상사로부터 부당하게 취급받고 있다는 생각이 강하다.

팔로워들 중에서 가장 높은 비율을 차지하고 있는 팔로워들은 딱히 이것도 저것도 아닌 중간적인 입장에서 자신의 이득을 챙기는 실무형 팔로워들이다. 이들은 리더의 결정에 의문을 품기는 하지만 공개 석상에 나서서 이를 제기하지는 않는다. 비판을 했다가 자신에게 불똥이 튈 수도 있다는 생각 때문이다. 이들은 시키면 하지만 나서서 총대를 메지는 않는다. 스스로 책임질 일은 하지 않겠다는 생각 때문이다. 좋은 것이 좋은 것이라는 생각을 가지고 남들과 대립하지 않는다. 이들은 자신의 앞가림에 능수능란해서 자신이 손해볼 가능성이 있는 일에 있어서는 나름대로 철저하게 방어할 수 있는 자료를 준비해놓고 있다.

팔로워십은 리더의 그늘에 가려져 있던 팔로워들의 역할을 부각해서 다시 평가했다는 점에서 리더십 이론에 큰 기여를 했다고 볼 수 있다. 하지만 팔로워십은 리더십을 자리나 직책을 가진 리더와 이 직책을 가지지 못한 리더로 구별하고 있다는 점에서는 현대적 리더십 경향과는 거리가 있다. 비공식적인 상황에서는 모든 사람들이 다 리더로 나서야 하는 경우가 더 많다. 또한 팔로워십에서는 팔로워들을 모범적 팔로워로 만들기 위해서 적극성과 비판적 사고를 강화시킬 것을 요구하지만 이 처방이 너무 단순하고 고식적이다. 진성리더십에서는 비판적이고 적극적으로 구성원들을 변화시키기 위해서는 먼저 이들에게 사명의 중요성을 일깨워서 임파워먼트 시키는 것을 강조한다. 또한 사명의 눈으로 일을 볼 때 하고 있는 일이 업의 개념으로 전환된다. 사명을 기반으로 업의 개념으로 일하는 리더라고 한다면 모범형 리더가 되지 못할 이유가 없을 것이다. 결국은 리더가 사명에 대한 진정성으로 부하들을 임파워먼트 시킬 수 없을 때 부하들도 수동적이고 의존적으로 변하는 것이다.

정서적 리더십

구성원들이 어떤 생각을 자발적으로 한다는 것은 그 생각이 자신들의 마음을 사로잡았을 때이다. 마음에 울림을 창출했을 경우 긍정적 감정이 분출되고 일단 이 긍정적 감정을 느끼면 이 감정을 지속적으로 체험하기 위해서 본인이 그 행동을 스스로 하고 또 지속적으로 하게 된다. 지속적 행동은 성과로 이어진다.[7] 결국 모든 자발적 행동은 멋진 생각에서만 나오는 것이 아니라 이 생각이 마음과 만나서 긍정적 감정을 산출했을 때 나온다. 조직을 차에 비유하면 생각이나 전략은 운전대이고, 구성원의 마음은 차의 엔진이다. 또한 이 엔진을 돌아가게 하는 휘발유는 긍정적 감정이다. 아무리 가야할 방향을 잘 잡았다 하더라도 엔진이 멈춰서 있거나 휘발유가 없다면 갈 수 있는 방법이 없다.

휘발유처럼 긍정적 감정은 휘발성과 전염성이 강하다.[8] 사장님이 아침에 부부싸움을 하고 그냥 회사에 출근하면 비서를 통해서 부정적 감정이 전염되어서 삽시간에 회사전체로 퍼진다. 사장님 때문에 그날 회사에서 연료로 쓸 수 있는 에너지를 다 쏟아 버린 것이다. 정서적 리더는 회사에 출근할 때 자신의 긍정적 에너지의 잔고가 얼마인지를 항상 점검하는 습관을 가져야 한다고 본다. 부정적 에너지는 회사에 들어올 때 회사 문에 걸어놓았다가 퇴근할 때 가지고 가라고 충고하기도 한다. 사우스웨스트 항공의 켈르허 전임 회장이 출근하면서 만나는 직원들마다 긍정적 정서의 연료탱크를 채워주는 대표광대(Chief Entertainment Officer)의 역할을 마다하지 않은 것의 이유가 이것이다.

긍정적 정서의 잔고를 충전하고 채우는 정서적 리더십은 4가지 과정을 통해서 이뤄진다.[9] 먼저 리더 자신의 정서적 상태를 이해하는 것이 중요하다. 다음은 구성원들의 정서적 상태를 이해한다. 정서적 공감(Empathy) 능력이다. 셋째, 구성원과 자신의 정서적 상태의 차이를 이해하고 이 차이를 연결해서 관계를 개선하는데 사용할 수 있어야 한다. 마지막으로 부정적 정서가 다른 사람에게 전염되는 것을 막을 수 있어야 한다. 결국 정서적 리더십의 핵심은 다른 사람과 나와의 정서적 차이를 이해해서 이것을 극복할 수 있는 행동을 할 수 있는지의 문제인 긍휼감(Compassion)이다. 다른 사람의 정서적 상태를 이해하는 정서적 공감(Empathy)에서 시작해야 하지만 단순한 정서적 공감만으로는 정서적 리더십이 행사되는 것은 아니다. 상대의 감정을 이해하고 이것을 기반으로 행동으로 옮길 수 있어야 한다. 이와 같은 긍휼감만이 상대와 나의 관계에서 진정으로 필요한 집중력과 플로우 상태를 만들어 줄 수 있다고 본다.

긍정적 정서적 상태의 잔고가 얼마인지를 아는 자기인식은 진성리더십에서도 중요한 요인이다. 또한 긍정적 정서 상태를 유지하는 것은 조직의 에너지를 충전하는 것이기 때문에 진성리더들에게 가장 중요한 능력 중 하나이다. 또한 단순히 이해하는 것이 아니라 긍휼감(Compassion)이라는 도덕적 감정까지 연결시키는 능력은 진성리더에게도 중요한 능력이다. 하지만 정서적 리더와는 달리 진성리더들은 긍정적 정서는 자동적으로 생성되지 않는다고 가정한다. 정서적 리더십에서 주장하는 것과 같이 정서의 상태를 이해하고 이것을 관계를 위해서 동원하는 것만큼 구성원들에게 긍정적 정서나 도덕적 감정을 산출하는 원천을 이해하는 것이 더 중요하다고 생각한다. 진성리더십에서는 정신모형 II에 대한 공감과 이 정신모형 II를 실천할 때 생기는 성장의 체험이 긍정적 정서를 산출하는 원천이라고 생각한다. 구성원들의 마음을 울려주는 사명에 대한 스토리와 이 스토리를 현실로 만들어 내는 체험이 없이는 긍정적 정서는 자동적으로 만들어지지 않는다.

리더십 이야기

신바람은 어디에서 올까?

한국인의 신바람은 상대가 나의 진심 어린 진정성을 알아줬을 때 마음의 울림을 통해 불 같이 일어난다. 이해관계가 걸려 있지 않아서 굳이 알아줄 필요가 없을 때임에도 불구하고 찾아와서 알아주면 더 큰 신바람이 난다. 신바람은 대한민국 사람이라면 다 가지고 있는 숨겨진 활화산 같은 에너지원이다. 서로가 서로의 진심을 알아줄 때 느끼는 정서적 공감이 파급효과를 일으켜 불같이 시너지가 일어나는 현상이 신바람이다. 가슴이 뜨거운 한국 사람들에게만 나타나는 정서적 자원이다. 결국 이 에너지의 불쏘시개는 서로가 서로의 진심을 알아주는 진정성이다.

진정성은 스토리가 기반이 된다. 내가 어떤 삶의 스토리를 가지고 있지 못하면 내가 진정성 있는 사람인지를 파악할 수 있는 잣대가 없다. 또한 상대가 어떤 삶의 스토리를 가지고 있지 못하면 상대가 진정성 있는 사람인지를 알 수 있

> 는 방법이 없다. 스토리가 진심으로 사람들의 마음을 울릴 수 있는 스토리라면 공감은 더 커진다. 스토리는 잔잔한 호수에 던져진 파장이고 사람들의 집단적 마음은 잔잔한 호수이다. 결국 진정성 있는 스토리가 만들어져 공유되고 이것을 모든 사람이 진심을 바쳐 같이 현실로 구현하는 과정이 신바람이라는 캐피털을 만들어 내는 것이다.
>
> 더 중요한 사실은 신바람이라는 집단적 심리적 캐피털은 값이 공짜라는 점이다.

서번트리더십

1970년대 초반 Robert Greenleaf는 서번트리더십이라는 리더십 이론을 개발했다.[10] 서번트 리더는 수퍼리더와 비슷하게 구성원들을 돌보고 성장시키는 리더십이지만 수퍼리더십보다 더 구성원들과의 정서적 교감을 강조하고 이 교감을 기반으로 공동체를 위해서 봉사하고 희생하는 것을 강조한다.

그린리프가 서번트리더십의 영감을 얻은 것은 Herman Hesse의 소설 『동방으로의 여행』을 통해서이다. 이 소설에는 한 집단이 동방으로의 신비스러운 여행을 하는 과정에서 레오라는 하인을 고용한다. 레오가 하는 일은 갖가지 궂은 일을 해결해주기도 하고 여행객들이 지칠 때는 노래 등을 통해서 이들에게 영감을 주기도 한다. 레오는 존재 자체만으로도 많은 긍정적 영향을 미친다. 이런 영향을 주던 레오가 어느 날 사라져버렸다. 단순한 하인으로만 생각했던 레오가 사라지자 여행자들은 많은 어려움을 겪다가 결국은 여행을 포기한다. 여행객들은 레오가 사라지고 나서야 자신들의 여행을 이끌었던 것은 자기 자신들이 아니라 하인 레오였다는 것을 알아차린다. 이처럼 서번트리더십에서 중요시하는 것은 구성원에 대한 특별한 관심과 애정이다. 또한 서번트리더십에서는 레오처럼 겉으로 보기에는 보잘 것 없는 하인이지만 엄청난 영향력을 행사하는 리더의 임재를 강조한다. 이와 같은 서번트리더십은 예수가 마지막 만찬에서 자신의 12제자들의 발을 일일이 씻겨주는 행동에서도 발현되었다. 예수는 힘들고 지친 사람들에게 군림하지 않고 오히려 더 낮은 곳으로 임하는 모습을 보여줌으로써 더 큰 리더십을 행사할 수 있다는 것을 증명하고 있다.

이후 학자들에 의해서 서번트리더십을 구성하는 속성들에 대한 연구가 진행됐다. Spears(1998)[11]는 서번트 리더의 속성으로 경청, 공감, 치유, 자기인식, 설득, 개념능력, 예지력, 봉사정신, 인간의 성장에 대한 몰입, 공동체를 들고 있다. 한편 Barbuto와 Wheeler(2006)[12]는 서번트 리더십의 구성요소를 이타적 소명감, 정서적 치유능력, 설득력 있는 방향제시, 지혜로움, 타인에 대한 봉사를 제시했다. Sendjaya, Sarros, Santora(2008)는[13] 자발적 복종, 진정성 있는 자아, 호혜적 관계, 책임감, 초월적 정신, 변혁적 영향력을 구성요소로 제시하고 있다. 이처럼 서번트 리더는 봉사와 희생을 통해서 공동체를 복원하는 것을 리더들의 중요한 사회적 책무로 규정하고 있다. 공동체에 방해가 되는 빈부의 격차나 불평등도 리더가 나서서 적극적으로 해결해야 한다고 본다.

서번트리더십과 진성리더십은 많은 점에서 상호보완적 역할을 수행하고 있다. 동방이라는 진북을 강조하기도 하고, 구성원들에게 정서적 치유를 강조하거나, 공동체를 강조하는 것 등에서 공통점을 가지고 있다. 또한 사명이라는 목적을 현실로 만들어내기 위한 리더의 희생적 행동을 강조한다는 점에서도 비슷하다. 오히려 진성리더십에서 요구하는 것보다 더 리더가 자신을 낮추고 희생하는 것을 강조하고 있다. 또한 이와 같은 리더는 군림하지 않아도 조용하게 구성원들에게 선한 영향력을 미치는 임재현상을 강조하는 것도 공통점이다. 한 마디로 서번트 리더는 권력욕을 가지고 앞에서 이끄는 사람이 아니라 조직의 목적과 사명을 위해 봉사하고 희생하는 사람이다. 이처럼 서번트 리더는 진성리더와 많은 공감대를 가지고 있다. 단 서번트리더십에서는 레오가 동방으로 여행 중에 사라졌을 때 여행자들이 여행을 포기할 수밖에 없었던 문제에 대한 해답을 제시하지 못하고 있다. 사명의 목적지와 여기에 이르는 과정 사이에서 모두가 하인이 되거나 모두가 리더로 거듭나는 상황이 만들어져야 하는데 리더에게 하인으로서 희생만 강요하는 상황은 사명의 목적지에 도달하는 데에 도움이 되지 못한다. 사명의 목적지에 대한 강건한 믿음을 통해 모든 구성원을 서번트 리더로 만들어줄 수 있어야 한다. 이 원천에 대한 공감대가 없는 상황에서는 어떤 서번트 리더의 인도에 의해서 이들이 설사 목적지까지 무사히 여행을 마친다 하더라도 이와 같은 성공경험을 다른 여행자들에게 제대로 전수해줄 수 있는지는 의문이다. 또한 이 목적지에 대한 강건한 믿음이 없이 서번트리더십에서 중요시하는 모든 것을 어떤 특정한 리더에게 희생적으로 따라하도록 강요하는 것이 오히려 리더가 도달하려는 목적지에 이르는 길을 방해할 수도 있다.

위기상황의 리더십

1차 세계대전, 알프스에 배치된 헝가리인 부대의 한 소대장은 어느 날 일단의 분대원들을 정찰 보냈다. 그런데 공교롭게도 그들이 떠나자 폭설이 내리기 시작했다. 눈은 이틀 동안 계속해서 쏟아졌고 아무리 기다려도 분대원들은 돌아오지 않았다. 젊은 소대장은 부하들을 사지로 보냈다는 죄책감 때문에 잠을 이루지 못했다. 그러나 사흘째 되던 날 정찰 나간 분대원들은 모두 무사히 귀환했다. 소대장은 부하들에게 어떻게 된 것인지 자초지종을 물었다. "눈보라 속에서 길을 잃었다고 여겼고 죽음을 각오했습니다. 그런데 누군가가 주머니에서 지도를 발견했지요. 우리는 지도를 보고 마음의 평정을 되찾았고 참호를 파고 폭설이 끝나기를 기다렸습니다. 그리고 지도를 따라 이렇게 부대로 돌아오게 된 겁니다". 소대장은 부하들을 구해준 그 고마운 지도를 넘겨받아 자세히 들여다보았다. 놀랍게도 그 지도는 알프스 산맥이 아니라 피레네 산맥 지도였다.

위기란 정찰대의 경우처럼 지금까지 적용해오던 정신모형의 지도가 전혀 작동하지 않은 상황에 처했다는 것이다. 이 위기의 공통점은 첫째, 사느냐 죽느냐의 문제에 봉착했다는 점이다. 둘째, 사느냐 죽느냐의 문제를 해결하기 위해서 지금 당장 방법을 찾아야 한다는 점이다. 마지막으로 더 중요한 것은 기존의 행동이나 방식을 좌우하던 정신모형이 전혀 쓸모없는 것으로 전락해 버렸다는 점이다. 한 마디로 멘붕에 빠진 상황이다. 이 상황에서 위기관리 능력이 뛰어난 리더는 쓸모없는 정신모형에 집착하기보다는 즉흥적으로 가동이 가능한 새로운 시험적 정신모형을 다시 만들어 내는 능력이 뛰어나다는 것이다. 잘못된 정신모형이라도 있어야 상황에 대한 개념이 파악이 되고 상황파악이 되어야 이것을 기반으로 행동전략이 나오기 때문이다. 결국 새로운 정신모형을 만들어내는 것은 상황을 어떻게 새롭게 프레이밍 해내는지의 문제로 귀결된다.

소방관들이 불을 끄다가 재난을 당하는 경우도 대부분 정신모형의 붕괴와 관련되어 있다. 소방관들은 새롭게 맞닥친 위기상황에서 당황해할 경우 정신모형이 붕괴되어서 의미 있는 프레이밍을 못한다. 기존의 현실을 해석하는 정신모형이 전혀 작동하지 않는 것으로 판명 났을 때 대부분의 사람들은 넋을 놓고 있다가 재난을 당하는 반면 나름대로 상황을 의미 있게 재구성하고 이를 기반으로 행동전략을 세우는 경우는 재구성한 현실이 상황과 괴리가 있다 하더라도 생존해나갈 확률이 높은 것으로 드러났다. 따라서 소방관들이 목숨을 잃는 것은 정신모형이 붕괴되었을 때 이것을 재빨리 복원해내지 못하는 데에서 생긴 인재라는 해석이다. 대부분의 재난은 시작은 자연재해이지만 이것이 재앙으로 번지는 이유는 리더가 무너진 정신모형을 복원할 수 있는 능력을 상실했기 때문에 생긴다. 재앙은 결국 리더를 잘못 만난 인재인 것이다.

1913년 8월 3일 Stefanson이 이끄는 캐나다 탐험대가 캐나다 최북단 해안과 북극점 사이에 있는 얼어붙은 북극지역을 탐험하기 위해서 출발했다. 그 이듬해인 1914년 12월 5일 Shackleton 경이 이끄는 영국의 남극대륙 횡단 탐험대가 남빙양에 있는 남 조지아 섬에서 돛을 올렸다. 이 탐험대의 목적은 최초로 남극대륙을 육로로 횡단하는 것이었다. 공교롭게도 북쪽의 탐험선 칼럭호와 남쪽의 탐험선 인듀어런스호 모두 단단한 빙벽에 둘러쌓이고 말았다. 그리고 빙벽에 갇힌 두 배의 승무원들은 곧 생존을 위한 처절한 사투에 직면했다. 두 탐험대의 운명은 리더의 위기관리 리더십에 따라서 철저하게 반대로 끝을 맺었다. 북쪽의 칼럭호 승무원들은 고립되었던 수개월 만에 완전히 이기적인 전혀 다른 사람들로 변해 버렸다. 거짓말하고 속이고, 도둑질하는 일들이 일상적인 행위가 되어 버렸다. 팀의 붕괴는 결국 비극적 결과를 초래해, 11명의 승무원들이 북극의 황무지에서 죽음을 맞고 말았다. 그러나 남쪽 인듀어런스호의 경우는 완전히 달랐다. 얼음에 둘러싸여 추위에 떨며 식량과 보급품 부족으로 고통을 겪고 있었다. 그러나 이 지옥과 같은 상황에 직면한 그의 대원들이 보여준 행동은 거의 모든 면에서 칼럭호 승무원의 행동과 정반대였다. 거기에는 거짓말, 속임수, 약육강식의 이기심 대신 팀웍, 희생정신, 그리고 서로에 대한 격려가 있었다. 그들은 인듀어런스호가 칼럭호

와 정반대의 극지방에 있을 뿐만 아니라 완전히 다른 세계에 있는 것처럼 행동했다.[14]

Dennis Perkins 박사는 이런 상황에서 인듀어런스호가 무사 귀환할 수 있었던 이유를 선장이자 탐험 대장이었던 섀클턴의 위기관리 리더십에서 찾고 이 리더십을 10가지 요소로 정리하고 있다.

1. 궁극적인 목표를 잊지 말라. 그리고 단기적인 목표 달성에 총력을 기울여라.
2. 눈에 보이고 기억할 만한 상징과 행동으로 솔선수범하라.
3. 낙천적인 마인드와 자기 확신을 가져라. 그러나 현실을 직시하라.
4. 자신을 돌보라. 체력을 유지하고 죄책감에서 벗어나라.
5. 팀 메시지를 끊임없이 강화하라. "우리는 하나다. 함께 살고 함께 죽는다."
6. 신분차이를 최소화하고 서로에 대해 예의를 지키고 존중하도록 하라.
7. 갈등을 극복하라.
8. 축하할 일 그리고 함께 웃을 일을 찾아라.
9. 가능성이 있는 큰 모험을 적극적으로 시도하고 무모한 모험을 피하라.
10. 절대 포기하지 마라. 항상 또 다른 방법이 있다.

이처럼 위기관리 리더십에서는 그때그때 상황에 따라 몇 가지의 처방을 내지만 이것들의 문제는 위기의 상황이 바뀌면 전혀 작동하지 않는다는 점이다. 진성리더십에서 강조하는 위기관리 리더십의 핵심은 무너진 정신모형을 빨리 복원해서 상황을 다시 프레이밍하고 이 프레이밍을 통해서 그때에 맞는 상황을 제대로 이해하여야 한다는 것이다. 프레이밍이란 리더가 나서서 주변의 상황을 의미 있게 해석할 수 있는 틀을 제시해주고 이를 통해 실제로 위기를 통해 무너진 현실을 상식적으로도 이해가 가능한 현실로 재구성해나가는 과정이다.

이 프레이밍의 입장에서 섀클턴이 위기관리 리더십을 어떻게 발휘했는지를 살펴보면 처음 섀클턴의 목표는 남극대륙을 횡단하는 것이었다. 하지만 목적지인 남극을 불과 150km 앞두고 1915년 4월 4일 이들이 타고 온 인듀어런스호는 남극의 얼어붙은 바다에 갇혀버리자 선천적으로 낙천적이고 진취성이 있는 대장 섀클턴은 절망하지 않고 바로 명령을 내린다. "가장 가까운 육지는 600km 떨어져 있고 날씨는 영하 39도. 항상 그랬듯이 과거는 이미 지난 일에 불과하다. 물품이 없어졌으니 이제 우리는 집으로 간다" 그리고는 성경에서 기도문이 쓰인 시편 23편이 들어 있는 페이지를 뜯어내었다. 또 다음 구절이 적혀 있는 욥기에서도 한 페이지를 뜯었다.

"얼음은 뉘 태에서 났느냐 공중의 서리는 누가 낳았느냐 물이 돌같이 굳어지고 해면이 어느니라(욥 36:29~30)"

섀클턴은 위기상황에 처하자 재빨리 목표를 남극대륙에서 무사생환으로 다시 프레이밍해서 대원들이 공황상태에 빠지지 않도록 조치를 취한다. 새롭게 프레이밍을 해 앞으로 전개될 미래의 현실을 재구성하고 팀원들이 이 새로운 현실에 기반을 두고 의미 있는 행동을 하도록 독려한다. 또한 섀클턴은 자신 앞에 끝없이 펼쳐진 눈 덮인 부빙들을 바라보며 그것은 역시 그가 믿는 하나님의 창조물이어서 우리가 아직 하나님 인도 아래에 있다는 해석을 내린다. 섀클턴이 보여준 모든 리더십의 행동전략은 이와 같은 상황에 대한 재해석과 이를 통한 목표의 재설정을 통해서 대원들이 믿고 의지할 수 있는 새로운 현실을 창조하는 과정에 해당된다. 또한 섀클턴이 보여준 모든 상징적 행동은 본인이 재구성한 현실과 일치하도록 다시 프레이밍 하는 과정이고 이 과정을 통해 그가 재구성한 현실은 단단한 실제적 현실로 변하게 된다.

진성리더십은 위기관리 리더십의 연구에 대해서 근원적인 가정을 보강해준다. 즉 구성원들이나 조직이 정신모형 II에 대한 확고한 믿음을 가지고 있을 때 지금 가동해야 할 정신모형의 지도를 훨씬 쉽게 복원해 낼 수 있다는 것이다. 진성리더가 위기상황에 처했을 때 정신모형에 대한 복원력이 남다른 것은 이들이 가지고 있는 정신모형 II에 대한 신념 때문이다.

Johnson & Johnson에는 지금까지 알려진 세 번의 위기상황이 있었다. 첫 번째 위기는 정신병자가 자사의 타이레놀에 독극물을 주입한 것을 먹고 시카고 지역에서 사람들이 죽어난 사건에서 발생했다. 타이레놀 위기가 닥치자 경영진은 문제가 된 시카고 지역에서만 제품을 회수하라는 당국의 권유에도 불구하고 막대한 재정적 손해를 감수해가며 미국 전역의 제품을 회수한다. 이에 대한 이유를 J&J은 회사의 신조를 기반으로 설명한다. 회사가 제시한 이유는 모방범죄의 가능성 때문이다. 모방범죄라도 일어난다면 J&J의 크레도를 기반으로 한 고객과 종업원들과 미국 사회에 대한 약속이 무너지는 것이다. 회사는 다음과 같은 크레도를 가지고 있었다.

의사, 간호사, 병원, 어머니들 그리고 우리의 제품을 이용하는 모든 이들에 대해 최우선적으로 책임을 진다. 우리는 항상 최고 품질의 제품을 만든다. 우리는 항상 제품의 원가를 낮추기 위해 노력한다. 모든 주문은 신속히 처리되어야 한다. 우리의 물건을 취급하는 사람들은 정당한 이익을 얻어야 한다. 우리의 또 다른 책임은 우리가 살아가는 사회에 있다. 우리는 열심히 일하고 자비로우며 정당한 세금을 부담하는 선량한 시민이어야 한다. 우리는 우리가 이용할 수 있는 권리를 지닌 사회 재산을 유지 관리해야 한다. 우리는 시민계몽, 보건, 교육, 자치단체 활동에 참여해야 한다. 우리는 활동을 통해 사회와 함께 해야 한다. 우리가 최선을 다해 이러한 규정을 완수할 수 있도록 언제나 신의 가호가 함께 할 것이다.

이 크레도에 대한 확고한 믿음이 있었기 때문에 관계당국은 시카고와 일리노이 지역의 타이레놀만 걷어서 태우라고 명령했지만 회사는 미국 전역의 타이레놀을 태워버렸다.

두 번째 위기는 타이레놀이 회사의 이미지만 망치기 때문에 생산을 중단하자고 종업원들이 제안하기 시작한 것에서 파생되었다. 타이레놀이 지구상에서 사라질 운명에 처했다. 회장은 이렇게 임기응변식으로 상황을 대처하기보다는 크레도에 기반을 두고 문제를 정정당당하게 해결해야 한다고 생각했다. 타이레놀을 잘 만들어서 타이레놀의 불명예를 씻어야 한다고 주장했다. 결국은 지금은 타이레놀이 진통제의 보통명사로 받아들이는 브랜드의 신뢰도를 회복했다.

마지막 위기는 경제 상황이 안 좋아지자 각국의 마케팅 책임자들이 밀어내기와 리베이트 등으로 매출을 올린다는 사실이 회장에게 보고되었을 때 생겼다. 회장은 각국의 마케팅 책임자를 회장실로 불러들여서 액자에 들어 있던 크레도를 떼어서 책상 위에 놓고 이들에게 결정을 내리도록 종용했다. 크레도를 죽이고 살아남기 위해서 지금처럼 장사를 할 것인지, 아니면 크레도에 따라서 정도경영을 할 것인지. 마케팅

담당자들은 어려워도 크레도를 지키기로 결심했다. 이후로 Johnson & Johnson은 경영성과에서 뿐만 아니라 윤리경영에서도 신화적 존재로 거듭나게 되었다. 위기상황은 방향을 잃은 상황이다. 이때 가장 중요한 것은 나침반 역할을 하는 정신모형 II이다. 정신모형 II가 없다면 위기 속에서 살아남는 것은 전적으로 운에 달려 있다.

윤리적 리더십

리더십은 리더가 조직의 목적을 달성하기 위해서 다른 사람들에게 영향을 미치는 과정이라고 정의된다. 리더가 구성원을 변화시키거나 이들의 복지에 미치는 영향은 대단하다. 리더는 이 영향과 변화가 다른 사람에게 미친 결과나 과정이 부정적이지 않도록 윤리적인 책임을 져야 한다. 리더는 구성원들보다 권한이 더 많이 주어졌거나 조직의 목적을 위해서 구성원을 통제할 수 있는 입장에 있으므로 리더가 구성원에게 명시적으로나 묵시적으로 미치는 영향이 엄청나다고 볼 수 있다.

Heifetz(1994)는 리더가 행사하는 권한이 구성원들의 복지에 미치는 영향이 대단하기 때문에 이 권한을 어떻게 사용하는지에 따라서 리더가 윤리적인지 아닌지를 판단한다.[15] 즉 현대는 조직이 빠르게 변화하는 환경에 맞추어서 살게 되므로 많은 영역에서 가치가 변화하고 따라서 가치의 갈등을 경험한다. 리더는 구성원들이 가치상의 갈등을 일으키고 있을 때 권한을 이용해서 이 가치갈등의 문제를 해결할 수 있어야 한다고 본다. 리더는 자신의 권한을 이용해서 구성원들이 가치상의 갈등의 문제에 대해서 언제든지 이슈를 제기할 수 있는 분위기를 조성하고, 이에 관한 정보들의 정확성에 대해서 검증을 해보도록 하고, 결과적으로 구성원들이 윤리적 의사결정을 내릴 수 있도록 도와야 한다. 리더의 임무는 급격하게 변화하는 상황에서 구성원들이 느끼는 가치갈등을 이해하고, 조정하고, 해결해 이들이 변화에 더 잘 적응하고 성장할 수 있도록 도와주어야 한다.

아리스토텔레스와 칸트 이후 다양한 영역에서 윤리적 리더십을 주장하고 있는 사람들이 공통으로 지적하고 있는 윤리적 리더십의 속성은 존경, 봉사, 공정성, 정직, 공동체이다.[16] 그중 가장 중요한 원칙은 다른 사람에 대한 존경이다. 다른 사람에 대한 존경은 다른 사람을 그 자체로 목적으로 생각해야지 자신의 이득을 챙기는 수단으로 삼지 않는 것을 말한다. 구성원들은 자신이 자신의 목적을 위해서 자율적이고 독립적으로 의사결정을 내리는 존재라는 가정을 가지고 있다. 또한 리더는 구성원들 누구나 이와 같은 상태로 살 권리와 의무를 타고 났다는 것을 각성시키는 임무를 가지고 있다고 본다. 둘째, 윤리적 리더는 다른 사람을 위해서 봉사하는 사람이다. 리더는 군림하는 사람이 아니라 구성원의 복지증진을 자신의 이익보다 먼저 생각하는 사람이다. 이 같은 리더의 봉사에 대한 강조는 코비의 리더십, 그린리프의 서번트리더십, 쿠즈와 포즈너의 신뢰기반 리더십에서 공통적으로 지적되고 있는 리더십의 기반이다. 조직학습의 대가인 Senge는 리더는 개인의 이해관심을 넘어서서 조직의 목적과 비전에 헌신하는 집사나 하인이 될 수 있을 때 조직이 제대로 학습할 수 있는지가 결정된다고 이야기한다.[17] 셋째, 윤리적 리더는 공정한 리더이다. 리더는 조직의 자원을 분배하거나 보상에 대해서 평가하고 분배하는데 중요한 역할을 수행한다. Rawls는 공정성이 보장되지 않는다면 공동체가 같은 목적을 향해서 협업할 수 없다고 결론을 내리고 있다.[18] 이것은 성경의 황금률인 남에게 취급받고 싶어 하는 대로 남들을 대우해

주라는 원칙과도 일치한다. 넷째, 윤리적 리더는 정직하다. 리더가 정직하지 않을 때는 구성원들로부터 신뢰가 무너질 것이고 신뢰가 무너지면 리더가 구성원들에게 영향력을 행사할 방법이 없다. 다섯째, 윤리적 리더는 공동체를 만들어 나가는 것을 중요시한다. 공동체에 관심을 가진다는 것은 구성원과 리더의 목적을 정렬시켜서 우리라는 관점을 확립하는 것 이상을 의미한다. 조직이 뿌리를 내리고 있는 사회의 토양을 건강하게 만드는 일에도 신경을 써야 하는 것을 의미한다.

Gene R. Laczniak과 Patrick E. Murphy(1992)는 자신들의 저서에서 윤리적 리더들은 의사결정을 통해서 영향을 미치기 때문에 리더들은 의사결정을 내릴 때 다음과 같은 윤리적 원칙의 가이드를 받아야 한다고 주장한다.[19]

- 황금규칙(The Golden Rule) : 내가 지금처럼 의사결정하는 내용과 방식이 입장을 바꾸어 놓고 생각했을 때 내 자신도 남들에게 취급 받고 싶어 하는 똑같은 방식인가?
- 직업적 윤리(The Professional Ethic) : 내가 지금 쓰고 있는 의사결정의 내용과 방식을 제 3자적 입장에 있는 내 동료들이 보았을 경우 어떤 반응을 보일 것인가?
- 칸트의 규칙(Kant's Imperative) : 우리 사회의 모든 사람이 나처럼 해도 우리 사회가 제대로 기능할 것인가?
- 공리적 법칙(The Utilitarian Rule) : 내가 의사결정 하는 내용과 방식이 장기적으로 많은 사람에게 이익이 될 것인가?
- 60분 쇼 법칙(The '60 Minutes' Test) : 내가 의사결정하는 내용과 방식을 60분짜리 유명한 쇼에 게스트로 초대 받아서 많은 사람들이

지켜보는 가운데 다시 할 경우에도 자신 있게 같은 방식으로 진행할 수 있는 소신이 있는가?

진성리더도 윤리적 의사결정을 중시하는 점에서는 윤리적 리더와 차이가 없다. 진성리더는 일반적으로 사회가 요구하는 윤리성보다 더 엄격한 기준을 자신에게 적용한다. 하지만 진성리더십에서 제기하는 윤리와 윤리적 리더십에서 언급하는 윤리 사이에는 한 가지 결정적인 차이가 존재한다. 진성리더들은 윤리라는 것은 사명에 도달하기 위해서 지켜야 할 원칙이지 그 자체로 목적이라고는 생각하지 않는다. 진성리더들은 사명이 실종된 상태에서 윤리적인 것만을 주장할 때는 오히려 일반사람들보다 융통성이 없는 원칙만 강조하는 리더로 각인될 개연성이 높다는 점을 지적한다. 진성리더가 윤리를 강조하는 이유는 사명에 도달하는 과정에 관련된 더 많은 사람들의 복리를 침해하지 않고 더 많은 사람의 복리를 증진시키는 방식으로 사명에 도달해야 한다고 생각하기 때문이다. 진성리더에게 윤리는 어디까지나 사명에 도달하기 위한 수단이지 목적은 아닌 것이다.

리더십 이야기

내 삶의 수도꼭지 이야기

만화의 내용인 즉 유럽의 바이킹이 도적질하다가 신기한 물건 하나를 발견하고선 생사를 무릅쓰고 이것을 탈취해서 집으로 돌아간다. 자랑스럽게 자기의 부인에게 선물이라고 곱게 포장해서 건넨다. 부인은 이 신기한 물건이 무엇에 쓰는 물건인지 모르고 받아 들고 남편은 의기 양양하게 이 물건의 꼭지를 조금씩 틀기 시작한다. 탈취한 물건은 바로 수도꼭지였다. 탈취할 때는 꼭지를 돌리기만 하면 물이 꽐꽐 쏟아졌던 물건인데 아무리 틀어도 물이 나올 리 없다.

우화이기는 하지만 우리가 평소에 추구하는 삶의 궤적은 해적의 삶과 크게 다르지 않다. 근원에 대한 토대 없이 겉으로 보이는 결과만을 통해서 무엇을 얻으려는 우리의 삶에 대해 풍자하고 있기 때문이다.

회사에서 범하는 대표적인 수도꼭지 현상은 너무 많아서 열거하기도 힘들다. 수도꼭지를 틀기만 하면 핵심인재들이 쏟아져 나오는 상황을 기대하고 틀어보지만 핵심인재의 원천과 파이프라인에 대해서 근원적으로 준비가 안 된 회사에서 핵심인재가 쏟아져 나올 리 없다. 임원을 시킬 여성이 없다고 한탄하지만 이런 회사를 보면 대부분 여성인재를 키우는 파이프라인이 없는데도 꼭지만 틀고 있는 회사인 경우가 많다. 신뢰가 중요하다는 것은 알지만 신뢰가 실제 문제가 되면 지금부터는 서로 믿고 신뢰해가면서 일하자고 다짐하는 수도꼭지 틀기 수준을 벗어나지 못한다. 회사의 성과는 회사가 사명에 파이프라인을 묻고 끊임 없이 변화하고 혁신하면 자연스럽게 따라오는 결과임에도 수도꼭지 틀기 방식의 단기적 성과관리를 벗어나지 못한다. 심지어는 황금알을 낳는 거위를 가지고 있으면서 수도꼭지 틀듯이 거위 배를 갈라 황금알을 꺼내는 우를 범한다. 모든 회사의 문제는 원인이 있어서 이 문제가 나타난 결과의 수준에서는 관리될 수 없음에도 수도꼭지를 틀면 물이 나올 것이라는 환상에 사로잡혀 결과의 수준에서 문제를 해결하려 한다.

우리 모두가 일상에서 바라는 행복도 마찬가지이다. 많은 사람들이 행복을 얻기 위해서 행복의 원천이 되고 토대가 되는 것을 무시하고 즉흥적으로 수도꼭지를 틀듯이 틀기만 하면 행복이 무한대로 쏟아지는 것들을 찾아서 헤매고 있다. 이 행복에 대한 허영 때문에 담백한 행복은 찾아보기 힘들고 과소비와 자극적인 삶이 유행처럼 번졌다.

지속적인 성과를 내는 회사나 행복을 무한대로 누리고 사는 사람들에게는 그것이 나오게 하는 근원적 토대가 건강하게 잘 구축되어 있고 그 원천과 결과를 이어주는 파이프라인이 튼튼하다. 이 원인들이 설시 눈에 잘 보이지 않는다고 해서 실제 수도꼭지를 가진 회사들의 겉만 보고 베껴서 회사의 프랙티스로 정착시키거나 행복을 추구하는 사람들은 다 마찬가지로 맹인들이나 다름이 없다. 원인을 구성하는 것들은 대부분 눈에 보이지 않으나 이 보이지 않는 것들을 보이지 않는다는 이유로 원인이 존재하지 않는다고 단정하고 무시하고 살기 때문이다.

우리 모두의 마음 속에는 해적이 유산으로 남겨준 수도꼭지를 품고 있는지 모른다. 해적의 수도꼭지에 대한 생각과 같은 생각으로 삶을 살기보다는 최종적인 과실을 원한다면 이것을 생산할 수 있는 원인에 파이프라인을 연결하고 펌프질을 해야 한다는 사실을 믿어야 할 것이다. 결과의 수준에서 쉽게 얻은 대박, 행복, 성과는 다 신기루에 불과할 뿐이다.

진정성을 추구하는 사람들은 세상에는 공짜 점심이 존재한다는 것을 믿지 않는다.

이슈리더십

국민대학교의 백기복 교수는 리더에게 이슈의 중요성을 강조하기 위해서 이슈를 창안하고 이슈를 셀링하고 셀링한 이슈를 구성원들과 같이 실천하는 이슈리더십을 창안했다. 백기복 교수는 이슈리더십을 리더의 머리, 가슴, 손발로 행하는 리더십에 비유한다. 이슈를 만드는 것은 머리로 하고 다른 사람에게 파는 작업은 가슴으로 하고 판매된 이슈를 달성하는 데는 손과 발로 하기 때문이다. 결국 뛰어난 이슈리더는 머리, 가슴, 손과 발이 통합된 리더이다.

이슈의 창안과정에서는 새로운 이슈는 미래지향적이고, 참신하고, 중요한 사안을 담고 있어 이것을 기점으로 과거와 미래가 갈라지게 될 때 사람들의 관심도가 높다. 현재 발등에 떨어진 불을 끄는 문제를 넘어서서 미래의 변화를 이끌어 낼 수 있는 이슈가 바로 잘 만들어진 이슈이다. 또한 짤막하면서도 의도하는 바를 정확하게 짚어나가는 이슈창안이 중요하다. 예를 들어 문화산업의 육성을 이슈화하기 위해서 "스필버그에 의해서 잘 만들어진 영화 한편이 우리나라 자동차 산업에서 벌어들이는 돈보다 더 많다"라는 이슈가 만들어져 회자되던 때가 있었다.

참신한 이슈를 만들어내는데 전략적 직관(Strategic Intuition)이 요구되기도 한다.[20] 전략적 직관이란 문제와 기회를 보다 더 깊은 수준에서 통찰할 수 있는 능력으로 이순신 장군이나 나폴레옹과 같은 사람들에게서 많이 보였던 능력이다. 앞에서 다루었던 위기 리더십에서 위기를 통찰력을 가지고 프레이밍한 리더들도 뛰어난 이슈창안의 능력을 가지고 있다고 보아야 한다. 즉 Johnson & Johnson이 타이레놀 사건에 휩싸였을 때 이것의 문제를 회사의 크레도를 가지고 다시 이슈로 제기한 능력이나 섀클턴이 인듀어런스호를 이끌고 남극을 탐험하다가 조단 당했을 때 이슈를 무사귀환으로 설정하고 이에 대한 상징을 동원해가면서 새로운 이슈로 창안한 사례도 뛰어난 이슈창안의 사례이다.

가슴으로 하는 이슈셀링 작업은 이슈를 성공시키기 위해 필요한 청중이 누구인지가 파악되어야 하고 이들에게 전달되는 내용들이 이들에게 맞춤형으로 전달되어져야 한다. 또한 필요할 경우 이슈를 성공적으로 완수했을 때 돌아오게 되는 내재적, 외재적 보상을 셀링할 수도 있을 것이다. 내외재적 보상이 많다고 생각할수록 이슈를 판매하는 작업에 성공할 가능성이 높다. 또한 당사자가 이슈를 해결할 능력과 전문성을 가지고 있다고 인정될 때 이점을 부각해서 셀링하면 당사자는 이 이슈에 더 큰 관심을 가질 수 있다. 현 이슈의 해결이 조직문제를 해결하는데 얼마나 중요한지와 관련해서 설파하는 것도 필요할 것이다. 이슈를 제대로 판매했는지는 청중들의 이슈에 대한 몰입의 정도로 판명이 된다. 또한 몰입도를 높이지 못한 판매는 이슈를 실천하는데 있어서 결정적 장애로 나타난다.

이슈의 실천은 이슈를 잘 수행할 수 있도록 시스템의 문제를 해결해주거나 이슈의 참여자들을 임파워먼트 해주는 일이다. 조직이 관료제적인 분위기여서 이슈에 대해서 동감을 한다 해도 이것을 실천하는 것이 만만치 않을 경우 이런 관료제적 장애를 제거할 수 있어야 한다. 이는 House의 목표경로이론에서 목표에 이르는 장애적 요소들을 제거해서 길을 닦는 과정과 비슷하다. 3M에서의 15% 규칙과 같은 제도를 만드는 것도 이슈실천과정에서 해야할 시스템 구축이다. 징기스칸은 세계를 정복하기 위해서 다양한 병사들을 천호장, 백호장, 십호장 등으로 시스템화하고 능력 위주의 인사관리를 시행했는데 이 결과 10만 병사로 아시아 및 동유럽을 정복할 수 있었다. 이것도 이슈실행을 위한 뛰어난 시스템 구축이다.

이슈리더십도 궁극적으로는 이슈 혹은 이슈에 관련된 스토리를 구성원들에게 설파해서 이들의 마음에 심고 이것을 통해 이슈를 현실로 만들어내는 작업이기 때문에 21세기의 구성주의 세상을 살아가는 리더에게 반드시 필요한 능력이다. 또한 의도하는 바도 머리와 가슴과 발이 서로 정렬되어서 통합되는 상태를 이야기하기 때문에 진성리더십의 몸과 마음과 혼을 정렬시키는 것과 맥락을 같이한다. 이슈리더십에 대해서 진성리더십이 강조하는 점은 이슈를 그대로 제시하기보다는 리더와 구성원이 공유하고 있는 정신모형 II의 입장에서 프레이밍해서 스토리텔링을 할 것을 요구한다. 중요하고 참신하고 미래지향적 스토리는 바로 사명, 가치, 비전, 정체성을 토대로 만들어질 개연성이 높기 때문이다.

진성리더를 위한 학습 포인트

- 진성리더는 보상보다는 성장의 즐거움 때문에 학습한다.
- 진성리더는 목적을 공유함으로써 리더십을 공유한다.
- 진성리더는 업의 개념을 통해 팔로워에게 책임감을 불러일으킨다.
- 진성리더는 구성원들의 긍정적 정서를 넘어서 도덕적 감정을 동원한다.
- 진성리더는 사명을 위해 봉사하는 서번트 리더이다.
- 진성리더는 정신모형 Ⅱ의 회복탄력성을 이용해 위기를 극복한다.
- 진성리더에게 윤리는 목적에 도달하기 위한 수단이지 목적은 아니다.
- 진성리더는 행동으로 말하는 스토리텔러이다.

진성리더십의
사회 조직적 맥락

12장. CEO의 진성경영
13장. 리더의 사회적 책무

5부에서는 CEO들의 진성리더십을 통한 진성경영활동은 전 구성원들에게 진성리더십의 나무를 심을 수 있는 기회의 토양이라는 사회적 맥락을 제공하는 것임을 분석한다. 마찬가지로 한 조직에서 상위직급의 리더가 진성리더십을 발휘하는 것은 그 직급이 관장하고 있는 부문의 토양을 비옥하게 만드는 것이다. 또한 최근에 이슈가 되고 있는 사회적 책임활동(Corporate Social Responsibility)은 회사가 사회를 향해서 사명에 대해서 몰입하고 있음을 보여주는 중요한 행위이고 이 결과로 회사를 둘러싸고 있는 사회적 토양이 진성리더를 길러낼 수 있는 우호적 토양으로 바뀌는 결과를 초래할 수 있음을 보여준다. CEO의 진성경영이나 사회적 책임활동은 조직 내·외부 리더십 토양을 개척하는 일이다. 이런 활동은 조직 내·외적으로 진성리더를 육성할 수 있는 강력한 사회 조직적 맥락을 만들어낸다.

제12장

CEO의 진성경영

> 진정성은 마케팅이나 광고에서 나오는 것이 아니라
> 회사가 하고 있는 모든 활동에서 우러나오는 것이다.
> — Howard Schultz

> 리더가 진정성을 타협하기 시작하는 순간부터
> 구성원들은 알 수 없는 불안, 공포, 비난, 중독, 화, 슬픔에 휩싸이기 시작한다.
> — Brene Brown

조직의 정신모형 II는 조직의 사명, 가치, 비전, 정체성과 이들로부터 도출된 조직의 존재의도를 규정한 조직의 정신적 지도이다. 반면 비즈니스 모형은 조직의 전략과 역량에 초점을 둔 조직의 정신모형 I이다. 모든 조직이 비즈니스 모형에 해당하는 정신모형 I을 가지고 있으나 진성기업을 제외하고는 정신모형 II를 실제로 가지고 있는 것은 아니다. 대부분의 기업들은 정신모형 II의 가이드 없이 비즈니스 모형만으로 사업을 진행한다. 본인의 회사가 정신모형 II를 가지고 있는지를 확인하는 방법은 의외로 간단하다. 그 조직의 구성원들에게 홈페이지를 장식하고 있는 사명, 가치에 따라서 실제로 비즈니스를 하고 있는지를 물어보면 된다. 공식적으로 선포된 내용과 상관없이 비즈니스를 하는 경우가 있다면 이 회사의 정신모형 II는 플라스틱으로 죽어 있는 정신모형이다. 이 회사는 정신모형 II가 살아있는 것처럼 고객이나 투자자에게 광고하나 실제로 이 회사의 정신모형 II는 장식물에 불과할 뿐이다.

사명과 가치를 담고 있는 정신모형 II와 어떻게 사업을 효율적으로 진행해야 하는지 방법을 가르쳐주는 비즈니스 모형인 정신모형 I, 회사가 주력으로 하고 있는 사업의 영역은 과일나무를 심어 과수원을 가꾸는 일에 비유할 수 있다. 정신모형 II, 정신모형 I, 사업영역은 각각 회사가 가꾸고 있는 과일나무들의 뿌리, 줄기, 열매에 비유할 수 있다. 정신모형 II가 뿌리라면 정신모형 I은 줄기이다. 회사가 하고 있는 주력 사업은 열매이다. 이 세 부분이 제대로 정렬되어서 건강하게 제 역할을 수행한다면 회사의 정신모형 II와 정신모형 I은 꽃을 피우고 나비와 벌들을 불러 모아 열매를 열게 할 수 있다. 정신모형 II의 뿌리를 통해 영양이 충분히 공급되고 이 공급된 영양이 건강한 줄기인 정신모형 I을 통해서 사업영역에까지 공급된다면 이 회사의 사업은 살아 있는 꽃을 피워 나비와 벌들을 불러 모을 수 있어서 열매를 맺게 된다. 하지만 어떤 이유에서인지 회사가 가진 정신모형 II와 비즈니스 모형인 정신모형 I, 회사의 사업이 각자 따로 놀게 되면 뿌리로부터 영양이 줄기를 통해 꽃으로 전달되지 못해서 열매를 맺지 못하고 결국 회사의 정신모형 II는 홈페이지에만 살아 있는 죽어 있는 정신모형이 되고 회사의 사업은 지지부진해진다.

일정 기간 동안 세 부분들이 각자의 기능을 제대로 수행할 수 있도록 정렬이 되어 있을 때 이 회사는 회사 나름의 Way를 형성하게 된다. 많은 회사가 자신의 정체성을 반영하는 독특한 문화를 가지고 있음을 표명하기 위해서 Way를 제정하나 이 Way도 결국은 정신모형 II, 정신모형 I, 회사의 사업이 정렬이 되어 있지 않다면 꾸밈에 불과할 뿐이다. 또한 기업이 살아 있는 Way를 구축하지 못한 상태에서 시간의 검증을 거쳐 100

년 기업으로 성장한다는 것은 낙타가 바늘구멍 들어가는 것보다 어려운 일이다. 기업들이 100년 기업으로 살아남는 이유는 이 세 부분이 제대로 정렬되어 만들어진 문화적 DNA를 가지고 있는지에 의해서 결정된다.

　진성경영(Authentic Management)이란 CEO가 진정성 있는 사명에 몰입하여 회사의 정신모형 II, 정신모형 I, 사업을 정렬시키고 이를 통해 회사만의 고유한 문화적 정체성인 살아 있는 Way를 만들어 내는 과정을 말한다. 진성경영에서 CEO의 임무는 이 세 부분 중 어느 부문들이 서로 디커플링을 일으켰는지를 분석해서 이에 대한 처방을 내린다. 정신모형 II는 회사가 왜 존재하는지를 설명해주는 Know-Why의 원리이고, 정신모형 I은 회사가 어떻게 효율적으로 비즈니스를 할 수 있는지의 비즈니스 모형을 설명해주는 Know-How의 원리이고, 회사의 사업은 Know-What의 원리를 설명해준다. 결국 Why-How-What이 한 방향으로 정렬된 회사만이 자신만의 문화적 정체성을 표현하는 Way를 구축한 회사라고 볼 수 있다. 진성경영을 실천하는 CEO는 정신모형 II를 기준점으로 해서 제대로 된 비즈니스 모형을 선정할 수 있는 안목도, 회사의 존재이유를 구현해주는 업의 개념도 달성할 수 있다는 것을 잘 안다.

　진성경영을 실천하는 CEO들이 공통으로 강조하고 있는 진성경영의 또 한 가지 측면은 자신의 정신모형 II가 뿌리를 내리고 있는 과수원의 토양 문제이다. 정신모형 II는 회사의 토양인 생태계가 살아서 풍부한 영양을 공급할 여력이 있을 때에만 지속가능한 성장모형으로 작동한다.[1] 21세기 기업들의 토양은 모든 참여자들이 서로 네트워크로 연결되어 경쟁과 동시에 협력하는 양상을 보이고 있다. 즉 기업의 토양인 기업생태계는 수많은 이해관계자들이 서로 연결되어서 상호작용하는 공생공멸의 공동 운명집단이다. Marco Iansiti와 Roy Levien에[2] 따르면 21세기의 기업생태계는 다양한 구성원들이 플랫폼을 기반으로 어떤 면에서는 강하게, 또 다른 면에서는 느슨하게 연결되어 있는 네트워크의 형태로 진화해 왔다. 이에 발맞추어 진성경영을 실천하는 CEO들은 기업생태계가 제조업자나 납품업체 간 혹은 제조업체나 유통업체 간의 전통적인 이원적 협력관계를 넘어서서 전 구성원이 포함된 공진화의 관점으로 전환되었다는 것을 안다.

생태계의 공진화 관점에서는 다른 회사의 성공을 돕는 일에서 성공할 수 있는 기업이 생태계의 리더로 등장한다. 자연에서 한 종은 각 개체의 능력보다는 각 개체가 속한 종의 운명과 성쇠를 같이 하는 것과 마찬가지의 원리가 기업생태계에도 적용된다. 개별적으로는 최고의 민첩성과 힘을 가진 공룡이 있었다 하더라도 이 공룡은 생태계의 운명에 따라서 다른 공룡들과 같이 지구상에서 사라졌다. 진성경영을 실천하는 CEO에게 기업생태계라는 개념은 상호의존성, 통합과 협업, 기술적 진화라는 측면을 제시한다. 이는 기업성과나 이익도 장기적으로는 직접적으로 관련된 관계자들보다 간접적인 관계자들에 의해서 결정되는 간접적 상호의존성이 점점 중요해짐을 예고하고 있다. 진성경영을 꿈꾸는 CEO들은 자신의 기업이 뿌리를 내리고 있는 기업생태계라는 거시적 토양과 이들의 장기적 공진화에 초미의 관심을 쏟고 있다.

기업생태계에서 공진화를 통해 성장하기 위해서는 자신의 기업이 독자적 제품의 기술력만으로 성공할 수 있다는 신화를 버리고, 거시적 안목으로 서로의 성공을 어떻게 효과적으로 도와 줄 수 있는 플랫폼이 있는지를 더 고민해야 한다. 진성경영을 실천하고 있는 CEO들은 기업생태계 속에서는 자신이 설사 공룡으로 성장한다 하더라도 장기적으로는 살아남을 수 없다는 것을 안다. 나만의 차별적 경쟁력을 구축하여 다른 기업을 딛고 넘어서기보다는 생태계의 많은 기업이나 참여자들이 의존할 수 있는 가치사슬의 플랫폼에 거시적으로 공헌할 때 리더의 지위를 획득한다. 생태계라는 맥락을 벗겨놓고 보면 두 회사는 경쟁사도 될 수 있고, 협력사도 될 수 있다. 하지만 같은 '생태계'라는 맥락에서 볼 때 경쟁사는 서로를 강하게 만들어 주는 스파링 파트너이다. 생태계 내의 모든 참여자들은 운명공동체로 엮여 있어서 서로의 복리를 키우지 않고는 성장하지 못하기 때문이다. 이런 점에서 비즈니스 생태계의 리더십을 행사하고 있는 기업들은 거대한 오케스트라의 지휘자와 같은 역할을 수행한다. 웬만한 악장들도 기본적으로 악기를 연주할 수 있으나 이들은 이런 권리를 과감하게 비즈니스 파트너에 넘겨주고 자신은 지휘하는 일에만 몰두한다. 뛰어난 지휘자는 생태계를 구성하고 있는 기업과 고객들이 제 목소리로 전체적인 화음을 낼 수 있도록 조정하는 일에 역량을 발휘하게 도와준다. 한 마디로 진성경영을 실천하는 경영자들은 기업생태계에서 다른 기업의 성공을 성공적으로 도와줌으로써 자신도 성공을 구가할 수 있는 플랫폼을 구축하는 것을 경영의 목적으로 설정하고 있다.

리더십 이야기

[국민일보 경제시평] 경제문제 해결하려면?
경제가 뿌리 내리고 있는 토양을 바꿔야
2015. 02. 18

우리나라의 경제정책을 내놓는 학자나 전문가들의 공통점은 모든 경제 문제는 경제를 개선함으로써 다 해결될 수 있다고 믿는 것이다. 일시적 해결책이야 경제에서 찾을 수 있을지 몰라도 이미 곪아터질 대로 곪아터진 경제 문제는 절대로 경제에서 해결책을 찾을 수 없다.

경제라는 것은 사회라는 토양에 뿌리를 내리고 성장하는 나무와 같아서 사회라는 토양이 이미 산성화되었다면 경제 문제를 해결하기 위해 시장을 개방하고 규제를 풀고 생산을 독려한다고 문제가 해결되지 않는다. 이 같은 오류는 사회라는 맥락을 무시하고 모든 것을 시장에서의 경쟁과 규제 완화의 문제로 치환시켜서 생각하는 신자유주의 정책이 가져다준 폐해다.

아무리 경제를 살리기 위해 나무에 가지치기를 해주고 공을 들인다 하더라도 경제가 뿌리를 내리고 있는 토양 자체가 산성화되어 있으면 경제라는 나무는 꽃을 피우고 열매를 맺을 방법이 없다. 사회라는 토양 자체가 지금처럼 산성화되어 있는 상태에서는 아무리 경제적 해결책을 내놓아도 작동이 되지 않는 이유가 여기에 있다. 이런 상황에서 지금 정부가 주도하고 있는 재벌 중심의 규제 완화와 경제 개혁은 이미 산성화된 토양을 더 산성화시키는 주범이 될 수 있다. 중소기업이 아닌 재벌 중심의 성장과실은 사회라는 토양을 비옥하게 만들기보다 오히려 산성화를 심화시킨다는 것은 여러 통계 자료로도 증명된 바다.

한국사회라는 토양의 산성화를 이끌고 있는 두 주범은 부패와 양극화 문제다. 2014년 기준으로 한국의 국가청렴도는 경제협력개발기구(OECD) 34개 회원국 중에서 27위로 최하위권에 머물러 있다. 국제투명성기구(TI)가 발표한 2014년 국가별 부패인식지수(CPI) 결과에서도 한국은 175개국 가운데 부패한 나라의 상위권인 43위에 랭크되어 있다. 최근 IMD 발표에 의하면 회계 투명성은 60개국 중 최하위권인 58위다.

부패지수가 높다는 것은 제품이나 서비스의 품질 등 경쟁력에 사용되어야 할 비용이 거래 자체를 따내기 위해 쓰는 뇌물성의 거래비용으로 전가돼 국가 경쟁력을 갉아먹고 있다는 것이다. 한국개발연구원의 연구에 의하면 한국의 국가청렴도가 1단위 상승할 때 국내총생산(GDP)이 2.64% 상승하고, 국가부패인식지수가 1단위 더 개선될수록 해외투자가 0.2% 상승한다는 추정을 내놓았다. 중국의 시진핑 주석이 중국의 경제 문제를 관료의 부패에 귀인시키고 있는 것처럼 우리 경제 성장의 발목을 잡고 있는 것은 바로 우리 사회의 부패다.

부의 양극화 문제는 대다수 서민들에게 열심히 일하고자 하는 의지를 빼앗아가며 사회의 토양을 산성화시키는 또 다른 주범이다. 양극화 문제를 해결하기 위해 쓰인 복지 지출을 보면 우리나라는 OECD 28개 조사국 중에서 꼴찌였다. 문제는 세금과 사회보험료 등이 GDP에서 차지하는 국민 부담률 역시 2013년 기준으로 24.3%로 OECD 평균 34.1%보다 10% 포인트 낮다. 결국 복지를 증진하기 위해서는 세금과 사회 보험료를 높여야 하는데 봉급생활자들과 서민들에게 이 부분을 부과한다면 부의 양극화 문제는 더욱 심각해지게 마련이다.

경제민주화란 사회라는 토양을 비옥하게 만들어 경제와 사회 간에 선순환 고리를 다시 연결하는 작업을 말한다. 결국 경제와 사회를 같이 볼 수 있는 거시적 안목만이 경제 문제를 해결할 수 있는 혜안을 만들어줄 것이다.

윤정구 이화여대 경영학 교수

위대한 기업에서 진성기업으로

콜린스의 대표적 저작[3] 『Built to Last』와 『Good to Great』에서 제시된 위대한 회사의 패러다임은 이와 같은 기업환경의 변화를 예측하지 못하고 저술되었다. 콜린스가 선정한 많은 회사들이 이런 경영환경의 흐름을 읽지 못하고 도산하거나 힘든 상황에 처했다.[4] 콜린스가 제시한 위대한 기업들의 패러다임은 경기가 끊임없이 성장할 것이라는 가정 하에서 제시된 것이다. 하지만 지금의 경기는 L자 경기로 꺾여서 당분간은 저성장, 저금리 기조의 불황을 벗어나지 못할 전망이다. 시대를 이끌 수 있는 혁신이 나타나지 못한다면 지금의 불황은 당분간 지속될 것으로 전망된다. 따라서 시간이 지나면 경기가 다시 좋아질 것이라는 낙관은 근거 없는 낙관이다. 경영자들은 침체된 경기를 현실로 받아들이고 지속될 불황 속에서 회사를 운영하는 원리를 고민해야 한다.

진성경영은 콜린스의 'Great Company' 패러다임과는 달리 이처럼 장기적인 불황이 지속될 것이라는 가정 하에서 새로운 경영의 패러다임으로 제시되었다. 경기침체의 국면에서 중요한 것은 자기 회사만의 차별적 경쟁력을 키워서 다른 기업들을 딛고 넘어서는 것이 아니다. 그나마도 위협을 받고 있는 기업생태계의 토양들을 더 급속하게 산성화시키기 때문이다. 모든 기업들이 개인적 이기심을 넘어서 협업과 공생을 통해서 기업생태계 자체를 살려내려는 공진화의 관점을 가지고 기업을 운영하고 있는지가 핵심이다. 즉 진성경영에서는 가치창출을 통해 생태계를 구성하고 있는 참여자들의 성공을 도와줄 수 있는 패러다임으로의 전환을 요구한다. 경기가 어려워지고 환경이 불확실해질수록 사람들은 서로를 불신한다. 서로가 서로를 믿지 못하는 분위기가 지배적인 분위기로 깔려 있다. 하지만 아무도 믿을 수 없을 때 고객과 파트너들에게 진정성을 가지고 남의 성공을 도와줄 수 있는 회사라는 믿음을 주는 회사가 역설적으로 최고의 경쟁력을 구축한다. 사명과 이 사명을 실천하는 비즈니스에 대한 진정성이 파트너들의 마음에 받아들여진다면 어떤 회사도 이 회사를 이겨낼 수 있는 방법이 없다.

콜린스의 위대한 기업과 진성기업과의 공통점은 이윤을 좇아가는 것이 아니라 이윤이 기업을 따라오게 하는 건강한 시스템을 구축한다는 점이다. 이윤이 기업을 따라오게 만들기 위해서는 이윤을 산출해내는 회사의 건강한 시스템이 시계탑으로 건립되어 있어야 한다. 황금알을 많이 낳게 하도록 만들기 위해서는 거위를 튼튼하게 만들어야 하는 원리와 마찬가지로 건강한 시스템을 통해 회사가 만들어내는 제품과 서비스가 고객들에게는 억만금을 주고라도 살 수 밖에 없는 가치를 전달해야 한다. 회사는 결국 서비스와 제품을 팔지만 이 서비스와 제품은 수단에 불과한 것이고 회사가 파는 것은 자신의 건강한 시스템과 문화를 파는 것이다. 결국 기업의 경쟁력은 제품과 서비스의 품질을 넘어서 그 회사의 시스템과 문화를 팔 수 있는지에 달려있다. 이것이 위대한 기업들과 진성기업이 이윤을 따라오게 만드는 비밀이다.

리더십 이야기

[국민일보 경제시평] 초일류 조건, 문화를 팔아라.
2015. 03. 18

김구 선생과 이건희 회장 사이에는 아무런 관계의 끈이 없어 보인다. 하지만 이 두 사람은 적어도 자신의 영역에서 한국의 지도자들이 지향해야 할 세계관의 한 꼭지를 공유하고 있다. 그 공통점은 초일류국가나 초일류기업의 충분조건을 문화에서 찾고 있다는 점이다.

"나는 우리나라가 세계에서 가장 부강한 나라가 되기를 원하는 것은 아니다. 우리의 부는 우리 생활을 풍족히 할 만하고, 우리의 힘은 남의 침략을 막을 만하면 족하다. 오직 한없이 가지고 싶은 것은 높은 문화의 힘이다. 문화의 힘은 우리 자신을 행복하게 하고 나아가 남에게도 행복을 주기 때문이다. 나는 우리나라가 남의 것을 모방하는 나라가 되지 말고 이러한 높고 새로운 문화의 근원이 되고 목표가 되고 모범이 되기를 원한다."

김구 선생의 '문화강국론'은 현대를 살고 있는 우리에게 한국이 지금처럼 어느 정도의 경제적, 기술적 성취를 이룬 다음 단계에서 세계시민들에 의해 선진국으로 받아들여질 수 있는지에 대해 고민해볼 것을 주문하고 있다. 김구 선생의 생각은 국민소득이 어느 일정 수준에 오르면 이 문제는 그 국가가 선진시민에 걸맞는 문화적 품격을 유지하고 있는지에 의해 결정된다는 것이다. 남의 것을 모방하지 않고 우리 스스로 세운 우리 고유의 문화 속에 담겨 있는 한국의 자랑스럽고 감동적인 스토리가 다른 세계시민들과의 교류 속에서 전파되고 이들이 한국으로 말미암아 행복을 체험하게 된다면 한국은 초일류국가라는 것이다.

다음은 이건희 회장의 1996년 신년사 내용이다. "21세기는 문화의 시대이자 지적 자산이 기업의 가치를 결정짓는 시대입니다. 기업도 단순히 제품을 파는 시대를 지나 기업의 철학과 문화를 팔아야만 하는 시대라는 뜻입니다. 디자인과 같은 소프트한 창의력이야말로 기업의 소중한 자산이자 21세기 기업경영의 최후 승부처가 되리라고 확신합니다."

21세기 우수 기업들에게 품질 다음으로 기업의 승부를 가르는 것은 회사가 파는 제품과 서비스에 그 회사의 문화적 스토리가 담겨 문화를 팔 수 있는지에 의해 결정된다는 내용이다. 21세기 기업들은 문화를 통해 다른 회사 제품 속에서는 경험할 수 없는 특별한 체험을 팔아야 하는 시대가 도래했다는 점을 설파하고 있다. 결국 초일류기업의 조건은 상품과 서비스를 통해 고객에게 그 회사만의 문화를 체험하게 할 수 있는지에 달려 있다.

국가든 기업이든 문화가 이들을 초일류로 거듭나게 할 수 있는 21세기 승부처라는 사실을 기정사실로 받아들였을 때 우리가 같이 고민해야 할 것이 있다. 대한민국이나 삼성, 현대차, SK, LG 등 굴지의 기업들이 스스로도 자랑스럽게 팔 수 있는 문화적 품격을 구축하고 있는지의 문제다. 아무리 포장을 잘해도 그 기업의 임직원들이나 국가의 시민들이 자신의 문화를 자랑스럽게 생각하지 못한다면 문화를 판 것이 아니다. 화려한 광고 등으로 겉보기에는 멋진 문화로 장식된 것 같았으나 구성원들이 스스로 자랑스러워하는 문화가 담겨 있지 않는다면 이것은 다 마케팅 전략의 일환일 뿐이다.

이런 점에서 김구 선생과 이건희 회장의 문화강국론은 각 영역에서 대한민국을 이끌고 있는 지도자들에게 이런 초일류의 자랑스러운 문화적 품격을 만들기 위해 스스로는 어떤 품격을 발휘하고 있는지를 질문하고 있다.

윤정구 이화여대 경영학 교수

진성기업과 위대한 기업의 차이는 가치를 전달하는 핵심 축을 사명으로 보는지 혹은 비전으로 보는지에 따라서 갈라진다. 위대한 기업들에게서도 사실 비전과 사명은 동등한 지위를 가지는 것으로 규정하지만 사실

더 큰 강조점을 두고 있는 것은 성장의 잠재력을 극대화 할 수 있는 비전이다. 한국의 개발독재시대의 성공경험에 대한 강조도 비슷한 논리다. 개발독재는 어떤 방식으로 성공하든 성공만 한다면 이 성공을 정당화시키고 목적지로 생각하는 논리를 키웠다. 하지만 진성기업에서 더 강조하는 것은 비전의 목적지인 사명이다. 조직을 위해서 구성원과 고객과 협력자들에게 영혼의 종소리를 들려줄 수 있는 사명이 진성기업에서는 모든 정당성의 기반이다. 비전은 단지 사명에 이르는 중간 기착지로 규정된다. 비전은 이 사명을 구현하는 과정과 수단에 불과하다. 진성리더들은 사명에서 요구하는 목적과 비전에서 요구하는 목표 간의 정렬을 중시하지만 정렬의 기준점도 역시 사명이다.[5] 위대한 기업들의 비전에는 없지만 진성기업들의 사명에는 반드시 자신의 기업이 뿌리를 내리고 있는 토양을 생태계의 관점에서 재조명하고 이 생태계의 공진화를 지향하는 스토리들이 담겨있다. 진성기업에서는 기업생태계에서 남들의 성장을 돕는 자신들의 이야기가 자신들의 존재이유로 설정되어 있다.

    기업생태계에서 공진화를 강조하는 진성경영은 21세기를 이끄는 변화의 방향과 맞아 떨어진다. 2장 〈리더십의 미래〉에서 설파했던 21세기 변화의 꼭짓점으로는 구성주의 경향, 디자인적 창의성, 체험산업, 플랫폼 산업, 초연결사회, L자 경기전망 등을 들었다. 첫째로 구성주의 세상에서 중요한 것은 자신이 주인공이 되어 세상의 개념을 바꿀 수 있는 스토리였다. 진성기업은 기업생태계 내에서의 공진화라는 큰 그림을 염두에 두고 공진화에 참여하는 사람들의 영혼을 울릴 수 있는 사명에 기반을 두고 자신만의 주체적 스토리를 만들어낸다. 둘째, 진성경영에 있어서 사명에 대한 몰입은 새로운 눈으로 새로운 개념을 만들어내는 주인공으로서의 역할을 부각시킨다. 이들의 사명을 담고 있는 정신모형 II는 자신만의 개념을 만들어내는 스토리의 플롯 박스이다. 디자인적 창의성은 여기에서 시작한다. 진성기업은 사명으로 세상에 새로운 개념과 변화를 선도하는 기업들이다. 이런 근원적 변화가 가능한 것은 지금까지 몰입해 왔던 세속적인 것과 단절해서 새로운 것을 창조할 수 있는 사명에 대한 강건한 믿음 때문이다. 셋째로 품질을 넘어서서 체험을 제공할 수 있는 지의 문제가 변화의 중요한 꼭지였다. 진성기업들은 사명의 스토리를 내재화하여 자신만의 품성을 만들어낸 회사들이다. 결국 진성기업들이 서비스와 제품을 통해 파는 것은 회사의 품성이다. 진성기업과 관련된 사람들은 회사의 제품이나 서비스를 통해서 회사의 품성을 체험하게 된다. 넷째, 플랫폼 산업의 등장이다. 진성기업은 생태계를 공진화시킬 수 있는 리더의 잠재력이 가장 큰 회사들이다. 진성기업들은 남들의 성공을 도울 수 있는 토대인 플랫폼을 구축하는 것을 강조한다. 이들의 협업에 대한 공감의 스토리는 초연결시대의 기반인 SNS를 통해서 필요한 사람들에게 전달되어 파급효과를 누린다. 다섯째, 초연결사회에서는 모든 참여자들이 디지털 세상의 심화로 정체성을 상실하는 경험을 초래한다. 진성기업은 누구보다도 자신이 어디에서 왔고 어디에 서 있으며 어디로 향하고 있는지를 잘 안다. 또한 이들은 과거에서부터 현재의 자신에 대한 이해도 뛰어나지만 초연결사회 속에서 자신의 모습이 어떻게 되어야 하는지를 누구보다 잘 알고 있다. 또한 이들이 산출한 제품이나 서비스들은 사람들에게 정체성을 복원하는 체험을 선사한다. 마지막으로 진성기업들은 위대한 기업들이 활동하던 경기가 성장하던 시대와는 달리 경기가 어려운 저성장의 불황상황을 전제로 하고 있다. 경기가 어려울 때일수록 진짜 기업과 유사기업들이 구별되어지고 이러한 상황에서 진정성 있는 사명을 기반으로 한 경영만이 위기를 극복할 수 있는 유일한 단서라는 것을 잘 알고 있는 기업이 진성기업이다.

    진성경영의 패러다임으로의 성공적 진입은 개발독재의 성공경험에 대한 집착과 신자유주의의 초경쟁논리를 하루빨리 벗어나는 것에서 시작된다. 이런 과거의 성공신화에서 벗어나 기업의 CEO가 진정성 있는 사명을 기반으로 진성경영을 펼친다면 그 기업 속에서 진성리더를 열망하는 모든 구성원들에게는 큰 축복이다. 구성원들은 자신의 진성리더십을 실험해서 성과를 내고 변화를 만들어 낼 수 있는 비옥한 큰 땅덩어리 하나를 선물 받은 셈이기 때문이다. 또한 진성경영은 이들이 뿌리를 내리고 있는 기업 생태계의 다양한 참여자들에게도 큰 축복이다. 이들은 누구보다 진정성을 가지고 생태계의 공진화를 위해 리더십을 발휘할 것이기 때문이다. 이들은 극도로 산성화되고 있는 기업생태계에 큰 숲을 선사해서 엄청난 양의 산소를 만들어낼 것이다.

리더십 이야기

기업도 사명을 통해 행복을 꿈꾼다.

    마이다스아이티(MIDAS Information Technology Co., Ltd.)는 공학기술용 소프트웨어 개발 및 보급 그리고 구조분야 엔지니어링 서비스와 웹 비즈니스 통합 솔루션 서비스를 제공하는 회사이다. 2000년 9월에 설립되어 현재 600여 명의 글로벌 전문기술인력을 보유하고 있으며, 미국, 일본, 중국, 인도, 영국, 러시아의 현지법인과 35개국의 전 세계 네트워크를 통해 110여 개국에 공학기술용 소프트웨어를 수출하는 세계적 기업이다. 마이다스아이티는 공학해석 분야의 핵심 기술인 컴퓨터 그래픽 기반의 시뮬레이션 기술과 첨단 해석 및 최적화 설계분야에서 세계 수준의 기술을 보유하고 있고 마이다스아이티의 MIDAS

Family Program은 건축, 토목, 지반 등 건설분야에서 이미 세계 1위의 시장점유율을 가지고 있다. 마이다스아이티는 향후 글로벌 엔지니어링 솔루션 개발 및 보급사로서 이 분야에서 세계 표준을 설정하는 비전을 가지고 있다.

마이다스아이티 구성원들은 참된 기술에 대한 소명을 통해서 최대한의 인간의 행복을 만들어내는 것이 가능하다고 믿는다. 마이다스아이티는 기술을 통해 행복을 만들어 내는 사명을 반드시 올바르게 처리해야 한다는 '나침반 정신'을 가지고 있다. 마이다스아이티 사명은 '자연주의 인본경영' 철학에 담겨있다. 자연주의 인본경영이란 자연이 빚은 결대로 사람을 육성하고, 세상의 행복에 기여하는 인재로 클 수 있도록 돕는 것이 경영의 목적이라는 정신이다. 자연주의 인본경영에서는 사람을 수단이 아닌 목적으로 대우하며, 구성원이 자신의 능력을 마음껏 펼치며 행복을 추구할 수 있도록 도움을 주고, 나아가 세상의 행복을 증진할 수 있도록 돕는 것을 진정한 경영이라고 생각한다. 인간의 본성과 자연의 이치에 대한 과학적 이해를 바탕으로, 구성원과 고객의 행복을 추구하는 것이 마이다스아이티가 추구하는 회사가 존재하는 이유이다.

마이다스아이티는 기술과 문화를 접목하는 진성경영을 통해 회사의 품격을 만들어내고 이 품격을 통해 세상의 표준을 설정하는 한국을 대표하는 브랜드가 되는 열망을 가지고 있다.

진성리더를 위한 학습 포인트

- 진성리더는 구성원들에게 진성리더십의 비옥한 토양이 된다.
- 진성리더는 Know-Why, Know-How, Know-What을 정렬시켜 자신만의 Way를 완성한다.
- 진성리더는 경쟁자를 생태계 공진화를 위한 스파링 파트너로 생각한다.
- 유사리더와 진성리더의 차이는 목적지에 대한 차이이다.
- 진성리더는 플랫폼을 만들어 남들의 성공을 돕는 일에 크게 성공하는 사람들이다.

제13장

리더의 사회적 책무

> 아침에 자신의 몸단장을 끝냈으면
> 지구를 단장해주는 일을 위해 시간을 쓰는 것이 인간의 도리야.
> – Saint-Exupery

경영자가 회사를 운영하는 과정에서 어떤 이유에서든 사회에 채무를 가지고 있거나 죄를 지었을 경우는 이 죄를 자복하고 용서받지 않는 한 이 경영자의 모든 향후 노력은 진정성이 없는 것으로 평가절하된다. 과거의 죄를 용서받지 못한 상태에서 이를 만회하기 위해서 아무리 사회에 대해 많은 기여를 해도 이 기여는 진정성 있게 받아들여지지 않는다. 최근 물의를 일으키고 있는 대기업들이 청년고용을 몇 만 명 늘린다고 공표를 해도 이런 행동이 자신의 입장을 모면하고 회피하려는 행동으로 해석된다면 진정성이 있는 경영행동으로 받아들여지지 않는 것과 같다. 카네기와 록펠러도 한 때는 미숙하기 짝이 없는 악덕 경영자였다. 이들의 노조 탄압 때문에 군대가 동원되기도 하고 진압과정에서 사람들이 죽어나가기도 했다. 하지만 대부분의 사람들은 이들을 악덕 기업주로 기억하기보다는 진성경영자로 더 많이 기억한다. 이유는 자신의 잘못을 허심탄회하게 자복하고 이 미숙한 과거 자신의 모습을 구해내기 위해서 묵묵히 희생하는 모습을 보여주었고 결국은 이 미숙한 자신을 구해내는데 성공하는 모습을 보여주었기 때문이다.

사람이나 기업이나 성장하는 과정에서 잘못을 저지르는 것은 아주 자연스러운 성장의 과정이다. 하지만 사람이나 기업의 진정성에 대한 판가름은 바로 잘못과 죄를 저지른 다음의 행동들에 의해서 판명된다. 뱀이 성장하기 위해서 자신의 허물을 완벽하게 벗어내는 과정이 전제되어야 하듯이 진정성 있는 사람이나 기업은 자신의 잘못과 실수를 자복하여 용서받는 과정이 전제되어야 한다. 이 자복과 용서의 과정을 통해서만 조직과 사람들은 더 성숙한 모습을 인정받는다. 반면 진정성이 없는 기업가는 허물을 벗기보다는 자신의 잘못을 변명하고 감추는데 혈안이 되고 이 잘못이 털려 나올 경우 이 문제를 덮기 위해서 자선행동을 한다. 진정성이 떨어지는 경영자는 허물을 벗어내는 자기성찰에 대한 매듭이 없다.

국가도 마찬가지이다. 한 때 우리나라에도 국민교육헌장이라는 우리 국가의 사명 선언서를 만들어서 국민들의 의식혁신을 시도하려던 때가 있었다. 이 헌장의 좋은 내용과는 상관없이 실패할 수밖에 없었던 이유는 이런 헌장을 만드는 것이 독재에 대한 잘못을 숨기고 이것을 만회해 보려는 행동으로 희석되었기 때문이다. 개발독재시대의 성공만 하면 모든 것을 정당화시키고 성공을 삶의 궁극적 목적지로 받아들인 경험과 신자유주의의 초경쟁논리의 도입이 가져온 생태계 파괴의 피해에 대한 잘못도 새로운 리더십 패러다임의 성공적 정착을 위해서는 우선 허심탄회하게 털고 가야 한다. 독일과 일본의 차이도 이 문제이다. 독일은 나치를 지지했던 자신들에 대한 자신의 잘못을 스스로 자복하고 성숙한 독일이

됨으로써 자신을 용서받았던 반면 일본은 아직도 자신의 죄를 자복하지 않고 숨기기에 바쁘다. 일본의 정치가들은 성장을 위한 허물을 벗어내지 못하고 아직도 잃어버린 20년의 세월을 허송하고 있는 것이다.

조직을 책임지고 있는 진성경영자의 가장 중요한 책무는 스스로가 학습하는 죄인이라는 것을 인정하고 자신의 잘못을 자복하고 더 성숙하게 회사를 만들어서 미숙했던 자신을 용서받는 것이다. 허물을 벗어내는 프로세스가 없는 상태에서 자신의 죄를 변명하고 숨기기 위해서 자선을 베푸는 일은 오히려 진정성이 없는 경영자로 낙인찍히는 첫 걸음이다. 자신의 죄에 대해서 자복하고 용서를 받는 문제가 해결되지 못한다면 기업의 사회적 책임(Corporate Social Responsibility)을 위한 어떤 투자도 다 자신의 잘못을 숨기기 위한 진정성 없는 연기로 간주될 것이다. 기업의 사회적 책임행동은 과거의 잘못에 대한 허물을 허심탄회하게 벗어내는 문제가 정리된 다음 단계에서의 기업의 도전과제로 생각해보아야 할 문제이다.

그간 조직생태계의 공진화를 위해서 조직의 사명을 보다 직접적으로 실천할 수 있는 활동들은 제한되어 있었다. 기업의 사회적 책임활동은 조직생태계를 위해 조직의 사명을 실천하고 소통할 수 있는 기회를 제공해 준다. 조직의 정신모형 II의 가장 중요한 요체는 사명이다. 사명은 세상에 꼭 존재해야만 하는 신성한 이유이다. 기업이 제품과 서비스를 생산하고 제공하는 까닭도 따지고 보면 사명을 표현하고 규명하고 실현하는 과정이다. 사회적 책임활동은 고객이나 종업원을 넘어 생태계를 구성하고 있는 또 다른 참여자들에게 이 사명을 전달하고 실천하는 방식이다. 따라서 사회적 책임활동은 이들에게 회사가 가진 사명을 제대로 실천할 수 있도록 정교하게 디자인 되어야 하고 이것은 진성경영인의 가장 중요한 책무 중 하나이다.

잘 계획되고 실천된 사회적 책임활동은 진정성 있는 조직의 3가지 요소인 자기인식, 자기규제, 관계적 투명성을 달성할 수 있는 도구가 된다. 먼저 기업의 사회적 책임활동은 조직생태계의 공진화를 위한 사명을 대변하는 것이기 때문에 이 활동들을 거울삼아 현재 자신들의 모습을 재발견하게 해준다. 또한 사명은 회사의 사명이 미치지 못하는 곳에 위치한 소외된 생태계 내의 파트너들의 삶을 재조명해준다. 궁극적으로 달성될 사명과 현재 상태 간의 차이를 메울 수 있는 프로젝트의 진행은 회사가 사명을 더욱 단단하게 만드는 자기규제에 도움을 줄 수 있다. 사회적 책임활동의 대상은 종업원과 고객을 넘어서 플랫폼을 구성하고 있는 공동체의 모든 구성원들이다. 따라서 사회적 책임활동은 이들 파트너들을 수단이 아니라 정당하게 존중받아야 하는 존재론적 대상으로 인식하는 것을 강조한다. 기업은 자신의 사업을 사명에 따라서 재해석한 업을 달성함으로써도 사명을 구현하지만 이 과제 활동에서 소외된 생태계의 참여자들에게 사명을 직접적으로 실천하는 것을 통해서도 사명을 구현한다. 따라서 제대로 된 사회적 책임만큼 회사의 사명을 직접 전파하고 실천할 수 있는 더 좋은 방법은 없다. 사회적 책임활동은 그 기업이 의존하고 있는 생태계에 반드시 존재해야 하는 이유를 설파함으로써 자신을 생태계 내에 더 뿌리 깊게 배태시킨다. 즉 기업 생태계에 기업의 정신모형 Ⅱ가 단단히 뿌리를 내리게 도와준다. 바로 이점 때문에 진정성 있는 조직의 경영자들은 사회적 책임활동을 구성원들에게 이양해야할 가장 마지막 과제로 생각한다.

Carroll은 기업의 사회적 책임활동의 수준을 경제적, 법적, 윤리적, 박애적 단계의 4단계로 나누고 있다.[1] 경제적 단계의 사회적 책임은 최소한 평균 이상의 임금을 주어 종업원의 생계를 책임지고, 사회적 공적자금이 투입되지 않도록 하는 것을 말한다. 법적 책임은 사회적 맥락에 법적 손해를 끼치지 않는 행동을 말한다. 환경을 오염시키는 폐수나 기름을 유출하지 않는 것처럼 법으로 정한 테두리 안에서 정당하게 기업을 운영하는 것이다. 윤리적 책임은 법으로는 정해지지 않았지만 회사와 사회와의 암묵적 계약을 지켜나가는 행동을 말한다. 종업원이나 납품업자 등 기업의 이해당사자들에게 공정한 계약을 지켜나간다든지, 환경을 보존한다든지, 시민들의 기본권을 존중한다든지, 소비자의 권익을 보호하는 등의 행동이 여기에 해당된다. 다시 말해 시민들의 기본권이나 환경을 지키려는 적극적인 입장이라고 할 수 있다. 이전까지의 단계가 수동적인 기업의 사회적 책임활동이라면 마지막 박애적 단계는 회사가 사회를 구성하는 시민의 일원으로서 자발적으로 본인들의 선택에 의해서 생태계의 복원을 위해서 공헌하는 행동을 말한다. 자신이 몸담고 있는 생태계를 위해서 자신의 역량을 기부한다든지, 노동력을 제공한다든지, 공동체에 도움이 되는 프로그램을 운영하는 것이 그 예이다. 이것은 그렇게 행동하지 않아도 아무도 윤리적이지 않다고 비난하지 않지만 기업이 스스로 자신의 사명에 근거해 자발적으로 기여하는 시민행동이다.

 신자유주의 패러다임의 창시자라고 불리는 Friedman은 윤리적인 관습이나 법제화된 사회적 규범에 충실하면서 가능한 많은 부를 축적하는 활동이 기업의 목적이라고 설명했다.[2] 프리드만의 입장에서 보면 기업이 경제적, 법적, 윤리적 책임을 준수하는 것은 자신들의 목적에 부합하지만 박애적 단계까지 요구하는 것은 무리이다. 그러나 이런 입장은 기업활동이 공동체의 생태계에 뿌리를 내리고 있다는 사실을 간과한 것이다. 기업은 생태계의 일원으로서 존경받을 때만 영속적으로 이윤을 추구할 수 있다. 단순한 이윤추구를 넘어서 기업이 존재하는 이유인 사명을 명료하게 설파할 수 있을 때 생태계의 구성원들로부터 지지와 신뢰를 받을 수 있다. 그리고 이 박애적 단계의 사회적 책임활동을 통해서만 기업은 자신의 사명을 구성원들에게 정확하고 자발적이고 주체적으로 설파할 수 있다.

박애적 단계를 부담으로 느끼는 CEO들은 박애적이라는 말을 재무적인 것으로 잘못 해석한다. 하지만 진정한 박애적 단계는 재무적인 수준을 넘어서서 공동체의 구성원들에게 기업의 존재가치를 전달할 수 있어야 한다. 수재의연금을 낸다든지 장학금을 낸다든지 하는 것만으로 박애적 단계를 실천한다고 생각하는 기업들은 회사의 존재이유인 사명이 없거나 플라스틱 사명으로 죽어 있는 회사들이다. 가장 좋은 박애적 단계의 기여활동은 기업이 제공하고 있는 서비스나 재화를 경제적, 사회적 이유로 이용할 수 없는 생태계의 소외된 구성원들에게 사용할 수 있도록 도움을 주는 것이다. 이런 점에서 대교가 운동선수들에게 눈높이 교육을 시켜주는 것이라든지, 현대카드가 서울역 버스승강장을 디자인해서 헌납하는 행동 등은 좋은 사회적 책임활동의 대표적 예라고 볼 수 있다. 대교의 가장 큰 강점은 '눈높이 교육'이다. 대교는 학생이지만 교육받을 시간적 여유가 없는 소외된 운동선수들에게 회사의 가장 큰 대표적 역량이라고 볼 수 있는 눈높이 교육을 무상으로 실시하고 있다. 현대카드는 자신들의 핵심고객을 제 2 금융권을 이용하는 서민이라고 정의하고, 이들이 가장 많이 이용하고 있는 버스정류장에 자신들이 가장 잘 할 수 있는 디자인 역량을 발휘해 보다 세련된 문화적 취향을 즐길 수 있도록 했다.

사회적 책임활동을 단지 수단적 이유 때문에 도입한다면 이런 관행은 회사의 존재이유를 밝히는데 도움이 되지 않는다. 경쟁사에게 뒤처지지 않기 위해, 또는 경제적, 법적, 윤리적 책임을 면하기 위해, 회사의 이미지를 제고하여 판매를 늘리기 위해, 혹은 주가나 재무적 자산 가치를 높이기 위해 사회적 책임활동을 하는 것들이 그 예이다. 이와 같은 회사들은 아무리 사회적 책임활동에 매진하더라도 구성원들은 이들의 활동을 블랙기업 활동으로 간주하게 된다.

리더십 이야기

블랙기업

일본에서 창업한 기업인 유니클로는 사회적 책임활동을 전면에 내세워 기업의 평판과 이미지를 관리하는 기업으로 유명하다. 이 회사가 만든 옷은 패스트 패션의 일환으로 유행에 따라서 한번 반짝 입고 버리는 옷을 주로 유통한다. 이와 같은 상품경향을 이해한 CEO는 버려지는 전 상품의 옷들을 모아서 분류하여 상품 리사이클 활동을 실시하고 있다. Green CSR이다. 회사의 홈페이지에도 "정말 좋은 옷을 판매하는 것뿐만 아니라 사용하신 후의 상품을 거두어 재사용하거나 재활용하는 것을 통해 옷의 가치를 마지막까지 최대한으로 살리는 것도 중요한 책무라고 생각한다"고 광고하고 있다. 실제로 모아진 옷들은 분류되어 남수단, 케냐의 난민들에게 전달되는 것으로 알려져 있다.

하지만 이 회사의 이와 같은 기업의 사회적 책임활동의 진정성이 도마에 오르고 있다. 회사는 잔업수당을 지급하지 않고 있으며, 입사 3년 내 50%, 5년 내에 80%의 이직률도 문제가 되고 있다. 2013년 10월 도쿄 지방법원은 노동자들이 유니클로를 대상으로 부당 노동행위를 했다고 고발한 건에 대해 다시 노동자들을 명예훼손 건으로 고소한 건에 대해서 유니클로에 패소판결을 내렸다. 유니클로는 불법 노동환경의 쟁점인 성수기 서비스 잔업을 포함한 300시간 등 27가지가 사실과 다르다고 주장했으나 받아들여지지 않았다. 이와 비슷한 블랙기업에 대한 논쟁은 공정무역으로 유명한 스타벅스 노동자들에 대해서도 제기되고 있다.

최근에 사회적 책임활동을 생태계의 광범위한 참여자들의 관점에서 정의하려는 연구들이 Freeman을 중심으로 제시되고 있다.[3] 참여자의 관점은 누구를, 왜 회사의 이해관계자로 정의할 수 있는지의 논쟁이다. 지금까지의 전통적 이해관계자는 종업원, 주주, 고객, 경영진, 공급업자를 중심으로 논의되었다. 하지만 참여자 관점의 사회적 책임활동은 이 이해관계자의 외연이 이보다 더 확대되어야 제대로 된 사회적 책임활동(CSR)을 할 수 있다고 지적한다. 여기에는 정부나, 정치단체, 노동조합, 각종 연합회, 직간접적으로 관련된 회사와 기관들, 미래의 종업원, 미래의 잠재고객, 일반 시민, 심지어는 경쟁자까지도 포함시켜야 한다는 주장이 설득력을 얻고 있다. 즉 비즈니스 생태계의 플랫폼을 공유하고 있는 구성원 전체가 이해관계자가 될 수 있다는 것이다.

생태계에서 플랫폼을 공유하는 참여자들간 협업을 통해 기업의 사회적 활동을 전개시킨 대표적 사례로 미국 화장품 회사인 에스티 로더의 핑크리본 캠페인을 들 수 있다. 에스티 로더의 핑크리본 캠페인은 1992년 여성들의 유방암에 대한 인식고취와 조기검진의 중요성을 알리기 위해서 기획되었다. 처음에는 자사 고객을 중심으로 핑크리본과 자가 진단 카드를 나눠주는 것으로 시작되었지만 2010년에는 70여 개 국가에서 1억 1천만 개 이상의 핑크리본이 배포되었고, 에스티 로더의 플랫폼을 공유하고 있는 식품, 의류, 항공사 등 다양한 협력기업들에게까지 확대되었다. 이 기업들은 자사의 상품과 서비스에 핑크리본을 부착하고 여기서 얻어진 수입은 여성의 건강의식을 고취시키는 한편, 유방암 연구재단의 연구기금으로 기부하고 있다. 기부금만 해도 지금까지 4천 5백만 달러를 기록했다. 대표적으로 여성의류업체인 앤 클라인은 핑크리본 캐시미어 스웨터를 선보여 폭발적인 반응을 얻었고 기부목표액인 2만 5천 달러를 초과달성했다. 3M에서는 포스트잇을 핑크제품으로 출시하고, 캠벨도 수프를 출시하였다. 델타항공은 비행기를 핑크색으로 장식하고 핑크색 유니폼을 입은 승무원이 핑크색 레모네이드를 서비스하는 캠페인을 통해 전 세계 70여 개 국가의 20억 명 이상의 여성들에게 도움을 주었다. 처음부터 이것을 의도한 것은 아니었지만 결과적으로 에스터 로더는 엄청난 명성을 축적하였다. 아마 이것을 자사의 상품 브랜드 가치로 환산한다면 그 가격은 추정할 수 없을 정도일 것이다. 이처럼 세계적으로 진정성 있는 조직들은 부를 좇아가는 것이 아니라 진정성 있는 정신모형을 실현한 결과로 엄청난 부를 덤으로 수여받는다.

미국의 신발 업체 Toms Shoes는 소비자에게 신발 한 켤레를 팔 때마다 신발 한 켤레를 제 3세계 어린이들에게 기부한다. 이른바 일대일 기부원칙을 실행하고 있는 탐스 슈즈는 창업초기 2006년 기부 목표량이 200켤레였으나 2010년 이미 백만 켤레를 돌파하고 2014년 7월 현재 3,500만 켤레 이상의 신발을 기부하였다. 가격이 다른 신발보다 다소 비싸지만 자신의 신발 한 켤레가 어린이들에게 신발 한 켤레를 신길 수 있다는 생각에 공감하는 고객들을 통해서 신발이 날개 돋친 듯 팔린다. 회사는 이와 같은 비즈니스 모형을 안경과 물을 제공하는 것에 확장하였다. 안경을 사면 안경을 기부하거나 물을 사면 물을 기부하는 형태로 지금까지 275,000명의 사람들에게 안경을 제공하였고, 67,000주 분량의 깨끗한 물을 제공할 수 있도록 도움을 주었다.

탐스 슈즈는 오히려 사회적 기부활동을 주 기업목적으로 하고 이윤창출을 부수적 목적으로 하는 많은 사회적 기업들의 모델이 되었다. 한국에서는 '빅워크(Big Walk)' 등이 대표적이다. 빅워크는 사람의 '걷기'를 기부로 연결한 벤처기업이다. 이 회사가 만든 만보기 앱은 GPS와 연결되어서 얼마나 많이 걸었는지를 측정해준다. 이 거리를 계산해서 100m 당 1원씩 절단장애 아동의 의족제작 기금으로 축적된다. 기부금은 앱에 노출되어 있는 광고이다. 이 회사의 앱은 2012년 4월 안드로이드 버전으로 서비스를 시작했는데 지금까지 25만 건의 누적 다운로드 횟수에 누적 기부금이 4억 원을 기록하고 있다. 많은 기업들이 이 앱의 스폰서로 참여했다. 스폰서가 기부금을 내면 빅워크는 여기에서 10%를 이익금으로 떼고 나머지 금액을 기부한다. 또한 다양한 걷기대회를 기획해서 걷는 거리만큼 기부에 참여하도록 독려하기도 한다.[4]

리더십 이야기

포장하지 않는 화장품, 러쉬

러쉬 화장품은 포장하지 않는 화장품 회사이다. 화장품을 재활용 종이에 둘둘 싸서 고객에게 전해준다. 러쉬의 3원칙인 천연재료, 무광고, 무포장의 원칙에 근거한 것이다. 러쉬는 광고와 포장이 내용물의 본질을 감추는 역할을 수행하기 때문에 광고와 포장에 돈을 많이 쓸수록 그 상품의 내용에 대한 진정성이 떨어질 수밖에 없다는 철학을 가지고 있다. 회사 자체가 전통시장의 과일가게와 같은 분위기를 풍긴다. 제조공장을 실제 주방이라고 부르며 대부분의 재료를 가공하는 것도 주방용품을 사용하여 만들며 재료가 식물성이어서 먹어도 인체에 해가 없다. 입욕제, 마사지바, 팩 같은 제품들이 포장 없이 날 것 그대로 진열되어 있다. 꺼끌꺼끌한 비누가 덩어리째 매대에 올려져 있고 원하는 만큼 잘라서 재활용 종이에 싸서 준다. 또한 모든 제품에 동물성 재료가 들어가지 않는다. 한때는 중국에서 동물실험을 요구하자 중국에 수출을 중단했다. 50억 중국 시장이 하루아침에 날아갔다.

기존의 화장품 회사들은 외면의 아름다움을 꿈으로 포장해서 미사여구로 가득한 광고를 통해서 판매를 한다. 그러나 러쉬는 광고를 하다보면 진정성을 훼손할 가능성이 높다는 이유로 광고를 하지 않는다. 제품이야 어떻든 광고를 과대하게 하기 때문이다. 광고를 위해서는 영원히 늙지 않는다는 것과 같은 거짓말을 아무 죄의식 없이 하게 된다는 것이다. 경기가 어려워질수록 이런 거짓광고에 대해서 돈을 쓰는 것에 대해 고객들은 점점 민감해져 있고 이런 광고의 실체가 인터넷을 통해서 언제든지 폭로될 수 있다는 것이다. 이런 상황에서 러쉬는 있는 그대로의 진정성 있는 내면의 체험을 강조하는 것이 답이라고 주장한다. 광고와 포장으로 가짜 꿈을 파는 회사들과는 달리 러쉬는 내면의 아름다움에 관한 깜짝 놀라는 체험을 파는 회사이다. 아름다움에 대한 깜짝 체험이란 모양도 특이하고 향도 특이하지만 써보면 그냥 재미있고 편안함을 느끼는 체험이다. 포장을 하면 오히려 고객이 그 고유한 향기를 그대로 맡아볼 수 없다고 생각한다. 광고와 포장 전략으로 고객에게 허구의 꿈을 파는 회사와는 달리 상품의 내면이 주는 체험에 충실하기 위해서 회사는 포장과 광고를 철저히 벌거벗기는 전략을 구사한다.

러쉬는 마크 콘스탄틴이 1995년 영국의 항구도시 폴에서 설립한 회사이다. 2002년부터 2011년까지 10년간 3천만 파운드에서 2억 7천만 파운드로 10배 이상 성장을 구가하였으며 전 세계 49개국에 진출하여 명실공히 글로벌 브랜드로 자리매김하고 있다. 회사를 설립하기 전에 더바디샵의 창업자 로릭과 동업했으나 바디샵의 사세가 커지자 바디샵이 사명을 등한시해가며 영리추구 쪽으로 집중하는 것에 이견이 생겨 바디샵과 관계를 종료하고 새롭게 차린 회사가 러쉬이다. 바디샵과 결별한 이후 러쉬는 급성장 했던 반면 바디샵은 로레알에 인수된 이후 매출이 점점 감소되는 추세에 놓이게 되었다. 러쉬의 창업자 콘스탄틴은 이것이 바로 회사의 사명에 대한 고객의 신뢰를 상실한 결과라고 분석한다. 바디샵은 원래 동물실험을 반대하는 자연주의 화장품이었는데 동물실험을 하는 로레알에 인수되면서 브랜드 정체성에 심각한 타격을 입었다는 것이다. 마치 유전자 조작 농산품 GMO에 반대했던 벤앤제리 아이스크림이 GMO를 사용하는 유니레버에 인수되면서 정체성을 상실한 것과 같은 결과라는 것이다.

마크 콘스탄틴은 회사를 진정성 있게 운영하는 것에 대해 다음과 같이 이야기한다.

"돈은 많이 벌수록 더 많이 벌고 싶어집니다. 회사를 키우기 위해서 돈을 잔뜩 쥔 투자자를 끌어 들여야 합니다. 그런데 이는 회사가 가진 정체성을 훼손합니다. 이런 경우를 메뚜기가 된다고 표현합니다. 메뚜기는 탐욕의 제왕입니다. 농산물을 집어 삼키고 기근을 불러오죠. 메뚜기는 회사 주식을 가지고 장난을 치며 윤리적이지 않습니다. 반대가 꿀벌입니다. 꿀벌은 차근히 회사를 키우고 돈을 벌려고 조바심을 내지 않습니다. 그리고 좋은 일을 하죠. 저희의 목표는 꿀벌이 되는 겁니다. 물론 쉬운 일은 아닙니다. 누군가 큰돈을 들고 찾아와서 "회사를 파세요"라고 하면 그 유혹에 넘어가지 않을 사람이 얼마나 되겠어요. 밴엔제리는 유니레버에, 바디샵은 로레알에 인수됐습니다. 그리고 그들이 외쳤던 정체성과 사명은 희석되어 버렸죠."5

"회사의 사명을 캠페인하는 것은 정말 옳다고 생각하는 일을 하는 것입니다. 우리의 브랜드 정체성입니다. 우리는 사람들에게 말합니다. 저희는 고래사냥에 반대합니다. 동물실험에 반대합니다. 만약 소비자들이 저의 생각에 동조하지 않으면 억지로 설득하지 않습니다. 소비자가 좋아하면 오고 싫어하면 오지 않습니다. 브랜드의 사명에 대해 캠페인을 벌이는 중요한 이유가 또 있습니다. 올바른 직원을 채용하는 척도가 된다는 겁니다. 저희 캠페인에 반대하는데 우리 회사에 입사하려는 직원이 있을까요?"6

진성리더를 위한 학습 포인트

- 진성경영자의 사회적 책임은 자신 회사의 존재이유를 구현하기 위해 희생하고 행동하는 것이다.
- 진성경영자는 고객과 종업원에 대한 책임을 넘어서 조직생태계의 시민으로 봉사한다.
- 경영자의 죄를 감추기 위한 사회적 책임활동은 방어기제로 간주된다.
- 진성리더는 학습하는 죄인이다.

에필로그

급진적 거북이가 되자

> 위대함을 성취하기 위해서는
> 지금 서 있는 자리에서 시작하고
> 지금 가지고 있는 것만 가지고
> 지금 할 수 있는 것에서 시작하라.
> – 애쉬

급진적 거북이의 원칙은 진성리더로 세상에 큰 족적을 남겨놓은 사람들의 공통된 변화의 비밀이다. 이들은 자신이 구현하려는 세상의 목적지에 대한 믿음에 있어서는 급진주의자의 성향을 보였다. 이들은 다른 사람들이 더 좋은 목적지가 있다고 유혹해도 자신의 목적지에 대한 믿음에 있어서는 절대로 흔들리지 않는다. 김구 선생에게 당신의 소원이 무엇이냐고 반복적으로 물어도 김구 선생이 매번 대한민국의 완전한 독립이라고 외칠 수 있었던 것은 김구 선생이 말로만 번듯하게 사명을 연기하는 리더와는 달리 사명에 대한 진정한 믿음이 있었기 때문이다. 급진적 거북이 성향의 진성리더들은 자신의 사명과 비전과 가치에 대한 절대적인 믿음으로 세상의 사탕발림에 넘어가지 않는다. 이들은 자신이 설파하는 세상이 남들이 다 바보짓이라고 손가락질을 해도 자신이 만들어 나갈 세상에 대한 믿음을 견지한 사람들이었다. 하지만 이들은 자신이 만들어갈 사명의 목적지로서의 세상과 지금 세상과의 차이를 성찰하고 이를 메워 나가는 일에 있어서는 거북이처럼 지금 할 수 있는 것, 당장 할 수 있는 것, 가진 것만 가지고라도, 실험적으로 시작할 수 있는 것에서 시작한 사람들이었다. 급진적 거북이는 자신이 변화를 통해 도달할 사명의 목적지에 대해서는 누구보다 과격하고 장대하고 급진주의적 태도를 보이는 반면 이를 구현하는 일에 있어서는 거북이처럼 꾸준하고 서서히 할 수 있는 것에서부터 지금 서있는 자리에서 가진 것만을 가지고라도 당장 발걸음을 떼어 놓는 진성리더들의 이야기다.

진성리더들의 변화를 향한 급진적 거북이 성향은 호시우보(虎視牛步) 우보천리(牛步千里)의 고사성어에도 함축되어 있다. 호랑이의 날카롭고 예리한 눈빛으로 목적지를 주시해가며 걸음은 소걸음으로 느긋하고 우직하게 한발 한발 발걸음을 떼다보면 결국 천리를 간다라는 말이다. 구약 욥기에 "네 시작은 미미하였으나 그 끝은 창대하리라" 말씀은 급진적 거북이들이 역사의 주인공이었음을 증명해 주고 있다. 지금까지 성공적인 진성리더들이 이루어 놓은 세상도 모두 급진적 거북이 방식으로 만들어졌다.

세상을 떠들썩하게 만들었지만 세상에 어떤 변화도 만들어 놓지 못한 리더들의 성향은 급진적 급진성을 가진 사람들이었다. 급진적 급진성은 도달해야 할 미래에 대한 믿음에서도 급진성을 가지고 있을 뿐 아니라 이에 도달하는 방법에 있어서도 급진성을 가진 사람들이다. 이들은 사명의 목적지에 너무 흥분한 나머지 이것에 빨리 도달하기 위해서 전사적으로 조직 구성원이면 한 사람도 빼지 않고 모든 것을 광풍같이 몰아치는 사람들이다. 이런 사람들은 자신의 신념을 구현하기 위해서 공개적으로 십자군 전쟁을 하는 사람들이다. 신념에 동의하지 않는 사람들을 끌어들이기 위해서 이들을 회유하거나 괴롭히는 것도 서슴지 않는다. 결국 이들의 목적지에 대한 몰입은 의도는 좋았지만 많은 사람들의 마음에 상처만 남기고 실패로 끝을 맺게 된다. 급진적 급진성을 가진 리더들은 대부분 과거 리더십의 패러다임을 벗어나지 못한 사람들이다. 시대가 21세기로 급격하게 변화하고 있음에도 탑다운 식으로 무조건 밀어붙이는 개발독재시대의 리더십이나 초경쟁논리, 효율성의 논리, 단기적 업적 지상주의를 앞세워 시대적 소명을 망치고 있는 신자유주의가 대표적이다.

많은 중간관리자들이 자신의 회사처럼 진정성에 관심이 없는 회사에서 진성리더가 되기 위해서는 어떻게 해야 하는지에 대해 문의해온다. 중간 리더급들의 경우에 급진적 거북이 원리는 어떻게 사용될 수 있을까? 이들이 공개적으로 나서서 진성리더십에서 요구하는 사명을 기반으로 조직전체를 변화시키는 것은 상당히 위험할 가능성이 높다. 특히 자신들 상사들의 상태에 도전한다는 것은 무모한 일이다. 언제든지 역풍을 맞을 개연성이 높다. 조직의 분위기가 진정성을 추구하는 문화와 거리가 멀기 때문에 진성리더들이 일으키는 변화는 숨은 천사의 일처럼 조용하게 만들어 나가야 한다. 조직의 반대가 지나칠 경우에 심지어 비밀결사대를 만들어서 성공시켜야 하는 경우도 있다. 중간관리자급의 진성리더들은 자신에게 허용된 재량권의 범위 내에서 자신이 할 수 있는 것의 범위를 정해놓고 그 정해진 범위 안에서 조용히 진성리더십을 실천하여 성과를 도출하는 것이 중요하다. 이들은 조직의 분위기가 사명을 추구하지 않는 분위기인 것에 대해서는 공개적으로 비난하거나 싸움을 걸기보다는 자신의 권한 범위 내에서 할 수 있는 것에 집중하고 여기에서 조용히 성과를 만들어 낸다. 이들은 성과가 만들어질 때까지는 자신의 프로젝트의 진정성에 대해서 공개적으로 거론하거나 쓸데없는 논쟁에 빠져드는 일이 없도록 조심한다. 자신이 할 수 있는 범위 내에서의 성공을 통해서 성과가 나오기 시작하면 이들은 이 성과를 기반으로 자신이 해온 일에 대해서 소통하기 시작한다. 다른 사람들이 이 차별적 성과에 대해서 학습하기를 원하는 욕구를 이용하여 진성리더십의 원리에 대해서도 설파한다. 한국 사람들 대부분은 잘 나온 성과에 대해서 벤치마킹하는 것을 자랑스럽게 생각하기 때문에 이미 나온 성과를 기반으로 진성리더십을 전파시키는 것은 더 이상 어려운 과제가 아니다.

조직의 각 하위 부문에서 이와 같이 진성리더십을 이용한 성과가 산출되기 시작하고 이들의 성과에 대해서 배우려는 분위기가 확산된다면 아래로부터 진성기업의 문화를 확산하려는 변화가 시작된다. 들불이란 불의 세기가 약할 경우에는 외풍이 불면 자연스럽게 꺼지지만 불의 크기가 어느 정도 세졌을 때는 밖에서 부는 역풍이 오히려 불의 크기를 키운다. 조직에서의 밑으로부터의 변화도 이와 같은 과정으로 시작된다. 조직에서 중간리더급에 해당되는 10퍼센트의 진성리더들이 자신의 권한범위에서 진성리더십을 통해 가시적 성과를 거둔다면 이들의 성과는 다른 리더들에게 벤치마킹되어 들불로 번지게 된다. 이 들불의 세기가 어느 정도 세졌을 경우 조직으로부터 이에 반대되는 세력의 역풍은 오히려 더 큰 들불로 키우는 힘이 된다.

이와 같은 들불의 원리는 조직에서 자신을 제외하고는 진성리더에 대한 열망을 찾아 볼 수 없어도 똑같이 적용된다. 시간이 더 걸리겠지만 자신이 개인적으로 할 수 있는 범위에 대해서 금을 그어 놓고 그 범위 안에서 성과를 만들어 내고 이 성과를 통해 진성리더십에 대해서 설파하여 비슷한 처지에 있는 다른 사람들에게 전파시켜 들불로 키워낼 수 있어야 한다. 공통점은 성과가 만들어질 때까지는 진성리더십의 원리에 대해서 공개적으로 설파하는 것을 자제한다는 점이다. 이것이 가능한 것은 진성리더십의 원리는 대부분 실천의 원리이지 이념논쟁의 원리는 아니기 때문이다. 진성리더십을 실천하는 사람들은 성과로 이야기하지 진성리더십의 원리를 통해서 십자군 전쟁을 하거나 자신과 타인의 진정성 문제를 거론하는데 시간을 보내지 않는다. 진정성이 있는 사람일수록 자신의 진정성에 대해서 주장하지 않는다. 진성리더십에서 중요한 것은 이것을 잘 이해했는지라기보다는 이것을 얼마나 진실하게 실천해서 변화를 만들어 냈는지의 문제라는 것을 잘 알기 때문이다.

사마천의 사기에 보면 도이불언 하자성혜(桃李不言 下自成蹊)라는 말이 나온다. 복숭아나무와 자두나무는 굳이 자신이 복숭아나무와 자두나무라고 선전하지 않더라도 사람들이 찾아오게 마련이고 따라서 나무 밑에는 저절로 길이 생긴다는 뜻이다. 복숭아나 자두는 진성리더의 성품을 뜻한다. 성품이 있는 진성리더는 잠자코 있어도 그 성품을 사모하여 사람들이 따른다. 사마천이 그 당시의 대표적 진성리더 이광(李廣)을 평하면서 한 말이다. 시골사람처럼 투박하고 말도 잘하지 못했던 이광의 진정성 있는 성품은 사대부의 신뢰를 얻었다. 사마천은 그의 성품을 복숭아와 자두에 비유했다. 진정성 있는 성품만 있다면 꽃이 곱고 열매 맛이 좋아 사람들의 발길이 끊임없이 이어져 나무 밑에 길이 날 수밖에 없다고 주장한 것이다. 이것은 진성리더십이 전파되는 원리를 잘 묘사하고 있다. 진성리더의 성과는 성품의 향기를 머금고 있어서 굳이 진성리더십의 원리를 전파하지 않아도 사람들은 따르게 되어 있고 결국 진성리더들을 따르는 큰 길이 생긴다. 진성리더들은 말보다는 실천을 통한 성과의 산출을 통해서 소통한다.

여러분들도 급진적 거북이와 같이 자신의 정신모형 II에 대해서는 믿음을 잃지 않는 반면 정신모형 II와 현실간의 갭을 메우는 과제들을 조급함을 버리고 거북이처럼 뚜벅뚜벅 완성해 여러분의 성품의 향기가 물씬 풍기는 열매를 산출할 수 있기를 간절히 바란다. 여러분이 산출한 과일을 얻기 위해 여러분의 과수원으로 통하는 큰 길이 생기는 기적을 목격할 것이다. 이 책의 모든 독자가 진성리더가 되어 자신에게 소중한 사람들에게 자신만의 영혼의 종소리를 들려주고 영혼의 종소리를 통해 이들의 삶을 임파워먼트 시킬 수 있는 날을 기대하며 책을 마친다.

참고문헌

서문

1. 본 저서 4장 〈진성리더십에 대한 오해〉 부분의 〈리더십 이야기: 아리랑에 담긴 민족의 혼, 진정성〉을 참조할 것.
2. 유일한 박사의 진성리더십에 대한 연구는 〈진정성이란 무엇인가? (2012)〉를 참조할 것.

1장

1. Meyer, John W. & Rowan, Brian. (1977). "Institutionalized Organizations: Formal Structure as Myth and Ceremony". American Journal of Sociology, 83, pp.340–63; Meyer, John W. & Rowan, Brian. (1978). "The Structure of Educational Organizations". In M. W. Meyer (ed.), Environments and Organizations. San Francisco: Jossey-Bass; Westphal, James D. & Zajac, Edward. (2001). "Explaining Institutional Decoupling: The Case of Stock Repurchase Programs". Administrative Science Quarterly, 46, pp.202–28; Hallett, Tim (2010). "The Myth Incarnate: Recoupling Processes, Turmoil, and Inhabited Institutions in an Urban Elementary School". American Sociological Review 75, 1, pp.52–74.
2. Durkheim, Émile (1893). The Division of Labour in Society. New York: Free Press.
3. Goffman, Erving (1959). The Presentation of Self in Everyday Life, University of Edinburgh Social Sciences Research Centre; Goffman, Erving (1961). Asylums: Essays on the Social Situation of Mental Patients and Other Inmates, New York: Doubleday; Goffman, Erving (1961). Encounters: Two Studies in the Sociology of Interaction – Fun in Games & Role Distance, Indianapolis: Bobbs-Merrill; Goffman, Erving (1967). Interaction Ritual: Essays on Face-to-Face Behavior, Anchor Books; Goffman, Erving (1969). Strategic Interaction. Philadelphia: University of Pennsylvania Press; Goffman, Erving (1974). Frame Analysis: An Essay on the Organization of Experience. London: Harper and Row.
4. 이런 한국의 관행을 꼬집어 영국의 유력 일간지인 Financial Times는 2007년 9월 13일자 기사로 "휠체어 타는 한국 재벌 회장들"이라는 기사를 큼지막하게 실었다. 이 기사에서 기업 회장들이 법정에 휠체어를 타고 나타나면 법원은 이들에게 집행유예를 선고하는 관행을 두고 "한국 법원은 회장들이 장막을 치고 무슨 불법적인 일을 하는지와는 상관없이 이들을 항상 용서하고 계속 회사를 경영하게 하는 것이 국익에 더 이익이 된다고 생각하는 것 같다"라고 말하면서 형평과 정의라는 법의 본질을 잃고 헤매는 한국 법원을 꼬집었다. http://news.kbs.co.kr/news/view.do?ncd=2935191
5. https://ko.wikipedia.org/wiki/정태수_(1923년)
6. 이 같은 법원의 관행은 지금까지도 국민으로부터 법원을 신뢰할 수 없는 대표적 기관으로 낙인찍고 있다. 우리나라의 사법제도에 대한 국민 신뢰도가 경제협력개발기구(OECD) 회원국 가운데 최하위권인 것으로 나타났다. OECD는 9일 '한눈에 보는 정부 2015' 보고서에서 우리 국민 1,000명을 대상으로 여론조사 전문 기관인 '갤럽'이 설문한 결과를 발표했다. 설문조사 결과에 따르면 '사법제도에 대한 신뢰가 있느냐'는 질문에 '예'라고 응답한 비율은 27%에 그쳤다. 같은 질문에 대한 OECD 회원국 34개국 국민의 평균 신뢰도 54%의 절반 수준에 불과하다. 우리보다 신뢰도가 낮은 국가는 칠레(19%)가 유일할 정도다. (출처 법률신문 2015-08-12 일자).
7. 거래비용(Transaction Cost)이란 거래를 성사시키기 위해서 사용되는 비용으로 Coase, Commons 등이 제안하고 Williamson이 경제적 거래 이외의 거래개념으로 정착시켰다. 이 비용은 제품이나 서비스의 품질향상에 투자되어야 할 돈으로 거래비용이 높아질수록 부실의 원인이 된다. 거래비용을 알고 싶으면 다음을 참조할 것. Commons, J. R. (1931). "Institutional Economics". American Economic Review 21, pp.648–657; Coase, Ronald (1937). "The Nature of the Firm". Economica 4 (16), pp.386–405; Coase, Ronald (1960). "The Problem of Social Cost". Journal of Law and Economics 3, pp.1–44; Williamson, Oliver E. (1981). "The Economics of Organization: The Transaction Cost Approach". The American Journal of Sociology, 87(3), pp.548–577; Williamson, Oliver E. (1985). The Economic Institutions of Capitalism: Firms, Markets, Relational Contracting.

New York: Free Press; Williamson, Oliver E. (1996). The Mechanisms of Governance. Oxford University Press; Williamson, Oliver E. (2002). "The Theory of the Firm as Governance Structure: From Choice to Contract". Journal of Economic Perspectives, 16(3), pp.171–195.

8 Anderson, Digby (1996). Gentility Recalled: Mere Manners and the Making of Social Order. Social Affairs Unit; Carter, Stephen L. (1998). Civility: Manners, Morals, and the Etiquette of Democracy. Basic Books; Forni, P. M. (2002). Choosing Civility: The Twenty-Five Rules of Considerate Conduct. St. Martin's Press; Davetian, Benet (2009). Civility - A Cultural History. University of Toronto Press.

9 https://en.wikipedia.org/wiki/Enron_scandal

10 Scharmer, Otto & Kaufer, Katrin. (2013). Leading from the Emerging Future. San Francisco: Berrett-Koehler Publishers, Inc.

11 인도 야무나 간디 추모공원 비석문.

12 신동엽의 〈껍데기는 가라〉 시에서 알맹이는 본질을, 껍데기는 본질을 감추고 있는 허물을 이야기 한다. 4월은 4.19가 일어난 것을 의미한다. 4.19 정신은 어느새 퇴조하고 대신 껍데기들이 주인역할을 하고 있다는 것을 비유 한다. 동학혁명에서 민족이 흘린 피의 본질도 껍데기들에 의해서 퇴색해버렸다. 아사달 아사녀는 가장 순수한 본 질적인 존재로서의 우리 민족을 상징한다. '두 가슴'과 '그곳'은 인간의 치부를 상징하는 것으로, 치부까지도 숨김 없이 드러낸 가장 근원적이고 본질적인 모습을 말한다. 초례청은 전통 혼례가 열리는 마당으로 보수와 좌파 간 의 이념싸움에 소진되지 않은 민족 화해의 장을 암시한다. 흙 가슴은 대지의 생명력을 지닌 순수하고 깨끗한 민 족혼을 상징한다. 쇠붙이는 전쟁을 위한 무기를 상징할 수도 있고 금전 만능주의적 성향을 이야기 할 수도 있다. 신동엽은 1960년대의 자유민주주의의 한계와 외국 자본에 의한 산업화의 문제점을 비판하면서 '민족의 본질'을 복원할 것을 시화한 대표적 시인이다.

2장

1 Burr, Vivien (1995). An Introduction to Social Constructionism. London: Routledge; Elder-Vass, Dave (2012). The Reality of Social Construction. Cambridge University Press; Berger, Peter L. & Luckmann, Thomas. The Social Construction of Reality: A Treatise in the Sociology of Knowledge. New York: Doubleday; Papert, S. & Harel, I. (1991). Situating Constructionism. Ablex Publishing Corporation.

2 http://www.forbes.com/sites/chuckjones/2015/02/26/apple-continues-to-squeeze-other-smartphone-vendors/

3 스토리는 문자가 생기기 전에 그림과 더불어 사람들에게 역사와 문화를 기억시키는 수단이었다. 세상이 복잡해 지고 추상화되어 사람들이 눈 뜬 장님으로 살아가는 세상이 되자 다시 스토리의 역할이 재평가되고 있다. 인간 의 뇌는 상상 임신의 경우처럼 상상적 체험과 실제적 체험을 구별해내지 못하는 한계를 가지고 있다. 생생한 스 토리는 사람들에게 이 상상적 체험을 동원해서 실질적 체험을 대체하는 효과를 유발한다.

4 http://submittedforyourperusal.com/2010/02/10/the-intersection-of-technology-and-liberal-arts-or-why-apple-is-so-successful/

5 홍하상 (2006). 이건희 세계의 인재를 구하다. 북폴리오; 조일훈 (2013). 이건희 개혁 20년, 또 다른 도전. 김영사.

6 Martin, Roger (2009). The Design of Business: Why Design Thinking is the Next Competitive Advantage. Harvard Business Press.

7 Nolan, Richard L. & Croson, David C. (1995). Creative Destruction: A Six-Stage Process for Transforming the Organization. Harvard Business Press; McCraw, Thomas K. (2009). Prophet of Innovation: Joseph Schumpeter and Creative Destruction. Harvard University Press.

8 Slingerland, Edward & Collard, Mark. (2012). Creating Consilience: Integrating the Sciences and the Humanities. Oxford University Press; 최재천 (2011). 통섭의 식탁. 명진 출판사.

9 황도연 (2010). 과학기술정책 20권 1호, pp.9–19.

10 제임스 길모어, 조지프 파인 2세 (2010). 진정성의 힘. 세종서적.

11 제임스 길모어, 조지프 파인 2세 (2010). 진정성의 힘. 세종서적.

12 제임스 길모어, 조지프 파인 2세 (2010). 진정성의 힘. 세종서적.

13 김창욱, 최병삼 (2014). 플랫폼 경영을 바꾸다. 삼성경제연구소; 조용호 (2012). 플랫폼 전쟁. 21세기 북스.

14 Gawer, Annabelle & Cusumano, Michael A. (2002), Platform Leadership: How Intel, Microsoft, and Cisco Drive Industry Innovation, Boston: Harvard Business School Press; Iansiti, M. & Levien, R. (2004), The Keystone Advantage: What the New Dynamics of Business Ecosystems Mean for Strategy, Innovation, and Sustainability, Boston: Harvard Business School Press; Iansiti, M. & Levien, R. (2004). "Strategy as Ecology", Harvard Business Review 82, no. 3.

15 Quan-Haase, Anabel & Wellman, Barry. "Networks of Distance and Media: A Case Study of a High Tech Firm", Trust and Communities Conference, Bielefeld, Germany, July, 2003; Quan-Haase, Anabel & Wellman, Barry. (2004). "Local Virtuality in a High-Tech Networked Organization", Anaylse & Kritik 26 (Special Issue 1), pp.241-257; Quan-Haase, Anabel & Wellman, Barry. "How Computer-Mediated Hyperconnectivity and Local Virtuality Foster Social Networks of Information and Coordination in a Community of Practice", International Sunbelt Social Network Conference, Redondo Beach, California, February 2005; Quan-Haase, Anabe & Wellman, Barry. "Hyperconnected Network: Computer-Mediated Community in a High-Tech Organization", pp.281-333 in The Firm as a Collaborative Community: Reconstructing Trust in the Knowledge Economy, edited by Charles Heckscher & Paul Adler, New York: Oxford University Press, 2006.

16 대외경제정책연구원 (2014). "2015년 세계경기전망". KIEP 오늘의 세계경제 vol 17.

17 https://www.conference-board.org/

18 http://www.latimes.com/opinion/op-ed/la-oe-alperovitz-economic-stagnation-20140905-story.html

3장

1 Leadership Quarterly Special Issue (2005). "Authentic Leadership Development". Volume 16, Number 3.

4장

1 Kernis, M. H. & Goldman, B. M. (2006). A Multicomponent Conceptualization of Authenticity: Theory and Research. In M. P. Zanna (Ed.), Advances in Experimental Social Psychology, (Vol. 38, pp.283-357). San Diego: Academic Press.

2 Ellinor, Linda & Gerard, Glenna. (1998). Dialogue: Rediscover the Transforming Power of Conversation, John Wiley & Sons. p.174.

3 Erikson, E. H. (1979). Dimensions of a New Identity: The Jefferson Lectures in the Humanities, W. W. Norton & Company, Inc.

4 Kernis, M. H. & Goldman, B. M. (2006). "A Multicomponent Conceptualization of Authenticity: Theory and Research". In M. P. Zanna (Ed.), Advances in Experimental Social Psychology, (Vol. 38, pp.283-357). San Diego: Academic Press.

5 Taylor, Charles. (1989). Sources of the Self: The Making of the Modern Identity. University of Cambridge.

6 박구용 (2003). 우리 안의 타자: 인권과 인정의 철학적 담론 (pp.290-291). 철학과현실사.

7 Yukl, G. A. (1998). Leadership in Organizations. (4th ed.), Englewood Cliffs, NJ: Prentice Hall.

8 Kernis, M. H. & Goldman, B. M. (2006). "A Multicomponent Conceptualization of Authenticity: Theory and Research". In M. P. Zanna (Ed.), Advances in Experimental Social Psychology, (Vol. 38, pp.283-357). San Diego: Academic Press.

9 Shamir, B. & Eilam, G. (2005). "What's Your Story?: A Life-Stories Approach to Authentic Leadership Development". Leadership Quarterly, 16, pp.395-417.

10 George, Bill, Sims, Peter & Gergen, David. (2007). True North: Discover Your Authentic Leadership. Jossey-Bass; George, Bill (2003). Authentic Leadership: Rediscovering the Secrets to Creating Lasting Value. Jossey-Bass.

11 Gardner, W. L., Cogliser, C. C., Davis, K. M., & Dickens, M. P. (2011). "Authentic Leadership: A Review of the Literature and Research Agenda". Leadership Quarterly, 22, pp.1120–1145; Luthans, F. & Avolio, B. J. (2003). "Authentic Leadership Development". In K. S. Cameron, J. E. Dutton, & R. E. Quinn (Eds.), Positive Organizational Scholarship: Foundations of a New Discipline, (pp.241-261). San Francisco: Barrett-Koehler;

Walumbwa, F. O., Avolio, B. J., Gardner, W. L., Wernsing, T. S., & Peterson, S. J. (2008). "Authentic Leadership: Development and Validation of a Theory-Based Measure". Journal of Management, 34, pp.89-126; Gardner, W. L., Avolio, B. J., Luthans, F., May, D. R., & Walumbwa, F. O. (2005). "Can You See the Real Me? A Self-Based Model of Authentic Leader and Follower Development". Leadership Quarterly, 16, pp.343-372; Avolio, B. J. & Gardner, W. L. (2005). "Authentic Leadership Development: Getting to the Root of Positive Forms of Leadership". Leadership Quarterly, 16, pp.315-338.

12 George, W. (2003). Authentic Leadership: Rediscovering the Secrets to Creating Lasting Value. San Francisco: Jossey-Bass; George, W. & Sims, P. (2007). True North: Discover Your Authentic Leadership. San Francisco: Jossey Bass; George, Bill & Baker, Doug. (2011). The True North Groups. San Francisco: Berrett-Koehler Publishers, Inc.

13 윤정구 (2012). 진정성이란 무엇인가? 한언; 윤정구 (2011). "21세기 리더십의 신화들". 리더십연구, 2(3), pp.25-48; 윤정구, 김가진, 홍지혜, 이지예 (2011). "한국에서 진정성 리더십 연구방향". 리더십연구 2(2), pp.3-26; 김보경, 윤정구 (2015). "스포츠팀 지도자의 리더십이 팀 성과에 미치는 영향: 팀 응집력과 팀 효능감의 매개효과를 중심으로". 리더십연구 6(2), pp.33-72; 윤정구 (2012). "21세기 경영의 화두 진정성". 한국경영학회 추천논단, 2012년 5월 4일; 진성리더십 온라인 프로그램으로 '성공조직의 Secret Code', '진성리더십 & 팀 리더를 위한 진성리더십'; 사회일반의 진성리더를 육성하기 위한 프로그램으로 '진성리더십아카데미'를 참조. 저자의 박사연구원들도 진성리더십 연구에 기여하고 있다. 대표적으로는 다음과 같은 논문들이 있다. 정예지 (2014). "변혁적 리더십과 진성리더십이 팀 성과에 미치는 차별적 효과에 관한 연구". 경영학연구 43(3), pp.705-743; 정예지, 이수정, 김문주 (2012). "변혁적 리더 대 진성리더: 변혁적 리더십의 재조명". 경영학 연구 41(3), pp.539-573; 정예지, 김문주 (2013). "진성리더십이 심리적 웰빙과 팀성과에 미치는 영향에 관한 연구". 조직과 인사관리연구 37(2), pp.181-216; 최우재, 조윤형(2013). "진성리더십이 부하의 심리적 웰빙과 적응적 수행성과에 미치는 영향: 자기권능감의 매개효과". 인사조직연구, 21(1), pp.185-228.

14 윤정구 (2010). 100년 기업의 변화경영. 지식노마드.

15 Avolio, B. J. & Gardner, W. L. (2005). "Authentic Leadership Development: Getting to the Root of Positive Forms of Leadership". Leadership Quarterly 16, pp.315-338.

16 http://www.iep.utm.edu/james-o/

17 만델라 (2013). 나 자신과의 대화 - 넬슨 만델라 최후의 자서전. 알에이치코리아.

5장

1 Gardner, W. L., Cogliser, C. C., Davis, K. M., & Dickens, M. P. (2011). "Authentic Leadership: A Review of the Literature and Research Agenda". Leadership Quarterly, 22, pp.1120-1145; George, W. & Sims, P. (2007). True North: Discover Your Authentic Leadership. San Francisco: Jossey Bass; George, W. (2003). Authentic Leadership: Rediscovering the Secrets to Creating Lasting Value. San Francisco: Jossey-Bass; Luthans, F. & Avolio, B. J. (2003). "Authentic Leadership Development". In K. S. Cameron, J. E. Dutton, & R. E. Quinn (Eds.), Positive Organizational Scholarship: Foundations of a New Discipline, (pp.241-261). San Francisco: Barrett-Koehler; Walumbwa, F. O., Avolio, B. J., Gardner, W. L., Wernsing, T. S., & Peterson, S. J. (2008). "Authentic Leadership: Development and Validation of a Theory-Based Measure". Journal of Management, 34, pp.89-126; Gardner, W. L., Avolio, B. J., Luthans, F., May, D. R., & Walumbwa, F. O. (2005). "Can You See the Real Me? A Self-Based Model of Authentic Leader and Follower Development". Leadership Quarterly, 16, pp.343-372; Avolio, B. J. & Gardner, W. L. (2005). "Authentic Leadership Development: Getting to the Root of Positive Forms of Leadership". Leadership Quarterly, 16, pp.315-338; Peus, C., Weschem J. S., Streicher, B., Braun, S. & Frey, D. (2012). "Authentic Leadership: An Empirical Test of its Antecedents, Consequences, and Mediating Mechanisms". Journal of Business Ethics, 107, pp.331-348.

2 Johnson-Laird, P. N. (1983). Mental Models: Towards a Cognitive Science of Language, Inference, and Consciousness. Cambridge: Cambridge University Press; Gentner, Dedre & Stevens, Albert L. (Ed.). (1983). Mental Models. Hillsdale NJ: Lawrence Erlbaum Associates.

3 Bascomb, Neal. (2005). The Perfect Mile: Three Athletes, One Goal, and Less Than Four Minutes to Achieve It. New York: Houghton Mifflin Company.

4 Heider, F. (1958). The Psychology of Interpersonal Relation. John Wiley & Sons.

5 긍정심리학자 셀리그만(Seligman)도 정신모형을 세상에서 일어나는 사건들에 대해서 느끼고 해석하는 스토리

텔링 박스라고 묘사하고 있다. 이 믿음의 박스가 어떤 스토리를 프레이밍 하는지에 따라서 우리는 불행해지기도 하고 행복해지기도 한다. 이 스토리텔링 박스가 어떤 프리즘으로 이야기를 생산해 내는지에 따라 우리는 행동을 하기도 하고 안 하기도 하며, 적극적으로 행동하기도 하고 수동적으로 행동하기도 한다. 삼원학습에서는 더 생산적이고 아름답고 건강한 스토리를 생산해낼 수 있는 정신모형을 만들고 검증하는 과정을 학습의 핵심이라고 규정한다.

6 이와 같은 입장을 구성주의(Constructionism)라고 한다.
7 Goffman, E. (1974). Frame Analysis: An Essay on the Organization of Experience. London: Harper and Row.
8 Ricoeur, P. (1992). Oneself as Another. Chicago: University of Chicago Press; Sparrowe, R. (2005). "Authentic Leadership and the Narrative Self". Leadership Quarterly 16, pp.419–439; Shamir, B. & Eilam, G. (2005). "What's Your Story? A Life-Stories Approach to Authentic Leadership Development". Leadership Quarterly, 16, pp.395–417.
9 해석학(Hermeneutics)은 스토리의 의미에 관심을 갖는 이론이다. 해석이론들은 저자와 독자 그리고 스토리 사이에 발견된 관계들에 초점을 둔다. 스토리의 의미는 저자의 의도를 기반으로 독자의 지평과 저자의 지평이 만나는 지점에 의해 결정된다고 보고 이 의미를 찾아서 연구하는 학문이 해석학이다.
10 Ricoeur, P. (1992). Oneself as Another. Chicago: University of Chicago Press; Sparrowe, R. (2005). "Authentic Leadership and the Narrative Self". Leadership Quarterly 16, pp.419–439; Shamir, B. & Eilam, G. (2005). "What's Your Story? A Life-Stories Approach to Authentic Leadership Development". Leadership Quarterly, 16, pp.395–419.
11 George, Bill & Sims, Peter & Gergen, David. (2007). True North: Discover Your Authentic Leadership. Jossey-Bass; George, Bill (2003). Authentic Leadership: Rediscovering the Secrets to Creating Lasting Value. Jossey-Bass.
12 Burr, Vivien. (1995). An Introduction to Social Constructionism. London: Routledge; Elder-Vass, Dave (2012). The Reality of Social Construction. Cambridge University Press; Berger, Peter L. and Luckmann, Thomas. The Social Construction of Reality: A Treatise in the Sociology of Knowledge. Doubleday; Papert, S. & Harel, I. (1991). Situating Constructionism. Ablex Publishing Corporation. pp.193–206.
13 윤정구 (2012). 진정성이란 무엇인가? 한언.
14 짐 코리건 (2009). 스티브 잡스 이야기. 명진 출판사.
15 Collins, Jim (2009). How The Mighty Fall: And Why Some Companies Never Give In. New York: Harper Collins Publishers.
16 마셜 골드스미스 외 (2012). 모조. 리더스북.
17 안나 레드샌드 (2008). 빅터 프랑클: 죽음의 수용소에서 삶의 의미를 찾다. 두레.
18 설정된 자기규율 과제들은 측정과 평가를 통해서 관리되고 그 달성수준이 점점 높은 단계로 개선되어야 한다. 중요한 자기규율 과제일수록 보이지 않는 영역에 속할 가능성이 높다. 중요한 것은 보이지 않는다 하더라도 이것들은 측정되어야 비로소 관리되고 개선되어질 수 있다. 보이지 않는 중요한 자기규율 과제들을 측정하고 이를 개선해나가는 일이 보이는 일을 측정 관리하는 것보다 훨씬 중요하다. 실패와 성공이 측정되고 평가되지 않으면 이에 대한 개선도 주먹구구식일 수밖에 없다. 따라서 자기규율 과제가 설정되면 이 과제의 성공과 실패를 가늠해줄 수 있는 지표를 만들어 이 지표를 측정할 수 있는 잣대를 만들어야 한다. 이 지표에 대한 측정 잣대가 만들어지면 이 잣대를 중심으로 설정된 일정 기간 동안 달성할 수 있는 목표치를 설정해야 한다. 설정된 기간 동안 달성한 목표치의 수치가 나오면 이 목표대비 어느 정도나 달성되었는지가 평가되고 차이가 생겼을 경우는 차이의 원인을 분석해서 다음 목표치에 반영해야 한다.
19 김구 (2002) 백범일지. 돌베개.
20 토머스 키다 (2006). 생각의 오류. 열음사.
21 자기 편향적 귀인(Fundamental Error of Self-Biased Attribution)은 어떤 일이 잘 되었을 때는 자기 탓으로 돌리고 잘못되었을 때는 남 탓으로 돌려서 설명하는 경향을 말한다. 자존감을 고양시키려는 의도가 이런 편향된 귀인을 만드는 것으로 알려져 있다.
22 Sherman, S. J. & Corty, E. (1984). Cognitive Heuristics. In R. S. Wyer & T. K. Sruli (Eds.), Handbook of Social Cognition (Vol. 1, pp.189–286). Hillsdale, NJ: Eribaum; Eysenck, M. W. & Keane, M. T. (2000). Cognitive Psy-

chology: A Student's Handbook, Taylor and Frances, London; Schwarz, N., Bless, H., Strack, F. & Klumpp, G. (1991). "Ease of Retrieval as Information: Another Look at the Availability Heuristic". Journal of Personality and Social Psychology, 61(2), pp.195–202; Kahneman, Daniel, Slovic, Paul & Tversky, Amos. (eds.). (1982). Judgment under Uncertainty: Heuristics and Biases. Cambridge University Press.

23 윤정구 (2010). 100년 기업의 변화경영. 지식노마드. 3부 참조.

24 Cooley, Charles H. (1992). Human Nature and the Social Order. New York: Cooley, Charles H. (1998). On Self and Social Organization. Chicago: University of Chicago Press, pp.20–22.

25 상대의 피드백을 거울로 이용하는 것은 요하리 창(Johari's Window)에서 상대방은 알고 있으나 정작 자신은 모르는 눈먼 자아(Blind Self)를 찾아서 진정성을 회복하는데 많은 도움이 된다. 그러기 위해서는 자신의 약점은 숨기고 장점만 남들에게 공개하는 감춰진 자아(Hidden Self)의 문제를 스스로가 먼저 고쳐나가야 한다. 즉, 자신의 장점뿐만 아니라 약점도 충분히 공개하는 모습을 리더가 먼저 보여주어야 한다.

26 사회적 자본에는 도구적 사회적 자본, 정서적 사회적 자본, 규범적 사회적 자본이 있다. 도구적 사회적 자본은 상대와 내가 서로에게 필요한 것을 가지고 있어서 이것으로 서로에게 도움을 줄 수 있는 한 서로를 믿고 의지하는 관계를 말한다. 서로에게 더 이상 도움이 안 되는 순간 서로에 대한 믿음도 자동적으로 종결된다. 정서적 사회적 자본은 친한 친구관계에서 동원될 수 있는 관계적 자본이다. 서로가 친구이기 때문에 믿고 의지하는 관계이다. 친한 친구가 도움을 요청하면 대개는 도와주게 마련이다. 그러나 이 도움도 자신의 희생의 범위를 크게 벗어나지 못한 정도에서나 가능하다. 나에게 큰 희생을 요구하는 도움을 요청할 경우는 오히려 친구관계가 끊어질 개연성이 높다. 친구관계의 사회적 자본은 그 목적이 일 이외의 것들을 나눔으로써 사회생활에서 쌓인 스트레스도 해소하고 기쁜 일이 있으면 서로 축하해주고 어려운 일이 있으면 서로 격려해주는 수준이다. 규범적 사회적 자본은 내가 어려운 일이 있을 때만 그 존재를 알아 볼 수 있다. 내가 아주 어려운 상황에 도달했을 경우 자신에게도 크나큰 희생이 됨에도 불구하고 기꺼이 자신을 희생하며 자원을 동원해주는 관계라면 둘 사이에는 규범적 사회적 자본을 형성한 관계이다. Adler, Paul & Kwon, Seok-Woo. (2002). "Social Capital: Prospects for a New Concept". Academy of Management Review 27, pp.17–40.

27 Putnam, Robert. (2000). Bowling Alone: The Collapse and Revival of American Community. Simon & Schuster; Coleman, J. S. (1990). Foundations of Social Theory, Cambridge MA, Harvard University Press; Coleman, James (1988). "Social Capital in the Creation of Human Capital". American Journal of Sociology Supplement 94: S95–S120; Fukuyama, F. (1992). The End of History and the Last Man, London, Penguin.

28 Fromm, Erich (1941). Escape from Freedom. New York: Henry Holt and Company; Fromm, Erich (1997). On Being Human. London: The Continuum International Publishing Group Ltd.

29 소유론적 관계의 극단적인 예는 카니발리즘의 식인 풍습이다. 카니발리즘은 다른 사람을 먹을 경우 그 사람이 소유한 것을 소유할 수 있다는 믿음에 근거한 것이다.

30 신일철 외 (1992). 프랑크푸르트 학파. 청람문화사.

31 Habermas, Jürgen. (1987). The Theory of Communicative Action. Third Edition, Vols. 1 & 2, Beacon Press; Habermas, Jürgen (1990). Moral Consciousness and Communicative Action, MIT Press.

32 McGregor, Douglas (2006). The Human Side of Enterprise. New York: McGraw-Hill.

33 아빈저 연구소(Arbinger Institute)에서 출판한 『리더십과 자기기만』이란 저서는 소유론적 관계의 삶이 리더의 삶을 어떻게 파괴시키고 있는지를 잘 보여준다. 소유론적 관계는 상자 속에서 다른 사람을 이해하려는 노력이며 존재론적 관계는 상자 밖에서 다른 사람을 이해하려는 노력이다. 여기서 상자라 함은 자신의 낡은 정신모형 이다. 상자 안에 갇혀 있는 상태 속에서는 자신이 옳다고 생각하는 행동을 하지 않는 자기배반과 오히려 정반대로 행위를 하는 상태인 자기기만에 빠지게 된다. 인간은 자신이 해야 할 일을 하지 않음으로써 생기는 자기배반을 정당화하기 위해 지속적으로 상자 밖의 모든 것을 내 상자 안에서 판단하는 자기기만이라는 행동 오류를 범하고 있다. 자기배반과 자기기만은 개인, 가족, 조직, 사회 전체의 삶을 파괴시키는 원동력이다. 결국 내가 미워하는 누군가의 모습은 그 사람 자체보다 내가 만들어 놓은 정신모형의 허상이다. 상자 안에 있을 경우는 타인은 하나의 물건으로 취급된다. 자신의 정신모형 의 프리즘에 의해서 이해한 상대만이 보이기 때문에 상대는 나에게 항상 종속되어 있는 대상물이 된다.

6장

1 Hamel and Prahalad (1989; 1994)는 전략적 의도란 명확한 목적을 설정하고 이것을 중심으로 소통함으로써 자원들이 제대로 할당되도록 하는 것으로 규정하고 있다. 이 전략적 의도는 구성원들을 동기화시키고 이들을 정서적이고 창의적인 에너지를 활성화 시키는 원동력이 된다고 본다. 전략적 의도는 개인의 공헌이 모여서 시너지를

창출하는 목적의식을 창출하게 된다. 이 전략적 의도가 제대로 작동되기 위해서는 이 원리가 충분한 시간동안 일관되게 조직의 모든 수준에서 적용되어질 것이 요구되어진다. (1994: p.130); Collins and Porras (1991, p.36)는 회사가 가진 정신모형 II를 살려내는 규율, 일관성을 비저너리 컴퍼니와 일반회사를 구별해내는 차별화 포인트로 규정하고 있다. 비저너리 컴퍼니는 1%의 정신모형 II와 99%의 정렬에 의해서 완성된다고 본다.

2 Kegan, Robert & Lahey, Lisa Laskow. (2001). "The Real Reason People Won't Change". Harvard Business Review. December, pp.85–91.

3 Argyris, C. (1976). "Single-Loop and Double-Loop Models in Research on Decision Making". Administrative Science Quarterly, 21(3), pp.363–375; Kegan, R. & Lahey, L. (2001). "The Real Reason People Won't Change". Harvard Business Review, 79(10), pp.85–89; 윤정구 (2010). 100년 기업의 변화경영. 지식노마드; 윤정구 (2012). 진정성이란 무엇인가? 한언.

4 삶을 지속적인 학습과정으로 묘사한 좋은 참고도서로는 이창준의 〈진짜 공부는 서른에 시작된다〉를 볼 것. 이창준 (2011). 진짜 공부는 서른에 시작된다. 리더스북.

5 한국경제, 파워 기업인 생생토크, 2013-05-17. 김낙훈 기자.

6 Haidt, J. (2003). "The Moral Emotions". In R. J. Davidson, K. R. Scherer & H. H. Goldsmith, Handbook of Affective Sciences. (pp.852–870). Oxford: Oxford University Press; Tangney, J. P., Stuewig, J. & Mashek, D. J. (2007). "Moral Emotions and Moral Behavior". Annual Review of Psychology 58, pp.345–372.

7 Luthans, F. & Yousesef, C. M. (2004). "Human, Social, and Not Positive Psychological Capital Management: Investing in People for Competitive Advantage". Organizational Dynamics 33(2), pp.143–160; Cameron, K., Dutton, J. & Quinn, R. (2003). Positive Organizational Scholarship. San Francisco: Berrett-Koehler; Luthans, F. (2002). "The Need for and Meaning of Positive Organizational Behavior". Journal of Organizational Behavior 23, pp.695–706.

8 Fredrickson, B. L. (1988). "What Good Are Positive Emotions?". Review of General Psychology 2, pp.300–319.

9 감사나눔신문 2014. 2. 16일 "봉사·도전·감사 '행복공동체' 실현 '감사기업' 네패스 탐방".

10 Jensen, S. M. & Luthans, F. (2006). "Relationship between Entrepreneurs' Psychological Capital and Their Authentic Leadership". Journal of Managerial Issues, 18, pp.254–273.

11 미네소타의 쌍둥이 실험에 의하면 인성은 부모로부터 유전에 의해 50%, 환경으로부터 50%의 영향에 의해서 결정되는 것으로 알려있다. 하지만 길들여지는 환경적 요인 50%도 대부분 부모의 생활환경이나 부모의 기대를 벗어나지 못한다. 부모로부터의 영향에서 벗어나 환경적 50%를 자신만의 스토리로 만들어 내는 사람들이 리더이다. 이 만들어진 50% 중 리더가 스스로의 스토리로 만들어낸 부분이 품성이다.

12 최근 뇌과학의 연구는 사람들이 품성을 형성했을 때 이 품성을 지지해주기 위해서 시냅스 구조가 변화함을 보여주는 연구결과들을 내놓고 있다.

13 French, J. & Raven, B. (1959). "The Bases of Social Power". In Studies in Social Power, D. Cartwright, Ed., pp.150–167. Ann Arbor, MI: Institute for Social Research.

14 Lewin, Kurt. "Field Theory in Social Science: Selected Theoretical Papers" (Edited by Dorwin Cartwright). Oxford, England: Harpers.

15 Schneider, B. (1987). "The People Make the Place". Personnel Psychology, 40, pp.437–453.

16 McGregor, D. (1960). The Human Side of Enterprise. New York, McGraw Hill.

17 Kark, R., Shamir, B. & Ghen, G. (2003). "The Two Faces of Transformational Leadership". Journal of Applied Psychology, 88 (2), pp.246–255

7장

1 자신의 정신모형을 지키는 쪽의 의사결정 루틴을 방어전략(Defensive Routine)이라고 칭한다.

2 이들 각자는 가용성 휴리스틱(Availability Heuristic), 대표성 휴리스틱(Representative Heuristic), 함몰비용 휴리스틱(Sunk Cost Heuristic), 사후확신편향, 전망이론(Prospect Theory) 편향을 말한다.

3 https://www.youtube.com/watch?v=5k6hLklRksA

4   Hamel & Prahalad (1989; 1994); Collins & Porras (1991, p.36).
5   오세웅 (2014). 7분간의 기적. 쌤앤파커스.
6   제프리 페퍼, 로버트 서튼 (2010). 생각의 속도로 실행하라. 지식노마드
7   http://www2.deloitte.com/

8장

1   스캇 펙 (2007). 거짓의 사람들. 비전과 리더십. "악한 사람들의 핵심적인 결함은 죄에 있는 것이 아니라 죄를 인정하는 것을 거부하는 마음에 있다". (p.123).
2   사회적 자본은 다른 사람과의 신뢰 관계를 맺고 있기 때문에 다른 사람의 자원을 마치 자신의 자본처럼 이용할 수 있는 개연성을 말한다.
3   http://www.brainyquote.com/quotes/authors/m/michael_jordan.html.
4   http://www.brainyquote.com/quotes/authors/m/thomas_edison.html.
5   http://www.parkyoungseok.com/Front/about/park.html
6   랜디 포시 (2008). 마지막 강의. 살림.
7   하타무라 요타로 (2008). 나와 조직을 살리는 실패학의 법칙. 들녘미디어.
8   닛케이벤처 (2010). 경영의 맛수. 비즈니스 북.
9   이인석 (2002). 히딩크 리더십. 리더스클럽; 황보윤 (2002). Leadership 히딩크에게 배워라. 거리온; 정해성 외 (2002). 히딩크 500일의 기록. 컴온스포츠.
10 스캇 펙 (2011). 아직도 가야할 길. 율리시즈.
11 Goldsmith, Marshall (2012). Feedforward: Comic Book. Round Table Press; Carter, Louis et al. (2001). Best Practices in Organization Development and Change: Culture, Leadership, Retention, Performance, Coaching, Jossey-Bass, San Francisco.
12 플라톤 (1999). 소크라테스의 변명. 문예출판사.
13 헬렌 켈러 (2008). 사흘만 볼 수 있다면. 산해.
14 http://www.cinecine.co.kr
15 존 그레이 (2010). 화성에서 온 남자 금성에서 온 여자. 동녘 라이프.
16 Thomas, K. W. & R. H. Kilmann. (1974). Thomas-Kilmann Conflict Mode Instrument, Sterling Forest, NY: Xicom, Inc.
17 Ury, William L., Fisher, Roger, & Patton, Bruce M. (1992). Getting to Yes: Negotiating Agreement Without Giving. Penguin Books.
18 Lawler, Edward & Yoon, Jeongkoo. (1993). "Power and the Emergence of Commitment Behavior in Negotiated Exchange". American Sociological Review, 58, pp.465–481; Lawler, Edward & Yoon, Jeongkoo. (1996). "Commitment in Exchange Relations: Test of a Theory of Relational Cohesion". American Sociological Review, 61, pp.89–108
19 O'Reilly, C. A. & Tushman, M. L. (2007). "Ambidexterity as a Dynamic Capability: Resolving the Innovator"s Dilemma". Research in Organizational Behavior, 28.
20 March, J. G. (1991). "Exploration and Exploitation in Organizational Learning". Organization Science, 2, pp.71–87.
21 Dawkins, Richard (1989). "The Selfish Gene". (2 ed.), Oxford University Press. "We need a name for the new replicator, a noun that conveys the idea of a unit of cultural transmission, or a unit of imitation. 'Mimeme' comes from a suitable Greek root, but I want a monosyllable that sounds a bit like 'gene'. I hope my classicist friends will forgive me if I abbreviate mimeme to meme. If it is any consolation, it could alternatively be thought of as being related to 'memory', or to the French word même. It should be pronounced to rhyme

with 'cream'." (p.192).

9장

1. Kaplan, Robert S & Norton, D. P. (1992). "The Balanced Scorecard – Measures That Drive Performance". Harvard Business Review (January–February), pp.71–79; Kaplan, Robert S & Norton, D. P. (1996). The Balanced Scorecard: Translating Strategy into Action. Boston, MA.: Harvard Business School Press.
2. Rajendra, S. Sisodia, David, B. wolfe & Sheth, Jagdish N. (2007). Firms of Endearment: How World Class Companies Profit from Passion and Purpose. Upper Saddle River, NJ: Pearson Education.
3. Mackey, John, Friedman, Milton & Rodgers, T. J. (2005). "Rethinking the Social Responsibility of Business". Reason, October, pp.79–87.
4. Wood, Donna (1991). "Corporate Social Performance Revisited". Academy of Management Review 16, pp.691–718.
5. 윤정구 (2010). 100년 기업의 변화경영. 지식노마드.
6. 윤정구 (2012). 진정성이란 무엇인가?. 한언.
7. Cooper, C., Scandura, T. A., & Schriesheim, C. A. (2005). "Looking forward but Learning from Our Past: Potential Challenges to Developing Authentic Leadership Theory and Authentic Leaders". Leadership Quarterly 16, pp.475–495; Shamir, B. & Eilam, G. (2005). "What is Your Story? A life-Stories Approach to Authentic Leadership Development". Leadership Quarterly, 16, pp.395–419.
8. Ricoeur, P. (1992). Oneself as Another. Chicago: University of Chicago Press; Sparrowe, R. (2005). "Authentic Leadership and the Narrative Self". Leadership Quarterly 16, pp.419–439; Shamir, B. & Eilam, G. (2005). "What is Your Story? A Life-Stories Approach to Authentic Leadership Development". Leadership Quarterly, 16, pp.395–419.
9. George, Bill & Baker, Doug (2011). The True North Groups. San Francisco: Berrett-Koehler Publishers, Inc.
10. Tuckman, Bruce (1965). "Developmental Sequence in Small Groups". Psychological Bulletin 63 (6), pp.384–99; White, Alasdair A. K. (2009). From Comfort Zone to Performance Management. White & MacLean Publishing; Blanchard, Ken & Parisi-Carew, Eunice (2009). The One Minute Manager Builds High Performing Teams. William Morrow.
11. Schein, E. H. (1992). Organizational Culture and Leadership. San Francisco: Jossey-Bass; Cooper, C. D., Scandura, T. A., & Schriesheim, C. A. (2005). "Looking forward but Learning from Our Past: Potential Challenges to Developing Authentic Leadership Theory and Authentic Leaders". Leadership Quaterly 16, pp.475–495

10장

1. Stogdill, R. M. (1948). "Personal Factors Associated with Leadership: A Survey of the Literature". Journal of Psychology 25, pp.35–71; Lord, R. G., De Vader, C. L. & Alliger, G. M. (1986). "A Meta-Analysis of the Relation between Personality Traits and Leader Perceptions: An Application of Validity Generalization Procedures". Journal of Applied Psychology 71, pp.402–410; Kenny, D. A. & Zaccaro, S. J. (1983). "An Estimate of Variance Due to Traits in Leadership". Journal of Applied Psychology 68, pp.678–685; Mann, R. D. (1959). "A Review of the Relationship between Personality and Performance in Small Groups". Psychological Bulletin 56, pp.241–270.
2. Northhouse, Peter G. (2010). Leadership. Sage Publication.
3. The Ohio State University (n.d.). "Leader Behavior Description Questionnaire (LBDQ)". http://fisher.osu.edu/offices/fiscal/lbdq.
4. Katz, D., Maccoby, N., & Morse, N. (1950). Productivity, Supervision, and Morale in an Office Situation. Ann Arbor, MI: Institute for Social Research.
5. Blake, R. & Mouton, J. (1964). The Managerial Grid: The Key to Leadership Excellence. Houston: Gulf Publishing Co.

6   Fiedler, F. (1964). "A Contingency Model of Leadership Effectiveness". In L. Berkowitz (ed.), Advances in Experimental Social Psychology. vol 1. pp.149–190. New York: Academic Press.

7   Blanchard, K. H. (1985). SLII: A Situational Approach to Managing People. Escondido, CA: Blanchard Training and Development.

8   House, Robert J. & Mitchell, T. R. (1974). "Path-Goal Theory of Leadership". Journal of Contemporary Business 3, pp.l-97; House, Robert J. (1996). "Path-Goal Theory of Leadership: Lessons, Legacy, and a Reformulated Theory". Leadership Quarterly 7 (3), pp.323-352.

9   Vroom, Victor H. (1964). Work and Motivation. John Wiley & Sons, Inc.; Vroom, Victor H. & Yetton, Phillip W. (1973). Leadership and Decision-Making. Pittsburgh: University of Pittsburgh Press; Vroom, Victor H. & Jago, Arthur G. (1988). The New Leadership: Managing Participation in Organizations. Englewood Cliffs, NJ: Prentice-Hall.

10   Kahn, R. L., Wolfe, D. M., Quinn, R. P., Snoek, J. D. & Rosenthal, R. A. (1964). Organizational Stress: Studies in Role Conflict and Ambiguity. New York: Wiley.

11   Graen, G. B., Novak, M. A. & Sommerkamp, P. (1982). "The Effects of Leader-Member Exchange and Job Design on Productivity and Satisfaction: Testing a Dual Attachment Model". Organizational Behavior & Human Performance 30 (1), pp.109-131; Dansereau, F., Graen, G., & Haga, W. J. (1975). "A Vertical Dyad Linkage Approach to Leadership within Formal Organizations: A Longitudinal Investigation of the Role Making Process". Organizational Behavior & Human Performance 13 (1), pp.46-78.

12   Linden, R., Sparrowe, R. T. & Wayne, S. J. (1997). "Leader Member Exchange Theory: The Past and Potential for the Future". Research in Personnel and Human Resources Management, 5, pp.47–119. JAI Press Inc.

13   Kerr, S., & Jermier, J. M. (1978). "Substitutes for Leadership: Their Meaning and Measurement". Organizational Behavior and Human Performance, 23, pp.375–403.

14   Meindl, J. R., Ehrlich, S. B. & Dukerich, J. M. (1985). "The Romance of Leadership". Administrative Science Quarterly 30, pp.78-102.

15   Kuhnert, K. W. & Lewis, P. (1987). "Transactional and Transformational Leadership: A Constructive/Developmental Analysis". Academy of Management Review 12(4), pp.648–657.

16   House, R. J. (1977). A 1976 Theory of Charismatic Leadership. In J. G. Hunt & L. L. Larson (Eds.), The Cutting Edge pp.189–207. Carbondale: Southern Illinois University Press; Conger, J. A. & Kanungo, R. N. (1987). "Toward a Behavioral Theory of Charismatic Leadership in Organizational Settings". Academy of Management Review, 12, pp.637–647; Conger, J. A. & Kanungo, R. N. (1998). Charismatic Leadership in Organizations. Thousand Oaks, CA: Sage.

17   Bass, Bernard M. (1985). Leadership and Performance beyond Expectation. New York: Free Press; Burns, James M. (1978). Leadership. New York: Harper & Row; Tichy, Noel & Ulrich, D. (1984). "The Leadership Challenge: A Call for the Transformational Leader", Sloan Management Review, 26(1), p.63.

18   Conger, J. A. & Kanungo, R. N. (1987). "Toward a Behavioral Theory of Charismatic Leadership in Organizational Settings". Academy of Management Review, 12, pp.637–647.

19   Bass, B. M. & Riggio, R. E. (2006). Transformational Leadership (2nd ed.). Mahwah, NJ: Lawrence Erlbaum Associates Publishers; Burns, J. M. (1978). Leadership. New York: Harper and Row Publishers Inc.

20   Lipman-Blumen, J. (2005). The Allure of Toxic Leaders. New York: Oxford, University Press Inc.

11장

1   Manz, Charles C. & Sims Jr, Henry P. (2001). The New SuperLeadership. San Francisco, CA: Berrett-Koehler Publishers, Inc. p.77

2   Manz, Charles C. & Sims Jr, Henry P. (2001). The New SuperLeadership. San Francisco, CA: Berrett-Koehler Publishers, Inc.

3   Stewart, G. L. & Manz, C. C. (1995). "Leadership for Self-Managing Work Teams: A Typology and Integrative Model". Human Relations 48, pp.747-770.

with 'cream'." (p.192).

9장

1. Kaplan, Robert S & Norton, D. P. (1992). "The Balanced Scorecard – Measures That Drive Performance". Harvard Business Review (January–February), pp.71–79; Kaplan, Robert S & Norton, D. P. (1996). The Balanced Scorecard: Translating Strategy into Action. Boston, MA.: Harvard Business School Press.
2. Rajendra, S. Sisodia, David, B. wolfe & Sheth, Jagdish N. (2007). Firms of Endearment: How World Class Companies Profit from Passion and Purpose. Upper Saddle River, NJ: Pearson Education.
3. Mackey, John, Friedman, Milton & Rodgers, T. J. (2005). "Rethinking the Social Responsibility of Business". Reason, October, pp.79–87.
4. Wood, Donna (1991). "Corporate Social Performance Revisited". Academy of Management Review 16, pp.691–718.
5. 윤정구 (2010). 100년 기업의 변화경영. 지식노마드.
6. 윤정구 (2012). 진정성이란 무엇인가?. 한언.
7. Cooper, C., Scandura, T. A., & Schriesheim, C. A. (2005). "Looking forward but Learning from Our Past: Potential Challenges to Developing Authentic Leadership Theory and Authentic Leaders". Leadership Quarterly 16, pp.475–495; Shamir, B. & Eilam, G. (2005). "What is Your Story? A life–Stories Approach to Authentic Leadership Development". Leadership Quarterly. 16, pp.395–419.
8. Ricoeur, P. (1992). Oneself as Another. Chicago: University of Chicago Press; Sparrowe, R. (2005). "Authentic Leadership and the Narrative Self". Leadership Quarterly 16, pp.419–439; Shamir, B. & Eilam, G. (2005). "What is Your Story? A Life–Stories Approach to Authentic Leadership Development". Leadership Quarterly. 16, pp.395–419.
9. George, Bill & Baker, Doug (2011). The True North Groups. San Francisco: Berrett-Koehler Publishers, Inc.
10. Tuckman, Bruce (1965). "Developmental Sequence in Small Groups". Psychological Bulletin 63 (6), pp.384–99; White, Alasdair A. K. (2009). From Comfort Zone to Performance Management. White & MacLean Publishing; Blanchard, Ken & Parisi-Carew, Eunice (2009). The One Minute Manager Builds High Performing Teams. William Morrow.
11. Schein, E. H. (1992). Organizational Culture and Leadership. San Francisco: Jossey-Bass; Cooper, C. D., Scandura, T. A., & Schriesheim, C. A. (2005). "Looking forward but Learning from Our Past: Potential Challenges to Developing Authentic Leadership Theory and Authentic Leaders". Leadership Quaterly 16, pp.475–495

10장

1. Stogdill, R. M. (1948). "Personal Factors Associated with Leadership: A Survey of the Literature". Journal of Psychology 25, pp.35–71; Lord, R. G., De Vader, C. L. & Alliger, G. M. (1986). "A Meta-Analysis of the Relation between Personality Traits and Leader Perceptions: An Application of Validity Generalization Procedures". Journal of Applied Psychology 71, pp.402–410; Kenny, D. A. & Zaccaro, S. J. (1983). "An Estimate of Variance Due to Traits in Leadership". Journal of Applied Psychology 68, pp.678–685; Mann, R. D. (1959). "A Review of the Relationship between Personality and Performance in Small Groups". Psychological Bulletin 56, pp.241–270.
2. Northhouse, Peter G. (2010). Leadership. Sage Publication.
3. The Ohio State University (n.d.). "Leader Behavior Description Questionnaire (LBDQ)". http://fisher.osu.edu/offices/fiscal/lbdq.
4. Katz, D., Maccoby, N., & Morse, N. (1950). Productivity, Supervision, and Morale in an Office Situation. Ann Arbor, MI: Institute for Social Research.
5. Blake, R. & Mouton, J. (1964). The Managerial Grid: The Key to Leadership Excellence. Houston: Gulf Publishing Co.

6. Fiedler, F. (1964). "A Contingency Model of Leadership Effectiveness". In L. Berkowitz (ed.), Advances in Experimental Social Psychology. vol 1, pp.149–190. New York: Academic Press.

7. Blanchard, K. H. (1985). SLII: A Situational Approach to Managing People. Escondido, CA: Blanchard Training and Development.

8. House, Robert J. & Mitchell, T. R. (1974). "Path–Goal Theory of Leadership". Journal of Contemporary Business 3, pp.1–97; House, Robert J. (1996). "Path–Goal Theory of Leadership: Lessons, Legacy, and a Reformulated Theory". Leadership Quarterly 7 (3), pp.323–352.

9. Vroom, Victor H. (1964). Work and Motivation. John Wiley & Sons, Inc.; Vroom, Victor H. & Yetton, Phillip W. (1973). Leadership and Decision-Making. Pittsburgh: University of Pittsburgh Press; Vroom, Victor H. & Jago, Arthur G. (1988). The New Leadership: Managing Participation in Organizations. Englewood Cliffs, NJ: Prentice-Hall.

10. Kahn, R. L., Wolfe, D. M., Quinn, R. P., Snoek, J. D. & Rosenthal, R. A. (1964). Organizational Stress: Studies in Role Conflict and Ambiguity. New York: Wiley.

11. Graen, G. B., Novak, M. A. & Sommerkamp, P. (1982). "The Effects of Leader–Member Exchange and Job Design on Productivity and Satisfaction: Testing a Dual Attachment Model". Organizational Behavior & Human Performance 30 (1), pp.109–131; Dansereau, F., Graen, G., & Haga, W. J. (1975). "A Vertical Dyad Linkage Approach to Leadership within Formal Organizations: A Longitudinal Investigation of the Role Making Process". Organizational Behavior & Human Performance 13 (1), pp.46–78.

12. Linden, R., Sparrowe, R. T. & Wayne, S. J. (1997). "Leader Member Exchange Theory: The Past and Potential for the Future". Research in Personnel and Human Resources Management, 5, pp.47–119. JAI Press Inc.

13. Kerr, S., & Jermier, J. M. (1978). "Substitutes for Leadership: Their Meaning and Measurement". Organizational Behavior and Human Performance, 23, pp.375–403.

14. Meindl, J. R., Ehrlich, S. B. & Dukerich, J. M. (1985). "The Romance of Leadership". Administrative Science Quarterly 30, pp.78–102.

15. Kuhnert, K. W. & Lewis, P. (1987). "Transactional and Transformational Leadership: A Constructive/Developmental Analysis". Academy of Management Review 12(4), pp.648–657.

16. House, R. J. (1977). A 1976 Theory of Charismatic Leadership. In J. G. Hunt & L. L. Larson (Eds.), The Cutting Edge pp.189–207. Carbondale: Southern Illinois University Press; Conger, J. A. & Kanungo, R. N. (1987). "Toward a Behavioral Theory of Charismatic Leadership in Organizational Settings". Academy of Management Review, 12, pp.637–647; Conger, J. A. & Kanungo, R. N. (1998). Charismatic Leadership in Organizations. Thousand Oaks, CA: Sage.

17. Bass, Bernard M. (1985). Leadership and Performance beyond Expectation. New York: Free Press; Burns, James M. (1978). Leadership. New York: Harper & Row; Tichy, Noel & Ulrich, D. (1984). "The Leadership Challenge: A Call for the Transformational Leader", Sloan Management Review, 26(1), p.63.

18. Conger, J. A. & Kanungo, R. N. (1987). "Toward a Behavioral Theory of Charismatic Leadership in Organizational Settings". Academy of Management Review, 12, pp.637–647.

19. Bass, B. M. & Riggio, R. E. (2006). Transformational Leadership (2nd ed.). Mahwah, NJ: Lawrence Erlbaum Associates Publishers; Burns, J. M. (1978). Leadership. New York: Harper and Row Publishers Inc.

20. Lipman-Blumen, J. (2005). The Allure of Toxic Leaders. New York: Oxford. University Press Inc.

11장

1. Manz, Charles C. & Sims Jr, Henry P. (2001). The New SuperLeadership. San Francisco, CA: Berrett-Koehler Publishers, Inc. p.77

2. Manz, Charles C. & Sims Jr, Henry P. (2001). The New SuperLeadership. San Francisco, CA: Berrett-Koehler Publishers, Inc.

3. Stewart, G. L. & Manz, C. C. (1995). "Leadership for Self-Managing Work Teams: A Typology and Integrative Model". Human Relations 48, pp.747–770.